Contemporary
Chinese Politics
Foundation
And
Development

當代

國政治

代

發展 基礎與

林尚立 ——— 著

開明書店

目錄

引　論

從中國把握中國政治

中國是一個擁有很長政治文明史的國家，迄今為止，它創造的政治形態大致有兩種：一是古典的；二是現代的。古典政治形態，土生土長，創造了大一統的中央集權國家，綿延二千餘年；同時，構築了華夷秩序，創造了東亞文明圈。現代政治形態源於西方，中國在經歷了實驗和探索之後，選擇了社會主義制度；在綜合現代西方政治文明、社會主義制度以及中國現代國家形態的基礎上，創立了中國現代政治。這是價值取向完全不同的兩種政治形態，它們之間沒有直接的歷史繼承關係，唯一的聯繫是從古至今沒有解體的中國社會。於是，面對現代中國政治，世人常常產生這樣的困惑：中國現代政治，到底是西方的，還是中國的？是應該按照西方的邏輯走，還是按照中國的邏輯走？這種困惑使得人們無法全面、深入地把握中國現代政治及其未來的前途和方向。本書力圖給出的答案是：應該從中國出發把握中國政治。

一、
現代政治文明出發點

對於人類政治文明史，人們常常用由「民主」與「獨裁」組成的一雙眼睛來觀察和透視，並由此來簡單判定古代政治與現代政治、東方政治與西方政治的差別。從美國著名政治學家亨廷頓《第三波 —— 20 世紀後期民主化浪潮》的分析和判斷來看，源於西方的民主化已成為現代政治文明的主流。面對起源於上世紀 70 年代的第三波民主化浪潮，他發出了這樣的感慨：

「今天，千百萬以前曾在獨裁專制統治者下受苦受難的人生活在自由之中。此外，由於歷史上民主國家與民主國家之間不發生戰爭，和平地帶也得到了大大的擴展，國家間衝突的可能性也大大地降低。民主制度在如此短的時間內急速成長，毫無疑問，是人類歷史上最壯觀的、也是最重要的政治變遷。」❶

對於這一政治變遷的未來命運，亨廷頓給出了十分自信的回答：

「第三波的一個成就就是使西方文明中的民主獲得了普遍性，並促進了民主在其他文明中的傳播。如果第三波有一個未來，這個未來就在於民

---

❶ 【美】塞繆爾·亨廷頓：《第三波 —— 20 世紀後期民主化浪潮》，劉軍寧譯，上海三聯書店，1998 年版，序言第 3 頁。

主在非西方社會的擴展。」❶

「在正在興起的經濟發展的浪潮的推動下，每一波浪潮都比前一波進得更多，退得更少。套用一種比喻的說法，歷史不是直線前進的，但是當有智慧有決心的領導人推動歷史的時候，歷史的確會前進。」❷

在此，亨廷頓以非直接的方式表達了一個堅定的信念，即民主最終一定戰勝獨裁，西方文明的民主一定會成為世界普遍的政治形式。然而，民主在當代人類文明發展中的理論與實踐表明，亨廷頓的堅定信念，一半是對的，另一半則是錯的。民主最終一定能夠戰勝獨裁，但戰勝獨裁的民主，並不都是「西方文明中的民主」。從實踐來看，西方國家二戰後所致力的民主輸出實踐，許多時候傳播的是西方的民主理念與制度，種下的卻是分裂、衝突與戰爭的種子，使無數百姓不得不承受民主所帶來的民不聊生的代價；從理論上看，民主是最先出現在西方，但其本質卻是人類自我解放的歷史必然，西方只是這種歷史必然的第一個表現形式，但絕不是唯一的形式。民主在不同的國家，應該有不同的表現形式，其所蘊含的普遍性，不是西方民主形式的普遍性，而是民主所體現的人類自我解放的普遍性。

有一個事實是誰都否定不了的，即民主是現代文明的基本標誌，自然也是現代政治文明的根本體現。至於為什麼是這樣，回答的理論和答案有多種多樣，相對而言，馬克思的回答更為深刻和科學，因為，它是從人類發展的內在邏輯出發的。馬克思認為人與動物的基本區別就在於其擁有意識，而正是這種意識使得人所擁有的動物性欲望上升為追求自由的生命意

---

❶ 【美】塞繆爾·亨廷頓：《第三波 —— 20 世紀後期民主化浪潮》，劉軍寧譯，上海三聯書店，1998 年版，序言第 5 頁。

❷ 同上，第 380 頁。

志，這種生命意志決定了人類發展的歷史過程是不斷追求自由的過程，即人不斷擺脫自然與他人（社會）所帶來的束縛的過程。在尚未有充分的能力擺脫其中任何束縛的時候，人為了生存，都依附於一定的共同體，其現實存在是作為共同體成員而存在。人的這種存在塑造了人類的古代歷史。但隨着經濟與社會的發展，個體獨立生存能力不斷增強，就逐漸擺脫了對特定共同體的依賴，獲得了獨立自主存在的經濟與社會基礎。這是人自我解放的一大飛躍，是人的類本質的重大變化。這種變化開闢了現代歷史，形成了現代社會並建構了與之相適應的現代國家。現代國家與古代國家的最大區別在於：隨着個體獨立所帶來的私人生活的抽象，國家也就從社會中抽象出來，與社會形成二元結構關係。現代政治制度就是二元存在的國家與社會相互適應的產物，以個體為單位組成的現代社會決定了現代政治制度形態選擇必然是民主的。❶

　　西方思想家往往都是從個體獨立及其所決定的市民社會來解釋現代民主的由來與必然性的，但相比較而言，馬克思的理論更加徹底，因為，馬克思並沒有因為肯定個體獨立與現代社會是現代民主的基礎，而將民主的內在必然性確立其上。馬克思認為，人類建立國家的目的，是為了借助這第三種力量來解決自身的矛盾與衝突，因而，從根本上講不希望作為人類作品的國家異化為奴役人類的力量。這決定了人類在創立國家的時候，就天然地要解決人對國家的駕馭與控制，從而使國家真正掌握在其創立者，即人民手中。由此，馬克思認為，國家制度是人的自由產物，這才是國家制度的本來面目。既然如此，體現和保障人的自由的民主制度，就不是作為一種國家制度形式而存在的，而是作為一切國家制度的本質屬性而存在

❶　參見林尚立：《建構民主 —— 中國的理論、戰略與議程》，復旦大學出版社，2012 年版，本書第一章比較系統地闡述了馬克思相關思想和理論。

的。這樣，在馬克思理論中，「民主制是作為類概念的國家制度」[●]，存在於各國的國家制度，本質上都不過是民主制度在具體國家的具體體現，即使是君主制，其本質也都不過是民主制度缺失而產生的一種變種。「民主制是君主制的真理；君主制卻不是民主制的真理，君主制必然是本身不徹底的民主制，而君主環節卻不是作為民主制的不徹底性而存在着。」[●]基於此，馬克思的結論是：

> 「一切國家形式在民主制中都有自己的真理，正因為這樣，所以它們有幾分不同於民主制，就有幾分不是真理，這是一目了然的。」[●]

分析至此，我們可以看到，現代政治文明的出現是人類自我解放和發展的內在必然。換言之，只要人的自我解放發展到一定程度，就必然將作為一切國家制度真理的民主制呈現為現實的制度形態。因而，現代民主制之所以首先在西方出現，並不是西方文明創立的民主制度，而是西方社會相對超前的變化與發展，使民主制度首先在西方社會被呈現出來。

然而，西方在民主上的歷史首創性，很快就扭曲了民主制與人類文明之間的關係，因為西方的思想家和政治家都普遍地要利用這種歷史首創性，將西方創造的民主制度變成為人類現代政治生活的普遍模式，其具體手段是將西方民主制度內含的價值和原則抽象為人類的普遍理性，使之成為放之四海而皆準的現代政治精神與原則。在這種抽象中，不僅人從具體變成了抽象，而且使所有國家與社會的歷史與文化都從具體的存在變成為

● 馬克思：《黑格爾法哲學批判》，《馬克思恩格斯全集》第一卷，人民出版社，1956 年版，第 280 頁。

❷ 同上。

❸ 同上，第 282 頁。

抽象的存在。於是，現實的政治實踐，不是從現實出發，而是從如何將帶有先驗性的西方政治精神與原則標準化地注入具體的國家與社會，改造每一個活生生的個體。借用恩格斯的話來說，這些西方的思想家與政治家將西方的民主視為

　　「絕對真理、理性和正義的表現，只要把它發現出來，它就能用自己的力量征服世界；因為絕對真理是不依賴於時間、空間和人類的歷史發展的，所以，它在什麼時候和什麼地方被發現，那純粹是偶然的事情」。❶

　　於是，基於人類本質屬性而發展出來的現代政治文明被徹底模式化為西方政治文明，在這其中，其他國家與社會自然也就失去了主動性、創造性與發言權，只能等待西方民主浪潮的洗禮。亨廷頓的「第三波」概念就包含着這層意思。

　　民主是現代文明發展的必然要求，但這絕對不等於民主在現代文明中的發展是一種模式化的發展。這其中的道理很簡單，國家依然是現代文明建構與發展的基本單位，而國家及其所對應的社會是具體的，有自己的歷史與文化，有自己的發展方位與議程。然而，這很簡單的道理並沒有在現代政治文明的建設與發展中得到充分的尊重與遵守，不僅代表西方文明的西方社會是如此，許多發展中國家在具體的實踐中也會自覺與不自覺地失去自我，依附在西方的模式之下。於是，西方的民主模式不僅成為現代政治文明的直接表達，而且成為各國現代政治建設與運行是否具有合法性的基本尺度。西方社會將這種局面視為理所當然，並為此驕傲自豪；

❶　恩格斯：《社會主義從空想到科學的發展》，《馬克思恩格斯選集》第三卷，人民出版社，1995 年版，第 732 頁。

然而，現代政治文明卻因此而危機不斷，因為，民主的模式化似乎加速了民主的推廣，但卻往往成為直接摧毀國家或社會內在結構或轉型進程的力量。

由此可見，現代政治文明得以健康發展的關鍵，不應該寄託於源於西方的民主發展的第四波、第五波，而應該寄託於出現各種非西方模式的民主實踐。民主生成方式、組織方式以及運行方式的多樣性，是現代政治文明生命力和創造力的根本所在。從這個角度看，中國現代民主政治的建構實踐及其所形成中國特色社會主義民主政治，對人類現代政治文明的發展有重大的歷史貢獻，其理論意義和現實價值，值得世人關注和研究。

二、

中國現代政治的生成

　　現代政治文明是人類在尋求自我解放的實踐中誕生和形成的。人類尋求自我解放的過程，除了經濟與社會的發展過程之外，還需要一個非常重要的過程，即摧毀既有結構體系並創造全新的結構體系的過程，這就是歷史上的革命過程。西方文明中的現代民主是在這種革命中誕生的；同樣，中國現代政治也是在中國的民主革命中誕生的。於是，不論在西方，還是在中國，革命與現代政治之間有了天然的聯繫。很多人由此認為，中國和西方一樣，其現代政治體系都是整個革命的產物。這個判斷，也是一半是對的，一半是錯的。中國現代政治確實像西方現代政治文明一樣，其形成和確立都經歷了革命的過程；但西方現代政治文明是整個革命的直接產物；而中國則不是，準確地講，中國的現代政治架構是整個國家轉型的產物，具體來說，國家轉型所需要的政治革命啟動了中國現代政治成長，而成長中的中國現代政治則只有在有效推動和完成了社會革命之後才能得到真正的確立和發展。正是在這個意義上，本書認為，中國現代政治是國家轉型的產物，因為國家轉型最終是要通過社會革命來完成的。

　　在人類文明發展史中，革命是一個現代的概念，似乎是為迎接現代文明的誕生而創設，因為，在西方的政治哲學中，革命本質上是人類為實現自我解放所形成的社會歷史運動。阿倫特在其著名的《論革命》一書中就這樣寫道：

　　「革命這一現代概念與這樣一種觀念是息息相關的，這種觀念認為，

歷史進程突然重新開始了，一個全新的故事，一個之前從不為人所知的故事將要展開。十八世紀末兩次偉大革命之前，革命這一現代概念並不為人所知。」❶

這裏所說的「兩次偉大革命」，就是英國革命與法國革命。這兩次革命都內生於各自的社會與歷史，雖然形態與過程不同，但使命共同，就是建立現代社會，創立現代國家。所以，阿倫特認為，對於革命者來說，革命「更重要的是改變社會的結構，而不是政治領域的結構」，❷ 而其使命就是使全人類中受奴役者獲得解放，從而享受自由與平等。正是在這個意義上，阿倫特認為：

「從理論上說，法國大革命意義最為深遠的後果，就是黑格爾哲學中現代歷史概念的誕生。」❸

由此可見，對於人類文明來說，革命所意味着的不僅僅是推翻絕對君主統治，而是圍繞着實現人類的自我解放而展開的社會結構全面性變換。英國著名歷史學家霍布斯鮑姆將發生在 1789 年至 1848 年之間的法國政治革命與英國工業革命視為「雙元革命」，並將這個時代稱為「革命的年代」。他認為：

「這種偉大革命，不僅僅是『工業』本身的巨大勝利，而且是資本主義工業的巨大勝利；不僅僅是一般意義上的自由和平等的巨大勝利，而且

---

❶ 【美】漢娜・阿倫特：《論革命》，陳周旺譯，譯林出版社，2007 年版，第 17 頁。
❷ 同上，第 14 頁。
❸ 同上，第 40 頁。

是中產階級或資產階級自由社會的大勝利；不僅僅是『現代經濟』或『現代國家』的勝利，而且是世界上某個特定地域（歐洲部分地區和北美少數地方）內的經濟和國家的巨大勝利。」

「這種雙元革命改變了世界，並且還在繼續使整個世界發生變革。」❶

中國的近代革命就是在這樣的革命浪潮衝擊和裹挾下出現的，它可以屬於近代以來世界革命浪潮的一部分。但這並不意味着現代政治在中國的出現和西方國家一樣，都是革命的產物。

革命在行動上體現為用一個新的結構替代既有的舊結構，使革命的對象發生革命性的變化；但革命在本質上是人實現自我解放的行動實踐，在這個過程中實現的新舊結構的更換，只不過是革命行動本身應該包含的內容與任務。由此，創新現代文明的革命應該至少包含三個基本要件：一是擁有尋求自我解放的主體力量；二是新的社會和政治結構獲得有效的成長；其三，產生了促進新舊社會與政治結構徹底替代的歷史行動。用這三個基本要件來衡量中國的近代革命，可以看到中國近代革命雖然屬於當時世界革命潮流的一部分，但革命過程所產生的中國現代政治，不是像西方國家那樣，是整個革命的直接產物，而是整個國家轉型的產物。這其中的關鍵點在於：中國革命不是爆發於內生的革命主體力量為實現自我解放而孕育的革命形勢與革命行動，而是爆發於古代的國家與政權在現代化衝擊下所深陷的全面危機。這決定了中國現代政治的建構，主要不是從解放現代性的力量出發的，而更多地是從如何使古老的國家在現代化衝擊下得以維持並力圖再生出發的，因而，它雖然誕生於革命過程之中，但其本

---

❶ 【英】艾瑞克·霍布斯鮑姆：《革命的年代》，王章輝等譯，江蘇人民出版社，1999 年版，第 2 頁。

質不是整個革命即人實現自我解放的直接產物，而是實現國家現代轉型的產物。

就國家轉型來說，在馬克思的理論中，它必須通過兩個革命的有機統一來完成：即政治革命與社會革命。近代西方所發生的開啟現代歷史的革命，內生於西方社會的新力量、新觀念以及新制度的成長，因而爆發之後就很快形成了政治革命與社會革命的相互激蕩，即所謂的「雙元革命」格局。然而，從中國近代革命的發生與展開來看，中國革命是世界革命浪潮衝擊所導致的國家危機而引發的，一方面缺乏足夠的內生性，另一方面主要局限於政治革命。這決定了其歷史邏輯是政治革命在先，社會革命在後。中國的現代政治是在這個邏輯鏈條中選擇、孕育與確立的，既要符合政治革命的規定性，也要符合推動社會革命的歷史要求。正因為如此，毛澤東當年在考慮用於建立新社會、新國家的政治制度的時候，不是作為中國現代政治的終極形態來設計的，而是作為一種過渡形態來設計的。在1940 年發表的《新民主主義論》中，毛澤東是這樣考慮和設計的：

「中國革命的歷史特點是分為民主主義和社會主義兩個步驟，而其第一步現在已不是一般的民主主義，而是中國式的、特殊的、新式的民主主義，而是新民主主義。」

「很清楚的，中國現時社會的性質，既然是殖民地、半殖民地、半封建的性質，它就決定了中國革命必須分為兩個步驟。第一步，改變這個殖民地、半殖民地、半封建的社會形態，使之變成一個獨立的民主主義的社會。第二步，使革命向前發展，建立一個社會主義的社會。中國現時的革命，是在走第一步。」

「這個革命的第一步、第一階段，決不是也不能建立中國資產階級專政的資本主義的社會，而是要建立以中國無產階級為首領的中國各個革命階級聯合專政的新民主主義的社會，以完結其第一階段。然後，再使之發

展到第二階段，以建立中國社會主義的社會。」

「在中國，事情非常明白，誰能領導人民推翻帝國主義和封建勢力，誰就能取得人民的信仰，因為人民的死敵是帝國主義和封建勢力、而特別是帝國主義的緣故。在今日，誰能領導人民驅逐日本帝國主義，並實施民主政治，誰就是人民的救星。歷史已經證明：中國資產階級是不能盡此責任的，這個責任就不得不落在無產階級的肩上了。」

「現在所要建立的中華民主共和國，只能是在無產階級領導下的一切反帝反封建的人們聯合專政的民主共和國，這就是新民主主義的共和國，也就是真正革命的三大政策的新三民主義共和國。」

「這種新民主主義共和國，一方面和舊形式的、歐美式的、資產階級專政的、資本主義的共和國相區別，那是舊民主主義的共和國，那種共和國已經過時了；另一方面，也和蘇聯式的、無產階級專政的、社會主義的共和國相區別，那種社會主義的共和國已經在蘇聯興盛起來，並且還要在各資本主義國家建立起來，無疑將成為一切工業先進國家的國家構成和政權構成的統治形式；但是那種共和國，在一定的歷史時期中，還不適用於殖民地半殖民地國家的革命。因此，一切殖民地半殖民地國家的革命，在一定歷史時期中所採取的國家形式，只能是第三種形式，這就是所謂新民主主義共和國。這是一定歷史時期的形式，因而是過渡的形式，但是不可移易的必要的形式。」

「國體——各革命階級聯合專政。政體——民主集中制。這就是新民主主義的政治，這就是新民主主義的共和國，這就是抗日統一戰線的共和國，這就是三大政策的新三民主義的共和國，這就是名副其實的中華民國。我們現在雖有中華民國之名，尚無中華民國之實，循名責實，這就是今天的工作。」

「這就是革命的中國、抗日的中國所應該建立和決不可不建立的內部

政治關係，這就是今天『建國』工作的唯一正確的方向。」❶

　　由此可見，中國現代政治雖然誕生於中國革命的過程中，但並不是整個革命的最終成果，因為，它自身實際上還承擔着推動第二步革命，即社會革命展開的任務與使命。而且，從中國革命得以發生的現實邏輯來看，這種政治革命所催生的現代政治體系，只有在有效推動了相應的社會革命之後，才能獲得其相應的經濟與社會基礎。❷ 所以，從嚴格意義上講，中國現代政治體系是基於國家整體實現現代轉型的需要而確立的，以暴力方式展開的政治革命是這種轉型的手段與方式，它催生了中國現代政治體系，並烙上自己的烙印，但絲毫改變不了中國現代政治內在屬性：即它不是政治革命的產物，而是國家轉型的產物。如果把中國現代政治體系簡單看作是中國政治革命的產物，那麼中國現代政治體系僅僅是實現和維護一種新的政治統治而服務的政治體系，可毛澤東一再強調，中國現代政治是要建立新社會、新國家的現代政治。

　　作為中國國家現代轉型的產物，中國現代政治首先受益於國家轉型過程中的一系列革命行動，既包含中國共產黨領導的新民主主義革命行動，也包含中華民族近代以來為挽救民族危亡而進行的各種政治革命行動，因而，其選擇和建構是中國人民與中華民族的共同行動，由於這種共同行動一開始就作為世界革命與發展行動的組成部分來進行，所以，其歷史取向自然是世界革命與發展的潮流所決定的。其次，它也意味着中國現代政治建構所圍繞的軸心是國家的整體轉型，以建立新社會、新國家展開的，因

---

❶　毛澤東：《新民主主義論》，《毛澤東選集》第二卷，人民出版社，1991 年版，第 666—677 頁。

❷　林尚立：《當代中國政治形態研究》，天津人民出版社，2000 年版，第 109—165 頁。

而，它儘管有現代政治價值與目標的追求，但其形態、結構和功能的佈局與設計，最終都必須落實於中國特有的國家轉型與發展的現實任務與內在要求，從而形成中國現代政治的建設邏輯與結構模式。最後，對於中國這樣後發的現代化國家來說，國家轉型是一個長期的過程，這決定了中國現代政治也將是一個不斷發展的過程，既決定於也服務於國家轉型發展，因而，它能真正擺脫所謂的絕對真理、理性與正義的先驗規定，在有效的自我發展中，創造出能夠同時兼顧和推動人的發展、社會進步與國家治理的中國現代政治文明。

三、
中國國家轉型的邏輯

　　國家轉型是現代化運動的重要組成部分。國家古已有之，但在馬克思看來，隨着創造國家這種政治組織形式的人類社會的發展，尤其是人對自然和社會的自主性程度不斷提高，出現了逐漸擺脫對共同體的依賴而獨立的個人，國家有了現代國家與古代國家之分，所謂的國家轉型，從政治哲學上講，就是古代國家向現代國家轉型。在馬克思看來，古代國家與現代國家的主要區別在於：在古代國家，國家與社會是一體的，國家就是一切，國家決定人的現實存在，決定公民權的歸宿；在現代國家，基於個體的獨立自主，國家與社會是分開的，社會決定國家，人的現實存在決定國家現實存在，人權是公民權的基礎。古代國家與現代國家的區別表明，任何邁向現代化的國家都必然要經歷國家轉型。

　　和現代民主起源於西方一樣，國家轉型也首先出現在西方。西方的現代民主就是在國家轉型過程中，隨着現代國家的成長而出現的。國家轉型和現代國家確立在前，現代民主出現在後，因為，推動西方國家現代轉型的制度安排恰恰不是現代民主，而是絕對專制主義。之所以出現這樣的歷史場景，是因為西方出現現代國家之前，是處在精神歸於基督帝國，而生存歸於高度分散的領地與城市的境遇之中。為了擺脫這種困境，歐洲社會以「民族」為單位整合地域與人民，為此發明了具有現實神聖性和至高無上性的主權。主權的出現，既能將分散的整合為一個整體，又能使現實的世俗國家從基督帝國中獨立出來，獲得充分的現實自主。西方現代的民族主權國家由此出現，配合這種民族主權國家建構的制度自然是絕對君主

制。❶ 英國學者綜合各方的研究後認為,西方民族主權國家在形成和發展過程中,「形成了六個方面頗具意義的明顯進步:(1)與統一的統治體系相一致的國家疆界的確定;(2)新的立法與執法機制的產生;(3)行政權力的集中;(4)財政管理活動的變化和拓展;(5)通過外交和外交機構的發展而出現的國家間關係的規範化;(6)常備軍的引入。」❷ 這樣,西方的國家轉型與現代國家建構,不僅有了自己的歷史軌道,有了圍繞人權、主權而形成的契約論的國家觀,而且有了現代國家的架構形態以及稍晚形成的現代民主模式。由於「這些國家的興起,憑藉它們提供秩序、安全、法律和財產權的能力,構成了現代經濟世界的萌生基礎」,❸ 所以,基於這些所提煉出來的模式化的國家轉型與現代國家建構,和西方的現代民主政治一樣,很快就成為非西方國家現代化過程中國家建構和政治發展的重要依據和樣板。人們對西方現代民主神聖化,更加劇了西方國家現代轉型模式的標杆性地位與作用。然而,西方殖民體系解體之後以及冷戰結束之後,基於民族獨立運動所進行的各種國家建設實踐表明,西方的現代國家「根本不具有普遍意義」,那些為此而努力的國家,雖然形式不同,但結果往往是一樣的,都以失敗告終。❹ 然而,儘管如此,西方對非西方國家的認知、考察與評判,依然是從他們的觀念、經驗與模式出發的,這使得西方的國家轉型與國家建構作為現代政治文明的重要範本,很自然地成為非西方國家推進國家轉型和進行現代國家建設不得不面對的外在邏輯。

---

❶ 對絕對君主制的性質與結構的研究可參見英國學者佩里·安德森的《絕對主義國家的系譜》,劉北成、龔曉莊譯,上海人民出版社,2001 年版。

❷ 【英】赫爾德:《民主與全球秩序:從現代國家到世界主義治理》,胡偉等譯,上海人民出版社,2003 年版,第 38 頁。

❸ 【美】弗朗西斯·福山:《國家構建:21 世紀的國家治理與世界秩序》,黃勝強、許銘原譯,中國社會科學出版社,2007 年版,第 1 頁。

❹ 同上,第 2 頁。

　　中國是有自己漫長文明史的世界大國，其國家轉型與現代國家建設，既是中國現象，也是世界現象。對於中國的實踐，西方學者的觀念與心態多少有點矛盾，既認為中國的歷史與社會是特例，❶但又希望中國能夠按照西方的邏輯來走，實踐西方的模式；既認為中國的國家轉型與現代國家建設是比較成功的，❷但又認為中國還沒有真正成為標準的現代國家，存在諸多的變數。美國著名社會學家蒂利就認為，從歷史事實看，中國「有着近三千年的連續的民族國家的經驗」，「但是，考慮到它眾多的語言和民族，沒有一年可以被看成一個民族－國家」。❸這種矛盾心態多少也影響了中國人的自我認知與判斷，使中國人對自身國家轉型與現代化建設的實踐道路和發展模式缺乏足夠的信心，從而導致人們無法在理論上有效地為今天中國成功的實踐和發展提供必要的合法性與合理性支撐。

　　其實，只要真正回到中國自身，科學地把握人類社會發展的基本規律，客觀地比較中西之間的差異，任何人都會發現同樣是國家轉型與現代國家建設，中國不可能按照西方的邏輯與議程來展開，因為，古代中國與西方的古代國家是完全不同的兩種國家，其中央的整合力、其制度的完備性、其國家的規模與質量都大大優於轉型前的西方古代國家，它們所處的實際狀態更是天差地別。再者，就國家轉型本身而言，一個是外在衝擊

------

❶　在這方面的思想觀點很多，例如英國歷史學家霍布斯鮑姆強調了中國思想、觀念以及思考世界的概念體系的獨特性與例外性。（【英】艾瑞克·霍布斯鮑姆：《革命的年代》，江蘇人民出版社，王章輝等譯，1999 年版，第 291 頁。）美國著名社會學家查爾斯·蒂利也認為「中國構成了一個特別的例外」。（【美】查爾斯·蒂利：《強制、資本和歐洲國家（公元 990 － 1992 年）》，魏洪鐘譯，上海世紀出版集團，2007 年版，第 2 頁。）

❷　【美】弗朗西斯·福山：《國家構建：21 世紀的國家治理與世界秩序》，黃勝強、許銘原譯，中國社會科學出版社，2007 年版，第 2 頁。

❸　【美】查爾斯·蒂利：《強制、資本和歐洲國家（公元 990 － 1992 年）》，魏洪鐘譯，上海世紀出版集團，2007 年版，第 2 頁。

引發的，一個是內生的。這些差異決定了中國國家轉型有自己的任務、路徑、議程、方式與最終目標，而這些都直接影響到中國在國家建構中的制度選擇與發展方式。僅就國家轉型與現代國家建構所面臨的基礎和任務來看，西方面臨的是如何使高度的分散性整合為內在的一體化；而中國面臨的則是如何使傳統的大一統在國家轉型中延續為現代國家的一體化。僅這一點就足以決定中國的國家轉型與現代國家建設邏輯，無論如何不能基於來自西方的外在邏輯，而必須充分把握中國自己的邏輯。在這方面，中國面臨的挑戰是：由於這種國家轉型與現代國家建設不是內生的，所以，就必須人為地將人類現代文明發展所要求的現代國家建設方向與中國的實際有機結合起來，創造性地探索其內在邏輯，走出中國的路。客觀地講，中國在這個過程中，至少經歷過兩次模式化的實踐，一是以西方為樣板的模式化實踐；二是以蘇聯為樣板的模式化實踐。這兩次實踐都不成功，留下的唯一財富就是促使中國人真正回到自身，尋求自己的道路。但是，應該看到，中國畢竟是一個有自己歷史、文化和智慧的國家，有較強的歷史與文化的自覺性，有較強的國家自尊性與自主性，因而，即使在模式化實踐的過程中，也時刻伴隨着反模式化的思索與探索，從而能夠在模式化實踐受挫的時候，及時地找到自己應有的方向和路徑。

所以，中國國家轉型，既考慮內在的邏輯，也考慮外在的邏輯。經歷了模式化實踐的挫折之後，中國充分意識到：只有更加全面深入地把握中國國家轉型的內在邏輯，才能超越模式化的簡單模仿，從而能夠更好地從人類社會發展的規律中把握自身，實現中國的內在邏輯與人類發展的基本邏輯有機結合。基於馬克思主義的世界觀以及中國天人合一、順勢而為的文化信仰，中國一直將探索發展規律、把握發展規律、按照規律推動發展作為其促進國家轉型、進行現代國家建設的基本哲學思想，所以，主張各國應從全人類發展的基本規律認識世界、把握世界，並用於指導自身發展，進行各自有效的創新與發展；主張積極學習和借鑒他國的經驗，最大

限度地避免重複他國的錯誤。這是中國在上百年的國家轉型與國家建設實踐中形成的基本戰略理念與行動方式。

正因為中國是在尊重人類發展規律的前提下，以非常開放的心態來把握自身的發展邏輯，決定了中國對自身內在邏輯的尊重，不僅有中國價值，而且有世界意義。它至少能夠給豐富多彩的當今世界貢獻一種新的文明發展景象：即在前現代歷史中創造了獨特文明成就、形成獨特發展模式、建構了特別強大國家的中國，在現代化的歷史運動中，實現了整體轉型與整體發展，並以自己獨特的方式，再造一個新的輝煌文明，貢獻一套新的發展形態、制度形態和理論形態。

中國政治發展的持續性

　　在現代國家建設中，政治發展是國家轉型與現代國家建設的內在動力機制和外在表現形式。在現代的政治邏輯中，政治發展是以民主化為取向的國家成長、制度完善和民權實踐的政治建設過程，有自己的邏輯，不能特立獨行，因為，它時刻離不開現實經濟與社會發展所給予的現實規定性和發展基礎。當然，現實的經濟與社會發展離不開國家這個政治空間，所以，政治對經濟與社會發展也能產生重要的作用。政治、經濟與社會發展實際上構成了國家建設與發展的主體，它們之間的相互決定關係使得其中的任何一項發展出現問題，都可能直接影響到國家的建設與發展。在今天經濟發展日益市場化、全球化、網絡化的背景下，保障國家駕馭經濟發展能力的政治建設與政治發展，愈發具有全局性和根本性的價值和意義。中國改革開放以來的實踐證明，正是形成了中國政治、經濟與社會的聯動改革和聯動發展，才創造了中國發展的成就和奇跡。換言之，中國的政治建設與政治發展保障了中國國家現代化發展的順利展開。然而，儘管中國的政治處於有效的發展中，但中國特殊的國情、獨特的發展道路以及國家制度形態，還是使得不少人無法從一般的經驗和常理來把握中國政治發展的前景與可能。對於中國發展的未來，人們是有這樣共識的，即如果中國能在鞏固現實基礎上持續發展下去，中國就一定有無比美好的未來；但是，在中國是否能夠實現持續發展的問題上，人們是有不同疑慮的，其中的焦點之一就是中國的政治發展是否具有可持續性。其實，中國政治發展是否具有可持續性的問題，不僅是人們把握中國未來的基本問題，也是中國國

家轉型與國家發展所面臨的關鍵問題。一個國家政治發展是否是可持續的，不是先驗性的問題，而是極為現實的問題，既取決於現實的條件，也取決於國家的正確作為和科學把握。因而，立足於當下來應答這個問題，不是要給出一個確定無疑的答案，而是為中國政治實現可持續發展探索各種資源與戰略。

有一點是可以肯定的，就是中國發展到今天，已經具備實現政治持續發展的基礎與可能，其依據如下：第一，中國經濟已經全面進入到市場化、全球化和網絡化時代，在實在的空間中，中國經濟與全球經濟交融，全球性的市場經濟機制與通則進入到中國經濟生活領域；在虛擬的空間，網絡經濟已全面展開，洶湧澎湃，在賦予中國公民全新的自由空間的同時，也在深刻地改變着中國的經濟、社會和文化生活。第二，市場經濟所帶來的經濟生活、社會生活和政治生活的變化，已經深刻改變了中國社會的基本權力結構和權力關係，個體及其所構成的社會成為基本的權力主體，共同決定着國家與政府，影響着政黨的政策方針和治理方略。這種權力結構使得民主與法治成為權力合法的根本來源。第三，中國的民主與法治，尤其是隨着法治國家建設的不斷深入，法律全面成為國家治理與權力運行的依據和準繩，制度已成為國家治理與運行的軸心，權威性日益提高。第四，嚴格的退休制度和任期制度，使得中國的國家權力不僅是開放的，而且是實現了全面制度化的定期更替。權力的開放性以及權力更替的全面制度化，既保證了社會內部的有序流動和政治參與；也保證了治國理政權力的全社會配置以及治國理政者的職業化、專業化、任期化。第五，解放思想、改革開放的國家建設品質使得中國儘管有自己的理論、道路和制度的堅持，但從不固步自封，強調開放、學習和創新是中國成長的內在動力，這使得中國社會思想、戰略謀劃、體制創造、政策安排等都會積極地學習和借鑒一切有益的經驗，從而保持思想理論以及戰略觀念的與時俱進。

以上的分析表明，中國已經擁有了保證政治持續發展的基礎和可能，

然而，這種基礎與要轉化為可持續的政治發展，在很大程度上就取決於中國政治本身，其中最核心的是三個方面：一是國家權力屬性；二是國家權力的制度安排；三是國家治理體系與能力。國家權力屬性關係到未來國家掌握在誰的手中的問題。中國是實行人民民主的國家，國家權力掌握在全體人民手中，人民當家作主，其組織保障就是中國共產黨領導，其制度保證就是人民代表大會制度。這種國家權力屬性的最大特點就是能有效地避免經濟與社會分化所帶來的國家權力歸宿的集團化、私有化，使國家權力能夠時刻掌握在全體人民手中。領導全體人民、凝聚整個民族、服務整個國家的共產黨通過其有效的組織形式、幹部制度、領導體制以及羣眾路線，能夠有效保證這種國家權力屬性長期不變。從這個角度講，中國共產黨的自身建設和發展就變得尤為重要。鄧小平道出了其中的真理：中國的關鍵在黨。❶ 至於安排國家權力的政治制度，儘管有鮮明的中國特色，但其本質是現代的，是符合中國國情的，而且是有效的。儘管中國有二千年的古典政治文明，其制度水平達到了那個時代的最高水平，但今天的中國制度根本就不是中國傳統制度部件的現代組裝，而是產生於西方的現代制度部件的中國組裝，更為重要的是，中國組裝這些制度部件的價值取向是民主共和。因而，無論如何中國的現代政治制度是具有現代性和民主性的制度體系；只不過中國在組裝其現代政治制度的時候，是從中國國家轉型以及新國家的組織和運行的需要出發的，是從中國建設社會主義社會的要求出發的，一定程度上超越了西方的經典原則與形態，有鮮明的中國特色。實踐證明，正因為中國現代政治制度的建構充分考慮了中國的國情與需求，所以，在這三十多年的改革開放中顯示出高度的有效性。制度的現代

❶ 　鄧小平：《在武昌、深圳、珠海、上海等地方談話要點》（1992 年 1 月 18 日—2 月 21 日），《鄧小平文選》第三卷，人民出版社，1994 年版，第 380、381 頁。

性、適宜性以及有效性，必然為政治保持自身的持續發展提供強大的制度支撐與制度保障。

　　但是，應該客觀地講，中國政治制度的現代性、適宜性與有效性，並不意味着其規範性和完善性。從保障國家、整合國家和發展國家的角度看，中國現有的政治制度體系是適宜和有效的，但從治理國家、平衡國家與社會、提升國家組織與運行質量的角度講，還需要進行更為系統、更為規範、更為精細的規劃與建設。正因為如此，中國在 2013 年開始的新一輪改革開放中，提出了「國家治理體系和治理能力現代化」的發展目標。如果這個目標能夠達成，那麼中國的政治也就擁有了鞏固國家政權、鞏固國家制度以及有效治理國家的能力，而這種能力恰恰是中國政治維持和保障其實現長期持續發展的關鍵所在。

第 一 篇

根 基

第一章

大一統與中國政治

　　從中國現代政治的結構要素來看，中國現代政治與中國傳統政治沒有直接的淵源關係，其成份來自西方所開啟的現代政治文明體系；但從中國現代政治形成的歷史過程來看，它是中國人自己建構起來的，儘管力圖超越中國傳統政治的價值與制度系統，但其所立足的還是幾千年延續下來的中國社會。結果，在西方人看來，中國現代政治不是西方的正統模式，是另類的；而在中國人看來，中國現代政治不是從中國文明中長出來的，是學來的。這使得中國現代政治缺乏有效的自我認同，無法明晰地告訴世人：我是什麼，從何而來，為何如此。

　　然而，如果回到中國從古代政治向現代政治轉變的整個歷史過程，仔細考察其中的種種前因後果，那就會發現，中國現代政治不是憑空而來的，是中國人經歷了一次次試錯性的探索和實踐而慢慢摸索出來的。在這其中，有兩個歷史大勢起決定作用：其一是人民成為國家的主人，即人民民主；其二是保持國家在向現代轉型過程中的統一性和整體性，使千年文明古國實現整體的現代轉型。

　　長期以來，人們都從前一個歷史大勢的作用來理解現代中國政治，於是，中國現代政治就不得不與革命、與民主運動緊密掛起鈎來。實際上，這個歷史大勢構成的是中國現代政治的價值選擇；而中國現代政治的具體制度選擇及其所決定的國家組織形態，則是由另一個歷史大勢所決定的。這就是統一性。在「辛亥革命使民主共和國的觀念從此深入人心，是人們

公認，任何違反這個觀念的言論和行動都是非法」❶ 的歷史大潮流下，對中國現代政治建構起具體決定作用的就是中國人內心最強大的文化信仰和政治使命：在現代化轉型中維繫住一個統一的中國，使千年古國完整地轉型到現代國家。因為，大一統是中國之軸，失去了大一統，中國也就失去了整體存續的基礎與價值。

一、大一統與中華民族生存與發展形態

馬克思和恩格斯有一個判斷是思考人類社會所有問題的根本和基礎：即「全部人類歷史的第一個前提無疑是有生命的個人的存在」。❷ 有生命的個人存在，創造了社會，創造了歷史，也創造了具有無限豐富性的人類文明。進入文明時代，任何個人的存在，實際上是三種形式的存在：即作為類的存在、作為族羣的存在以及作為社會成員的存在。作為類的存在，是天地自然規定的；作為族羣的存在是歷史文化規定的；作為社會成員的存在是社會發展水平規定的。任何與人的生存和發展相關的文明產物，都是基於人的這三種存在所形成的綜合規定性而形成的，必然受到人的自然觀、世界觀以及人所秉承的民族性、歷史與文化傳統的決定和影響。這決定了任何歷史與現實的行動都不可能完全越出這種內在的規定性。所以，馬克思指出：

----

❶　劉少奇：《關於中華人民共和國憲法草案的報告》，《劉少奇選集》（下），人民出版社，1985 年版。

❷　馬克思、恩格斯：《德意志意識形態（節選）》，《馬克思恩格斯選集》第一卷，人民出版社，1995 年版，第 67 頁。

「人們自己創造自己的歷史，但是他們並不是隨心所欲地創造，並不是在他們自己選定的條件下創造，而是在直接碰到的、既定的，從過去承繼下來的條件下創造。」❶

可見，任何現實的活動與發展，都必須要面對歷史所塑造的現實基礎及其所蘊含的內在規定。這對於理解和思考中國現代政治建構是十分重要的。因為，面對現代化和民主化的時代潮流，人們往往是基於對民主與現代化的價值的追求以及對未來的期待，來設計、規劃和建構中國現代政治的，為此，不惜用十分激進的觀念和極端的方式否定歷史與傳統，甚至到了徹底切割和全面否定傳統的地步。然而，歷史與社會的發展是不以人的意志為轉移的。不論現實的運動以及人們的主觀意志如何衝擊歷史運動本身的內在邏輯與發展趨勢，都不過是「抽刀斷水」。

就中國現代政治建構來說，人們固然可以依據現代化發展所帶來的人的社會存在方式變化來建構，但卻無法超越中國人在幾千年歷史、社會與文化發展中形成的族羣存在方式。恰恰在這一點上，人們卻大大忽視了。最鮮明的體現就是人們對中國大一統的全面否定。這種否定背後的最強價值支撐就是民主。結果，當人們用民主來否定中國傳統社會政治上的大一統君主專制的時候，也否定了中國人作為族羣存在和發展而形成的大一統。中國近代以來建構現代國家的歷史恰恰表明：中國現代國家的建構，實際上在告別大一統的君主專制的同時，緊緊圍繞着作為中華民族生存和發展形態的大一統而展開的。

維持與鞏固內在統一是創造現代中國政治的歷史大勢，但中國現代政治的形成過程，卻是一個在價值上和行動上否定中國傳統社會用於維繫其

---

❶ 馬克思：《路易·波拿巴的霧月十八日》，《馬克思恩格斯選集》第一卷，人民出版社，1995 年版，第 585 頁。

內在統一的大一統政治傳統的過程。正因為如此，基於民主共和所形成的歷史大勢幾乎完全掩蓋了維繫國家統一與中華民族大一統的歷史大勢對現代政治建構所起的決定作用。維繫統一與維持大一統確實不是一回事。維繫統一，是從國家建構來講的，而維繫大一統是從中華民族維繫來講的。對於具有兩千多年大一統政治傳統的中國來說，其在現代國家建構中維繫統一國家的行動與維繫大一統的中華民族的行動卻是緊密聯繫在一起的，因為，在傳統中國，國家的統一與中華民族的大一統結構是相互塑造，相互決定的，這使得中華民族大一統結構成為傳統中國向現代國家轉型所必須面對的現實基礎和內在要求。對於傳統中國社會來說，「大一統」既是一種政治形態，但同時也是中華民族得以生存與發展的組織形態。這一點，英國思想家羅素看得十分明白，他說：

「中國的統一性不在於政治而在文明。中國文明是古代唯一幸存至今的文明。自從孔子時代以來，古埃及、巴比倫、波斯、馬其頓和羅馬帝國都衰亡了；但中國文明綿亙不絕，生存至今。」❶

顯然，正是這種大一統，使得中國文明不同於人類歷史上的其他文明；也正是這種大一統，使得中國文明能夠延續至今。這決定了中國無論以什麼樣的方式邁入現代，中華文明要延續、中國要作為中國存在，就必須守住這種中華民族的大一統。在傳統國家，這種大一統鑄造了中國傳統的大一統政治；反過來，中國傳統的大一統政治也保證了中華民族在多元一體的大一統結構中得到不斷的成長和壯大。中國要邁向現代化和民主化，可以摧毀傳統的大一統政治，但不能摧毀作為中華民族生存與發展形態的大一統，相反應該以維繫這種大一統作為其存在的基礎和發展的邏

❶ 【英】羅素：《中國問題》，秦悅譯，學林出版社，1996 年版，第 164 頁。

輯，因為，這是中國現代化和民主化發展的歷史、社會與文化之根，是中國建構具有內在統一性的一體化現代國家的社會基礎所在。

中國傳統的大一統政治奠定於秦統一中國後所確立的中央集權統治。漢承秦制，在獨尊儒術的意識形態政策中，為大一統政治配置了相應的意識形態基礎，明確「《春秋》大一統者，天地之常經，古今之通誼也」。❶由此，大一統政治成為中國傳統國家的根本政治形態，正如毛澤東所說，「百代都行秦政法」。基於這個事實，人們往往將中國傳統的大一統政治作為秦制的產物，並將其和秦制一起視為中國之所以有那麼長時間的封建專制統治的根源所在。於是，現代中國人力圖告別傳統專制政治邁向現代民主政治的時候，自然就將秦制及其所塑造的大一統政治視為一種專制政治象徵，要將其徹底摧毀，代之以現代的民主共和。

眾所周知，中國是一個具有內在多樣性的社會，不僅有民族的差異，而且有地區的差異。儘管秦制以中原為核心做到了書同文、車同軌，但是基於方言的差異，在以漢族為主體的不同地域，還是形成了不同的地區認同和文化習俗；另外，中華民族是在二千多年的民族交流和交融中形成的，秦制所支撐起來的傳統國家，本身就是多民族構成一體的傳統國家。所以，不論怎麼講，邁入現代之前的中國，就基本上是費孝通所說「多元一體」的結構。傳統國家的大一統政治維繫了多元共存一體的格局。辛亥革命既推翻了傳統國家的大一統君主專制，也破除了大一統的信仰體系。如果從線性的歷史發展邏輯出發，那麼辛亥革命所開啟的民主共和就應該是在傳統國家碎裂之後所形成的小的政治單位或族羣基礎上形成的。然而，事實正好相反。儘管辛亥革命之後，國家陷入了外有帝國瓜分，內有軍閥割據分裂的局面，但這個「多元一體」的結構，並沒有在舊的「一體」消失之後徹底崩解，相反，全民族上下都在尋求建構新的「一體」，維繫中

❶ 《漢書・董仲舒傳》

華民族的血脈和國家的統一。這個努力最終獲得成功，並創造了在 21 世紀重新在世界全面崛起的中華人民共和國。於是，我們不得不提出這樣的問題：對中國來說，或者對中華民族來說，大一統是外在的，還是內在的？答案是：大一統政治是外在的，但作為中華民族生存與發展形態的大一統卻是內在的，是中華民族的生命之根。

　　大一統政治的直接體現就是秦制。雖然秦制最終確立於秦始皇統一中國，但秦制不是統一後的制度成果，相反，是擁有創造統一功能的秦制為秦統一中國提供了制度基礎。有意思的是，秦用於創造統一的制度，不僅在當時的秦國存在，在其他的諸侯國也存在，並且創造了各國的各自統一。❶ 可以說，秦制不簡單是秦國的制度創造，而是那個時代諸侯各國為統一天下所進行的制度創造，只不過秦國的制度創造具有更高的政治和軍事效力，從而助秦最後統一中國，並將那個時代所創造的制度全面實踐於統一後的中國。之所以秦用於創造統一的制度創新與變革會成為那個時代的各國共同的制度選擇，最重要的原因在於各國都試圖一統天下，成就霸業。這種強烈的政治與軍事動機引發了各國制度變革，而制度變革的根本取向卻是共同的：就是破封建制的周制，建以官僚為核心的中央集權新制，其取向是：

　　「以流動的官僚制代替世襲的貴族制，封國盡變為由中央任命的郡縣職官來治理。」

　　在這種取向下，「各國都不同程度地朝着集權於國君的君主集權制方向發展」，與此相應，郡縣的「官員都由國君直接任命而不世襲」。❷ 相對

---

❶　葛劍雄：《統一與分裂：中國歷史的啟示》，生活‧讀書‧新知三聯書店，1994 年版，第 42 頁。

❷　王家範：《中國歷史通論》，華東師範大學出版社，2000 年版，第 73—74 頁。

於周制來說，這場制度變革無疑是一場革命，而革命的內在動力就在於要統一天下。所以，秦國所取得的最後勝利，不僅在於完成了統一中國的偉業，而且在於完成了制度革命，全面塑造和確立了秦制。

顯然，追求統一天下是這場制度變革的直接動因，而其更深刻的內在動因卻是富國強兵。追求統一天下的最直接行為就是軍事征服，而軍事征服的力量來自國力的強盛。因而，這場制度變革雖然是為了統一大業，但其實際的追求卻是富國強兵。為了富國強兵，加強權力集中是無可非議的；而問題在於各國為實現權力集中所進行的制度變革方向卻是共同的：破封建，強君主。這其中的重要原因就在於，雖然各國有各國的利益，但各國的社會基礎、政體結構和文化內核是共同的。在這一點上，中華文明與西方文明有本質的差異。具體來說，告別原始社會之後，西方的土地私有沖毀了原始共產主義的土地公有，從而解體了部落社會結構，社會依據財富與資源的歸宿情況重新組合，使得不同的社會有不同的社會結構，進而形成不同的國家政權組織形式；相反，包括中國在內的東方社會，土地私有沒有直接突破部落社會原有的土地公有，沒有被解體的部落社會直接轉型為農村公社社會，結果，不同區域所擁有的社會結構是相同的。這樣，在不同地域建立起來的國家政權與國家組織形態是一樣的，都是基於農村公社所通行的家長制而形成的君主政權。這正是為什麼作為中國軸心時代的春秋戰國不可能像古希臘那樣存在各種不同政體的根本原因。

由此可見，秦的大一統政治雖然確立於秦對中國的統一，但其萌芽和成長卻是在秦統一中國之前；同時還必須看到的是，在秦國萌芽的大一統政治形式，並非秦國所獨有，而是那個時代各諸侯國的共同政治變革取向。因而，在看到這種大一統政治是當時各國追求統一霸業所形成的共同選擇的同時，還應該看到各國對於大一統政治及其所要成就的統一霸業的認識和理解是共同的。這就必須回到春秋戰國時代各國所擁有的共同政治理念和世界觀。

儘管無法回答中國人上古的知識與思想體系具體形成於何時，但中國進入文明時代的生存方式與社會結構，決定了中國上古知識、思想與信仰體系是完全建築在人們對天地、對自我的思考與回答基礎上。這與中國人一開始就處於靠天地吃飯的農耕社會有直接關係。葛兆光先生基於傳統文獻、現代理論和考古資料重構出來的中國上古思想世界是：

「中國古代思想世界一開始就與『天』相關，在對天體地形的觀察體驗與認識中，包含了宇宙天地有中心與邊緣的思想，而且潛含了中國古代人們自認為是居於天地中心的想法，這與中國這一名稱的內涵有一定的關係，對天地的感覺與想像也與此後中國人的各種抽象觀念有極深的關係。」

「由天地四方的神祕感覺和思想出發的運思與想像，是中國古代思想的一個原初起點」。

「它通過一系列的隱喻，在思想中由此推彼，人們會產生在空間關係上中央統轄四方、時間順序上中央早於四方、價值等級上中央優先於四方的想法。」

「這種觀念延伸到社會領域，就會成為中央帝王領屬四方藩臣的政治結構的神聖性與合法性依據。」[1]

顯然，這種思想和精神不是秦統一中國的產物，相反是秦統一中國的思想和文化基礎，為春秋戰國時期的各諸侯國所共享。

上古時代的人們正是基於這樣思想來建構現實的政治生活的，從而形成了以與天地對應的王權為核心的王朝體系。在中國傳統的政治知識系統中，王朝既是一個政治時代的觀念，同時也是一個政治共同體的概念。歷

---

[1] 葛兆光：《中國思想史》第一卷，復旦大學出版社，1998年版，第88頁。

史學家將中國出現的第一個王朝稱為夏。雖然夏朝所開啟的政體形態與秦朝所開啟的政體形態完全不同，但基於中國內生的大一統觀念所形成的王朝，在本質上也是大一統結構。秦之前的大一統結構是基於宗法制度而形成的，而秦的大一統結構則是基於郡縣制而形成的。兩者的共同點是都實行中央集權；兩者的不同點是中央集權的根基和支撐是完全不同的，前者基於宗法制與分封制，後者基於官僚制與郡縣制。後者是在超越前者基礎上形成的，因而，後者沒有完全根除前者在社會與政治領域中的存在，只是使其不再成為政治權力建構的根本依據與核心原則。從這個角度講，春秋戰國的諸侯割據，不過是舊的大一統結構體系解體的結果；而各諸侯對建構性的大一統結構體系的天生渴望，使得春秋戰國最終走向新的大一統局面成為歷史的必然。以色列的研究中國問題的教授尤里‧潘斯從青銅器的研究中發現，在西周時期種種情形之下，人們就萌發出渴望統一的心聲。

「西周時期國家統一的觀點已經有了基礎，例如歷代周王有制禮作樂的特權，周王即便不是在整個國家的範圍內，但在統治轄區內具有無上的權力，而且，領土的擴張，天下權力集中的觀點也已經初步形成。」❶

至於西周之前的商朝與夏朝是否也是一個統一的王朝，他持懷疑態度。這種懷疑在中國學者之中也存在，大一統缺乏足夠有力的證據。❷ 但基於相關材料的推論，中國學者認為夏商周都是基於中央集權建立起來的王

---

❶ 【以】尤里‧潘斯：《想像中的帝國：先秦史學傳統中「原始統一」觀念》，見【德】穆啟樂、閔道安主編：《構想帝國：古代中國與古羅馬比較研究》，復旦大學出版社，2013 年版，第 60—61 頁。

❷ 葛劍雄：《統一與分裂：中國歷史的啟示》，生活‧讀書‧新知三聯書店，1994 年版，第 41 頁。

朝，這種中央集權的取向必然是大一統。在這一點上，謝維揚教授的態度比較肯定，但他是從王權來透視這種中央集權的，他說：

「周朝國家的中央權力同商朝國家一樣是一種王權，這是毫無疑問的。」這種王權體現為對「萬邦」的控制權，周王將其控制的地域說成「天下」，儘管「萬邦」與「天下」不可能包括當時所有的部族，但由於王權控制實際上改變了王朝中央與部族之間的關係，並使得沒有統合進王權控制的「戎狄蠻夷」部族失去了與王朝部族之間原有的天然同等地位，所以王權所統合出來的天下自然也是一個大一統的結構，「商朝中央即商王室與地方勢力的關係決不是一般的國與國的關係，而是一個國家內的中央與地方的關係。中央與地方處在不平等的地位上這一點是很明顯的。同時中央還對地方勢力實行控制。」❶

正如前面分析指出的，在古典時代，中西古典政治文明的分水嶺就出現在邁入文明時代門檻的時候：西方是以部落解體後重新組織政治共同體的歷史行動邁入文明時代的，而中國則是以沒有完全解體的部落在王權下聚合成一個政治共同體的歷史行動邁入文明時代的。這使得中國古典的政體演進是線性推進的，先後經歷了王權政體、君權政體與皇權政體。與古希臘城邦政體多元實踐、多維演進的模式完全不同。在這線性演進中，首先迎來的就是基於部落通過共主聚合為一個共同體的王權政體時代。夏朝是這個時代的萌芽，商朝是這個時代的繼續和發展。王權政體的最大特點在於：中央集權是基於稱王的部族對其他部族的聚合，形成以王畿為中心的四方共主格局而確立的。雖然王權政體也可能存在王室對其成員的分

---

❶　謝維揚：《中國早期國家》，浙江人民出版社，1995 年版，第 413—414 頁。

封，但與真正的分封制還是有所不同的，以商朝為例，陳夢家教授認為聚集在王畿周圍，以商王為共主的各地方部族，「有自己的土地人民，似非殷王國所封賜，與後代的封土式的情形自有不同」。[1] 由此可以斷言：夏商的政治體系與周朝在全面興起的分封制基礎上形成的政治體系是完全不同的，因為，分封制是確立在血緣宗法制度基礎上的，是一個貴族制為支撐體系的。[2] 所以，可以認為隨着分封制的全面確立，王權政體時代也就進入到君權政體時代，王權政體被君主政體所替代，與此相應，以共主為機制的大一統向以宗法制為機制的大一統演進。中國歷史上出現的諸侯割據是這種君主政體的產物，它不是對大一統的反動，因為，不論是周天子，還是各地諸侯，都將尋求天下統一，重建大一統格局作為最基本的政治理想。《呂氏春秋》對君道的執着多少表達了這種普遍的精神與思想取向。《呂氏春秋》認為，君可廢，但君道不能廢，因為，有君才有國，才能創造一統。「國必有君，所以一之也。」[3] 所以，君的現實存在意義在於治國，而內在使命在於創造一統。君道決定了君的合法性所在是創造和維護大一統，從而推動了諸侯各國君主為創造統一霸業而努力，正是在這種努力下推動了制度創新與轉型。秦正是在興郡縣、弱分封和興官僚、弱貴族的制度轉型中，逐漸強大起來，並在統一中國之後，將中央集權直接確立在郡縣制與官僚制的基礎之上，從而將中國的政治從君權政體時代帶入到皇權政體時代。於是，大一統格局終於有了統一的天下和制度化的中央集權體系。鑒於此，關注中國早期文明與古代國家形成歷史的李學勤教授認為，「有些人主張秦始皇第一次統一中國，這是不夠確切的，因為夏、商、西周

---

[1] 陳夢家：《殷墟卜辭綜述》，中華書局，1988 年版，第 332 頁。

[2] 許倬雲教授分析了這種變化的一個側面，見《西周史》，生活・讀書・新知三聯書店，1994 年版，第 231、315 頁。

[3] 《呂氏春秋・執一》

已經有了統一的局面，秦不過是在春秋五霸、戰國七雄的並峙分立之後，完成了再統一而已。」● 這些統一之間的差別，主要體現為統一所基於的權力力量與政體形態有所不同而已。

由此可見，中國邁入文明門檻，開始國家發展歷史的時候，就將建立大一統的格局作為國家的理想與使命。這種政治氣質來自天地自然賦予中國人特有的自然觀與世界觀，來自大一統是中華民族的生存與發展的基本形態，從而塑造了中國歷史、社會與文化的內在基因。中國開啟王朝以來所經歷的王權政體、君權政體和皇權政體無不以建構大一統格局為出發點和根本點。不僅如此，由於在傳統社會，人的現實社會存在不是作為「個體」的存在，而是作為共同體一員的「共同體成員」的存在，其個人的實際社會存在正如整個族羣一樣，也都是將大一統作為其生存與發展的基本形態。這使得政治的大一統與作為族羣和個人生存與發展形態的大一統具有內在的一致性。這種一致性從中國傳統社會信奉的「修身、齊家、治國、平天下」的政治邏輯中得到充分的體現。在這個邏輯中，個體、家族、民族以及國家是貫通的，平天下是個體的人生追求，其背後的心理與文化基礎則是基於大一統生存狀態所形成的天下情懷。由此可見，在中國傳統社會，「大一統」體現為人的社會存在、中華民族的生存與發展形態以及傳統政治體系三者的渾然統一，既是政治的大一統，也是中華民族的大一統，進而也是人與家庭、與社會、與國家的大一統。從這個意義上講，對於中國社會和中華民族來說，大一統是中國人創造的一種生存與發展的文明形態，傳統國家的大一統政治是這種文明形態的時代產物，是大一統的政治表現。這種政治表現會隨着時代的變化、人的現實社會存在方式的變化而失去現實意義和價值，但作為中華民族生存與發展形態的大一統則依然會在歷史的長河中決定着中國的發展與命運。

● 李學勤：《失落的文明》，上海文藝出版社，1997 年版，第 107 頁。

二、大一統與中國現代國家建構的基礎

當人們將中國放在人類文明的譜系中考察時，都會形成這樣基本共識，即獨立生成與發展的中華民族及其所建構的社會和政治共同體，保持了內在的延續性，綿延幾千年，延續至今。

近一個世紀前，英國哲學家羅素讚歎這其中蘊含的統一性；二十世紀的政治家基辛格則讚歎這其中蘊含的綿延性，他說：對中華民族來說，統一性是其綿延性的基礎，而其綿延性則是統一性的強化，兩者共同鑄造出中華民族大一統的特性與形態。

著名歷史學家呂思勉先生認為，中國能夠持久地屹立於世界民族之林，貢獻人類文明輝煌發展的根本所在，不是基於大一統政治而形成的傳統國家，而是中國歷史與文化鑄造出的大一統的中華民族。因為，中華民族所具有的這種文明特性，不僅能夠創造過去的成功，而且也能夠創造未來的成功。他深刻地分析指出：

「在世界歷史上，可以和我們比較的國，只有一個羅馬。然而羅馬早就滅亡了。這是為什麼？因其只造成國家，而未造成民族。羅馬的兵力，何嘗不強？其疆域，何嘗不廣？其治法，何嘗不完備？其宮室、道路……物質文明，何嘗不堂皇富麗？然而一解紐，就風流雲散，不可收拾了。歐洲再沒有一個大帝國出現了。各民族各自發展，分歧的益復分歧，而且日趨固定，遂成為歐洲今日的局面。為什麼羅馬不會造成民族呢？即由羅馬人的政策，近於朘削四方，以莊嚴羅馬；這就是朘削異族以自肥。所以，『愛人者人恆愛之，敬人者人恆敬之』；惟不歧視他人者，人亦不能與之立異；在民族與民族，個人與個人之間，並無二致。這就是我國民族，可以為世界民族模範之處；亦即從前的所以成功。從前業已成功了，今後還宜

照此進行。」❶

　　呂思勉先生從歷史比較中所道出的歷史事實，恰恰是我們認識和把握中國現代化轉型以及現代國家建構的最基本，也是關鍵的事實依據。

　　必須首先指出的是，所謂的西方現代民族國家，就是在呂思勉先生所指出的羅馬解體之後，「各民族各自發展」的「歐洲今日的局面」基礎上形成的。從這些「民族國家」的視野出發，在一直沒有解體，且日益一體化的中華民族基礎上建立的中國現代國家，自然就不是歐洲典型意義上的「現代民族國家」，因而由此斷言：中國不可能形成與典型意義上的「現代民族國家」相匹配的現代民主政治。於是，就有學者從這個角度來否定中國的大一統。顯然，這比從政治上否定中國的大一統要更加深入。然而，問題在於這種否定是毫無意義的，因為正如羅馬的解體是西方歷史、社會和文化的發展必然一樣，中國擁有持久維繫大一統的中華民族是中國歷史、社會與文化發展的必然。羅馬解體的歷史及其效應是不能否定的，同樣作為中華民族生存與發展形態的大一統及其歷史效應也是不能否定的。這就意味着，我們應該像尊重和接受西方現代民族國家成長和建構的邏輯一樣，尊重和接受中國基於中華民族的大一統而形成的中國現代民族國家成長和建構的邏輯。

　　從呂思勉先生的分析上，我們至少能夠得到兩個基本觀點：首先，中國傳統國家之所以能夠在朝代更替中得以維持到近代，是因為中華文明不僅造就了大一統的傳統國家，更為重要的是造就了大一統的民族；其次，中國之所以能夠造就出大一統的中華民族，是因為中華民族對異族具有巨大的包容性以及內部具有雄厚的互敬共存的傳統。比照中國的大歷史，這

---

❶　呂思勉：《中華民族源流史》，九州出版社，2009 年版，第 76 頁。

兩個觀點是成立的，從中可以看到，中華民族的大一統是傳統國家建構大一統政治的前提；而中華民族的大一統，從根本上講，不是基於外力，而是基於中國民族所秉承的最基本的生存與發展原則：

「天行健，君子以自強不息；地勢坤，君子以厚德載物。」

自強不息，是中華民族大一統的根本，它保證了中華民族旺盛的生命力和發展力；厚德載物，是中華民族大一統的關鍵，它保證了中華民族強大的內聚力和吸引力。可見，中華民族的大一統是中華文化與文明之根本；而傳統社會所建構的大一統政治，不過是中華民族的這種生存與發展方式對國家和政治要求的產物。客觀地講，不論從中華民族的造就來說，還是從傳統國家及其政治體系的建構來說，中國人民的實踐和創造都是相當成功的，從而全面造就了獨特的中華文明體系。

在人類文明發展史上，民族與國家緊密相關。國家是政治共同，民族則是歷史與文化的共同體。在不同的文明中，民族與國家的關係是完全不同的，這與不同民族建立國家的基礎不同有很大關係。就中西方來說，儘管亞里士多德認為西方的城邦也是經歷了家庭、村坊，然後進入城邦的，但在馬克思看來，希臘所代表的古典國家建構形式與東方國家完全不同，因為，西方古典國家建構在部落社會解體而形成的階級社會基礎之上的，因而國家實際上是維繫既有的階級結構和階級秩序的產物；相反，包括中國在內的東方國家是建構在沒有完全解體的部落組織轉化為農村家族公社的基礎之上的，即亞細亞社會基礎之上的，其實質是家族公社的聚集而形成的，所以，中國有「集家成國」之說。從這個意義上講，東方社會的國家是基於族羣聚合而形成的，相反，西方國家則基於族羣的階級分化而形成的。這使得東方社會往往將族羣共同體與國家政治共同體視為同一體；而在西方社會，由於人們在族羣屬性之外，還存在鮮明的階級屬性，而國

家主要是從人的階級屬性出發來建構的，結果，人們往往不是把國家看作是族羣發展的產物，相反，視為維繫陷入階級分化社會的產物。正是在這個意義上，英國學者安德森把西方現代民族國家看作是「想像的共同體」。就具體的中國來說，與東方其他國家相比，中國民族聚合是基於中心對外圍的強大吸納和融合而形成的。所以，中國不可能按照西方的「現代民族國家」來建構現代國家，不僅是因為中西歷史之間存在巨大的差異，更重要的是因為中西民族的內在結構與存續形態存在巨大差異。在這方面，葛兆光先生的看法是正確的：

　　「在文化意義上說，中國是一個相當穩定的『文化共同體』，它作為『中國』這個『國家』的基礎，尤其在漢族中國的中心區域，是相對清晰和穩定的，經過『車同軌，書同文，行同倫』的文明推進之後的中國，具有文化上的認同，也具有相對清晰的同一性，過分強調『解構中國（這個民族國家）』是不合理的，歷史上的文明推進和政治管理，使得這一以漢族為中心的文明空間和觀念世界，經由常識化、制度化和風俗化，逐漸從中心到邊緣，從城市到鄉村，從上層到下層擴展，至少在宋代起，已經漸漸形成了一個『共同體』，這個共同體是實際的，而不是『想像的』，所謂『想像的共同體』這種新理論的有效性，似乎在這裏至少要打折扣。」❶

　　在中文中，「中華民族」這個「中」，首先是個方位概念，但在歷史上，一直具有很強的政治和文化含義，並在商代與代表當時的政治單位「國」這個概念結合，構成「中國」這個概念，指稱部落共主時代的「共主」所在國。這個所在國，既是政治中心，也是地理中心。到了西周，中國就

---

❶　葛兆光：《宅茲中國 —— 重建有關「中國」的歷史論述》，中華書局，2011 年版，第32 頁。

成為作為「共主」的天子所掌控天下的支撐。❶中國傳統社會的王朝、帝國及其支撐的民族力量都是基於「中」所形成的政治秩序、地理秩序以及文化秩序而建構起來的。「中」之所以能夠成為一個國家、一個民族以及一種文化建構的核心點，是因為中國人始終將「中」與「四方」結合在一起，「『四方』是一種『以我為主』的方位概念，即自居為『中』，進而整合為所謂『五方』」這樣，「中」就是以聚「四方」為前提和基礎的「中」，失去了「四方」，「中」也就失去了存在的價值。於是，「以我為核心的『統一』意識從這裏產生」。❷這種「統一」在政治上構成中央集權的傳統國家，在民族上，構成以漢族為核心、多民族一體的「中華民族」。

中華民族是在多元一體的結構基礎上建構民族大一統的。歷史與現實表明，這種民族的大一統，不是以消除民族差異為前提的，相反，是以承認並尊重民族差異為前提的，因而，其根本不在於民族的同化，而在於民族的凝聚與團結。從中國的歷史發展的內在邏輯來看，促進這種凝聚與團結力量，主要是內在的力量，而不是外在的，具體體現為三個方面：一是中華文明與歷史的發展始終是在漢族與其他民族的不斷交融中展開。首先，就漢族來說，其本身也是一個以中原為腹地的多族羣的聯合體，而且在其發展壯大的過程中，他一方面吸納進入漢族地區的其他民族，另一方面也與他所深入的少數民族地區的民族融合。費孝通先生就明確認為：

「漢繼秦業，在多元的基礎上統一成為漢族。漢族的名稱一般認為到其後的南北朝時期才流行。」

「（漢族）經過2000多年的時間向四方擴展，融合了眾多其他民族的人」。

---

❶　葛劍雄：《統一與分裂：中國歷史的啟示》，生活‧讀書‧新知三聯書店，1994 年版，
　　第 29—40 頁。

❷　王家範：《中國歷史通論》，華東師範大學出版社，2000 年版，第 79 頁。

「漢族主要聚居在農業地區，除了西北和西南外，可以說凡是宜耕的平原幾乎全是漢族的聚居區。同時在少數民族地區的交通要道和商業據點一般都有漢人長期定居。這樣漢人就大量深入到少數民族聚居地區，形成一個點線結合，東密西疏的網絡，這個網絡正是多元一體格局的骨架」。❶

其次，就其他民族來說，中國歷史上，不僅出現過由非漢族人統治的王朝，如元朝、清朝，而且在國家分裂的時候，還出現過各種非漢族人統治的政權，如北魏的鮮卑族政權等，這些非漢族的王朝和政權都有一個共同特點：接受漢文化，進而接受其民族與漢族相互融合的事實。可見，多民族聚合一體，既與中國特定的中華民族形成和發展過程有關，也與中華文明發展過程中所形成的歷史、社會和文化的綜合生態有關。

二是中華民族形成和發展過程始終存在着一個凝聚核心，這就是漢族。費孝通先生認為，漢族之所以能夠成為多民族凝聚一體的核心，主要不是其體量優勢，而是其所基於的經濟生產方式。「如果要尋找一個漢族凝聚力的來源，我認為漢族的農業經濟是一個重要因素。看來任何一個遊牧民族只要進入平原，落入精耕細作的農業社會裏，遲早就會服服帖帖地主動地融入漢族之中。」❷

三是政治上的中央集權及其所帶來的統一王朝，在為多民族的大一統提供政治支撐的同時，也提供了很強的文化支撐。李學勤先生就認為：

「長期的統一，為中國文化帶來了相當普遍的共通性，由中原以至邊遠，在很大程度上道一風同，這又反過來使政治、經濟的統一更加持久鞏

---

❶ 費孝通主編：《中華民族多元一體格局》，中央民族大學出版社，1999 年版，第 31—32 頁。

❷ 同上，第 34 頁。

固，成為中國人凝聚力的基礎。」[1]

　　綜合上述的分析，大一統是中華民族生存與發展的產物，也是其生存與發展的根本方式。中華文明的所有創造都直接源於這種大一統，並體現這種大一統。這其中不僅有統一的國家，還有統一的文字、統一的紀年等等。可以說，中華民族大一統的存在與發展方式，鑄造了中華文明；同時，中華文明也深化了中華民族的大一統存在與發展方式。因而，在漫長的歷史發展中，儘管出現過王朝更替、其他民族統治中原、國家四分五裂，但中華民族的內在大一統性始終維持，並不斷得到鞏固，成為「一項舉世無比的遺產」。[2] 這決定了中國邁向現代國家的邏輯起點與歷史使命與西方國家是完全相反的，即不是以不同民族成為獨立單位體為前提，而是以維繫中華民族大一統的存在與發展為前提來建構現代國家，並使這種大一統確立在各民族一律平等的基礎之上。

三、大一統政治的生命歷程及其遺產

　　在中國前現代歷史中，作為中華民族生存與發展方式的大一統，與作為維繫傳統國家的皇權專制統治的大一統政治互為表裏，相互決定，相互強化。中國傳統國家的皇權專制統治的大一統政治，與西方的君主專制統治完全不同，它不是體現為皇權承繼的「萬世一系」，而是以皇權為中心的結構形態前後承繼性、統治權力的上下貫通性及其價值系統的廣泛滲透性來共同體現的國家治理體系。可以說，中國傳統國家的大一統政治，不

---

[1] 李學勤：《失落的文明》，上海文藝出版社，1997 年版，第 107 頁。

[2] 葛劍雄：《統一與分裂：中國歷史的啟示》，生活‧讀書‧新知三聯書店，1994 年版，第 5 頁。

是某個君主、某個統治階級或集團的產物，而是前現代的中國人基於對天地、自然、社會、生產與生活的理解和把握而逐漸創造出來的產物，既是政治統治的產物，同時也是歷史與文化發展的產物。它不是一朝一夕建構起來的，相反，是在歷史發展過程中，經過不斷的實踐探索和歷史選擇而形成的，既包含着統治者的個人意志，也包含着中國歷史與文化所形成的內在規定性。它是一種傳統政治文明，是中華文明的一部分，創造了中國傳統政治獨特景象：皇權承繼不是「萬世一系」，但千年中國卻「百代都行秦政法」。

可見，中國傳統的大一統政治，與其說表達的是一種皇權統治，不如說表達的是一種傳統國家的制度與治理體系。這套制度與治理體系是皇權實現其統治的前提與基礎，皇權統治的所有合法性也就源於此。所以，「國不可一日無君」，但任何時代的皇權，不論其權力有多威嚴，都不會去動搖這個制度與治理體系的根本，歷朝歷代至高無上的皇帝能夠做的就是調整其內部的部件與權力結構。這不是因為皇權無力動搖這套制度與治理體系，而是掌握皇權的皇帝更多的是擔心動搖了根本，就可能動搖大一統政治的格局，從而失去了這套制度與治理體系及其背後價值所賦予的「正統」合法性，進而危及皇權統治本身。

中國傳統國家皇權統治是「家天下」的統治模式，體現為兩個方面：一是誰家掌握皇權，天下就是誰家的，皇權在家族內依據宗法原則傳承；二是中國是百家姓社會，任何一家一姓都擁有掌握皇權的權利與機會，因而誰家都可以發出「王侯將相寧有種乎」的挑戰，表達「彼可取而代也」的宏志。所以在這套制度與治理體系下，皇權不可能為一家萬世壟斷，必然是在百家百姓之間流轉，從而形成王朝更替。皇權落入誰家，是爭天下的結果；但掌握皇權的任何一家，要江山鞏固，則必須守住政權，而守住政權的關鍵，不在權力本身，而在能否贏得天下，而贏得天下的根本，除了人心之外，就是皇權能否贏得既有制度和治理體系蘊含的「正統」合法

性。擁有了這種合法性，既能有效運行制度與治理體系，也能贏得廣泛的民心。正是這種獨特的政治傳統與政治文化，使得傳統國家的制度與治理體系，雖依賴君主而運行，但又能超越君主而存在，從而成為維繫中國大一統格局的制度與治理體系。白鋼教授從政治學角度對歐陽修討論正統的概括，比較全面地表達了中國傳統政治文化對這方面的價值把握：只有在兩種情況下，皇權的正統地位是沒有爭議的：一是「居天下之正，合天下於一」者，如堯、舜、禹、夏、商、周、秦、漢、唐；二是「雖不得其正，卒能合天下於一」者，如晉、隋。而在另外兩種情況下，正統地位是有爭議的：一是「天下大亂，其上無君，僭竊並興，正統無屬」之時，「大且強者」，如東晉、後魏；二是「始終不得其正，又不能合天下於一」者，如魏及五代。[1] 由此可見，皇權贏得正統的關鍵有兩點：一是能夠居天下之正；二是能夠合天下於一，而要做到這兩點，就是弘揚維繫大一統格局的制度與治理體系權威，並藉此創造天下一統與太平。

這套制度與治理體系之所以能夠作為中國傳統國家的政治文明而存在，是因為它是從中國歷史、文化與社會中土生土長出來的，既是政治實踐的產物，更是中國人在前現代為維繫社會、延續民族、組織國家、發展生產和維持民生所進行的探索和實踐的產物。作為中國大一統政治標誌的是秦統一中國之後所建立的秦制，但不論秦制的緣起，還是秦制的最終成熟，都不在秦朝本身，這一方面與秦朝延續的時間太短有關，另一面與秦制生成的歷史規定性有關。因為，任何一種成熟的政治制度，都不是從統治者的腦袋中蹦出來的，都是長期歷史探索與實踐的產物，這其中既包括這套政治制度萌芽與發展的歷史，也包括這套制度形態形成之後完善和成熟的歷史，因而，需要一個比較長的發展時間和各種的歷史機遇，在前現

❶　白鋼：《中國皇帝》，社會科學文獻出版社，2008 年版，第 522 頁。

代，這種獨自發展的政治制度體系就需要更長的時間了。從這個角度講，中國大一統政治，應該是緣起於中國歷史上的第一個王朝，即夏朝，成熟於中央集權強大和國家發展鼎盛的唐宋，這之間前後歷經近三千年時間；如果從先秦比較完善的周朝制度確立起點算起，那麼這之間經歷近兩千年的歷史，總之，中國傳統的大一統政治是經歷千年磨礪和錘煉形成的。

在秦出現皇權為核心的中央集權政治之前，先秦制度先後經歷了以「共主」為表徵的王權政治時代和基於血緣宗法制度所確立的君主專制時代，這兩個時代的最重要成就有三個：[1] 一是形成華夏國家；二是建立了封土封民，構築以「族」為單位的國家共同體的分封制；三是確立了與宗法社會相匹配，旨在「經國家，定社稷，序民人，利後嗣」[2] 禮制。這三大成就在周朝得到了集中體現，人們往往將其視為「周制」的具體內容與表徵。「周制」最終被「秦制」所替代，「秦制」是通過用「郡縣制」替代「分封制」、用「官僚制」替代「貴族制」、用「書同文、車同軌」的中央集權終結諸侯割據而建構起來的。但是，秦制的出現絲毫不會降低「周制」在傳統中國政治文明發展中的作用與影響，因為，源於夏、成熟於周的禮制成為中國傳統國家支撐制度、運行治理的根本所在。

孔子論禮中講清楚了這個重要性，禮也由此成為歷代治國者必須遵循與重視的治國基礎與法則。他說：

「夫禮，先王以承天之道，以治人之情，故失之者死，得之者生。《詩》曰：『相鼠有體，人而無禮，人而無禮，胡不遄死？』是故夫禮必本

---

❶ 許倬雲先生在其《西周史》中對西周在這三面的成就的分析，比較系統地揭示出先秦時期政治創造者三方面政治文明成就的來龍去脈。參見許倬云：《西周史》，生活·讀書·新知三聯書店，1994 年版。

❷ 《左傳·隱公十一年》

於天，殽於地，列於鬼神，達於喪、祭、射、禦、冠、昏、朝、聘，故聖人以禮示之，故天下國家可得而正也。」[1]

由於禮制完全嵌入到中國的文化習俗、社會組織以及國家治理之中，全面協調着人與人、人與自然、人與社會、人與國家、人與天地鬼神之間的關係，所以，它「就構成了中國宗法社會的基本倫理觀念、組織結構和行為準則，也確立了中國文化的傳統」。[2]

周制創造了周朝天下。周制所形成的周朝政權確立在宗法制度基礎上，是政權與以血緣、宗法關係為基礎的族權相結合的產物。在宗法制度下，族權的權力，一方面來自家族的地位，另一方面來自家族所霸據的天下大小。於是，以封土封民的方式推動家族內部力量霸據天下、並平衡家族內部權力秩序與權力關係，就成為周制政權與族權結合的必然制度選擇。但這個制度既是家族霸據天下的制度，也是家族內部割據天下的制度。因為，它是以家族內部族權的自然分化、分立為基礎的，而以族權體系為合法性基礎的周朝政權是無力用自身的力量去解決這其中的矛盾的，唯一的辦法就是改變這種霸據天下機制與權力配置模式。[3] 所以，當諸侯割據周朝天下時，各諸侯一面遵從周制保證自己勢力的合法性，另一面開始放棄周制霸據天下的方式，探索新的制度，即用郡縣制替代分封制，派官駐守新領地，逐步減少給家族內部力量封土分民，從而逐漸弱化血緣與宗法制度在國家權力組織和國家治理中的主導作用。這就是後來一統天下的秦制得以實踐和發展的重要歷史與社會基礎。秦制自然源於秦國，但其生成和發展卻是建築在戰國時代各諸侯國為贏得統一霸業而展開的各種政治

[1] 《禮記·禮運篇》

[2] 葛兆光：《中國思想史》第一卷，復旦大學出版社，1998 年版，第 108 頁。

[3] 參見王健：《西周政治地理結構研究》，中州古籍出版社，2004 年版，第 386—416 頁。

改革和政權建設的實踐之上，其中秦國是在效法三晉的郡縣制實踐基礎上創設了作為秦制核心的郡縣制的。❶ 所以，從一定意義上，秦制是中華文明發展中出現的一種新的制度文明，因秦國藉這個制度一統天下，並將其全面深化和鞏固，而冠以「秦制」。

秦制與周制的使命一樣，就是創造一統的家天下，但兩者的取向完全不同，周制是從族權邏輯出發的，而秦制是從政權邏輯出發的，與此相應，推動周制成長的背後力量是禮制及其所形成的貴族勢力；而推動秦制成長的背後力量是法家理論以及能夠為君王管理天下的官僚。所以，相對周制來說，秦制無疑是革命性的。這決定了秦制的確立過程，不僅是制度替代的過程，而且是用君王—官僚的權力結構替代君王—貴族的權力結構的過程。這個過程最終通過秦統一中國，建立皇權統治得以完成。正如周制所形成的家天下有內在的矛盾一樣，秦制所形成的家天下也有內在的矛盾。前者的矛盾導致空間上的諸侯割據，後者的矛盾導致時間上的朝代更替。

在馬克思的理論中，家天下是東方社會發展的內在必然，因為，東方社會是以沒有完全解體部落社會轉化為農村家族公社為基礎建立國家的，因而，它所建立的政權不像古希臘那樣確立在部落社會完全解體之後所形成的階級統治基礎上，而是確立在家族統治基礎上。這決定了秦制與周制所賴以存在的社會性質與基礎結構是一致的，即宗法社會。所不同的是，周制直接將宗法社會的宗法制度上升為國家政權建構的制度基礎，從而將政權與族權結合一體；秦制沒有否定宗法社會與宗法制度，否則，它就不可能確立家天下。但秦制政權建構又在很大程度上超越了宗法社會與宗法制度，最重要的體現就是除了君王之外，國家不是靠家族來治理的，而是靠人才來治理的，從而使得家族的社會地位不能直接轉化其在國家治理中的權力地位。這樣，基於封建制必然形成的貴族階級與貴族統治就逐漸被

---

❶　楊寬：《戰國史》，上海人民出版社，2003 年版，第 228 頁。

基於人才治理國家所形成的官僚制所取代。秦制正是依靠這樣的制度，建立了比周制更具統一性和牢固性的家天下格局。秦制創造了中央集權的高度統一以及相應的強大皇權，但它從誕生的那天起就使得秦始皇用秦制統一中國時所追求的「萬世一系」變成黃粱美夢，因為，秦制在用官僚制替代貴族制的時候，就使得「萬世一系」失去了賴以存在的社會基礎，即貴族社會。正是這種家天下的內在矛盾，使得國家權力可以被某一個家族所掌握，但不可能永遠掌握在一個家族手中。國家權力的歸宿和掌握一旦失去了血緣與家族的神聖性，國家權力就自然成為全社會的公器，在以家族為單位的宗法社會中，各家各姓都有權染指。不同家族掌握國家權力，就形成不同的歷史朝代。於是，朝代更替就成為秦制家天下的形式。這與諸侯分封與割據的周制家天下形成鮮明反差。

秦始皇統一中國，建立了以皇權統治為核心，以郡縣制和官僚制為主幹的中央集權體制，並試圖用這樣的政權體制創造「萬世一系」的家天下格局。然而，秦「二世而亡」。漢承秦制，此後，秦制得以在中國延續了近兩千年。從賈誼總結秦二世而亡的歷史教訓來看，秦朝早亡的原因，不在於秦制本身，而在秦朝的施政，用賈誼的話說是「仁義不施，而攻守之勢異也」，結果，一統天下的堂堂秦朝，毀於一介草民陳涉之手。顯然，秦朝不是亡於秦制，而是亡於暴政。秦的暴政固然與秦制有關，但更與秦始皇施政不施「仁義」有直接關係。秦不施「仁義」，一方面與國家統一之後，要用政權力量創立與鞏固中央集權的新制度，消除被征服的六國殘餘勢力的反抗，固守擴展好幾倍的大國邊疆這樣的客觀政治形勢有關，另一方面與秦制統一中國過程秉承的法家治國哲學有關，過於強調「法術勢」在固權治國中的作用。正因為如此，秦亡之後而起的漢朝，繼承秦制，但不用法家治國，而是用「黃老哲學」，走向另一個極端，強調以禮為本，無為而治，與民休養生息，從而創造了漢初的「文景之治」。在這個過程中，漢承的秦制有意識地吸納了周制中的禮治體系及其背後的思想與原則。

　　中國雖有原始宗教。但由於中國是以天地自然的法則來安排世俗權力的，是以宗法倫理來安排人倫關係與世俗生活的，所以，君王治國所要借助的智力支撐，主要不是來自宗教力量，而是來自掌握天下國家之「道」的士人。君王要治天下，就必須將其所掌握的「勢」與士人掌握的「道」有機結合。這種治國形態興於春秋戰國，隨後成為一種政治形態貫穿中國傳統政治始終，其背後的機理與馬克思所強調的制度及其統治必須有相應的意識形態是一樣的，同時也符合韋伯所強調的現代政治建構必須基於「工具理性」與「價值理性」的有機統一。從這個角度講，秦制要得以鞏固，必須解決一個問題，就是建構起應有的意識形態基礎，獲得充分的價值合理性。為此，秦始皇選擇了法家哲學，漢初王朝選擇了黃老哲學。這兩套哲學立足點不是民情、民心與民生，而是君王的治國之策，所以，這兩次選擇都是從統治的需要和政權的鞏固出發的，沒有更多地從秦制本身如何立足社會，深入人心，融入傳統出發。這在客觀上導致了漢武帝所進行的第三次歷史性的努力，即同意董仲舒的「獨尊儒術」，為秦制配上以儒家為核心的意識形態系統。這個意識形態系統，相對於法家和黃老哲學來說，它立足於中國倫理本位的宗法社會，將宗法社會的倫理原則與家天下的皇權統治所需要的治國原則有機統一起來，相互銜接、相互協調，從而形成源於人性、立人心、紮根社會、貫通國家的意識形態運行體系，創造了修身、齊家、治國、平天下一體的大一統的政治統治。在這樣的大一統政治中，皇權真正之「勢」，不是來自皇權本身，而是來自支撐皇權的「制」及其背後的「道」。秦制的實際運行者是官僚，在天下太平取決於「勢」、「制」與「道」銜接有序的大一統政治格局下，官僚隊伍的選拔及其管理，就成為王朝興衰的關鍵。正因為如此，漢承秦制之後，一方面為秦制選擇相應的意識形態系統，另一方面努力為秦制搭建其運行所不可少的選官體系，並力圖實現兩者的有機協調。

　　不論是周制，還是秦制，都建立了相應的官制系統。直接反映周制形

態的《周禮》，就是一部通過官制來表達治國方案的著作，並由此確立了以官制來表達制度體系、國家組織以及治理形態的中國政治傳統。在這個傳統下，國不可一日無君，同樣，君不可一日無臣，君臣一體，是立政安國之本。所不同的是，在周制下，天子和諸侯以下的各官都是世襲的，稱為世卿。到了春秋戰國，隨着士的崛起，世卿制度開始動搖，舉賢任能逐漸成為公認的治國安邦之道。秦統一中國過程中所確立的按軍功授爵的原則，從根本上摧毀了周制的世卿制，拉開了選官制度的序幕。漢承秦制之後，漢武帝在元光元年（前 134），開啟每年一次的「舉孝廉」活動，從而使選官成為制度性的安排。所以有學者認為，這一舉動奠定了中國千年選官制度的基礎。^❶ 此後，選官制度的完善與發展，就成為秦制完善與發展的重要內容，並成為秦制完善性和有效性的關鍵所在，以至於中國傳統國家走向成熟的標誌，不是皇權在制度上得以鞏固的程度，而是選官制度得以系統化、制度化、規範化的程度。從這個角度講，隋唐的科舉制確立，既標誌着選官制度經歷了漢代的察舉制、魏晉南北朝的九品中正制之後終於定型於規範而系統的科舉制，也標誌着傳統大一統政治所運行的「秦制」也達到了最成熟和完美的形態。輝煌的大唐盛世正是在這樣的完美的制度形態基礎上形成的。

由此可見，中國傳統的大一統政治形態，不是基於一日之功而形成的，而是千年成長和演化的結果。它根植於中國傳統社會，滋養於中國的文化智慧，成長於中國歷史的風雲變幻，因而，它在形態上與中華民族大一統的生存與發展形態契合，在功能上與中國傳統的家天下的皇權國家契合，從而將社會與國家緊密聯繫為一個有機整體，同時又有效地支撐起龐大的傳統大型國家體系的組織與運轉。對此仔細考察，可以發現五大特點：

第一，制度性。傳統中國之所以能夠「百代都行秦政法」，其中一個

---

❶　何懷宏：《選舉社會及其終結》，生活·讀書·新知三聯書店，1998 年版，第 90 頁。

原因就是秦制不僅作為皇權統治的制度形式，而是也是傳統國家組織和治理的制度形式。所以，皇權可以在各家、各族之間流轉，但無論何人為皇，都必須以秦制為治國之正統，都必須運行這套制度體系。

第二，厚植性。秦制根植於中國傳統社會，與宗法社會具有內在的契合性，最基本的體現就是家國同構，家國協調一體；也正基於此，秦制也逐漸根植到每個人的生活與內心之中，使得整個國家體系成為每個人實踐和成就人生的基本平台和空間，其表達模式就是：修身、齊家、治國、平天下。

第三，開放性。這主要體現為秦制的所有權力都不具有專屬性，因而，具有全面的開放性：皇權不專屬哪個家族；為官者也不專屬哪個階層。只不過這種開放性，不是基於權力的制度化安排而形成的，而是基於非貴族制的社會結構而形成的。換言之，是社會形態的內在要求，不是制度設計的結果。

第四，精密性。縱觀人類所創設的各種政體以及相應的制度形式，制度得以鞏固和完善的關鍵主要有兩個：一個是制度能夠與外部保持持久的互動關係；二是制度內部自身具有很強的自我修復與完善功能。由此來透視秦制，不難發現秦制在這兩個關鍵點上都是非常有效的：首先，通過選官制度，秦制既能將其意識形態有效地貫穿到人們的知識體系與日常生活之中，同時又能源源不斷地從社會中選拔到既認同意識形態、又具有治國理政知識的為官之才。其次，通過選官制度，將支撐國家體系的三大系統有機整合為一個能夠相互支撐、相互塑造的閉合的循環體系。這三大系統就是：官僚系統、意識形態系統以及宗法社會系統。最後，雖然秦制是以皇權為核心的，但由於皇權的合法性與合理性是基於不觸犯整個國家的基本制度體系為前提的，使得皇權能夠自我塑造，但必須尊重秦制的內在的機理和基本結構。這樣，相對於不同時期、不同朝代的個性化皇權來說，具有歷史通用性的秦制擁有了一種相對自主性。由此可見，不論從外往裏看，還是從裏往外看，秦制的結構與運行具有內在的精密性，環環相扣，

任何環節的變化都會影響到整體與根本。

第五，自給性。不論從秦制的整個體系組織與運行，還是皇權的鞏固與實施，都離不開選官制度。可以說，選官制度是傳統大一統政治體系的中軸，並賦予其獨特的自給性。這種自給性體現為：選官制度生成的官僚隊伍是秦制得以運行的關鍵所在；而官僚隊伍得以生成的關鍵是秦制內生的選官制度。由此，官僚隊伍、選官制度以及整個秦制之間形成了相生相成的自給性。這種自給性與開放性互為前提，共同為秦制的千年存在與發展提供動力與資源。

上述五大特性，使秦制能夠在自我發展與完善的過程中，不斷獲得相對的自主性，成為能夠超越歷史階段和統治力量的傳統國家制度，具有高度的歷史與文化的正統性。然而，也正是上述這些特徵，尤其是自給性的特徵，使得秦制越是走向成熟，越失去其內在的彈性空間，最終成為無法變革的體系。秦制的自給性決定了對秦制基本結構的變革，會立刻中斷其內在的相生相成關係，使得整個體系無法正常運轉，進而也使得的整個體系與外部社會所建立的互動和互換關係無法正常展開。

1911年，運行二千年的秦制之所以會被爆發在離京城千里之外的武昌起義所摧毀，並不是起義本身有多大的破壞力，更重要的因為此前的晚清新政早已把秦制的核心支撐自行變革掉了，這就是1905年的廢科舉改革。所以，武昌起義不過是壓垮千年秦制的最後一根稻草。從一定意義上講，千年秦制最終是在內外力量的作用下自行徹底崩解的，以至於失去了任何復原的基礎與可能。秦制歷史之長久與秦制崩解之徹底，都構成了人類政治文明發展的一個奇觀。然而，隨之出現的更大的奇觀是與秦制相伴相生二千年的中華民族並沒有因為秦制的徹底崩解而四分五裂，相反，依然守住國度，依然中華一家，依然能夠在歷史的大轉折中重鑄輝煌。創造這更大奇觀的力量，一方面來自中華民族在幾千年歷史發展中所形成的大一統的生存與發展方式；另一方面來自秦制解體之後的中國創造共和民主所形成的機制與力量。

第二章
共和制與國家轉型

　　中國的歷史與文化確實沒有生成現代民主的基礎與能力，但擁有比任何國家都長的專制政治歷史的中國，卻以最徹底的形式摧毀了運行時間最長、結構最完善的傳統的專制制度，建立了現代民主共和制度。這其中不僅沒有任何的改良成份，而且始終都是用最革命的方式來進行建構的。所以，面對現代中國政治，人們不禁要問：專制政治歷史那麼長的中國為什麼最終沒有走向君主立憲的道路；而君主制歷史有限的歐洲一些國家卻在比較徹底的民主革命中留存了一些君主專制要素，走上君主立憲的道路。這個問題的答案只能在各自國家現代化轉型獨特的歷史邏輯中才能找到。

　　從一定意義上講，正視這個問題比回答這個問題更為重要。因為，這個問題的真實意義在於它揭示了這樣一個歷史發展現實：民主化是各國的現代化的必然追求，但各國的民主化建構，關鍵不在於建構起純粹的民主制度模式，而在於建構起能夠使民主得以成長的現代國家發展體系。因而，對任何國家來說，真正決定其民主建構，不是一般的民主原則，而是其特定社會、歷史與文化所決定的國家發展與轉型的內在邏輯。正因為如此，英國的民主化保留了君主；同樣也正因為如此，中國民主化與傳統的制度決裂，選擇了共和民主，並用完全來自西方的現代政治要素自主組裝出中國特色的現代政治體系。

一、大一統中國選擇民主共和

對中國來說，民主政治無疑是外來的政治形態；但近代中國走向民主共和之路卻是其國家轉型的內在要求。這看似矛盾的判斷卻是完全符合中國實際的，其中的關鍵在於兩千年的大一統政治在徹底崩解之後的歷史遺產對民主共和政治形成了強烈的內在需求。

中國考慮用西方的民主政治來替代千年的秦制專制政治，始於 19 世紀的 50 年代末、60 年代初，❶ 其直接動因是鴉片戰爭後西方列強入侵所帶來的帝國全面危機。面對一個全新的時代與世界，中國人第一次意識到兩千年的秦制是國家衰敗的根源，開始思考對舊制度進行變革或革命的可能，由此形成了改良派與革命派的兩種完全不同的立場與方案。改良派主張改良既有的制度，即千年的帝制，走君主立憲的發展道路；革命派主張摧毀千年帝制，實行民主共和。這兩派爭論的勝者是革命派。這種勝利看起來是因為革命派的主張在價值上更符合時代潮流，並有直接的革命行動，但實際上這種勝利並不是真正確立在革命派革命的徹底性和理論的建構性上，而是確立在改良派的君主立憲理論及其實踐的徹底失敗基礎上；而這種失敗，從根本上講不是改良理論與實踐本身的問題，而是兩千年秦制本身所具有的不可變革性所導致的。前面已經指出，兩千年的秦制與其說毀於辛亥革命中的武昌起義的槍聲，不如說是毀於清末為轉向君主立憲制而開啟的新政，因為，這個新政的任何改革對高度制度化和精密化的千年秦制來說，都是致命性的。可以說，革命派壓倒改良派，與其說是其革命行動的成果，不如說是改良派改良實踐失敗的產物。

實際上，對兩千年秦制及其所鑄造的傳統帝國的改良實踐，在鴉片戰爭失敗後不久就開始了，先後經歷洋務運動、太平天國運動、戊戌變法以

---

❶　熊月之：《中國近代民主思想史》，上海人民出版社，1986 年版，第 99 頁。

及清末新政，參與其中的社會與政治力量有傳統的官僚系統、追求功名的傳統士人、廣大的自耕農、地方鄉紳以及最後的朝廷力量。可以說，傳統帝國所可能有的各類社會和政治力量都從自己的立場和角色出發，以不同的方式進行了改良的努力，但最終都以失敗告終。不論從改良本身來看，還是作為改良對象的秦制來看，改良過程中的種種挫折以及改良的最終失敗，既是一種歷史的必然，也是一種制度的必然，即秦制本身不可改良性所帶來的改良失敗的必然性。所以，改良最終失敗的體現，不是改良目標沒有實現，而是所要改良的體系最終徹底崩解。改良徹底失敗所襯托出的革命成功，則是不徹底的，所以改良失敗後的中國歷史必然要進入到將革命推向徹底，並取得最終成功的歷史。把中國推上這個歷史軌道的力量與機制，就是兩千年帝制崩潰所帶來的重大歷史遺產：共和民主。

共和民主不是中國內生的，但卻是中國邁向現代的唯一政治選擇。這既決定於中國近代發展所處的時代潮流，但更決定於兩千年帝制徹底崩潰之後留下的歷史遺產。具體來說，有以下三大歷史遺產：

首先，兩千年帝制的崩潰，不僅意味着一個朝代、一種制度的終結，更為重要的是意味着維繫中華民族大一統生存與發展的傳統的大一統政治徹底崩解。由於大一統政治是將人們的政治生活與社會生活融合一體的政治，是將人們信仰體系與國家制度體系融合一體的政治，是將個人、家庭、社會與國家融合一體的政治，所以，大一統政治的徹底崩解意味着維繫這個社會、國家與民族的價值體系、制度體系以及組織體系的崩解。這種崩解在宣告國家與社會可能面臨分崩離析危險的同時，也宣告中國大地失去了重建帝制的能力與基礎。無法再建傳統帝制來維繫中華民族大一統的生存與發展方式、實現超大規模國家內在整合的客觀現實，自然要求轉型中的中國應該迅速建構能夠完成這樣使命的現代制度體系。所以，帝制崩解對中國的現代轉型形成了兩大鮮明的歷史規定性：其一，中國無論如何不可能回到帝制；其二，中國在現代轉型過程中，必須從維繫中華民族

大一統生存與發展出發選擇和建構現代制度體系。

　　其次，在現代政治的譜系中，這種新的現代制度體系，既可以是民主共和制，也可以是現代的專制統治，如軍人專制。中國之所以最終選擇了民主共和，表面上看與袁世凱建立軍人政權的失敗有關，但從根本上講，是與傳統帝制所鑄造的中國傳統社會結構形態有關，這其中包括兩個方面：一是中國傳統帝制是文人政權，雖然離不開軍隊，但軍人始終不是政治的核心，其發展不可能超越既有的制度框架和安排，所以，袁世凱所統帥的「新軍」是在舊制度下形成的，只是相對中國傳統軍隊而言，並非真正的現代軍隊；二是中國傳統帝制是在「民為邦本」的大原則下來確立政治關係，安排政治秩序的，因而，國家核心的政治關係和政治秩序基本都以「民」為一方來建構的，如君與民關係、官與民關係、國與民關係。這種關係決定了一旦帝制崩解，帝制所確立的君、官與國消失，「民」自然就凸顯為現實的主體力量，這種變化恰好契合了現代民主的內在傾向。由此可見，在帝制解體後，中國現代轉型趨向民主共和具有一定的天然社會基礎，而這種天然的社會基礎恰恰是傳統帝制塑造的。

　　最後，中國傳統的社會結構決定了隨着千年帝制的崩解，以勞動者為主體的人民成為中國社會的主體力量，並對中國選擇和確立民主共和起內在的決定作用。在馬克思的分析體系中，中國傳統社會是亞細亞社會發展的產物，國家不是確立在社會完全分裂為階級的社會結構基礎上，而是確立在農村公社的聚合基礎上，即中國傳統所說的「集家成國」。這決定了中國傳統社會不是典型意義上的階級結構社會，更像是梁漱溟先生所說的那種「職業分途」社會，即根據政治化的職業安排而形成基本結構與秩序的社會，體現為「士農工商」職業秩序，❶ 國家政治權力掌握在來自這四種

❶　參見梁漱溟：《中國文化要義》，上海人民出版社，2005 年版，第 124—140 頁。

職業精英分子考取功名後所形成的官僚。於是，整個社會就形成了上下兩大陣營：即官僚陣營與士農工商職業陣營，它們之間是可以上下流動、左右溝通的。所以，著名近代史學家陳旭麓先生用上等社會、中等社會和下等社會這三個概念來把握近代中國，分析其內在的複雜性與流動性。❶ 他所說的上等社會與下等社會，就是官僚與士農工商所構成的上下兩大陣營，而所謂的中等社會，就是處於從士農工商陣營向官僚陣營上升過程中形成的羣體力量，其核心成員就是變動不居的士這個羣體。所以，伴隨帝制體系的徹底崩潰的一定是傳統的官僚陣營，與此相應，士農工商陣營必然迅速成為社會與國家的決定主體，國家在理論上也因此回到以職業羣體為結構的人民手中。這樣的社會結構轉型與權力轉移必然要求新的政治體系應該是以人民為主體的民主政治體系。

上述三大歷史遺產決定了中國向現代國家轉型，必須重構整個國家的組織與運行體系，其中最關鍵的就是全面重構政治制度體系。在無法回到過去的歷史大趨勢下，重構的取向必然是現代。然而，前面提到現代取向的制度重構有兩種基本選擇：一是以專制為取向的制度選擇，如各種類型的軍人專制和特權階級專制，如德國、日本、韓國以及拉美國家等；二是以民主為取向的制度選擇。對於維繫千年形成的中國大一統社會來說，這兩種選擇都是可行的，都能產生滿足現實需要的功用。客觀地講，辛亥革命之後的現代制度選擇與實踐，一開始就陷入了軍人專制與民主共和的搖擺之中。❷ 袁世凱所代表的就是軍人專制，只是這種軍人專制是以復古為取

---

❶　參見陳旭麓：《近代中國社會的新陳代謝》，上海人民出版社，1992 年版，第 257—276 頁。

❷　從 1911 至 1924 年之間，至少有四種不同的憲法，政治體系也變動不居，先後歷經了君主制、共和制、攝政制等等變化。【美】齊錫生：《中國的軍閥政治（1916—1928）》，楊雲若、蕭延中譯，中國人民大學出版社，2010 年版，第 3 頁。

向的專制，結果以失敗告終，國家因此陷入軍閥割據狀態。這個歷史背景最終襯托出中國選擇民主共和的歷史必然性與緊迫性。在這歷史背景中，袁世凱的失敗以及隨後產生的軍閥系統的短命，都與傳統的大一統政治及其留下的歷史遺產有直接的關係。就袁世凱失敗而言，他不是敗在其軍事與政治勢力上，而是敗在傳統的大一統政治解體之後所留下的現實規定性上，即中國無法重新回到帝制。李劍農明確認為，帝制運動是袁世凱失敗的關鍵原因。

「但使袁氏不做帝王的幻夢，不惟北洋軍閥內部不至於即時發生裂痕，就是進步黨人雖然怨恨袁氏，也還不至和國民黨人同走上倒袁的途徑，試看袁氏方在改造約法的進行中，進步黨領袖們還是將順他，希望他藉此實行所謂開明專制以救中國。不料袁氏是要由『專制』而『帝制』，卻不是為『開明』而『專制』；『專制』成而『開明』無望，『帝制』繼起，於是把平夙擁護袁氏號稱穩健派的進步黨領袖也逼上倒袁的途徑，北洋軍閥的內部，也從此發生裂痕。所以帝制運動不惟是民國的大危機，也就是北洋軍閥的一個盛衰關鍵。」❶

至於軍閥系統的短命，齊錫生教授認為：

「最重要的是國家最終必須統一的共同信念。這個信念使這些軍人意識到他們的統治是短暫的，使他們有一種固有的不安全感。他們之中沒有人存有永遠保持現狀的幻想。」❷

❶ 李劍農：《中國近代百年政治史》，復旦大學出版社，2002 年版，第 365 頁。
❷ 【美】齊錫生：《中國的軍閥政治（1916—1928）》，楊雲若、蕭延中譯，中國人民大學出版社，2010 年版，第 192 頁。

　　至此，傳統的大一統政治及其歷史遺產對中國的現代國家轉型所形成的歷史規定性已經明晰：這就是民主與統一的有機結合。

　　可見，中國在現代國家轉型選擇民主共和，既是出於順世界潮流而動的選擇，但更多的也是基於自身歷史規定性與現實發展要求的選擇。因而，中國一開始就不是從民主的終極價值和典型模式出發，而是從維繫國家的內在統一以及整體轉型出發，具體來說，就是從如何將千年的古國在保持內在統一的前提下整體轉向現代，建構民主的現代國家體系，發展現代化。這無疑是前無古人，後無來者的現代國家建設實踐。在這個實踐中，中國一開始就努力將民主的建構實踐與保持多元一體的大型國家內在統一，與實現由大多數人掌權的人民做主相結合，因而，堅定地選擇了民主共和，以共和為中國現代民主建構的根本原則。

　　「民主」（democracy）與「共和」（republic）在中文和英文中都是兩個詞。美國政治學家達爾認為這兩個詞所表達的政體都是一樣的，都是民選政體，前者來自古希臘，基於古希臘的民主實踐，後者來自羅馬，基於羅馬共和國的民主實踐。❶ 實際上，中國共產黨在選擇國號的時候，也是認為「民主」與「共和」是一個意思，所以，不用「人民民主共和國」，而用「人民共和國」。問題在於，既然「民主」與「共和」存在同義反復，那為什麼，用「共和」而不用「民主」呢？周恩來從兩個維度給出了解釋：

　　一是「人民」在這裏代表人民民主，是「民主」的直接體現；二是「作為國家還是用『共和』二字比較好。辛亥革命以後，中國的國名是『中華民國』，有共和的意思，但並不完全，可以作雙關的解釋，而且令人費解。」❷

---

❶ 【美】羅伯特・達爾：《論民主》，李柏光、林猛譯，商務印書館，1999年版，第9—29頁。
❷ 周恩來：《關於人民政協的幾個問題》，《周恩來統一戰線文選》，人民出版社，1984年版，第138頁。

這個分析再次印證了中國建構現代民主無時不在兩個維度上把握：一是人民統治；二是國家統一。與國家統一最貼切的政治話語與制度形態表達，無疑是「共和」。

儘管達爾認為「民主」與「共和」都是民選政府的表達，其現實基礎都是強調公民平等參與國家公共事務，選舉代表，組織政府，但不論是從這兩個詞的歷史來源，還是從這兩個詞所關照的具體民主實踐來看，其立足點或側重點是不同的：前者側重於人民的自由權利與政治參與實踐，後者側重於國家權力的人民性與公共性。雖然這兩個立足點或側重點是民主原則與實踐都不可或缺的兩個方面，但前者更多地是從公民自由權利的神聖性出發的，而後者更多地是從國家權力公共性出發的。從民主建構與發展的實踐來看，對於沒有民主傳統和基礎的國家來說，或者用今天的西方理論來說，對於市民（公民）社會不發達的國家來說，從國家權力公共性出發，即從將國家權力從「私器」變為「公器」出發，奠定共和原則，發展民主政治，無疑是更為切實可行的民主發展選擇。從「共和」出發，民主建構的立足點與側重點自然是國家權力的公共性。所以，孫中山先生將兩千多年前孔子所說的「天下為公」作為中國民主建構的核心原則，[1]強調國家權力只有定格在「天下為公」之上，才能實現中華民族共和，才能建平民掌權的民權政府，才能建成真正民治、民享、民有的社會。中國國家現代轉型的歷史表明，正是這種「天下為公」的共和實踐，既維繫了中華民主的大一統與千年古國的現代統一，也能達成人民做主的民主政治形態。

---

[1] 孫中山借孔子的「大道之行也，天下為公」來表達中國現代國家應該從「家天下」發展為「公天下」，具體來說，就是要建設一個「天下者，是天下人之天下也」。參見孫中山的《三民主義》，《孫中山文粹》，廣東人民出版社，1996 年版，第 807—927 頁。

二、國家在共和民主中整體轉型

　　轉型是各國現代化運動的必然現象，既出現在社會層面，也出現在國家層面，與現代化運動相伴相生。現代化所帶來的轉型，不論是發端於社會，還是發端於國家，都躍出自身，波及到另一層面，這使得人們常常將這兩個層面的轉型混為一體，並用「社會轉型」或「國家轉型」來概括。卡爾·波蘭尼從社會層面出發來研究轉型的，儘管他同時觸及到社會轉型與國家轉型，但為了從人類文明發展的宏大的時空中把握現代化所帶來的轉型與變遷，他超越了具體的國家及其所對應的社會，從一個時代變遷和一種社會制度體系的轉型來把握，為此，他使用了「大轉型（great transformation）」這樣的宏觀概念。❶ 然而，一旦將視角聚焦到具體的國家，波蘭尼的「大轉型」分析只能成為考察具體國家轉型的背景因素。如果僅僅從這個背景因素出發，那所能把握的是轉型的態勢與程度，難以把握具體國家本身轉型的內在邏輯及其戰略目標和策略選擇。所以，把握具體國家現代化所帶來的轉型，還是應該從社會轉型與國家轉型兩個層面的內在關係入手。

　　在轉型問題上，馬克思關於經濟基礎與上層建築關係的理論是最具深刻性和邏輯性的。馬克思將作為上層建築的國家轉型與以經濟基礎為主體的社會轉型分開，並認為社會轉型的內在動力來自生產的發展。他指出：

　　「物質生活的生產方式制約着整個社會生活、政治生活和精神生活的過程。」

　　「社會的物質生產力發展到一定階段，便同它們一直在其中運動的現

---

❶　參見【英】卡爾·波蘭尼：《大轉型：我們時代的政治與經濟起源》，馮鋼，劉陽譯，浙江人民出版社，2007 年版。

存生產關係或財產關係（這只是生產關係的法律用語）發生矛盾。於是這些關係便由生產力的發展形式變成生產力的桎梏。那時社會革命的時代就到來了。隨着經濟基礎的變更，全部龐大的上層建築也或慢或快地發生變革。在考察這些變革時，必須時刻把下面兩者區別開來：一種是生產的經濟條件方面所發生的物質的、可以用自然科學的精確性指明的變革，一種是人們藉以意識到這個衝突並力求把它克服的那些法律的、政治的、宗教的、藝術的或哲學的，簡言之，意識形態的形式。」❶

依此理論，在馬克思的觀念中，國家轉型實際上是在生產發展所引發的社會革命、政治革命與文化革命的互動過程中進行的。生產發展是根本，社會革命、政治革命與文化革命是國家轉型的路徑與實現方式。至於在具體轉型中，社會革命、政治革命與文化革命將以什麼樣的方式展開，馬克思在區分兩種變革中，給出了這三種革命的雙向互動關係：一是基於生產的經濟條件所引發的變革，這種變革是物質性的，可用自然科學的精確性指明的，由此，人們可以從生產發展量與質的把握中，推測其可能引發的經濟、社會和政治的變革；二是人們基於對現實衝突的主觀反映而自覺啟動的政治、精神、觀念，即上層建築的主動變革。馬克思將後者視為「意識形態的形式」，據此，我們可以將前者視為「生產形態的形式」。由此，我們可以把馬克思理論所演繹出來的國家轉型理論邏輯概括為「三種革命，兩種形式」。用這個理論邏輯來透視不同國家的現代轉型，可以發現不同國家的國情不同，三種革命與兩種形式之間的關係和內在邏輯也完全不同，從而形成不同的國家轉型路徑與形式，以及轉型之後的不同的發展戰略與發展形態。在西方的現代國家轉型中，這「三種革命，兩種形式」

---

❶　馬克思：《〈政治經濟學批判〉序言》，《馬克思恩格斯選集》第二卷，人民出版社，1995 年版，第 32—33 頁。

總體上混合在一起，即社會革命、政治革命與文化革命相互激盪，相互促進，與此相應，變革的兩種形式是相向而行，相互呼應的。中國則完全是另一種情形。

對於古老的中國來說，推動其向現代國家轉型的根本動力，也是生產的發展，但主要不是其自身的生產發展，而是西方社會的生產發展。因而，這種生產發展不是從內部來推動國家轉型的，而是從外部來推動國家轉型，體現為新經濟力量、新市場力量以及背後的新政治力量對舊帝國體制的強烈衝擊，力圖使其符合外部力量的要求，因而，這種衝擊具有強迫性，甚至具有摧毀性。在這樣的情形下，中國的國家轉型就不可能像西方國家那樣等待自身內部的經濟與生產發展，而必須「藉以意識到這個衝突並力求把它克服的那些法律的、政治的、宗教的、藝術的或哲學的」變革來進行。因而，這種變革不是基於生產發展所產生的精確動能和明晰變革邏輯來展開的，而是基於主體力量對這種衝突性質的把握以及用於克服衝突的國家與社會意志的設定來推動的。面對強大的外部衝突，出於共同體生存與自保的本能，國家轉型所需要的變革自然是首先從維繫既有的政治體系以及大一統的共同體出發的。鴉片戰爭後中國所經歷的變革無不在這兩個基本點上展開。到了維繫既有的傳統政治體系徹底無望的時候，維繫大一統的民族與國家共同體存在就成為國家轉型的根本立足點；與此相應，變革所要解決的問題，就從如何通過維繫既有的政治體系來維繫大一統共同體轉向如何通過建構新的政治體系來維繫大一統共同體。

由此可見，中國的國家轉型從一開始就是從上層建築入手的，由於它不是面對內生的生產力量對共同體內部結構的衝擊，而是外部力量對整個共同體的壓迫和衝擊，所以其轉型始終不變的立足點是：阻止外部力量摧毀大一統共同體本身，使其能夠在現代化過程中存續。推動戊戌變法的康有為和梁啟超關於「保全中國」的思想和主張充分體現了這一點。儘管他們時時糾結於「保全中國」與「保皇」之間，但其根本的立足點還是落在

保全中國之上,「保皇」最終僅僅成為保全中國的一種策略和手段。[1] 相對梁啟超要保守許多的康有為在這一點上明確將保全中國放在首位,「檢視他的著作可知,他的主要關注是經變法以救中國。他保清是為了變法之需。他並不反對因保中國也保了清廷。但是,假如保清成了現代化的阻礙——即不可能和平而有序地由專制轉變到君憲,他是情願不保清的。」[2] 由此可見,中國在推動國家轉型過程中,不論觀念的更新,還是政體的選擇,也不論變法的實踐,還是革命的動員,都可以有不同的意見、主張和行動,但其背後偏離的民族意志及其所決定的核心使命是「保全中國」。因而,在國家轉型中,「保全中國」是目的,其他都不過是手段。

縱觀近代以來中國歷史與社會發展,「保全中國」的內在欲求有三:保國家不亡、保民族不散、保天下不棄。這決定了「保全中國」為軸心的國家轉型,不是簡單地為現代化而現代化、為民主化而民主化的轉型,而是要以保全國家內在整體性與發展現代性有機統一的轉型,否則,國家就可能被現代化潮流所淘汰,被全球天下所廢棄,正如孫中山先生所說:

「世界潮流浩浩蕩蕩,順之者昌,逆之者亡。」

這決定了國家轉型中的制度選擇,既要考慮其現代性,也要考慮其整合性;既要考慮擔當政治革命的可能性,同時也要考慮其推動社會革命的可能性。這正是中國近代變革與革命長時間的搖擺於君主立憲與民主共和之中的現實原因。君主立憲失敗的關鍵在於其無法實現其應有的現代化轉化,這與中國千年帝制的內在特點有深刻的關係。君主立憲制失敗從反面

---

[1] 1899 年,梁啟超為了保全陷入完全內外交困、隨時都可能分崩離析的局面,發表了《論保全中國非賴皇帝不可》一文,以保中國不潰、不散。

[2] 【美】蕭公權:《近代中國與新世界:康有為變法與大同思想研究》,汪榮祖譯,江蘇人民出版社,1997 年版,第 193 頁。

提示了民主共和所需要的成功要件是：如何在提供給中國現代化的政治體系的同時，保全中國這個大一統共同體的現代整合，從而實現千年古國整體轉型到現代國家。

三、政黨與共和民主國家相生相伴

中國國家現代轉型所進行的變革顯然是「意識形態的形式」，具體來說，就是從政治上層建築開啟，通過政治革命、文化革命來創造社會革命，從而推動整個國家整體轉型。在這個過程中，由於借助舊體制所進行的變革，乃至革命性的行動都以失敗告終，所以，最後通過新舊政治體系完全更替的政治革命來推動，民主共和因此全面進入古老的中國，並開始在這個社會扎根生長。可以說，民主共和是國家現代轉型過程中的自主選擇，既是反傳統專制體制的政治成果，但同時也是在民族與國家危機中「保全中國」的必然政治選擇。人們常常認為中國選擇民主共和是出於反專制的目的，這不錯，但不能因此忽視了另一個重要的目的，就是在國家轉型中「保全中國」的整體和結構的轉型一體性。正因為如此，當中國開始整體設計國家轉型後的政治體系的時候，力圖系統效仿的不再是英國或日本，而是美國，其中一個重要原因是：美國與中國一樣，都是大型國家。所以，辛亥革命後，《中華民國臨時約法》所構想的政治組織形式儘管搖擺於美式的總統制與法式的內閣制之間，但實際的立足點是美式的總統制，並將美式的聯邦制視為中國應該效仿的國家結構組織形式。

實際上，近代中國最終選擇民主共和，並以美為師，經歷了複雜的心路歷程。歷史學家陳旭麓先生對此有過這樣的描述：

「南京臨時政府的成立以及《中華民國臨時約法》的頒佈，是『揖美追歐』的結果，也是『五四』以前八十年先進的中國人經歷幾代人奮鬥而

取得的最富深遠意義的結果。從過去渾然一體的泰西到『揖日追俄』再到『揖美追歐』，從彼得大帝、明治天皇到拿破崙、華盛頓，在一個繼承一個的同時又一個否定一個，如浪層相逐，交錯地出現。由此而顯示出中國人對西方認識的逐步深入和近代中國社會的進化。當南京臨時政府公佈了第一首民國國歌的時候，『揖美追歐，舊邦新造』已由革命派的意向變成了中華民族的共同意向。」❶

從這個變化過程可以看出，中國人一直在西方的實踐中選擇能夠解決中國問題的方案，而其立足點就是實現「舊邦新造」。從第一首民國國歌歌詞整體意思來看，這個「舊邦新造」的核心就是用新制度「保全中國」在新世界、新時代依然是一體的國家，依然能創天下和平的國家。歌詞是這樣表達的：

「亞東開發中華早，揖美追歐，舊邦新造。飄揚五色旗，民國榮光，錦繡河山普照。我同胞，鼓舞文明，世界和平永保。」

因而，對於中國來說，共和民主雖然是外來的，但對其選擇，卻是主體的自覺選擇，並賦予其很強的現實使命，這就是要用其實現中國的「舊邦新造」。正是這種主體性，使得中國建構共和民主的過程，實際上既是一個學習、引入西方共和民主，同時也是一個重新裝配中國共和民主的過程。不論是孫中山的「三民主義」、「五權憲法」和「權能理論」，還是中國共產黨的「人民民主」、「民主集中制」和「民族區域自治」都是重新裝配現代共和民主要件而形成的適合中國國家轉型與發展需求的共和民主。在這個過程中，每一項共和民主制度的設計與建構，都力圖平衡共和民主

---

❶ 陳旭麓：《近代中國社會的新陳代謝》，上海人民出版社，1992年版，第314頁。

的原則要求與「保全中國」、「舊邦新造」的現實要求之間的關係。這種平衡的最典型事例就是：中國猶豫再三之後，沒有選擇所有大國運行共和民主都普遍選擇的聯邦制。對此，孫中山先生是在將現代國家建構邏輯與中國國家轉型的歷史基礎結合之後才參悟到其中的真理的：

「十多年來，我國一般文人志士想解決中國現在的問題，不根本上拿中美兩國的國情來比較，只就美國富強的結果而論。以為中國所希望的，不過是在國家富強；美國之所以富強，是由於聯邦，中國要像美國一樣的富強，便應該聯省；美國聯邦制度的根本好處，是由於各邦自定憲法、分邦自治，我們要學美國的聯邦制度變成聯省，根本上便應該各省自定憲法，分省自治；等到省憲實行了以後，然後再行聯合成立國憲。質而言之，就是將本來統一的中國變成二十幾個獨立的單位，像一百年以前的美國十幾個獨立的邦一樣，然後再來聯合起來。這種見解和思想，真是謬誤到極點，可謂人云亦云，習而不察。像這樣只看見美國行聯邦制度便成世界頂富強的國家，我們現在要中國富強也要去學美國的聯邦制度，就是像前次所講的歐美人民爭民權，不說要爭民權，只說要爭自由平等，我們中國人此時來革命也要學歐美人的口號說去爭自由平等，都是一樣的盲從！都是一樣的莫名其妙！」❶

孫中山先生所說的莫名其妙之處就在於：人們根本就沒有考慮到，實行聯邦制，對美國來說，是從原來的邦聯走向聯邦，即從分散走向集中；而對中國來說，則是中央集權的單一制走向聯邦制，即從集中走向分散，而不論是中國千年形成的大一統社會結構的特性，還是現代國家的內在要求，都是需要集中的。沒有集中的結構，就不可能有世界上的現代國家，

---

❶　孫中山：《三民主義》，《孫中山選集》，人民出版社，2011 年版，第 773 頁。

同樣，也不可能建設真正的現代中國，以維繫中華民族的大一統。

　　然而，對於人口四萬萬，但卻是一盤散沙的中國社會來說，這種主體性，不僅需要主體的自覺，更需要自覺的主體。主體的自覺可以體現為一種思想和觀念，而自覺的主體才能將這種思想和觀念付諸實施，從而真正建立起適合中國發展需要的共和民主。由於中國國家轉型所基於的變革，不是「生產形態的形式」，而是「意識形態的形式」，是從政治變革與政治革命入手的，所以，這個自覺主體不可能是現實經濟生產發展的結果，相反，只能是基於政治革命運動所孕育出來的力量。政治革命運動一定能夠創造兩種力量：一是致力於政治革命動員和組織的政治力量，其現代表現形式就是政黨；二是政治革命最終所不得不依靠的武裝力量，這就是軍隊。在中國近代國家轉型中，這兩種政治力量都出現過，中國的社會與歷史發展最終選擇了政黨，即動員與組織人民進行革命的革命黨這個力量。之所以最終選擇政黨，一方面是因為舊體系建構的軍隊，沒有完全的現代化，名為「新軍」，只是組織與裝備是新的，但其思想和精神還是舊的，所以，最終無力承擔起建構現代共和民主的使命，不僅如此，以袁世凱為代表的「新軍」還成為復辟「帝制」，反共和民主的力量。另一方面則與中國現代政黨在政治革命中逐漸演化為具有動員和凝聚民眾力量的革命黨有關。中國國家轉型中最早出現的政黨是完全西方式的政黨，即基於議會選舉而產生的選舉性的政黨，這種政黨只不過是力爭贏得議席或最終政權的階層與集團的代表，因而，無法真正承擔凝聚全社會力量進行革命的使命。只有到了中國陷入了軍閥混戰，共和民主的生存與發展面臨全面危機，國家需要救亡圖存的時候，以孫中山為代表的革命家為了挽救國家，實現共和民主，提出要建立凝聚全社會力量，並擁有自己軍隊武裝力量的革命黨。孫中山指出：

　　「竊以中國今日政治不修，經濟破產，瓦解土崩之勢已兆，貧困剝削

之病已深。欲起沉疴，必賴乎有主義、有組織、有訓練之政治團體，本其歷史的使命，依民眾之熱望，為之指導奮鬥，而達其所抱政治上之目的。」

孫中山認為，這種政治團體的力量之源在於贏得民心和凝聚民心：

「所謂吾黨本身力量者，就是人民的心力。吾黨從今以後，要以人民的心力為吾黨力量，要用人民心力奮鬥。人民的心力與兵力，二者可以並行不悖。但兩者之間，究竟應以何者為基礎？應以何者為最足靠？自然當以人民的心力做基礎，為最足靠。若單獨倚靠兵力，是不足靠的，因為兵力勝敗無常。吾黨必要先有一種基本力量做基礎，然後兵力有足靠之希望。假使沒有一種基本力量做基礎，雖有兵力，亦不足恃。」

這種政黨的出現使得共和民主在中國的實踐，不僅有了自覺的主體，而且有了自覺主體所廣泛動員起來的民眾力量。

分析至此可以看出，中國的國家轉型的獨特邏輯與要求，賦予共和民主在中國實踐與成長以特殊的使命和明確的中國取向；正是這種共和民主實踐的努力，孕育和發展了其在中國的實踐主體：凝聚民心、民力，全面主導政治革命與國家轉型的革命黨。更為重要的是，正因為有了這種革命黨，共和民主在中國的實踐就不僅能夠在價值選擇與制度安排上滿足中國實現國家整體轉型對維繫內在一體化的要求，而且能夠通過其所孕育的組織力量和社會基礎，維繫和保障國家轉型過程中的一體化基礎。

從古至今，民主不是要解構共同體，相反而是要解決人如何在特定的共同體中得以有效的發展，並有效平衡人與共同體的關係。所以，從一定意義上講，不論是從共同體需求出發所建構的民主制度，還是從人的自由發展出發所建構的民主制度，其最終都要考慮到人的發展與共同體的維繫。相比較而言，自由主義民主更多地以人的自由權利為中心展開，共和

民主更多地以國家權力公共性為中心展開，但不管哪種傾向的民主建構，都不會去衝擊國家共同體的維繫，相反，都會以創造和維繫國家這個政治共同體為內在使命和現實前提。正因為如此，基於共同原則實踐的民主，在不同的國家卻創造了差異很大的現代民主制度體系及其不同的現代國家形態，例如英國的君主立憲制、法國的共和制、美國的總統制等等。可以說，現代國家在建構民主的同時，民主也在建構現代國家制度。換言之，國家的現代轉型必須建構現代民主制度，但是現代民主制度要在特定的國家得以建構，它也會在被建構的過程中反作用於國家建構本身，從而使得民主建構與國家建構有機統一起來。從這個角度講，擔負起建構中國共和民主使命的革命黨，既可以看作是國家轉型與政治革命的產物，實際上也可以看作是共和民主滿足中國國家整體轉型的歷史事件的具體產物。由此可見，這種以凝聚全體民眾力量進行國家建設的革命黨，實際上是與共和民主在中國的實踐相生相伴的。中國如果沒有以共和民主推動國家轉型的歷史選擇，中國也就不可能出現以孫中山為代表的中國國民黨和最後成為國家建設核心力量的中國共產黨；反之，沒有孫中山創造的以革命黨的力量建設國家的中國國家建設模式，沒有中國共產黨對全社會、全民族的凝聚，共和民主也不可能在中國最終確立，並使千年古國整體邁向民主和現代化，創造人類經濟、社會和政治發展新奇跡。

四、共和民主根本在人民作主

共和民主對國家權力公共性的強調，實際上具有兩個面向：一個面向國家這個共同體，強調國家這個共同體不屬於部分人，而是屬於全體國民，國家保障全體人民；另一個面向個人，強調個人自由不受國家權力的隨意干涉，不僅如此，個人擁有通過參與國家的公共事務以保障其自由的權利。為此，實踐中的共和民主，既要考慮如何平等地尊重與維護每個個人

的權利；同時也要考慮擁有權利的人如何成為國家的主人，以免除國家權力對自身自由的危害。這是共和民主的基本精神和原則。這意味着具體的共和民主實踐，可以在平衡個人與國家關係、維繫國家這個政治共同體內在穩定與協調中，形成不同的制度建構，創造不同的國家形態，但其根本立場不能離開對人的自由與發展的保障，離開人民是國家主人這個根本原則。

中國的共和民主實踐孕育了凝聚全體人民建設國家的政黨這樣的政治力量，形成了政黨與民主共和國家相生相伴的政治形態。雖然這與西方實踐的民主共和制度有很大差異，但這絲毫不影響中國共和民主的現代性與民主性，因為，作為自覺主體的政黨在推動和發展共和民主的過程中，始終堅守共和民主所堅持的根本立場和根本原則，其核心就是人民掌握國家政權，並通過國家政權保證人民的自由與平等。1949 年，中華人民共和國成立前夕，毛澤東在闡述其所要建立的新政權、新國家的形態時明確認為：在民主所要遵守的基本立場上，共產黨與孫中山代表的國民黨是一樣的。毛澤東是這樣說的：

「1924 年，孫中山親自領導的有共產黨人參加的國民黨第一次全國代表大會，通過了一個著名的宣言。這個宣言上說：『近世各國所謂民權制度，往往為資產階級所專有，適成為壓迫平民之工具。若國民黨之民權主義，則為一般平民所共有，非少數人所得而私也。』除了誰領導誰這一個問題以外，當作一般的政治綱領來說，這裏所說的民權主義，是和我們所說的人民民主主義或新民主主義相符合的。只許為一般平民所共有、不許為資產階級所私有的國家制度，如果加上工人階級的領導，就是人民民主專政的國家制度了。」❶

----

❶ 毛澤東：《論人民民主專政》，《毛澤東選集》第四卷，人民出版社，1991 年版，1477—1478 頁。

由此可見，政黨之所以能夠成為共和民主建構的自覺主體和支撐力量，首要的關鍵不在於政黨組織有多麼系統，政黨的整合力有多麼強大，而在於政黨不是作為簡單的部分而存在，而是作為凝聚全體人民力量核心，作為保證人民當家作主的力量而存在，因而，這種政黨的存在最大意義，不在政黨本身，而在使人民作為一個整體成為國家的主人，使國家真正掌握在人民手中，並保障人民自身的平等與自由。

　　推動中國國家轉型的變革是「意識形態的形式」，即是從政治上層建築開始的，具體來說，是通過在全體民眾中達成變革或革命共識，凝聚人心人力，推動改變既有制度的政治變革或政治革命而展開的。在這其中，凝聚人心人力是關鍵。這與原發的、內生型的現代化國家不同，在這些國家，推動國家轉型的變革力量來自現代生產的發展及其所孕育的相對獨立於國家的新生階級與社會力量，這些力量對生產發展以及自我實現的追求，直接或間接地開啟了變革上層建築的政治變革或政治革命的運動，從而推動國家的現代轉型。在這其中，經濟與社會的發展是國家轉型的動力，國家適應經濟與社會發展是國家轉型的使命，於是，國家與社會的相對分立以及相互作用，就自然成為這些國家實現國家轉型和建構現代國家的基本行動邏輯。相反，在中國這樣後發的，外生型的現代化國家，由於缺乏內生型的現代化發展力量，所以，就必須通過既有階級或社會力量的自覺來推動，而這種力量要能夠創造革命形勢，推動國家轉型，要麼是既有社會中的主導性階級，要麼是既有社會的整體性力量，任何僅靠小眾力量自覺和吶喊的努力，最終都是無濟於事的。中國傳統社會的組織方式與階級結構，決定了中國在向現代國家轉型的過程中不存在現成的主導性階級力量，於是，只能靠自覺的先進力量來動員和喚起全體民眾，從而形成推動政治革命與國家轉型的整體性的社會力量。在孫中山那裏，這個先進的力量就是具有「先知先覺」的革命黨與革命黨人；而在毛澤東那裏，就是先進的工人階級以及作為其代表的共產黨人。於是，先進力量的組織與

廣大民眾動員之間的互動與合作，就自然成為像中國這樣的國家推動國家轉型的基本行動邏輯。沒有這個層面的行動及其所推動的國家的轉型，就不可能有現代化成長所需要的經濟與社會基礎的健康發育，因而，也就不可能形成現代國家建構與發展所需要的國家與社會相對分立與相互作用的行動結構與行動邏輯。正因為如此，中國現代國家轉型以及共和民主建構，不是簡單地基於國家與社會的二元互動結構展開的，而是基於政黨與民眾、國家與社會的二維四元結構展開的。政黨與民眾構成現代國家建設不可缺少的一維存在，決定國家轉型與現代國家建構的基礎與主軸，沒有這一維關係的存在，國家基本組織關係、制度體系以及價值系統就難以得到確立和維繫。而國家與社會構成現代化發展不可缺少的一維存在，決定着國家現代化發展以及國家制度體系的豐富與完善。在中國這樣後發的現代化國家，國家與社會關係不能簡單地從政黨與民眾關係中完全抽象出來，孤立地決定國家建構與現代化發展，其原因就在於這樣的國家很難自發地產生推動國家轉型與建構現代國家的核心力量，自然也就很難形成能夠自行有機互動的國家與社會關係及其所需要的相應的經濟與社會基礎。總之，對於國家轉型、現代國家建構以及國家的現代化發展來說，政黨與民眾這一維最根本的價值和意義在於：將民眾凝聚為一個有機整體，使其真正成為現代國家的主體力量，進而使現代國家成為掌握在全體人民手中，並服務全體人民的共和民主的國家。

顯然，在政黨與民眾這維關係中，政黨的取向與作用是關鍵性的。對於中國共和民主來說，政黨只有全面凝聚起人民，使人民成為國家的主體力量，政黨才有實際的價值與意義；否則，政黨就可能成為共和民主健康發展的羈絆。因為，政黨在這方面的作用，既能使共和民主有了強大的社會和政治基礎，即人民對國家的主導地位以及對國家事務的廣泛參與，也能使共和民主在推動國家整體轉型以及保全國家內在一體性上，擁有了可依靠的政治和社會力量，具體來說，就是通過政黨的組織網絡和凝聚起來

的人民來支撐國家的整體性和一體化。實踐表明，不論在革命年代，還是建設年代，政黨與民眾這維關係的建構、鞏固與發展，都具有很強的「意識形態的形式」，它不是靠某種簡單的物質與生產關係來建構和維繫的，而是靠黨的主義、黨的組織以及黨的實際行動。孫中山先生當年就指出：

「建國方法有二：一曰軍隊之力量；二曰主義之力量。」

「（黨一旦將自己）主義宣傳到全國，使全國人民都贊成，全國人民都歡迎，便是用這個主義去統一全國人民的心理。到了全國人民的心理都被本黨統一了，本黨自然可以統一全國，實行三民主義，建設一個駕乎歐美之上的真民國。」

「所謂以黨治國，並不是要黨員都做官，然後中國才可以治；是要本黨的主義實行，全國人都遵守本黨的主義，中國然後才可以治。」

不僅孫中山有這樣的思想和主張，中國共產黨也始終堅持靠主義動員人民，靠為人民服務凝聚人民。毛澤東指出：

「馬克思列寧主義的基本原則，就是要使羣眾認識自己的利益，並且團結起來，為自己的利益而奮鬥。」[1]

「共產黨基本的一條，就是直接依靠廣大革命人民羣眾。」[2]

所以，鄧小平在建國後不久就明確指出：

---

[1] 毛澤東：《對晉綏日報編輯人員的談話》（1948 年 4 月 2 日），《毛澤東選集》第四卷，人民出版社，1991 年版，第 1318 頁

[2] 毛澤東：《共產黨基本的一條就是直接依靠廣大人民羣眾》（1968 年），《建國以來毛澤東文稿》第 12 冊，中央文獻出版社，1998 年版，第 581 頁

「共產黨──這是工人階級和勞動人民中先進分子的集合體，它對於人民羣眾的偉大的領導作用，是不容懷疑的。但是，它之所以成為先進部隊，它之所以能夠領導人民羣眾，正因為，而且僅僅因為，它是人民羣眾的全心全意的服務者，它反映人民羣眾的利益和意志，並且努力幫助人民羣眾組織起來，為自己的利益和意志而鬥爭。」❶

由此可見，在中國的共和民主中，政黨與人民是必須始終共存一體的，政黨不能凝聚人民，就不可能成為共和民主的建設和發展力量；反過來，人民不能夠借助政黨而真正贏得其對國家的主體地位，將國家權力掌握在全體人民手中，共和民主也就失去了生存與發展最關鍵的基礎。

總之，共和民主所要求的國家權力的公共性，在中國的集中體現就是國家權力真正掌握在全體人民手中，人民當家作主。政黨領導的所有合法性基礎以及現實意義，都是由此出發的。因為，有了人民民主的實踐和根本保障，黨的領導與人民民主才能在中國的共和民主實踐中有機統一起來，並創造出能夠保障國家整體轉型和內在一體的現代國家建構與發展的中國國家形態。可以說，黨的領導與人民民主的有機統一，是中國以共和民主的方式創造千年古國現代轉型的必然政治形態，有其內在的現實性與合理性。隨着社會主義法治國家建設目標與任務的展開，共和民主就擁有了在中國全面成長所需要的所有基礎和切實可行的行動邏輯。

---

❶ 鄧小平：《關於修改黨的章程的報告》（1956 年 9 月 16 日），《鄧小平文選》第一卷，人民出版社，1994 年版，第 218 頁。

第三章

社會主義國家與共產黨

中國現代國家轉型在政治上的重要標誌，就是中國共產黨領導人民在千年古國建立社會主義政權，開啟了建設社會主義中華人民共和國的現代國家建設之路。中國之所以選擇社會主義，建設社會主義國家，一方面與中國歷史、社會、文化所決定的中國國家現代轉型的內在規定性和時代使命密切相關，另一方面也與中國民主革命時期的人類社會為擺脫自由資本主義危機而整體取向社會主義直接相關。所以，在推動國家現代轉型，建設新社會、新國家的過程中，不論孫中山領導的國民黨，還是中國共產黨，都明確把免除中國人民重蹈自由資本主義所必然帶來的各種苦難，建設超越自由資本主義的社會主義作為黨的奮鬥使命。

不過兩黨所說的社會主義有所不同，孫中山先生所強調的社會主義更多地體現為民主社會主義，而中國共產黨領導強調的則是科學社會主義，其理論基礎是馬克思主義，其核心使命就是實現勞動人民的解放。中國共產黨的勝利，決定了中國將通過建設以科學社會主義為指導的社會主義現代化國家來全面開啟中國的社會主義道路。

中國社會、歷史與文化決定了不論是實行共和民主，還是建設社會主義國家，其根本點都必然是以人民為本位，人民當家作主。這也是中國現代政治的根本點和關鍵點。對於社會主義國家來說，以人民為本位，人民當家作主，不是一個簡單的價值追求，而是社會主義國家的根本所在。在馬克思理論中，這裏的「人民」，不是簡單的社會成員集合體，而是人們在共同佔有生產力總和中形成的不可分解的「全體個人」。正因為以人

民為本位，實踐人民當家作主，使得社會主義國家建設的邏輯起點、行動
議程以及目標追求，都完全不同於資本主義所代表的現代國家。這種差異
關鍵，不在於國家的制度結構形態上，而在於國家的歷史發展形態上，即
處於現代化發展歷史階段的社會主義國家，不是原來意義上的國家，它是
從國家到非國家的過渡。這決定了人民為本位，既是社會主義國家價值原
則，同時也是社會主義國家架構的基礎，共產黨的領導就建構在這個基礎
之上，其歷史使命就是既保證了人民成為不可分解的「全體個人」，同時
也使得個人獲得全面發展的可能，成為有個性的個人。總之，以人民為本
位，既是社會主義國家的根本與基礎，也是共產黨領導社會主義國家建設
的合法性所在。

一、以人民為本位的國家觀

在人類政治文明發展史中，國家的發展經歷了古典國家與現代國家兩
種形態。在馬克思看來，不論是國家的誕生，還是國家形態的轉型升級，
都是人類社會歷史運動的結果。古典國家的誕生，標誌着人類從野蠻時代
進入到文明時代，其背後的動力就是人類開始逐漸從自然力量安排的「羣
的存在」發展到基於共同意識、公共意志及其公共權力而形成的「共同體
存在」。這標誌着人類基於共同體的組織和機制，對自然力量擁有了相對
自主權。然而，擁有強大自由意志的人類不會就此停滯，其對發展的追求
使人類逐漸擁有了對其賴以生存的共同體的相對自主權，在社會上成為自
主的個體，由此，人的社會存在也就從「共同體存在」發展為「獨立個體
存在」。這是人的「類本質」的重大變化，這種變化開創了人類文明新的
發展運動，就是現代化。現代社會的成長以及現代國家的建構就是在這樣
的歷史發展運動中孕育、誕生和發展的。然而，人的個體獨立並不等於人
的完全自由，因為，這種個體獨立僅僅擺脫了對共同體的依賴，但並沒有

擺脫對「物」的依賴，而恰恰是這種依賴，使得獨立的個體不得不接受市場經濟所形成的「僱傭勞動」所形成職業體系和勞動關係的安排，以解決生計問題。馬克思認為只有在物質極大豐富，人類所面臨的「匱乏」得到解決的條件下，人的獨立才能轉化為完全的自由，進而使獨立的個體躍升為真正的「自由人」。這是人的「類本質」再次重大發展，其必然開啟以「自由人」為主體的人類發展運動，即馬克思所說的「共產主義」的「現實的運動」❶，由「自由人」構成的聯合體，就是共產主義社會。科學社會主義就是以將人類的現代化發展運動導向共產主義的發展運動為使命的，它立足現代社會與現代國家，探索如何通過比資本主義更高形態的社會主義的革命和建設，孕育和開啟共產主義歷史運動的人類文明新時代。由此可見，科學社會主義雖然是以共產主義為取向的，但其理論與實踐是在現代化這個歷史範疇之中的，因而關注的是如何在現代化的歷史範疇中，創造一個比資本主義更高歷史形態的社會與國家。所以，科學社會主義批判資本主義的目的，不是將社會主義從資本主義開啟的現代化發展運動中抽取出來，使社會主義成為空中樓閣，而是力圖在資本主義所創造的現代文明基礎之上，創造更為合理、更具有發展能力的社會與國家，從而使現代文明得到更全面、更深刻的發展。

由此可見，科學社會主義的歷史方位決定了科學社會主義的現實實踐依然面臨一個重要的現實任務，就是建設超越資本主義的社會主義現代國家。換言之，科學社會主義所指導的社會主義革命與實踐過程，實際上是建立以社會主義為取向的現代國家建設過程。如果認為現代國家建設是資本主義的專利，而不是社會主義的任務，那麼科學社會主義就不可能從理論的科學轉變為正確的現實運動。1883 年，恩格斯在批判無政府主義時

---

❶　馬克思、恩格斯：《費爾巴哈》，《馬克思恩格斯選集》，第一卷，人民出版社，1995 年版，第 87 頁。

指出：

「無政府主義者把事情顛倒過來了。他們宣稱，無產階級革命應當從廢除國家這種政治組織開始。但是，無產階級在取得勝利以後遇到的唯一現成的組織正是國家。這個國家可能需要作很大的改變，才能完成自己的新職能。」❶

這決定了無產階級革命勝利之後，不是破壞國家，而是通過打碎舊的國家機器，將其改變為社會主義國家。但要指出的是，無產階級在革命後所面臨的這個國家，不是抽象的國家，而是資產階級實實在在建立起來的現代國家。儘管馬克思在《哥達綱領批判》中認為「現代國家」是一種虛構，因為，「現代國家」在不同的國家中是具體的，各不相同，但由於它們都是建立在現代資產階級社會基礎之上，又具有「某些根本的共同特徵」。在這個意義上可以談「現代國家制度」。由於「在資本主義社會和共產主義社會之間，有一個從前者變為後者的革命轉變時期，同這個時期相適應的也有一個政治上的過渡時期，這個時期的國家只能是無產階級的革命專政。」❷ 按照馬克思的邏輯，這個無階級的革命專政制度形態，依然是「現代國家制度」形態，因為，作為「現代國家制度」的根基資本主義社會，即存在於「一切文明國度中的」現代社會，是隨着共產主義社會的出現而消亡的，因而，它必然存在於資本主義社會向共產主義社會的過渡過程中，即存在於實踐中的社會主義社會。結合恩格斯和馬克思的思想和理論，我們自然可以得出這樣的結論：科學社會主義實踐面臨的重要任務就

---

❶ 恩格斯：《恩格斯致菲利普·范派頓》，《馬克思恩格斯全集》第 36 卷，第 10 頁。
❷ 馬克思：《哥達綱領批判》，《馬克思恩格斯選集》第三卷，人民出版社，1995 年版，第 313—314 頁。

是要使建立在資產階級社會基礎上的現代國家制度，改變為建立在無產階級社會基礎上的、社會主義的現代國家制度。

正如馬克思所說「工人階級不能簡單地掌握現成的國家機器，並運用它來達到自己的目的」那樣，❶ 處於現代化歷史範疇的科學社會主義也不能簡單用資本主義所表達的現代化理論和邏輯來建構自己的理論體系，並用於指導社會主義實踐。在恩格斯看來，這正是科學社會主義與空想社會主義的根本區別所在。在恩格斯看來，儘管空想社會主義所批判的資本主義制度，關注的是資本主義現實社會的矛盾與鬥爭，但其批判的理論武器和思維方式卻是繼承的資本主義啟蒙時代流傳下來的東西。恩格斯指出：

「就其理論形式來說，它起初表現為 18 世紀法國偉大的啟蒙學者們所提出的各種原則的進一步的、似乎更徹底的發展。」

在這種理性形式下，「宗教、自然觀、社會、國家制度，一切都受到了最無情的批判；一切都必須在理性的法庭面前為自己的存在作辯護或者放棄存在的權利。思維着的知性成了衡量一切的唯一尺度。」正因為如此，聖西門、傅立葉和歐文三個人「有一個共同點：他們都不是作為當時已經歷史地產生的無產階級的利益的代表出現的。他們和啟蒙學者一樣，並不是想首先解放某一個階級，而是想立即解放全人類。他們和啟蒙學者一樣，想建立理性和永恆正義的王國。」只不過「他們的王國和啟蒙學者的王國是有天壤之別的」。所以，「對所有這些人來說，社會主義是絕對真理、理性和正義的表現，只要把它發現出來，它就能用自己的力量征服世界；因為絕對真理是不依賴於時間、空間和人類的歷史發展的，所以，它

---

❶　馬克思：《法蘭西內戰》，《馬克思恩格斯選集》第三卷，人民出版社，1995 年版，第52 頁。

在什麼時候和什麼地方被發現，那純粹是偶然的事情。」這樣，正如資本主義是從永恆的、絕對的理性出發建立資本主義國家一樣，空想社會主義是從其絕對真理、理性和正義出發來建立社會主義社會與國家。然而，資本主義實踐證明，「當法國革命把這個理性的社會和這個理性的國家實現了的時候，新制度就表明，不論它較之舊制度如何合理，卻決不是絕對合乎理性的。理性的國家完全破產了。」基於同樣的思維和理論邏輯而形成的空想社會主義也難逃破產的命運。❶

　　這決定了科學社會主義一定是以與空想社會主義以及整個資本主義完全不同的理論形式來建構社會主義社會與國家的。首先，科學社會主義不是從絕對的理性出發，而是從客觀的現實出發來建構社會主義。因而，科學社會主義所要建立的制度、社會與國家，是從現實社會運動的要求以及人民的共同意志出發的，不是像黑格爾所理解的法國革命那樣，用思想立地並按照思想去構造現實，從而將作為一切依據的憲法建立在所謂的正義思想基礎之上。❷ 其次，科學社會主義不是基於「某個天才頭腦的偶然發現」而出現的，它是作為「兩個歷史地產生的階級即無產階級和資本主義之間鬥爭的必然產物」而出現的，❸ 因而，不是觀念運動的偶然，而是現實運動的必然。最後，科學社會主義所要建立的制度、社會與國家，不是一種超越現實的歷史運動和歷史關係的永恆的「聖物」，而是出於現實歷史運動與歷史關係之中，並隨歷史發展而變化的客觀存在，因而，它是歷史的，是現實的，是不斷發展變化的。恩格斯認為，科學社會主義所具有的這種科學性，完全歸功於馬克思的兩個偉大發現：即「唯物主義歷史觀和

---

❶　恩格斯：《社會主義從空想到科學的發展》，《馬克思恩格斯選集》第三卷，人民出版社，1995 年版，第 719 頁、第 721 頁、第 732 頁、第 722 頁。

❷　同上，第 719—720 頁的注釋。

❸　同上，第 739 頁。

通過剩餘價值揭開資本主義生產的祕密」。❶

　　科學社會主義的科學性，使得同處於現代化歷史範疇的社會主義國家與資本主義國家是按照完全不同的邏輯建立起來的。從一定意義上講，這種邏輯的差別比它們之間的制度差別更具根本性，因為，正是這種邏輯的差別，使得它們各自建構的制度、社會與國家所依據的現代化原則有了完全不同的價值取向和實現路徑。如果說資本主義以抽象的自由，空想社會主義以抽象的正義為出發點來佈局現實的制度、社會與國家，那麼科學社會主義則是以人的現實發展為出發點來佈局現實的制度、社會與國家，從而將作為現代化原則的自由與正義落實於人的進步與發展，落實於人民當家作主的社會發展實踐。從這個意義上講，科學社會主義代表一種全新的現代國家建設觀念，即以人民為本位的社會主義現代國家建設觀念。

二、社會主義共和國

　　從人類文明發展的歷史運動邏輯來看，社會主義社會依然處於現代化發展運動的時期，與資本主義社會所不同的是：它是以共產主義發展運動為最終取向的。正因為如此，社會主義社會就自然成為人類文明發展的從一個發展運動形態向另一個發展運動形式轉變的「過渡時期」。對於處於這樣人類文明轉型的大過渡時期的社會主義國家形態，列寧在總結馬克思主義國家理論基礎上，給出了概括性的說明：

---

❶　恩格斯：《社會主義從空想到科學的發展》，《馬克思恩格斯選集》第三卷，人民出版社，1995 年版，第 740 頁。

「無產階級專政是『政治上的過渡時期』；顯然，這個時期的國家也是從國家到非國家的過渡，就是說，『已經不是原來意義上的國家了』」。❶

在這一概括中，列寧用所提煉出來的馬克思和恩格斯思想與理論，給實踐中的社會主義國家一個十分明確的定位：作為過渡時代的國家，社會主義國家處於「從國家到非國家」形式，而這裏所說的「國家」，就是現代化發展運動所形成的「現代國家」，因而，社會主義國家既具有現代國家的現實規定性，但同時又不直接是現代國家本身，是與原來意義上的國家，進而與經典意義上的「現代國家」不同的社會主義國家。這種不同，一方面體現為與「原來意義上的國家」不同，即不是一個階級對另一個階級統治的國家；另一方面體現為與經典「現代國家」不同，即它不僅是從人自由權利出發建構國家，而且是從人民整體掌握國家權力，即人民統治出發建構的國家。馬克思與恩格斯從巴黎公社中看到了這種國家的可能；列寧在十月革命後的俄國實踐了這種可能；中國則努力用中國特色社會主義的探索與實踐使這種可能變成的的確確的現實。

基於馬克思主義對社會主義國家歷史方位與性質的定位，我們至少能夠解決社會主義國家建設與發展實踐中的三個基本困惑：第一，社會主義社會儘管是以共產主義為取向的社會，以推進國家消亡歷史運動為使命的，但它的現實存在依然需要國家與國家政權。第二，社會主義國家與國家政權，不是資本主義國家與國家政權的繼承，是在打碎資本主義國家與國家政權基礎上重新建立起來的，即用社會主義的國家機器代替資本主義國家機器。第三，人類文明發展形態的規定性決定了依然處於現代化發展運動中的社會主義國家與國家政權形態，在形式上應該與現代國家的要

---

❶ 列寧：《馬克思主義論國家》，人民出版社，1964年版，第29頁。

求相適應，因而，貫穿馬克思和恩格斯思想與理論中毋庸置疑的一個觀點就是：

「我們的黨和工人階級只有在民主共和國這種政治形式下，才能取得統治。民主共和國甚至是無產階級專政的特殊形式，法國大革命已證明了這一點。」❶

這決定了社會主義國家與國家政權的組織，依然是在現代國家要素的基礎上的組織，其組織形式以及相關的原則，依然離不開現代國家的規定性，但是其出發點以及所決定的國家與國家政權實質與經典的「現代國家」，即資產階級建立的現代國家完全不同，最根本的體現就是社會主義國家是以人民為本位的，它決定了社會主義國家與國家政權現實存在與未來發展的內在規定性，具體體現為以下三大方面：

第一，社會主義共和國是勞動與社會同時獲得解放的「社會共和國」。馬克思在總結巴黎公社時指出：

「在法國和在歐洲，共和國只有作為『社會共和國』才有可能存在；這種共和國應該剝奪資本家和地主階級手中的國家機器，而代之以公社；公社公開宣佈『社會解放』是共和國的偉大目標，從而以公社的組織來保證這種社會改造。」❷

---

❶ 恩格斯：《1891年社會民主黨綱領草案批判》，《馬克思恩格斯全集》第二十二卷，人民出版社，1965年版，第274頁。
❷ 馬克思：《法蘭西內戰》，《馬克思恩格斯選集》第三卷，人民出版社，1995年版，第104—105頁。

這種社會改造所要實現的「社會解放」是基於「勞動在經濟上獲得解放」❶而展開的。馬克思指出：如果勞動不能在經濟上獲得解放，「公社體制就沒有實現的可能，就是欺人之談。生產者的政治統治不能與他們永久不變的社會奴隸地位共存。所以，公社要成為鏟除階級賴以存在，因而也是階級統治賴以存在的經濟基礎的槓桿。勞動一解放，每個人都加成工人，於是生產勞動就不再是一種階級屬性了」。為此，公社「要剝奪剝奪者」，從而使「主要用作奴役和剝削勞動的手段的生產資料、土地和資本完全變成自由的和聯合的勞動的工具，從而使個人所有制成為現實。」❷

馬克思和恩格斯在《德意志意識形態》中認為，這種「個人所有制」所體現的個人對「現有的生產力總和」的佔有，實質上破除的是資本主義社會生產資料與生產者分離所帶來的人的兩大困境：其一是因無法佔有實際的生產資料，「個人喪失了一切現實的生活內容，成了抽象的個人」，於是與個人相關的所有自由與平等，也只能是抽象的自由與平等❸；其二因為勞動者只有與生產資料結合才能生存，因而，他們不得不屈從於分工和自己所擁有的生產工具，從而使生產勞動中的許多個人的社會存在是受局限的有限存在，其社會交往是受束縛的有限交往，從而失去了自主的存在與活動。這決定了「個人所有制」所帶來的勞動解放的本質就在於，使「抽象的」、「偶然的」、「局限的」的個人，變為「自主的」、「有個性的」、「完整的」的個人。這種個人就是馬克思所說的「自由人」，其聯合就能創造人類文明的新發展運動，即共產主義社會運動。

---

❶ 馬克思：《法蘭西內戰》，《馬克思恩格斯選集》第三卷，人民出版社，1995年版，第59頁。

❷ 同上。

❸ 馬克思、恩格斯：《德意志意識形態（節選）》，《馬克思恩格斯選集》第一卷，人民出版社，1995年版，第128頁。

但是，馬克思和恩格斯都認為，這種「個人所有制」所體現的個人對「現有生產力總和」的佔有，「只有通過聯合才能得到實現」。這決定了「個人所有制」背後實際上是聯合起來的個人所組成的社會所有制。這種社會所有制，必然帶來社會解放，即「社會把國家政權重新收回，把它從統治社會、壓制社會的力量變成社會本身的生命力」❶。於是，伴隨着勞動成為生產資料的主人，社會重新成為其所創造的國家的主人。從這個意義上講，「社會解放」實際上是「勞動解放」的政治形式；「勞動解放」是「社會解放」的經濟基礎。社會共和國就是在「勞動解放」與「社會解放」辯證統一基礎上確立，並以發展這種辯證統一為使命的。

　　第二，社會主義共和國是全體人民掌握國家權力的共和國。基於「勞動解放」與「社會解放」所形成的共和國，是勞動為生產資料的主人以及社會為國家的主人的共和國，其集中體現形式就是人民當家作主的共和國。馬克思認為社會把國家政權重新收回自己手中的實踐主體就是廣大的人民羣眾，因而，在馬克思看來，社會共和國實質上 ——

　　「是人民羣眾把國家政權重新收回，他們組成自己的力量去代替壓迫他們的有組織的力量；這是人民羣眾獲得解放的政治形式，這種政治形式代替了被人民羣眾的敵人用來壓迫他們的假託的社會力量（即被人民羣眾的壓迫者所篡奪的力量）（原為人民羣眾自己的力量，但被組織起來反對和打擊他們）。」❷

❶　馬克思：《法蘭西內戰》，《馬克思恩格斯選集》第三卷，人民出版社，1995 年版，第 95 頁。

❷　馬克思：《法蘭西內戰》，《馬克思恩格斯選集》第三卷，人民出版社，1995 年版，第 95 頁。

正是這一點，使得社會主義共和國國家不是原來意義上的國家，因為，在這個的國家中，儘管還有專政的一面，但其實質不再是階級統治的工具，而是全體人民共同掌握國家政權，共同治理社會，促進社會發展的政治平台；相應地，在這個平台上的政府，不是某個階級利益的代表，而是「一切健全成份的真正代表，因而也就是真正的國民政府」，「它所採取的各項具體措施，只能顯示出走向屬於人民、由人民掌權的政府的趨勢」❶。這種由全體人民掌握權力，並共同治理國家，自然是以人民為本位的國家，其具體體現為兩個方面：其一，國家是基於人民意志建構與治理的，因而，人民對體現人民意志的憲法與制度的服從，同時也是對自我意志的服從。人民既是主權者，同時也是主權的服從者。其二，國家以及國家政權以人民的利益為根本利益，用中國特色社會主義的理論來說，就是國家的一切工作必須做到「權為民所用、情為民所繫、利為民所謀」。❷

在馬克思理論體系中，人民為本位的社會主義國家在政治上是以社會不分化為兩大對抗階級為前提的。換言之，它在政治上始終不是國家權力掌握在某個階級或集團手中，從而形成一部分人對另一部分人的統治。馬克思在分析巴黎公社時指出：

「公社一舉而把所有的公職——軍事、行政、政治的職務變成真正工人的職務，使它們不再歸一個受過訓練的特殊階層所私有。」❸

---

❶ 馬克思：《法蘭西內戰》，《馬克思恩格斯選集》第三卷，人民出版社，1995 年版，第63、64 頁

❷ 《中國共產黨第十七次全國代表大會報告》。

❸ 馬克思：《法蘭西內戰》，《馬克思恩格斯選集》第三卷，人民出版社，1995 年版，第97 頁。

正是這一點，使得社會主義國家不再是原來意義上的國家；同時也正是這一點，社會主義國家政權組織的方式與邏輯，不可能與現代國家的完全相同。實踐中的社會主義國家都是依據自身的內在邏輯來組合現代國家以及國家機器的各種要素的，其結果往往是社會主義國家中擁有現代國家政權要素以及這些要素運行所需要遵循的一些原則，但其權力的組織、結構與運行則與典型的「現代國家」有很大不同，這其中包括社會主義國家不實行三權分立、不實行多黨制等等。

　　從國家政權運行來看，人民為本位的社會主義國家都擁有實踐人民整體掌握國家權力，並決定國家權力運行全局的制度安排，如蘇東國家當年運行的蘇維埃制度、中華人民共和國運行的人民代表大會制度。這個制度擁有兩大基本特點：其一，為了體現全體人民掌握國家權力，其代表機構的代表在結構與整個社會的人民結構具有整體的對應性，可以說它是縮小的「人民羣體」。這就決定了代表的選舉方式與西方議員的選舉方式完全不同，因而，它對選舉出來的人員結構必須有一個總體安排和平衡，而西方選舉出來的議員，不過是選區選舉出來議員的集合體，其結構不是預設的，因而，它是選區選民意願反映的複合，而不是人民整體意願的綜合。其二，代表機構掌握國家最高權力，並藉此產生和監督政府以及執法機構。這種制度安排保障了人民整體擁有國家權力，同時也使得三權分立在社會主義國家變得不可能。但這並不意味着社會主義國家之間沒有確立制約與制衡，所不同的是這種制約不是橫向的，而是縱向的，即人民制約代表機構、代表機構制約其所產生的政府與執法機構。

　　第三，社會主義共和國是追求現代化深度發展的共和國。社會主義既是現代化發展運動的成果，同時也是將現代化發展運動引導到共產主義發展運動的推動平台。這決定了社會主義國家不僅要具備相當充分的現代化要素，而且要具有使現代化要素得到更加充分、更加全面、更加深入發展的基礎與能力。為此，馬克思認為，社會主義應該為現代化的深度發展提

供兩大要素：一是以聯合起來的社會力量共同佔有生產資料為基礎的新型生產關係；二是基於勞動者與生產資料的重新佔有而形成的真正自主的個人。前者使經濟與社會出現巨大發展獲得新的可能；後者使個人的自主發展獲得巨大的空間與可能。社會主義共和國所創造的這兩大可能，正是現代化獲得深度發展的內在動力。因而，對於處於現代化發展運動之中的社會主義共和國來說，其所有的價值與意義就在於能夠通過促進人與社會的全面發展，使人類的現代化發展運動走向深入；同時，也通過不斷深入的現代化發展，使得人與社會的發展不斷躍升到新的境界，直至邁入共產主義的現實運動。這決定了創造人與社會全面發展是社會主義共和國所有合法性與合理性的軸心。圍繞着這個軸心，社會主義國家建設必須在三個方面做出努力：

首先，必須創造更加真實而全面的民主。更加真實的民主，一方面體現為作為民主主體的人民，不僅擁有更加自主的經濟與社會地位和權利；而且擁有更加直接的途徑來參與國家事務的管理；另一方面體現為國家的組織方式與運行方式，能夠擁有更加成熟的制度安排與運行方式來保證人民羣眾參與國家事務，擔當國家事務的管理。而更加全面的民主，則體現為民主不僅在政治領域，而且在更加廣泛的經濟、社會以及文化領域得到全面發展，並逐漸從一種制度形式，發展為一種生存方式與生活方式。由此可見，社會主義民主的發展，不應該是以資本主義所創造的現代民主為目標，而是應該以社會主義內在使命與發展階段所決定的民主形態為目標。

其次，必須創造更加先進的生產力。在現代化的大邏輯中，更加先進的生產力，一方面取決於人的全面發展；另一方面取決於科學技術的快速進步與躍升。這意味着社會主義制度的優越性的一個重要體現就是能夠使人的創造力，包括科學技術的創造力得到極大的迸發。為此，社會主義國家必須擁有最先進的制度安排來推動科技創新；必須擁有最先進的大學來進行知識的生產與創造；必須擁有最健全的法律和政策來保護和鼓勵所有

的創新與創造。社會主義不能在這些方面擁有比資本主義更高的形態，其現實存在與未來發展的合法性和合理性就不可能得到真正的提高與保障。

最後，必須創造更加崇高的價值信仰。人是有精神的，精神水平的高度往往決定人的境界、能力與貢獻力的高度和水平，進而決定社會發展的狀態與水平。所以，社會主義社會不僅應該提高先進的制度，並使其不斷充實、豐富與完善；而且要創造更加崇高的價值信仰，來提升人們的精神世界與思想水平，進而來整體提升全社會的精神水平與文化境界。沒有人的精神健全；也就不可能有健全的社會；同樣，沒有人的思想崇高，也就不可能有高品質的社會。

這三大規定性是社會主義國家建設行動與發展的價值基礎與目標指向，從而使得社會主義國家建設的行動，不僅要有現實的功用與意義，而且要有全局的效應與長遠的意義。由於社會主義國家不是原來意義的國家，社會主義國家建設的價值選擇、目標設定、任務安排以及路徑規劃，都不可能是資本主義國家建設的簡單翻版。社會主義國家所要承擔的時代任務與歷史使命，決定社會主義國家建設與發展必須是高質量的，長遠性的，因而，其建設和發展過程，既需要國家的積極作為，同時也需要社會的有效參與和配合，這其中還包括作為現代化發展重要機制的市場力量。在馬克思看來，在發達的歐洲社會，工人階級革命之後，工人階級可以通過自身的聯合以及國家政權來形成推動國家高質量建設與發展的主體與制度機制。然而，實踐中的社會主義往往是在落後國家建設起來的社會主義，既缺乏工人階級的整體力量和先進性基礎，又缺乏社會主義國家建設與發展所需要的制度資源與制度質量。在這樣的條件下，要快速推進社會主義建設與發展，就必須在工人階級基礎上形成一個強大的組織力量，一方面擔負起領導、組織和發展工人階級的任務與使命；另一方面擔負起建構與完善社會主義國家制度體系的任務與使命。這個力量就是共產黨。所以，嚴格意義上講，共產黨不是民主政治運行的產物，而是建設社會主義

革命與國家建設的產物，其與生俱來的使命就是：代表先進生產力，通過
先進生產力的組織來組織和建構社會主義國家，發展社會主義國家，履行
社會主義國家的歷史使命。中國特色社會主義以其成功的實踐證明，共產
黨的使命擔當以及作用的發揮，直接決定着社會主義國家的發展可能與發
展成效。

三、共產黨在社會主義國家的合法性

政黨是現代國家組織與運行的基本要素。而且，現代國家發展的歷史
表明，政黨對現代國家的重要性隨着現代民主的發展而不斷提高。於是，
政黨以及政黨制度就自然成為評判與分析現代國家性質與民主發展水平
的重要風向標。到目前為止，政黨與國家、社會的關係以及由此形成的政
黨制度，各國都不完全相同。在各種差異中，最具涇渭分明差異的是社會
主義國家政黨制度與資本主義國家的政黨制度，因為，社會主義國家始終
堅持共產黨是唯一的執政黨，而在資本主義國家看來，這種政黨制度是違
背現代民主原則的。於是，共產黨領導就往往成為資本主義國家攻擊社會
主義國家的最大口實。而對社會主義國家來說，如果放棄了共產黨領導，
社會主義國家與政權也就不成立了，是關係社會主義國家合法性的根本問
題。由此，我們能夠再度深刻地感受到社會主義國家所處「從國家到非國
家」的歷史狀態帶來的現實緊張。當然，這種緊張不是社會主義內生的，
它一方面來自社會主義與當今世界格局、與當代人類社會發展的歷史進程
之間的不對稱；另一方面來自共產黨對社會主義國家組織、建設和發展的
制度安排與領導方式不完善。

如果在現代國家建設的框架內來理解與把握共產黨，人們會自然地從
現代國家的民主邏輯出發來定位和把握共產黨在社會主義國家的地位與作
用。其中最具共識性的是：共產黨是社會主義國家的執政黨，而最具爭議

性的是：共產黨是社會主義國家唯一的執政黨 ❶。但是，如果從科學社會主義來把握共產黨，人們自然就會從階級革命來把握共產黨，視其為領導無產階級革命，並最終掌握國家政權，建立社會主義國家的領導力量。於是，對同一個共產黨，人們就可以從兩個不同的維度來把握：一是執政的維度；二是革命的維度。從社會主義社會的性質與歷史使命來看，社會主義要推動人類歷史發展完全過渡到共產主義的發展狀態，就必須不斷進行現實結構的革命性改造：從摧毀舊的國家機器到不斷創新現代化發展的內在結構，因而，革命的維度並不會因為無產階級取得政治革命的勝利，掌握政權而失去存在的價值和意義。不同的維度，在同一個共產黨身上塑造了兩個不同的政治角色：一是領導力量；二是執政力量。到目前為止，實踐中的社會主義國家在理論上與制度安排上沒有徹底協調好共產黨的雙重角色。這也是社會主義國家遇到現實存在的緊張感的重要原因。

於是，社會主義國家建設與發展長久以來一直面臨着這樣的問題：對社會主義國家建設與發展來說，共產黨是不可或缺的核心力量；但共產黨在社會主義國家的實際存在與運行往往與由現代國家要素建構起來的國家制度及其原則產生緊張關係，進而面臨執政合法性與合理性的挑戰。過往的政治實踐與理論探索證明，要在理論上和實踐上緩解，並最終解決緊張，既不能簡單附會現代國家理論與實踐，也不能簡單強調社會主義國家建構與實踐的現實邏輯，因為這些努力都只能部分說明問題，局部緩解緊張，無法從理論上獲得根本的解決。要從理論上解決這個問題，唯一的途徑還是要回到科學社會主義本身，回到科學社會主義創立者馬克思所提供的理論邏輯之中。

---

❶ 列寧就認為俄國十月革命後建立的蘇維埃政權的國家是：「由唯一的執政黨在管理」的國家。列寧：《俄共（布）中央委員會的政治報告》，《列寧選集》第四卷，人民出版社，1995 年版，第 653 頁。

　　馬克思主義的科學與偉大之處在於，對於歷史與現實的任何關懷，都是從人類社會發展的大趨勢以及人類社會的現實大格局出發的。馬克思明確指出：

　　「舊唯物主義的立腳點是市民社會，新唯物主義的立腳點則是人類社會或社會的人類。」❶

　　這決定了馬克思對社會主義社會的把握，既不是從一般的普世價值出發，也不是從歷史運動的當下邏輯出發，而是從整個人類發展的總體規律出發。馬克思的歷史唯物主義強調：「全部人類歷史的第一個前提無疑是有生命的個人的存在。」這個個人在成為人類歷史第一個前提的同時，也成為人類社會的第一個要素。人之所以能夠創造人類歷史，是因為人擁有生產自己的生活資料能力。人的生產勞動是以「個人彼此之間的交往（Verkehr）為前提的。」❷ 人的生產和交往必然組成社會；而生產發展所導致的社會利益衝突，必然形成國家，以維繫社會，進而維繫人的生存與發展。這樣，個人、社會與國家就成為人類社會組織和發展的三個基本要素，它們之間循環作用，共同決定着人類文明發展的進程。在這三個要素中，個人的因素是決定性的，國家作為歷史產物，將在個人獲得充分自由，能夠完全主宰自己的存在的時期消亡。

　　馬克思就是在這樣的邏輯框架下思考歷史，觀察現實的，而其邏輯起點始終是個人。因而，個人的生產和生活決定着整個人類社會的形態與發

❶　馬克思：《關於費爾巴哈的提綱》，《馬克思恩格斯選集》第一卷，人民出版社，1995 年版，第 57 頁。
❷　馬克思、恩格斯：《德意志意識形態（節選）》，《馬克思恩格斯選集》第一卷，人民出版社，1995 年版，第 68 頁。

展。馬克思認為:

「我們越往前追溯歷史,個人,從而也是進行生產的個人,就越表現
為不獨立,從屬於一個較大的整體;最初還是十分自然地在家庭和擴大
成為氏族的家庭中;後來是在由氏族間的衝突和融合而產生的各種形式的
公社中。只有到 18 世紀,在『市民社會』中,社會聯繫的各種形式,對
個人來說,才表現為只是達到他私人目的的手段,才表現為外在的必然
性。」❶

在這裏,馬克思以 18 世紀為界,將個人的社會存在分為兩種:一種是
不獨立的個人存在,體現為從屬於共同體;另一種是獨立的存在,包括共
同體在內的各種社會聯繫,不再是人的目的,而是人的手段。馬克思認為
正是因為人的存在在 18 世紀從不獨立的存在發展獨立的存在,人類文明發
展進入了現代化發展時期;與此同時,個人、社會與國家的內在邏輯關係,
也自然發生了革命性變化。為此,馬克思詳細比較了人的這兩種存在狀態
所帶來的全方位的差異:

「在前一種情況下,各個人必須聚集在一起,在後一種情況下,他們
本身已作為生產工具而與現有的生產工具並列在一起。因此,這裏出現了
自然形成的生產工具和由文明創造的生產工具之間的差異。耕地(水,等
等)可以看作是自然形成的生產工具。在前一種情況下,即在自然形成的
生產工具的情況下,各個人受自然界的支配,在後一種情況下,他們受勞
動產品的支配。因此在前一種情況下,財產(地產)也表現為直接的、自

---

❶ 馬克思:《〈政治經濟學批判〉導言》,《馬克思恩格斯選集》第二卷,人民出版社,
1995 年版,第 2 頁。

然形成的統治，而在後一種情況下，則表現為勞動的統治，特別是積累起來的勞動即資本的統治。前一種情況的前提是，各個人通過某種聯繫——家庭、部落或者甚至是土地本身，等等——結合在一起；後一種情況的前提是，各個人互不依賴，僅僅通過交換集合在一起。在前一種情況下，交換主要是人和自然之間的交換，即以人的勞動換取自然的產品，而在後一種情況下，主要是人與人之間進行的交換。在前一種情況下，只要具備普通常識就夠了，體力活動和腦力活動彼此還完全沒有分開；在後一種情況下，腦力勞動和體力活動之間實際上應該已經實行分工。在前一種情況下，所有者對非所有者的統治可以依靠個人關係，依靠這種或那種形式的共同體（Gemeinwesen）；在後一種情況下，這種統治必須採取物的形式，通過某種第三者，即通過貨幣。在前一種情況下，存在着小工業，但這種工業決定於自然形成的生產工具的使用，因此這裏沒有不同的個人之間的分工；在後一種情況下，工業只有在分工的基礎上和依靠分工才能存在。」❶

　　這個深刻而詳細的對比，揭示了現代與前現代之間的根本差別。這種差別除了必然反映在個人與自然、個人與生產過程以及個人與個人的關係上之外，也必然反映在個人、社會與國家的關係上。實際上，馬克思在這裏已經多少指出了個人與社會、國家關係所存在的前後差異：即在前一種情況，基於人對共同體的從屬，統治可以通過個人關係或共同體來實現；而在後一種情況，基於個人互不依賴的關係，統治者必須通過第三者，即貨幣這種物的形式來實現。馬克思指出，「社會結構和國家總是從一定的個人的生活過程中產生的。」因而，隨着「個人的生活過程」的革命性變化，

❶　馬克思、恩格斯：《德意志意識形態（節選）》，《馬克思恩格斯選集》第一卷，人民出版社，1995 年版，第 103—104 頁。

現代化運動中形成的個人、社會與國家的關係，必然完全不同於前現代的個人、國家與社會的關係。其中最大的差別就是：從個人從屬社會共同，國家與社會一體，發展為個人獨立，國家與社會二元存在。馬克思指出：

「在古代國家中，政治國家就是國家的內容，其他的領域都不包含在內，而現代的國家則是政治國家和非政治國家的相互適應。」

「（所以，）在中世紀，人民的生活和國家的生活是同一的。在這裏，人是國家的真正原則。黨則是不自由的人。所以這是不自由的民主制，是完全了的異化。」❶

到了現代，隨着個人的獨立存在，私人的生活也就自然從國家中抽象出來，與此相應，政治國家也就從社會中抽象出來，從而與社會形成二元的結構關係。馬克思認為，這種私人生活的抽象是經濟與社會發展的結果。他說：

「在這個自由競爭的社會裏，單個的人表現為擺脫了自然聯繫等等，而在過去的歷史時代，自然聯繫等等使他成為一定的狹隘人羣的附屬物。這種 18 世紀的個人，一方面是封建社會形式解體的產物，另一方面是 16 世紀以來新興生產力的產物。」

這種獨立個人的出現，很快就被當時的理論與預言家抽象為現代歷史運動的邏輯起點，並由此來建構用於指導現代國家建設理論。馬克思指出：

---

❶ 馬克思《黑格爾法哲學批評》《馬克思恩格斯全集》第一卷，人民出版社，1956 年版，第 283 頁、284 頁。

「在 18 世紀的預言家看來（斯密和李嘉圖還完全以這些預言家為依據），這種個人是曾在過去存在過的理想；在他們看來，這種個人不是歷史的結果，而是歷史的起點。因為按照他們關於人性的觀念，這種合乎自然的個人並不是從歷史中產生的，而是由自然造成的。這樣的錯覺是到現在為止的每個新時代所具有的。」❶

於是，在現代化背景下，個人與社會、國家就在理論上被規範為這樣的關係：個人通過契約聯合組成社會，即現代社會；現代國家是與這樣的現代社會相適應的產物，其權力來自人民的轉讓與託付。在這樣的理論邏輯中，相對於現代社會與現代國家來說，人民是自由的主體；正因為這種自由，才有理論上人民通過契約組成社會，組建國家之理性推導。現代國家建構的理論、組織原則和運行方式，都源於這樣的個人、社會與國家關係。人們對社會主義國家黨的領導的困惑與質疑也都來自這樣的理論邏輯及其背後的歷史錯覺。

然而，馬克思認為「這種 18 世紀的個人」，實際上並非完全獨立與自由的個人。因為，在現代的生產體系和社會組織中，這些獨立的個人雖然可以不再從屬於具體的共同體，但卻無法逃脫分工所形成的規定性；與此同時，由於社會沒有走出階級對抗，任何個人的存在不免要組成階級，而組成的階級對個人來說，又是獨立的。於是，這些獨立的人「可以發現自己的生活條件是預先確定的：各個人的社會地位，從而他們個人的發展是由階級決定的，他們隸屬於階級。這同單個人隸屬於分工是同類現象，

---

❶ 馬克思：《〈政治經濟學批判〉導言》，《馬克思恩格斯選集》第二卷，人民出版社，1995 年版，第 2 頁。

這種現象只有通過消滅私有制和消滅勞動本身才能消除」。❶ 所以，在馬克思看來，這種個人自由，實際上是源於「他們的生活條件對他們來說是偶然的」，因而，事實上，「他們當然更不自由，因為他們更加屈從於物的力量」。❷ 馬克思將這種個人稱為「偶然的個人」。正是這種個人自由的被規定性、偶然性以及脆弱性，使得實踐中的資本主義國家很快就將作為其邏輯起點和制約力量的社會，緊緊地纏繞在自己的懷中，「無處不在的複雜的軍事、官僚、宗教和司法機構像蟒蛇似地把活生生的市民社會從四面八方纏繞起來」，❸ 以至於國家差不多又回到了專制君主時代的中央集權的國家。現代化運動建構的個人、社會與國家的關係也由此逐漸走向全面異化。社會主義的出現就是以超越這種異化，從而將人類社會帶上共產主義發展運動為使命的。

這決定了社會主義國家雖然與資本主義國家同處於現代化發展的歷史階段，但其建構的現實前提、價值基礎和歷史使命是完全不同的。由於它不是原來意義上的國家，所以，它既必須具有國家的功能，同時又必須具有非國家的架構。從國家功能的角度來看，它必須具備現代國家運行所應有的基本要素和能力；從非國家的架構來看，它必須用全新的邏輯來組合這些基本要素，使其既具有很強的發展能力，同時又能為人與社會的全面發展提供最大的可能與空間。

根據馬克思的理論，個人要獲得真正的自由，社會要獲得真正的解放，最關鍵就是要消除生產資料與勞動的分離，以及這種分離所帶來的物

---

❶ 馬克思、恩格斯：《德意志意識形態（節選）》，《馬克思恩格斯選集》第一卷，人民出版社，1995 年版，第 118 頁。

❷ 同上，第 120 頁。

❸ 馬克思：《法蘭西內戰》，《馬克思恩格斯選集》第三卷，人民出版社，1995 年版，第 91 頁。

對人的統治，而要做到這一點，就必須使「個人佔有現有的生產力總和」成為現實；而從實現佔有所採用的方式來看，這種佔有「自由通過聯合才能實現，由於無產階級本身固有的本性，這種聯合又只能是普遍性的，而且佔有也只有通過革命才能得到實現」。正如「只有在共同體中，個人才能獲得全面發展其才能的手段」，「才可能有個人自由」一樣，❶ 也只有在這種聯合中，個人才真正實現「自主活動」，獲得真正的自由，從而使原來「偶然的個人」發展為能夠「自主活動」的「有個性的個人」。❷ 於是，在國家建構的現實進程上，社會主義國家與資本主義國家是完全顛倒的，即它不是通過解放個人，建市民社會，進而建民主國家；而是首先將個人聯合起來，通過佔有生產力總和，實現個人的自由，創造社會的解放，進而使社會主義國家成為不是原來意義的國家。從國家建設的具體實踐來看，這種個人聯合，既是社會主義革命的需要，同時也是社會主義國家得以維繫和發展的前提。實現這種個人聯合的力量和機制只能來自無產階級自身，共產黨由此應運而生。

由此可見，共產黨既是無產階級革命的要求，同時也是建立不是原來意義上國家的社會主義國家的要求。個人的聯合是社會主義國家建構的邏輯起點，同時也是社會主義國家架構的基礎。這決定了「社會解放」要成為真正現實，並在實踐中保持社會對國家的主導性，就必須以個人的聯合為前提。必須指出的是，這種聯合不是創造基於個人組成而成的「個人的全體」，而是創造每個人都是生產資料與國家財富主人的「全體的個人」。馬克思指出：

---

❶　馬克思、恩格斯：《德意志意識形態（節選）》，《馬克思恩格斯選集》第一卷，人民出版社，1995 年版，第 119 頁。

❷　同上，第 122—123 頁。

「在迄今為止的一切佔有制下，許多個人始終屈從於某種唯一的生產工具；在無產階級的佔有制下，許多生產工具必定歸屬於每一個個人，而財產則歸屬於全體個人。現代的普遍交往，除了歸全體個人支配，不可能歸各個人支配。」❶

從這個意義上講，全體個人對現有生產力總和的佔有，既不是國家權力作用的結果，也不是社會自行組織的產物，而是力圖佔有生產力總和的個體聯合。顯然，這種聯合反而成了社會主義國家與社會存在和運行的前提。

這樣，處於「從國家到非國家」過渡形式的社會主義國家就形成了與原來意義國家不同的架構：聯合起來的個人，即全體個人，自主的社會與人民作主的國家。在這樣的架構中，聯合起來的個人是獨立的前提與基礎，其現實體現就是以生產資料為社會佔有所形成的人民力量。這個不可分解的力量掌握國家權力，才能構成社會主義社會與國家，而維繫這種不可分解的人民力量，用馬克思的話來說，就是「全體個人」，自然就是共產黨。共產黨與不可分解的人民力量是一體的，失去了共產黨，不可分解的人民力量也就不可能存在，與此相應，全體個人就不可能佔有生產力總和，這樣社會主義國家也就失去了存在與發展的所有基礎。由此，再次證明，共產黨的領導與作為唯一執政黨的存在合法性，就在社會主義國家構成形態本身，它決定於社會主義國家的歷史使命及其所處的「從國家到非國家過渡」的過渡形式。

---

❶ 馬克思、恩格斯：《德意志意識形態（節選）》，《馬克思恩格斯選集》第一卷，人民出版社，1995 年版，第 129 頁。

四、中國的行動邏輯與實踐路徑

依據經典馬克思主義的理論邏輯，社會主義現代國家由於承載的是從資本主義到共產主義的過渡，所以，它「已經不是原來意義上的國家」了。❶ 列寧解釋道：「原來意義上的國家是由脫離人民的武裝隊伍來控制群眾。」❷ 換句話說，就是少數人通過國家機器統治多數人的國家。這決定了社會主義現代國家建設歷史行動的邏輯起點，就是如何使廣大的人民成為社會主義現代國家建設的主體。馬克思和恩格斯認為，這個邏輯起點不是絕對理性的產物，相反，它是一定現實歷史運動的結果，具體來說，就是資本主義生產力與生產關係矛盾運動所帶來無產階級與資產階級對立的結果。所以，社會主義現代國家建設的歷史行動，不像資本主義現代國家建設那樣，從神聖化絕對的理性出發，進而掀起革命的浪潮；而是從把握無產階級現實的根本利益出發，使其成為推翻一切階級統治、建設社會主義國家的歷史動力與實踐主體。為此，恩格斯強調指出：

「深入考察這一事業的歷史條件以及這一事業的性質本身，從而使負有使命完成這一事業的今天受壓迫的階級認識到自己的行動的條件和性質，這就是無產階級運動的理論表現即科學社會主義的任務。」❸

---

❶ 恩格斯：《給奧·倍倍爾的信》，《馬克思恩格斯選集》第三卷，人民出版社，1995 年版，第 324 頁。

❷ 列寧：《無產階級在我國革命中的任務》，《列寧選集》第三卷，人民出版社，1964 年版，第 63 頁。

❸ 恩格斯：《社會主義從空想到科學的發展》，《馬克思恩格斯選集》第三卷，人民出版社，1995 年版，第 760 頁。

在馬克思恩格斯觀念中的無產階級的歷史運動是世界性的，因而，更多地是從人類發展的歷史運動，具體來說，就是從整個資本主義世界的歷史運動去把握無產階級建構社會主義現代國家的歷史實踐的。然而，實際展開的社會主義現代國家建設實踐，雖然有國際共產主義運動的時代背景，但其實踐的實際空間都是地域性或國別性的。列寧就明確指出：

「資本主義的發展在各個國家是極不平衡的。而且在商品生產的條件下也只能是這樣。由此可以得出一個確定不移的結論：社會主義不能在所有國家內同時獲得勝利，它將首先在一個或幾個國家中獲得勝利，而其餘的國家在一段時期內仍然是資產階級的或者資產階級以前時期的國家。」

在此，列寧不僅道出了「社會主義可以在一國率先勝利」的著名論斷，同時也道出了實踐中的社會主義現代國家建設，可以有共同的歷史取向，但不可能有完全相同的歷史與社會基礎。這決定了社會主義現代國家建設，不僅要從勞動階級的現實利益出發，而且要從所在國家特定的歷史與社會條件出發。社會主義國家建設與發展史出現的模式化的社會主義國家建設實踐都以失敗告終，從而再度證明了科學社會主義堅持的歷史唯物主義和辯證法的科學性，再度表明科學社會主義的實踐一定要從社會、歷史與文化的現實出發。這個真理在中國特色社會主義成功實踐中獲得了充分證明。

因而，社會主義雖然強調共產主義是人類歷史的必然，但其國家建設的具體實踐卻不像資本主義國家那樣，從資本主義所追求的絕對理性及其包含的絕對價值出發的，而是從人類發展的基本規律與本國發展的實際國情出發。這決定了社會主義在世界上發展，不是基於絕對的絕對價值的輸出來推廣其制度與社會，也不是基於意識形態的傳播與征服來拓展其勢力範圍與國際空間，而是基於人類經濟與社會發展所形成的內在歷史力量以

及各國人民的自覺選擇。換言之，科學社會主義在世界上的發展與資本主義的不同之處在於：不是從絕對的理念出發，而是從人類社會發展規律出發；不是從普世的價值出發，而是從客觀的實際出發；不是從神聖的模式出發，而是從自主的探索出發。顯然，這是兩種完全不同的理論與行動邏輯，與此相應地也形成了兩種完全不同的社會制度建構與國家建設模式。儘管由於人類歷史發展階段以及經濟、社會全球運動結構的限制，科學社會主義的現實實踐尚未發展為世界性的潮流，但其在中國的有效實踐證明：蘇東劇變摧毀的不是科學社會主義本身，而是科學社會主義錯誤實踐所形成的「蘇聯模式」；中國特色社會主義的成功實踐證明，科學社會主義只要遵循馬克思主義的科學發展與實踐，其所擁有的內在生命力與活力依然是巨大的，依然能夠創造出比資本主義更加合理、更加有效、更加全面的現代化發展。

　　從 1917 年十月革命以來，科學社會主義的發展運動與現實實踐已近一個世紀，它既成就了當年的蘇聯以及今天中國的崛起，也遇到了「蘇東劇變」所帶來的「蘇聯模式」的失敗，既有成功的經驗，也有失敗的教訓。正因為有過失敗與成功的反覆洗禮，科學社會主義在當代的人類文明發展中逐漸成熟為一種可建構、可運作、可發展、可信仰的社會制度體系與社會發展形態，從而在資本主義佔主導的世界中開闢出人類未來發展的新路徑、新前景與新未來。結合科學社會主義現實實踐所得出的經驗與教訓，以及科學社會主義理論所揭示的人類社會發展的內在規律，可以將社會主義現代國家建設行動邏輯與實踐路徑展現如下：

　　第一，立足國情。馬克思始終認為，社會主義不是觀念的產物，而是人類社會發展的結果。這決定了社會主義的具體實踐，不是從理念或教條出發，而是從實踐所根據的國情與民情出發。對於任何社會來說，不論社會主義對其是多麼遠大的目標、多麼崇高的理想，其發展都是從歷史、社會與文化所規定的現實出發的。現實的國情，決定發展的歷史階段，決定

發展的戰略選擇、路徑選擇，從而決定發展的模式與道路。所有的經驗與教訓都證明，任何脫離國情的社會主義國家建設和發展，最終都將遇到挫折，甚至是失敗。

第二，遵循規律。遵循發展的規律是立足國家發展的必然要求。不論是從超越資本主義的社會主義理想出發，還是從落後國家實踐的社會主義初級階段出發，都應該從人類社會發展的基本規律把握社會主義，進而從社會主義內在的規律把握社會主義。從人類文明發展規律來看，社會主義是在資本主義之後出現的，沒有資本主義的有效發展，也就不可能有社會主義發展的可能，這決定了社會主義對資本主義的超越，不是以割斷社會主義與資本主義的關係為前提的，而是以將資本主義的發展成就有效地轉化為社會主義發展的動力與資源為前提的。就社會主義發展本身，社會主義再如何超越資本主義，其所處的時代已然是前共產主義的現代化時代，因而，雖然其所有制的核心是公有制，但這並不意味着其現實的發展能夠超越現代化歷史運動的現實規定性，例如現代化的邏輯、市場經濟的邏輯、民主化發展的邏輯，以及今天日益強盛的全球化的邏輯和網絡化的邏輯。所以，遵循規律發展國家，不僅能夠很好地定位其發展的歷史方位；同時，也能很好地把握社會主義發展所應該借助的時代潮流、制度資源與發展空間。只有這樣的發展，才是真正理性的社會主義現代化發展與現代國家建設，從而創造社會主義社會實質性的進步與發展。

第三，以人為本。現代化是以承認並促進人在政治和法律的獨立自主為前提的。社會主義超越資本主義之處在於：不僅承認並促進人在政治和法律上的獨立自主，而且從兩方面來保證這種獨立自主能夠轉化為人的全面發展：其一是逐漸消除勞動的異化，使勞動者成為國家的主人，同時，勞動者能夠共享整個國家的進步與發展；其二是個人的自由確立在人民掌握國家政權基礎之上，最大限度地擺脫了階級對抗與統治所帶來的種種局限，獲得更大的自由與平等空間與發展可能。因而，社會主義社會所強調

的以人為本，與資本主義的不同之處在於：這裏的人不是抽象的，而是具體的；這裏的人，不僅指作為個人存在的人，而且指作為當家作主的人民的人；這裏的人，不僅限於自由的狀態，更重要的是追求人的全面發展。正是從這樣的「以人為本」出發，社會主義的政治、經濟、社會、文化乃至人與自由關係的建設與發展都擁有了不同於資本主義，但同時又力圖超越資本主義的邏輯與形態。

第四，持續發展。解放和發展生產力，實現更全面、更大規模的發展是社會主義社會的本質使命，也是社會主義取代資本主義的最基本的合法性所在。可以說，沒有生產力的有效發展，就沒有社會主義；社會主義不能創造生產力持續有效的發展，就沒有社會主義制度的優越性。相比較資本主義發展來說，社會主義所創造的發展應該是能夠克服周期性經濟危機的可持續的發展。這決定了社會主義組織經濟與社會發展的制度形態、組織形態、運行形態以及管理形態，應該在充分吸收人類文明發展成就的基礎上，形成自己的特色與優勢。中國的發展表明，社會主義國家只要真正從全體人民的利益出發，充分尊重經濟與社會發展的歷史階段與發展規律，是有能力預防與克服可能出現的經濟危機，有能力創造可持續發展的。這是社會主義國家建設應該追求的境界。

第五，依法治國。法治是現代社會與現代國家建設的基本要求。處於現代化發展時代的社會主義建設，既需要國家的有效作用，同時也需要國家的規範作為，從而使國家能夠真正成為人民掌權、人民治理的國家。為此，應該將人民治理國家確立在依法治理國家的基礎之上，其本質有兩個：第一是將體現人民意志的憲法與法律作為治理國家的根本依據，從而使人民對國家權力的服從和認同等同於對自己的意志的服從與認同，並由此體現人民當家作主；其二用制度全面規範國家運行體系，使民主真正制度化、使法治真正規範化、使治理真正法律化。為此，社會主義國家建設，應該努力建立社會主義法律體系與法治體系；應該讓制度在國家治理

中起根本作用；應該使法治成為普遍的原則；應該讓權力與權利的制度化平衡作為國家穩定與發展的基礎。

第六，公平正義。任何國家都是通過組織、制度與價值建構起來的。資本主義國家如此，社會主義國家也是如此。在這其中，價值是國家建構的靈魂，決定着制度使命與組織形態。與資本主義國家的價值體系不同，社會主義國家的價值體系不是基於抽象人性所形成的理性設定，而是來自人與社會發展的具體而普遍的要求，因而，其使命不在於賦予抽象的人以價值規定，而在於賦予實實在在的人與社會關係以合理的原則。因而，社會主義的價值體系超越了自由、平等、博愛，而凝聚為公平正義。這個價值原則既協調了自由與平等的關係，也協調了個體與社會的關係；既協調了機會平等與結果平等的關係，也協調了個人發展與制度規範之間的關係；既協調了價值與制度的關係，也協調了權力與權利之間的關係。實踐中，公平正義，是一種道德秩序；是一種社會制度；進而也是一套政策體系，因而，它能夠從道德、制度與政策三個層面建構和支撐社會主義國家體系，並決定國家的運行與行動。

第七，合作共享。相對於勞動者與生產資料分離所產生的創造財富的人不享有財富的資本主義社會的勞動異化，社會主義社會的一個重要優越性就是最大限度地保障勞動者在創造財富的同時，擁有財富，其途徑就是生產資料的公有制，從而逐步消除勞動者與生產資料的分離。儘管現實表明，市場經濟的存在決定了消除這種分離是不可能的，但作為協調社會財富資源分配的社會主義國家應該從公平正義的價值原則出發，讓勞動創造的社會總財富能夠最大限度地實現社會共享，用中國特色社會主義的理論來說，就是勞動人民共享國家經濟與社會發展的成果。然而，這種共享不應該是權力主導的社會財富再分配的結果，而應該是各財富創造主體在經濟與社會運行的各環節創造合作，實現共贏的結果。沒有合作與共生的基礎，共享就缺乏其內在的機制與現實的合法性、合理性。因而，在資源有

限的背景下，共享一定是建立在各共享主體在創造財富、促進發展中是相互合作，攜手共進的。因而，社會主義國家的制度與治理體系，應該創造與鞏固合作的制度與治理體系，應該是能夠讓社會每個人共享國家發展總體的制度與治理體系。

第八，和平共處。任何國家的生存與成長，既需要內部的協調與成長動力，也需要外部的環境與資源。社會主義是以追求人類的進步與發展為使命的，因而，國際主義與和平主義是其內在的本質屬性，其具體體現就是在追求國家發展，建構國家發展的外部環境中，秉持的原則與戰略就是和平共處。和平共處，既是處理國與國關係，建構與發展合理的國家政治、經濟與社會秩序的基本原則，同時，也是各國在國際舞台上贏得尊嚴，創造發展機遇與空間，貢獻人類與世界的基本戰略，因而，實踐中的和平共處蘊含豐富的內容與實踐形態。社會主義對人類文明發展的根本貢獻，就是創造人類社會的和平共處、共同發展。因而，實踐中的社會主義對這個原則與戰略的任何偏離，都是對科學社會主義的侵蝕和傷害。

以上的概括和提煉，確實是以中國特色社會主義道路與發展模式為現實依據的，但提煉出來的這種社會主義國家建設的行動邏輯與行動路徑有一定的參考價值。人們既可能由此按圖索驥地開展社會主義建設的探索和實踐，也可以將其視為一套可借鑒的體系，來評估相關國家的社會主義實踐。然而，這一切努力的目的，不是在於清晰地判明哪個國家是社會主義，哪個不是，而是在於為世界各國進行社會主義探索和實踐提供原則、戰略與路徑。

第二篇

領　導

第四章

黨領導中國

在古代，不論東方還是西方的思想家，都不約而同地把國家或政權比作在水上航行的船：中國思想家從船與水的關係，強調治國要順民心，這樣「水可載舟」，否則，「水可覆舟」；古希臘思想家則從駕舟的原理出發，強調一艘船要劈波斬浪，就需要全船的人各司其職，精誠團結，舵手把握船的航向。雖然中西思想家強調的角度不同，但有一個認識是共同的，即國家或政權，猶如水上的船，處在風浪的風險之中，駕馭不好，就可能翻船，舟沉人亡，所以，國家的安康興旺，在很大程度上取決於「駕舟」者，即領導者。沒有領導者或者領導者不力，國家的風險就大，國破家亡的危機隨時都可能爆發。這也就是為什麼從古至今都必須把決定國家交給誰來治理的問題作為政治的首要問題的原因。

在現代政治中，領導決策不僅僅出於維持秩序的需要，更多地還出於保障社會利益，促進社會發展的需要。正因為這樣，由誰來領導，必須經過社會的選擇或者社會的同意。這就是民主的本意。中國是一個大國，要在幅員廣大、民族結構多元的國家保持內在的一體化，需要領導；要使十三億人口的國家解除生存的危機，實現溫飽與和平，需要領導；中國要快速實現經濟與社會發展，邁向現代化，需要領導；要使人口巨大、資源有限的國家成為世界大國，實現民族復興，需要領導；要保證中國在全球化的世界中，不懼風險，不懼壓力，站穩腳跟，擁有一席之地，需要領導；中國要完成國家建設，建設經濟繁榮、社會和諧、政治民主、文化厚實的國家，需要領導。經過歷史的選擇和現實的考驗，中國人選擇了中國共產黨。

一、共產黨對現代中國的意義

後發現代化國家面臨的首要挑戰，就是現代化對其傳統政治體系的挑戰。在這種挑戰下，傳統政治體系的生存與發展只有兩種結果：要麼實現自我轉型；要麼走向徹底自我毀滅。一旦自我轉型失敗，傳統政治體系也就必然被現代化的浪潮徹底摧毀。中華帝國政治體系在被摧毀之前，實際上經歷了一次又一次的轉型努力，傳統政治中的各種政治力量，官僚、士大夫、鄉紳以及最後的皇室，都在推動這種轉型中扮演過角色，出過力，最終都無濟於事。轉型的失敗，使得中華帝國政治體系在辛亥革命中被徹底摧毀。然而，同樣是亞洲國家，同樣面臨着現代化的衝擊以及這個衝擊背後的帝國列強的壓力，日本卻成功實現了傳統政治體系的轉型。1868 年的明治維新，使日本社會迅速地從傳統步入現代，並獲得迅速發展，甲午戰爭後，一躍而成世界列強。那麼，決定日本傳統政治體系轉型成功和中國傳統政治體系轉型失敗的關鍵因素是什麼呢？胡適先生在上世紀 30 年代就做出了十分明確的回答。

日本是一個典型的貴族社會，天皇作為貴族的代表，萬世一系，明治維新就是依靠開明貴族與天皇的結合，成為日本社會的核心，並由此支撐日本傳統政治體系的轉型。而對於中國來說，中國傳統國家政治體系卻是在摧毀這樣的社會結構基礎上確立和發展起來的，它實現了持久的延續，但失去了自我轉型的基礎與能力，這樣，最後的崩解也就成為它的必然命運。

支撐性主體力量的存在與否，決定着傳統政治體系轉型的成與敗。對於政治體系轉型失敗的後發現代國家來說，這其中的問題並沒有因為傳統政治體系徹底毀滅而消失，因為，傳統政治體系徹底毀滅之後，即刻就面臨着現代政治體系的建構問題；要在傳統政治體系廢墟上聳立起現代政治體系，並由此重新整合國家與社會，全面啟動現代化，也還是面臨着

什麼樣的社會力量能夠成為支持性的主體力量，承擔起這樣的歷史使命，支撐起新的政治體系。顯然，如果這個力量在傳統政治體系轉型之前就不存在，那麼轉型之後也不可能存在。問題的關鍵在於，沒有這樣的支持性主體力量，新的政治體系就確立不起來，現代化發展就無法得以啟動和展開。既然社會自身的結構不能孕育這樣的支持性主體，那唯一的路徑就是通過人為的努力去組織和創造這樣的力量，否則，現代化必將是胎死腹中。中國革命的先行者孫中山先生以自己的親身實踐證明了這一點。

孫中山先生主張，中國要擺脫帝國列強欺凌，實現民族與國家復興，就必須徹底推翻帝制，實行共和民主。辛亥革命之後，他開始全面推動中國的共和民主建設。在他看來，共和民主對於中國來說，不僅僅是推翻帝制本身，更為重要的是要在中國社會建立起民主的現代國家體系。為此，他創建了「三民主義」，提出了「建國方略」。從理論上講，這些思想和主張都符合資產階級民主革命的邏輯，其中提出的國家建設任務也是符合現代化發展規律和中國發展要求的。然而，辛亥革命後十三年，孫中山無限感慨地指出，這十三年，國家不但沒有進步，反而退步了，陷入的軍閥混戰之中，他的「建國方略」和「三民主義」也無法得到有效的實踐和落實。他認為，究其原因，一是沒有強大的政黨；二是沒有強大的軍隊。沒有強大的政黨，這些主義和方略就失去了落實的主體；沒有強大的軍隊，軍閥割據、混戰的局面就無法消除。為此，在他提出的「新三民主義」中，明確要求國民黨應該向「列寧式的政黨」發展，即變成有組織、有紀律、聯繫大眾、支撐國家的組織化政黨。他認為有這樣的政黨，「三民主義」就能夠通過黨的組織和廣大黨員傳播到社會和民眾之中，就能有效推動國家建設，開闢黨治國家的訓政時期。從 1924 年召開的國民黨一大來看，孫中山先生實踐到最後，實際上也就把其所有的希望寄託在這樣的政黨身上。因此，1925 年，他在臨終前，一方面號召國民黨黨員「革命尚未成功，同志仍需努力」；另一方面寫信給俄共，要求俄共幫助國民黨建設。

　　客觀地講，孫中山先生的最終選擇是正確的，他實際上已經清楚地意識到，中國要建共和，關鍵要有一個支撐性的主體力量，國民黨如果不能成為這樣的力量，那麼，他提出的主義和方案再好，也都只能是紙上談兵。但是，他的這個認識成熟太晚了些；而且國民黨本身的局限，也使得國民黨即使想成為這樣的支撐力量，也必須經歷從頭到腳的徹底改造。主客觀條件都決定了孫中山先生的最後努力和最後號召，無法使國民黨成為現代化過程中的民族的脊樑和國家的棟樑，去支撐其中國現代政治體系的建設，去推動中國現代化的發展。歷史就自然而然地把這個角色、這個責任交給了中國共產黨。

　　中國的發展需要一個非同一般的現代政黨，即不是滿足於議會選舉的政黨，而是能將一盤散沙的中國社會重新凝聚為一個有機整體，並主導中國社會發展的核心力量和支撐力量的政黨。這是中國歷史發展的邏輯決定的，是中國在現代化的潮流中得以生存、延續和復興的內在要求。這種現實要求為中國共產黨的誕生提供了基本的社會基礎。誕生後的中國共產黨之所以最後能夠成為領導中國社會發展的中堅力量，主要有五方面原因：（一）它高舉起解放勞動大眾，建設社會主義的目標和理想，符合中國社會發展的內在要求；（二）它勇敢地承擔起領導中國資產階級民主革命，開闢了既符合世界革命發展潮流，又符合中國革命歷史任務的新民主主義革命；（三）它一開始就以「列寧式的政黨」，即以民主集中制組織原則的政黨出現，具有強大的組織性和紀律性，並在革命實踐中始終加強黨的思想建設、組織建設和作風建設；（四）大革命失敗之後，中國共產黨迅速將黨的建設與軍隊建設、與社會動員有機統一起來，形成了既有武裝基礎、又有社會基礎的強大政黨組織框架。（五）它找到了既能生存發展，又能削敵強我的革命戰爭戰略，即走農村包圍城市的革命道路，以遊擊戰實現持久戰；最大限度地發展統一戰線。這些多元的綜合因素，使中國共產黨從一個弱小的「共產黨國際遠東支部」，逐漸發展成為主導中國革命進程和發

展方向的領導核心和支撐力量。三年的解放戰爭，全面檢驗了國共兩黨的組織力和戰鬥力。中國共產黨全面戰勝擁有政權資源、經濟資源和優良軍備資源的國民黨軍隊，取得解放戰爭全面勝利的歷史事實表明：中國共產黨所擁有的組織力、戰鬥力和革命性，足以使其有能力、有資格成為民族的脊樑和國家的棟樑，承擔起支撐和推動中國現代化發展的領導核心作用。

在中國共產黨的領導和推動下，中國人民經過長期的奮鬥和努力，終於打敗了日本帝國主義，擺脫了西方列強的壓迫，實現了國家的獨立；同時，也終於結束了軍閥勢力對中國的割據和統治，實現了國家的統一和人民的解放。中國共產黨因此創造了一個中華人民共和國，即中華人民共和國；這個新的國家通過政黨發展所形成的不斷擴展的組織網絡，將整個社會整合為一個整體，並由此開始建設現代化的社會主義國家的歷史進程。

中國共產黨的成長與成熟，使帝制崩解之後的中國現代國家建設終於有了支撐性的主體力量。這個主體力量必須在古老的中國大地聳立起現代的政治文明，而作為其具體體現的社會主義的現代國家，也只有在這個政黨的領導和支撐下才能得以建成。這樣，共產黨主導中國社會主義國家建設，而中國社會主義國家建設需要政黨主導，就成為中國現代化發展的基本政治邏輯。

二、共產黨建設現代國家

在馬克思看來，人的政治解放是現代社會產生的重要歷史前提，同時也是現代化得以快速發展的根本動力所在；而現代化的最終使命還是實現人與社會的全面進步與發展。馬克思認為，現代化發展所創造出來的生產方式和物質財富，為人類在政治解放基礎上實現經濟與社會的解放提供了可能，作為人類社會邁向共產主義的過渡社會形態，社會主義社會就是建立在現代化發展基礎之上。所以，任何落後國家要建設社會主義，都必須

首先經歷現代化發展,沒有現代化發展,社會主義最終都將是一紙空文。

　　然而,對於後發現代化國家來說,其現代化發展不是內生的,而是外在的現代化潮流推動的結果。所以,這些國家現代化發展的基本邏輯是:通過轉型或重建,形成有現代權威的國家力量,並由國家力量引入現代化經濟與生產要素,改變舊的經濟與社會結構,在發育市場經濟的基礎上,培育起現代經濟與社會,與此同時培育和建設現代國家體系,以保持政治建設與經濟、社會建設的協調和統一。這與西方國家的現代化路徑完全不同:西方國家現代化是以其內生的現代經濟與社會發育為歷史起點的;而後發現代化國家則是以建構現代國家權威力量為歷史起點的;西方的現代國家是現代社會發展的結果,而後發現代化國家則完全相反,其建構現代國家是發育現代社會的前提。所以,對後發現代化國家來說,建構一個有權威的現代國家體系是其現代化的重要前提。

　　現代國家由領土、主權和人民三大要素構成,其權力來自人民,並按照基於人民意志制定的憲法建構權力體系,依法運行權力,管理國家與社會事務,對人民負責,接受人民的依法選擇和監督。所以,現代國家體系,首先是一個主權獨立的現代民族國家,其次是民主共和的現代政治體系。現代國家體系在西方社會的誕生,雖然也是一個十分複雜的過程,但都是基於自身的歷史邏輯進行的;而後發現代化國家,要建立這樣的現代國家體系,就不得不面臨如何使自己的歷史邏輯與世界現代化歷史運動的邏輯相銜接,並由此開闢新的歷史進程,創造新的國家體系。前面的分析表明,要實現這樣的歷史跨越和發展,就需要一個強大的主導力量,要麼支撐國家轉型,要麼主導國家重建。中國的發展顯然屬於後一種類型。所以,任何領導中國現代化發展的力量,都首先面臨如何在傳統國家政治體系解體之後,建設現代國家體系的問題。

　　從現代化發展的線性進程來看,後發現代化國家建設和發展歷程似乎應該是:先建立現代主權國家,通過國家權威進行經濟與社會的現代化改

造，培育現代經濟與社會，在現代經濟與社會發育的基礎上，全面發育民主共和的現代政治體系。然而，現實的發展，不論在發展形態上，還是在發展階段上，都不可能按照這樣進程按部就班的進行，基本上都打亂了它們之間的時空關係。其中的原因除了經濟與社會發展的複雜性外，還有就是這些國家都力圖實現跨越式發展，這種跨越式發展往往會人為地打破發展之間的時空界限，尋求最佳的路徑與戰略組合。所以，後發現代化國家發展對其現代國家建設的內在要求是：擁有強大的領導權威，以保證經濟與社會的轉型和發展；同時必須使民主共和的政治體系得到有效發展，以及時適應和滿足經濟與社會發展所提出的民主要求。這意味着後發國家的現代國家體系建設要滿足雙重需求：一是滿足經濟與社會對國家權威的需求；二是滿足經濟與社會發展之後對國家民主的需求。在西方國家，這雙重需求不是同時出現的，因而，它可以依次解決，而且有足夠的時間和空間來解決；然而，後發現代化國家則沒有這份輕鬆，一是它們所面臨的雙重需求幾乎是同時出現的；二是這種雙重需求，雖然來自本國的經濟與社會發展，但在全球化時代的壓力下，這種需求一旦形成就很快被世界性的現代化潮流和民主化潮流急劇放大，並相互呼應，從而使這雙重需求很容易轉化為國家發展所不得不面臨的政治壓力。

對後發現代化國家來說，經濟與社會發展對國家建設提出的這雙重要求，是發展的必然，既合理又正常。要滿足這雙重要求，不會是輕而易舉的。首先，要平衡這雙重需求，把經濟與社會發展保持在有序、可持續的狀態，任何偏離，都可能導致經濟與社會發展的危機，偏離民主的需求，難免要出現政治的緊張，從而影響經濟與社會的正常發展；偏離權威的需求，難免出現經濟與社會的失序，從而影響現代化的穩定與持續。[1] 其次，

❶ 【美】塞繆爾·P·亨廷頓：《變化社會中的政治秩序》，王冠華等譯，生活·讀書·新知三聯書店出版社，1989 年版，第 7—9 頁。

這雙重要求都是持續性的，要有效滿足這樣持續性要求，就必須有一套比較成熟的現代制度體系。然而，對於處在建設中的國家來說，這是不可能的。所以，對後發現代化國家來說，首先出來面對經濟與社會發展雙重需求的，一定不是現代國家制度體系本身，而是具有強大組織性的權威力量，要麼是軍隊，要麼是政黨。這種力量，一方面通過權威和政策平衡雙重需求，另一方面通過不斷進行的制度建設，來吸納雙重需求，從而逐步減緩雙重需求之間的緊張，降低雙重需求對制度的壓力。孫中山先生充分認識和理解這其中的規律，他為憲政在中國的全面確立提出了三步走的發展戰略，即首先行軍政，其次行訓政，最後行憲政。軍政，主體是軍隊，使命是建構秩序，恢復和發展生產；訓政，主體是政黨，使命是建設制度，培育現代公民，在推進政治、經濟與社會發展走向制度化的同時，培育出適應制度規範，具有制度能力的現代公民；憲政，主體是民眾，使命就是運行憲政制度，創造民主生活，以全面建成現代國家體系，實現現代化。❶ 孫中山先生的「黨治國家」的政治主張就是在這樣的背景下提出的，對中國的國家建設產生了深刻影響。

　　顯然，「黨治國家」的本質就是黨領導人民建設現代國家，其使命有兩個：一是全面建立現代國家制度；二是全面培育現代國家的公民。有制度、有公民，現代國家體系也就有了確立的基礎和運行的條件。當然，對於後發現代化國家來說，這種建設不局限在政治領域，還應充分擴展到經濟、社會和文化領域，因為，對這些國家來說，沒有經濟與社會發展，制度建設也好，公民培養也好，都將因缺乏堅實的基礎而無法鞏固和持久。從這個角度講，政黨在後發現代化國家所承擔的使命是多元的，既要在現實層面，平衡經濟與社會發展的戰略要求，保持經濟與社會發展的穩定性

---

❶　孫中山：《國民政府建國大綱》（1924 年 1 月 23 日），《孫中山選集》，人民出版社，2011 年版，第 624—627 頁。

和持續性；又要在現代化的戰略層面，全面推進現代化的快速成長，並完成現代國家體系建設。然而，政黨承擔的使命再多，都不意味着政黨要替代國家本身；政黨對國家建設所具有的決定作用再大，也都不意味着政黨的這種作用是永恆的。政黨替代國家，現代化就無法最終實現；國家建設永恆決定於政黨，那也就意味着政黨建不成現代國家，實現不了現代化。

所以，在後發現代化國家中，政黨建設現代國家是可行路徑，政黨主導國家建設是合理的選擇。一旦走上政黨建設現代國家的發展路徑，在現代國家體系尚未形成的條件下，任何放棄政黨主導的做法，表面上毀棄的是政黨，實際上毀棄的是整個現代化進程和現代國家建設的全局，其後果是可怕的，不是內亂，就是國家四分五裂。但是，我們也必須看到，政黨主導本身不是目的，政黨主導的目的是建成現代國家體系，全面實現經濟、社會、政治的制度化發展。鄧小平在改革開放伊始就為黨推進民主法治建設確立了這樣的基本目標：

「必須使民主制度化、法律化，使這種制度和法律不因領導人的改變而改變，不因領導人的看法和注意力的改變而改變。」❶

中國共產黨正是在這樣的指導思想下，改變治國方略，提出依法治國，建設社會主義法治國家目標的。實踐證明，中國共產黨領導中國的社會主義國家建設方向是正確的，黨在其中的主導作用是積極而有效的。

在後發現代化國家，政黨建設國家的發展邏輯，一方面決定了政黨在國家建設中的主導作用；另一方面也決定了政黨只有真正推進了現代國家

---

❶　鄧小平：《解放思想，實事求是，團結一致向前看》，《鄧小平文選》第二卷，人民出版社，1994 年版，第 146 頁。

體系的成長，其主導才有價值和意義。在中國，完成現代國家體系建設，是中國共產黨領導新民主主義革命以來就明確的歷史使命，毛澤東早在《新民主主義論》中就對此有過深刻的論述，提出了新民主主義政治建設、經濟建設和文化建設。但從建設社會主義現代化國家的高度來看，這個歷史使命至今沒有完成。中共十六大提出了建設社會主義政治文明戰略任務，再度顯示了中國共產黨完成這樣歷史使命的決心和境界。2005 年，隨着社會建設目標的提出，國家建設的框架也就從原先的政治、經濟和文化建設三位一體，發展為政治、經濟、社會和文化建設的四位一體，形成了相當完整的國家建設新框架。❶ 黨的十八大，明確了中國的國家建設總體佈局從四位一體發展為五位一體，即在原來四大建設基礎上，加上了生態文明建設。在這樣的國家建設佈局與框架中，黨的建設與發展以及黨的領導水平和執政能力的提高，始終是決定性的，所以，在中國共產黨的重要官方文件中，在論述這五大建設的同時，一定要強調黨的建設對全局的重要作用。所以，有時候人們把黨的建設納入中國國家建設框架之中，認為其內在的結構應該是「5+1」，即「五位一體」加上「黨的建設」。

　　理論的邏輯和中國的實踐一再表明，中國共產黨要完成國家建設的歷史使命，必須堅持黨的主導地位，增強黨的領導和推進現代化發展的能力；同時，為了完成這樣的歷史使命，黨必須全面推進政治文明建設，讓現代國家體系在中國現代化過程中發育成長，只有這樣，以黨的領導，人民民主和依法治國三者有機統一為本質特徵的社會主義民主政治，才能得以真正的確立和發展。

---

❶　胡錦濤：《在省部級主要領導幹部提高構建社會主義和諧社會能力專題研討班上的講話》，《人民日報》，2005 年 06 月 27 日，第一版。

三、大黨與大國

中國共產黨從誕生那天起，就明確了要改天換地，創造中華人民共和國的使命。中國共產黨從自身建設開始探索，努力使中國共產黨成為有理想、有綱領、有組織、有領導的現代政黨。為了進行武裝鬥爭，中國共產黨把黨的組織建立在軍隊之中，並因此改造了中國軍閥式的軍隊組織，建立起了強大的人民武裝和新型的革命軍隊。在領導革命的過程中，中國共產黨堅持黨的建設與軍隊建設有機統一，通過黨建，提高軍隊的戰鬥力；通過軍隊的不斷獲勝，鞏固黨在軍隊中的領導地位，從而使革命軍隊完全成為黨領導的軍隊。在這個過程中，黨的組織全面滲透到軍隊組織之中，同時，軍隊的紀律與作風也滲透到黨的組織之中。黨軍的高度統一，使中國共產黨同時擁有了強大的政治力量、組織力量和軍事力量。憑藉這種無堅不摧的力量，領導「小米加步槍」的革命軍隊，戰勝了強大的敵人，奪取政權，取得革命勝利，建立了中華人民共和國。

中華人民共和國建立之後，為了在傳統國家政治體系崩解之後長期處於散亂狀態的中國社會獲得重新組織，並由此在中國奠定社會主義制度，中國共產黨在基層社會廣泛建立黨的組織，發展黨員，並通過黨的組織將整個國家網羅為一個有組織的整體。黨的組織向全社會的滲透，深刻改變了中國傳統的社會結構體系，同時也扭轉了中國社會長期存在的散沙般無序的狀態，創造了新型的社會組織結構，即所有的個體，納入組織之中；在所有的組織中，建立黨的組織；所有黨的組織，在民主集中制下形成科層形的組織網絡體系。中華人民共和國就是在這樣的基礎上得以全面確立，並開始社會主義建設實踐的。通過這樣的組織網絡，黨形成了全面領導國家、領導社會的組織和制度體系。黨的領導制度體系，相對獨立於憲法所規定的國家制度體系，但其領導實踐是在憲法框架下展開，實行依

法執政。至於如何協調這其中的黨與國家的關係，即習慣上所說的黨政關係，中國共產黨的原則是：黨必須依法領導國家制度；為此，黨自身必須是有黨規黨法的政黨。改革開放之初，鄧小平基於對「文革」教訓的深刻反思，明確提出中國民主必須實現制度化、法律化，而其中的關鍵就在於政黨。如果政黨是不受規範和約束的，那麼，國法就不受保障，這樣，民主的制度化和法律化也就無從談起。他強調指出：

「國要有國法，黨要有黨規黨法。黨章是最根本的黨規黨法。沒有黨規黨法，國法就很難保障。各級紀律檢查委員會和組織部門的任務不只是處理案件，更重要的是維護黨規黨法，切實把我們的黨風搞好。對於違反黨紀的，不管是什麼人，都要執行紀律，做到功過分明，賞罰分明，伸張正氣，打擊邪氣。」❶

在這樣的政治邏輯下，在長期革命和建設形成的治黨、治國、治軍三位一體的結構中，治黨就成為治國、治軍的重要前提，是中國共產黨能否有效執政和長期執政的關鍵；失去了這個前提，中國社會發展的一切都無從談起。

中國是一個大國，擁有 13 億以上的人口，是世界上人口最多的國家。中國共產黨組織社會、治理國家的組織體系和制度體系，決定了它也必然成為世界上最大的政黨。目前，中國共產黨擁有黨員達到 8000 多萬，相當於中等以上規模國家的人口數，構成中國共產黨有效執政和長期執政的重要人力資源、組織資源和社會資源。但中國共產黨能否把這些資源組

❶　鄧小平：《解放思想，實事求是，團結一致向前看》，《鄧小平文選》第二卷，人民出版社，1994 年版，第 146—147 頁。

織好、開發好、利用好，以適應不斷變化和發展的中國經濟與社會對黨的領導和執政提出的要求，無疑又是一個重大的挑戰。處於高速變化和發展的社會之中，把這些隊伍和組織治理好了，黨將因此而獲得巨大的領導和執政資源，相反，如果治理不好，那麼這個龐大的隊伍和組織就可能因其無序、無效和無力，而成為中國共產黨治國理政的巨大負能量。中國共產黨十分清楚這其中的利害關係，並從蘇東劇變的悲劇中獲得極為深刻的警醒。所以，一直堅持把黨的建設作為其掌握政權，鞏固執政的關鍵。鄧小平一語中的地指出：「中國問題的關鍵在黨。」

治黨是中國共產黨執政的前提與基礎。大國孕育了大黨，大黨決定大國的崛起。中國共產黨認為這其中的真理是：只要中國共產黨站住了，發揮出作用了，誰都無法阻擋中國前進的步伐。今天的中國已全面進入社會主義市場經濟發展時代，市場已成為資源配置中的決定性力量，與此相應，社會成員以及各種社會力量借助市場機制和法律保障獲得了更大的相對自主性，這決定了中國共產黨要在快速變化發展的中國社會站穩腳跟，不是靠對國家權力的集中和壟斷所能實現的，相反，必須依靠其先進性和執政能力才能贏得社會，贏得民眾，才能站穩腳跟，發揮作用。進入 21 世紀，中國共產黨提出了 21 世紀的黨建工程：

「我們必須繼續圍繞在新的歷史條件下建設一個什麼樣的黨和怎樣建設黨這個基本問題，進一步解決提高黨的執政能力和領導水平、提高拒腐防變和抵禦風險能力這兩大歷史性課題，全面推進黨的建設的新的偉大工程。」

雖然要把 21 世紀的中國共產黨建成什麼樣的黨以及怎樣建設黨的問題，還需要時間和實踐來回答，但黨建的戰略核心已經明確，即全面鞏固黨的社會基礎，全面提高黨的領導水平與執政能力。由此，大黨的建設與

大國的發展獲得了有機統一：根據大國治理與大國發展的需要來建設中國共產黨，同時，通過大黨的有效建設，為大國治理和大國發展提供強大領導力量。有了這樣的領導力量，大型國家的轉型、建設和發展也就有了基本的政治保障。

對於大國治理來說，「大黨」的關鍵不在黨的規模，而在其強大的領導力，具體體現為戰略領導能力、國家整合能力、制度運行能力、社會協調能力。擁有了這些能力，大黨就能在推動大國轉型與發展中發揮如下的作用：（一）發揮組織優勢以支撐大型國家的穩定轉型；（二）有效整合與協調快速分化的社會以保持社會穩定；（三）有效統籌有限資源以保證整體的快速發展；（四）有效統一社會共同理想以集中全部力量實現發展；（五）發揮集中統一領導優勢以降低國家轉型與現代化全面啟動所可能帶來的成本和損耗，實現發展的穩定性、持續性和全面性。大黨對大國發展的這些積極作用，使得中國共產黨在推進國家建設中不可能輕易放棄其長期形成的大黨戰略。但是中國共產黨從來沒有想過要使自己變成「全民黨」，相反，從中國提出執政能力建設的戰略任務來看，中國共產黨要努力做實做強的是其領導和執政能力。為此，中國共產黨自我告誡：

「在機遇和挑戰並存的國內外條件下，我們黨要帶領全國各族人民全面建設小康社會，實現繼續推進現代化建設、完成祖國統一、維護世界和平與促進共同發展這三大歷史任務，必須大力加強執政能力建設。這是關係中國社會主義事業興衰成敗、關係中華民族前途命運、關係黨的生死存亡和國家長治久安的重大戰略課題。只有不斷解決好這一課題，才能保證我們黨在世界形勢深刻變化的歷史進程中始終走在時代前列，在應對國內外各種風險和考驗的歷史進程中始終成為全國人民的主心骨，在建設中國特色社會主義的歷史進程中始終成為堅強的領導核心。」

四、革命黨與執政黨

在中國的政治語匯中，革命黨與執政黨不是新概念，都有相當長的歷史。近代以來，它們一直是中國探索和實踐民主共和的重要概念工具。中國共產黨是以革命黨的角色登上中國歷史舞台的，掌握政權之後，成為掌握政權的執政黨。1949 年，即將全面走向國家政權舞台的中國共產黨意識到，隨着革命戰爭的結束，中國共產黨必須開始進行自我轉變，即從領導鄉村的政黨轉變為領導城市的政黨；從熟悉革命戰爭的政黨轉變為熟悉國家管理的政黨。在當年的中國共產黨七屆二中全會上，毛澤東系統闡述了這種轉變的必要：

「從一九二七年到現在，我們的工作重點是在鄉村，在鄉村聚集力量，用鄉村包圍城市，然後取得城市。採取這樣一種工作方式的時期現在已經完結。從現在起，開始了由城市到鄉村並由城市領導鄉村的時期。黨的工作重心由鄉村移到了城市。在南方各地，人民解放軍將是先佔城市，後佔鄉村。城鄉必須兼顧，必須使城市工作和鄉村工作，使工人和農民，使工業和農業，緊密地聯繫起來。決不可以丟掉鄉村，僅顧城市，如果這樣想，那是完全錯誤的。但是黨和軍隊的工作重心必須放在城市，必須用極大的努力去學會管理城市和建設城市。必須學會在城市中向帝國主義者、國民黨、資產階級作政治鬥爭、經濟鬥爭和文化鬥爭，並向帝國主義者作外交鬥爭。既要學會同他們作公開的鬥爭，又要學會同他們作隱蔽的鬥爭。如果我們不去注意這些問題，不去學會同這些人作這些鬥爭，並在鬥爭中取得勝利，我們就不能維持政權，我們就會站不住腳，我們就會失敗。在拿槍的敵人被消滅以後，不拿槍的敵人依然存在，他們必然地要和我們作拼死的鬥爭，我們決不可以輕視這些敵人。如果我們現在不是這樣

地提出問題和認識問題，我們就要犯極大的錯誤。」❶

　　以毛澤東為代表的中國共產黨人對革命勝利前後的政黨的戰略和使命的認識，是科學的，符合掌握政權、鞏固政權的基本規律。這種科學的認識，為中華人民共和國的確立和新生政權的鞏固奠定了重要基礎。

　　在這個政治方針中，毛澤東強調了兩點：一是轉型，即政黨領導對象、工作重點和工作方略的轉型；二是鬥爭，即為鞏固政權而展開的鬥爭。對於開國時期的中國共產黨來說，這兩點都是十分重要的。轉型不成，政權無法產生真正的效能；鬥爭不力，政權就無法得到有效鞏固。然而，這兩者之間既有統一，又有區別：統一於政權的鞏固，而且是暫時的；而區別於國家的建設，而且是長久的。從國家建設的角度來看，隨着政權的鞏固和國家建設的展開，為鞏固政權而準備的那些鬥爭是必然會逐漸讓位於國家建設，從主要地位轉為次要地位；相反，政黨的轉變和政黨治理國家能力的提高則具有根本性、全局性和戰略性，在決定國家建設成敗的同時，也直接決定着國家政權的鞏固。如果說在革命時代，鬥爭是鞏固政權的主體手段，那麼在建設時代，建設則是鞏固政權的主體手段。但是實踐表明，中國共產黨在建國後的相當長時間裏，把這兩者之間的統一常態化了，即在政權得以基本鞏固的條件下，依然把階級鬥爭置於黨的工作的核心地位，並全面滲透到黨的領導和黨的工作的全部邏輯之中。這種常態化導致的現實效果就是：阻斷了中國共產黨在革命後應該實現的真正轉型，即從領導人民革命的革命黨轉變為領導人民當家作主，建設國家的執政黨。黨不轉型，自然就在革命的邏輯中領導中國現代化建設，結果，既扭曲了黨的領導，也扭曲了國家建設，其教訓是極為深刻的。

----

❶　毛澤東《在中國共產黨第七屆中央委員會第二次全體會議上的報告》，《毛澤東選集》第四卷，人民出版社，1991 年版，第 1426—1427 頁。

改革開放開始之時，鄧小平和三十年前的毛澤東一樣，提出了黨領導的轉型的問題。如果說前一次轉型還在革命的邏輯上展開的話，那麼這一次的轉型從一開始就聚焦在建設的邏輯上，其目的是要全面提高中國共產黨領導經濟建設和社會發展的能力。1979 年，鄧小平在為全面啟動中國改革開放的十一屆三中全會所做的主題報告中向全黨發出了這樣的號召：

「我們要學會用經濟方法管理經濟。自己不懂就要向懂行的人學習，向外國的先進管理方法學習。不僅新引進的企業要按人家的先進方法去辦，原有企業的改造也要採用先進的方法。在全國的統一方案拿出來以前，可以先從局部做起，從一個地區、一個行業做起，逐步推開。中央各部門要允許和鼓勵它們進行這種試驗。試驗中間會出現各種矛盾，我們要及時發現和克服這些矛盾。這樣我們才能進步得比較快。今後，政治路線已經解決了，看一個經濟部門的黨委善不善於領導，領導得好不好，應該主要看這個經濟部門實行了先進的管理方法沒有，技術革新進行得怎麼樣，勞動生產率提高了多少，利潤增長了多少，勞動者的個人收入和集體福利增加了多少。各條戰線的各級黨委的領導，也都要用類似這樣的標準來衡量。這就是今後主要的政治。離開這個主要的內容，政治就變成空頭政治，就離開了黨和人民的最大利益。」❶

在這樣的要求下，中國共產黨也就漸漸地從領導革命的黨，徹底地轉向領導經濟建設和社會發展的黨。從革命黨向執政黨的轉型就是在這個過程中展開的。

這裏無意比較兩代中國共產黨領導人在推進政黨轉型上的戰略與目標

---

❶ 鄧小平：《解放思想，實事求是，團結一致向前看》，《鄧小平文選》第二卷，人民出版社，1994 年版，第 150 頁。

選擇，因為，在不同時空中，黨的處境不同，把握黨的角度和出發點也就不同，因而，不具有可比性。但是，它們之間有一點是共同的，就是強調黨要開闢新局面，創造新時代，就必須通過學習實現自我轉型，必須重新定位黨領導的使命、任務、方略和方式。正是在這樣的努力之中，中國共產黨才逐漸從革命黨轉變為執政黨的。雖然這其中有過曲折，但從另一個角度看，這種曲折則構成了中國共產黨轉型的重要財富。在中國共產黨建立八十周年的時候，中國共產黨明確提出了要完成中國共產黨從領導人民革命的政黨向領導人民當家作主、建設國家的執政黨轉變，並提出了提高中國共產黨執政能力建設的黨建新戰略。這種黨建戰略的轉變，使得中國共產黨出現了世紀之變：從領導 20 世紀中國革命的政黨轉變為領導 21 世紀中國建設、發展和崛起的政黨。

從學理上講，革命黨與執政黨是特性上有很大不同的政黨，其生存、發展、使命、任務和方略都有明顯的差異。但是，在一個政黨身上去比較這之間的差異沒有本質的意義，因為，對於這個政黨來說，這種差異只是發展所帶來的。正如在一個人身上去機械地比較其青年與少年之間的差異一樣，即使列出無數的差異，但都改變不了還是原來這個人的現實。對於一個人來說，當他步入青年的時候，要考慮的問題是如何結合自身從小到大形成的特點，開掘自身的潛能，爭取在社會立足，並創造自己的人生。這個道理對於一個政黨來說也是同樣的。從革命黨走向執政黨，表面上是一個轉型，本質上是一種發展：既是黨自身發展的結果，也是黨所領導的事業發展的結果。所以，在中國共產黨身上，執政黨的角色與革命黨的角色不是對立的，而是統一於黨自身，執政黨是從革命黨發展而來的，正如一個青年是從少年發展而來的一樣。這就決定了中國共產黨圍繞執政能力提高而展開的執政黨的建設，固然有適應當下現代化發展新要求的一面，但其建設和發展不能割斷自己的歷史，更不能與其革命黨時代所形成的傳統完全對立，相反，應該保持歷史和發展的連續性，應該將優良的傳統作

為中國共產黨的資源在新的時代中得到弘揚和發揮，並產生新的功能和作用。

所以，對擁有近一個世紀歷史的中國共產黨來說，其所要建立的執政體系，就內在於中國共產黨的歷史、傳統、組織，思想和制度之中，其任何要素，都是歷史與現實、經驗與教訓、理想與實踐、智慧與創造錘煉形成的。黨在不同時代所進行的努力，就是在原有的基礎上，進行添加和組合，從而創造出能夠適合時代發展要求和執政任務的執政體系。

在現代政治中，執政體系都是圍繞着政黨展開的，是政黨為合法掌握國家政權，並有效運作國家政權所形成的一套綜合工作體系，其中包括組織體系、制度體系、價值體系、戰略體系和幹部體系。在執政邏輯中，政黨位於國家與社會之間，作為一定社會利益的代表掌握國家政權，負責國家管理與社會發展。在民主政治條件下，政黨只有贏得社會，才能掌握國家政權；而政黨要贏得社會，就必須代表社會，與社會建立緊密的關係；掌握政權的政黨，要有效運行國家政權，就必須有合格的幹部隊伍，協調的黨際關係，優良的戰略體系和具有號召力的價值觀念。政黨協調與社會關係是基礎，合法、有效掌握國家政權是目的，而建設一個強大的、有實力的政黨是關鍵。政黨是執政體制的本體，本體出了問題，其他方面也必然出問題。作為以執政為目標的政治組織，政黨這個本體的建設，不能超越其所處於的社會與國家的內在規定性，所以，本體的建設和本體的健康，不是抽象的，而是具體的，體現為在一定的社會與國家之中的生存與發展的基礎與實力，體現為整合社會、治理國家，促進發展的能力與水平。換言之，任何執政體系成長的主幹是政黨，其生長的土壤則是社會與國家。至於長什麼枝葉以及可能結什麼果，則是這個社會或國家的歷史、社會與文化的共同因素決定的。

任何執政黨的執政體系，都是在其與社會、國家的緊密互動過程中，通過有目的的政黨建設、社會建設和國家建設而確立和發展起來的。不同

政黨執政體系之間的差異，要麼與政黨、社會、國家本身的性質差異有關，要麼與政黨建設、社會建設和國家建設的戰略選擇和行動方式的差異有關。不同國家政黨執政體系之間差異，一定是綜合的制度性差異；而同一個國家不同政黨執政體系之間的差異，則更多地體現為組織與策略取向的差異。由於現代政黨的執政體系都是在現代民主政治的背景下形成的，所以任何一個國家政黨可以從借鑒人類政治文明的角度，大膽地借鑒和吸收他國政黨執政體系的長處。任何借鑒的目的都只有一個，那就是增強和完善自身，是固本之策，不是毀本之舉。這決定了借鑒是有目的的，是從自身發展與完善的需要出發的，否則就是盲目的，其結果往往可能危及根本。

執政體系，猶如一棵樹，是地裏長出來的，不是人為造出來的。事實上，想造也造不出來。由於任何一個國家的政黨不可能是外來的，所以，這棵樹要真正長大，支撐國家，庇蔭大地，就不可能是移植的，必須靠自己成長。它可以接受外來的陽光雨露，但根植的一定是本土的國家與社會，吸收的一定是人民的滋養、民族的光芒和時代的春風。中國共產黨要有效領導未來中國的建設與發展，就必須保持其執政體系的有效性，而執政體系的內在結構決定了這種有效性的獲得，必須建築在其內在結構要素的有機統一基礎上，即建築在其內在五大體系的有機統一基礎上。

第一，組織體系。政黨本身就是一個特殊的政治組織。所以，執政的組織體系，首先是政黨自身組織體系的完備與有效。中國共產黨是中國社會領導核心的黨，其組織力量直接支撐着中國社會與國家，所以，其自身組織體系的完備和有效是執政黨執政的首要前提。其次，是黨聯繫大眾、整合社會的組織體系。現代社會是組織化的社會，政黨固然可以直接依靠自身的組織來聯繫大眾、整合社會，但社會是多樣化和多元化的，這就要求政黨除了依靠自身的組織體系之外，還需要從自身組織體系出發，聯絡各種社會組織，從而形成有向心力、又有覆蓋面，有核心、又有外圍和邊

緣的龐大的組織體系，以廣泛的聯繫大眾、整合社會。最後，是黨的組織工作體系，這是關係到黨具體組織中活力與戰鬥力的工作體系。

第二，制度體系。中國共產黨執政的制度體系，在這裏不是指其所運行的國家制度體系，而是指其執政所賴以確立和展開的領導制度體系。黨對國家和社會生活的領導是其執政的政治前提，其本質在於凝聚人民、整合國家、領導發展、保障執政。中國共產黨對中國社會的領導是制度性的，即它通過自身的一套制度體系，領導自身、領導國家、領導社會、領導軍隊，以便有效地推進自身、國家、社會和軍隊的建設和發展。雖然隨着國家制度和社會制度的日益健全和完善，黨對國家和社會的領導制度將逐漸與國家制度和社會制度相交融，但作為世界上最大的執政黨，不論是從維繫黨自身的事業出發，還是從提高黨的執政能力出發，黨都必然保有一套相對獨立的制度體系，以保持黨對全局的領導。中國共產黨十五大提出的「總攬全局、協調各方」的原則，為新時期黨的領導制度體系建設提供了原則和方向。中國共產黨的領導制度體系包含三個層面：第一層面是黨內的制度體系，如黨委會制度、黨內紀律檢查制度等；第二層面是黨領導國家與軍隊的制度，如黨領導人大和政府的制度安排、黨管幹部制度、黨領導軍隊的制度、黨領導的多黨合作和政治協商制度等；第三個層面是黨領導經濟與社會發展的制度，如黨領導經濟的制度化工作體系、黨對工會的領導、黨對企業、大學、社區的領導以及黨對人民團體和社會組織的領導等等。

第三，價值體系。任何政黨都會有自己特定的價值、目標與理想，並用於指導執政的過程，從而構成執政的價值體系。中國共產黨是以馬克思主義為思想和理論指導的政黨，並努力將馬克思主義的基本原理與中國革命和建設的實際相結合，形成中國共產黨自身的理論體系，即中國化的馬克思主義。理論指導實踐，在實踐中創新理論，是中國共產黨在中國實踐和發展馬克思主義的基本原則，所以，在中國共產黨的實踐中，理論創新

是制度、政策和實踐創新的思想前提。基於馬克思主義世界觀、方法論和中國化馬克思主義發展所形成的一套理論和價值體系，對中國共產黨執政具有根本性和全局性的指導意義。在一定條件下，價值體系中的理論創新直接關係到黨執政的合法性和有效性。這也就是為什麼中國共產黨在領導革命和建設的各個時期，都十分重視理論建設，強調意識形態工作的原因所在。對於中國共產黨執政來說，執政的價值體系包括這樣幾個方面：一是馬克思主義的世界觀和方法論；二是中國化的馬克思主義；三是凝聚人民的共同理想和核心價值；四是用於教育公民、維持基本社會秩序的基本道德信仰。

第四，戰略體系。執政的政黨要在風雲變幻的世界中把握國家建設，要在不斷發展和變遷的社會中把握政黨建設，就必須對世界、對國家、對社會、對政黨有系統的戰略把握，做到運籌帷幄，從長計議，掌控全局，把握未來。中國共產黨是在近代中國社會的夾縫中生長出來的，能夠實現從弱小到強大的發展，完全得益於中國共產黨人具有高超的戰略能力。有戰略能力，就能抓住一切的機遇發展自身，就能在全局中獲得主動。所以，中國共產黨一直將把握全局、抓住機遇作為黨和國家生存和發展的關鍵點，要求各級領導掌握這方面的本領。這決定了中國共產黨執政所形成的戰略體系，不僅有長期、中期和短期的發展戰略，而且有國家和地方的發展戰略；不僅有政治與經濟的發展戰略，而且有社會與文化的發展戰略，形成了戰略體系的全覆蓋。就形態而言，戰略體系包含的戰略規劃形態有：基本的路線、方針和政策；國家經濟與社會發展五年規劃；政治、經濟、社會、文化與軍事的具體發展戰略與規劃；各類區域建設和各領域發展戰略規劃等等。

第五，幹部體系。在中國共產黨的領導實踐中有這樣一句名言：路線方針確定之後，幹部就是決定的因素。這表明在黨一旦確立起了科學的路線、方針與政策，幹部就成為執政能力的決定性因素，直接決定着黨

的戰略規劃的落實和推進。為此，中國共產黨始終堅持黨管幹部。幹部是黨執政的核心主體，決定着黨的領導水平與執政能力。造就優秀的幹部隊伍一直是黨的領導和執政的重要任務。雖然隨着公務員制度的確立，國家事務的管理日益職業化，但是黨依然將有一定行政領導級別的公務員的管理，同時納入黨的幹部管理範疇，形成了幹部制度和公務員制度的相互交叉。幹部制度涉及幹部的儲備、培訓、選拔、任用、管理、監督等一系列環節，參與其中的有黨的組織部門、黨的紀律檢查部門和政府的人事部門等；有從中央到地方的黨校、行政學院以及一些相關的高等院校等。

上述五大體系統一構成中國共產黨執政體系。至於這五大體系之間的結構關係，則是由黨領導國家所面臨的現實條件和戰略任務決定的。所以，執政體系內在要素有機統一的基本體現就是保持其結構關係的動態發展，以保障黨的執政能夠有效應對經濟與社會發展不斷帶來的新的任務和挑戰。

五、執政黨與政黨制度

中國共產黨之所以能夠取得領導革命戰爭的最後勝利，毛澤東認為主要靠三大法寶：黨的領導、武裝鬥爭和統一戰線。這三大法寶缺一不可。革命戰爭結束之後，武裝鬥爭這個法寶已成為歷史，繼續活用的就是黨的領導與統一戰線。中國共產黨正是通過有效領導統一戰線，最終奠定了中華人民共和國的政權基礎和國家架構。

毛澤東之所以那麼看重統一戰線，因為，統一戰線為黨的建設和黨領導中國革命與建設解決了一個關鍵性的問題：即將中國共產黨置於中國社會的核心地位，並由此來凝聚除了工農大眾之外的各方社會力量。統一戰線的最高原則，就是團結一切可以團結的力量，以壯大自己，削弱敵人，以調動一切積極因素，削弱消極因素，從而時刻保持黨的領導力、戰鬥力、整合力，並積聚全社會的力量為實現黨所提出的奮鬥目標而努力。

在革命年代，通過統一戰線，中國共產黨不管時局如何變幻，都能夠保持其領導革命進程，表達社會心聲，引導民族前進的先進地位。抗日戰爭時期，中國共產黨建立了抗日民族統一戰線，成為領導中國人民進行抗日鬥爭的核心力量；解放戰爭時期，中國共產黨建立了人民民主統一戰線，聯合一切民主力量，開闢出反對國民黨一黨統治的政治鬥爭戰場，為中華人民共和國的誕生和發展奠定了重要的社會基礎與政治基礎。1949 年 6 月 15 日，毛澤東在新政治協商會議籌備會議上發表講話，明確闡明了統一戰線所建立的政治基礎是中華人民共和國得以建立的基礎和保障：

「新的政治協商會議，是中國共產黨在一九四八年五月一日向全國人民提議召開的。這個提議，迅速地得到了全國各民主黨派、各人民團體、各界民主人士、國內少數民族和海外華僑的響應。中國共產黨、各民主黨派、各人民團體、各界民主人士、國內少數民族和海外華僑都認為：必須打倒帝國主義、封建主義、官僚資本主義和國民黨反動派的統治，必須召集一個包含各民主黨派、各人民團體、各界民主人士、國內少數民族和海外華僑的代表人物的政治協商會議，宣告中華人民共和國的成立並選舉代表這個共和國的民主聯合政府，才能使我們的偉大的祖國脫離半殖民地的和半封建的命運，走上獨立、自由、和平、統一和強盛的道路。這是一個共同的政治基礎。這是中國共產黨、各民主黨派、各人民團體、各界民主人士、國內少數民族和海外華僑團結奮鬥的共同的政治基礎，這也是全國人民團結奮鬥的共同的政治基礎。這個政治基礎是如此鞏固，以至於沒有一個認真的民主黨派、人民團體和民主人士提出任何不同的意見，大家認為只有這一條道路，才是解決中國一切問題的正確的方向。」❶

---

❶　毛澤東：《在新政治協商會議籌備會議上的講話》，《毛澤東選集》第四卷，人民出版社，1991 年版，第 1463—1464 頁。

至此，我們看到，統一戰線奠定了中國共產黨自身的發展路徑，奠定了中國共產黨領導中國革命和建設的戰略策略，奠定了中華人民共和國成立的政治基礎與政治形式。中華人民共和國建立之後，它還奠定了黨領導和執政的基本制度基礎，就是中國共產黨領導的多黨合作和政治協商制度，即有中國特色的政黨制度。這個制度，是中國共產黨長期執行的統一戰線的政治成果，是中國共產黨實行多黨派合作，協商建國的政治成果，既符合人民民主的內在要求，也符合中國共產黨領導和執政的內在要求。所以，1993年，中國共產黨在修改憲法的時候，將這個制度作為中國的基本政治制度寫入憲法。

　　如果把統一戰線，多黨協商建國，政黨制度三個前後關聯、依次決定的政治要件放在一起觀察，就會清楚地看到：黨的領導、國家建設以及黨的執政之間有着深刻的內在關係。具體來說，就是黨的領導方式，決定着國家建構方式，進而決定黨的執政方式。這依次決定的三者關係再次說明，中國共產黨的執政體系，不是一時一地形成的，而是長期發展和積累的結果。這種積累不僅與黨的建設有關，而且也與國家建設有關。這客觀上要求現有的黨的執政體系，既要契合黨的領導傳統，也要契合中國的國家形態，當然，也要更好地契合中國經濟與社會發展的要求。在具體的觀察、研究和實踐中，人們往往習慣於從黨的執政如何契合中國經濟與社會發展要求的角度來思考中國共產黨的執政體系，強調要用經濟與社會發展的新邏輯、新的制度設計來安排和規劃其執政體系的形態與運行方式。這種努力是有意義的，但不能因此忽視黨的歷史、社會主義制度以及中國深層次的社會、歷史與文化對黨的執政體系建設和發展所具有的內在規定性。這意味着在推動中國共產黨從領導人民革命的黨轉向領導人民執政的黨的發展過程中，不能用抽象的執政原理來設計抽象的中國共產黨執政體系，如果這樣，不管用什麼原理和方法設計出來的執政體系，都一定是脫離歷史、脫離國情、脫離黨情的執政體系，不過是空中樓閣，經不起任何

風雨。

在建設和發展統一戰線的過程中,中國共產黨始終強調黨對統一戰線的領導,始終堅持黨在統一戰線中的領導地位。所以,作為統一戰線實踐的制度形式的中國政黨制度與一般國家的政黨制度完全不同,其根本取向在於實現黨的領導與人民民主的有機統一,即同時要承擔雙重的政治功能:一是為人民民主發展提供有效的實踐路徑和制度平台;二是為鞏固和完善黨的領導提供有效的政治基礎和制度保障。仔細分析這個制度,實際上是「一二三」的結構,即一個軸心支撐,這就是黨的領導;兩個方面聯動,這就是多黨合作與政治協商;三個要素統一,這就是黨的領導、多黨合作和政治協商的有機統一。在這樣的結構中,多黨合作也好,政治協商也好,都直接或間接地決定和規範着黨的領導行為和執政行為。多黨合作,不僅形成共產黨執政,多黨派參政的執政格局,而且形成了多黨派監督共產黨的權力監督體系;政治協商,不僅要求共產黨執政必須基於其與多黨派、各社會力量協商合作的基礎上的;而且要求將多層面、多領域的政治協商納入到國家重大政策的制定過程之中,從而為人民當家作主的實踐提供必要的途徑和平台。

多黨合作、政治協商對中國共產黨領導和執政所形成的監督和規範,對於提高中國共產黨的領導水平和執政能力,不是消極的限制作用,相反,是積極的輔助和推動作用。首先,這種制度的存在使中國共產黨的統一戰線在治理國家的過程中獲得制度性的實現,這種制度性的實現反過來使得源於黨的領導的統一戰線,從黨的領導和黨的工作的重要機制和法寶,逐漸延伸為國家建設和發展所不可或缺的機制,具體來說,統一戰線借助政黨制度所協調的黨派關係、民族關係、階層關係、宗教關係以及海外同胞關係都是中國國家建設所必須面對的基本關係。其次,這種制度使中國共產黨的領導和執政與日益多樣化、多元化的社會之間有了積極調適和平衡的政治空間與制度空間,使黨的領導和執政能夠有效吸納和安排多

元化的要求和多樣化的力量，以保障黨領導和執政得到社會各方面的支持與認同，夯實合法性基礎；再次，這種制度使中國共產黨與人民民主之間有了更豐富的制度契合性，因為，多黨合作和政治協商的制度設計，是以實現各階級聯合統治的人民民主為重要初衷的；最後，這種制度使中國共產黨的領導和執政有了天然的制約和監督力量，這對於保證中國共產黨領導和執政的民主性、科學性和先進性都有十分積極的政治意義和制度價值。

政黨制度所包含的這些功能和價值，對中國共產黨執政無疑是重要的政治資源。中國共產黨要鞏固執政，建構有效的執政體系，就必須積極開發和利用好這些政治資源。在日益制度化的中國，未來中國政黨與國家的關係到底應該如何合理建構和發展，將越來越取決於中國政黨制度的開發和建設。所以，如何從中國政黨制度的內在邏輯出發來發展中國共產黨的執政體系，是中國共產黨面臨的重大戰略問題。為此，中國共產黨的執政能力建設也好，執政體系完善也好，都必須把有中國特色的政黨制度建設和發展置於十分重要的戰略地位。

第五章

黨與社會

　　黨可以通過各種方式產生，但其生命之源都在社會；黨可以有各種的綱領和目標，但其最終的號召力則來自社會的認可與認同。根在社會、心在社會，擁有了社會認同和擁護的黨，才是有力量的黨。黨的強大，不在其自身的組織與規模的大小，而在其社會根基的深厚。可見，最大限度地代表社會、動員社會和整合社會，是黨的生存與發展的根本之道。中國共產黨的每一次成功都證明了這一點。

一、中國需要先鋒隊

　　孫中山晚年一直追問和反思這樣一個基本問題：為什麼「俄國革命在中國之後，而成功卻在中國之前」？❶ 為什麼辛亥革命之後，革命的努力最終又都是無功而返的呢？且「綜十數年已往之成績而計效程功，不得不自認為失敗」。❷ 孫中山最後給出的回答是，使革命落到這個境地的原因有三個：其一，政黨不力。辛亥革命之後，政黨的革命熱情消退，認為革命任

---

❶　孫中山：《關於列寧逝世的演說》（1924 年 1 月 25 日），《孫中山選集》，人民出版社，2011 年版，第 629 頁。

❷　孫中山：《中國國民黨改組宣言》（1923 年 11 月 25 日），《孫中山選集》，人民出版社，2011 年版，第 558 頁。

務完成，「革命事業不肯繼續去做」；❶ 且組織渙散、萎縮，脫離民眾，黨員不為主義，專為私利；其二，思路不對。革命只靠兵力，不求心力，只靠軍隊，不靠政黨。「我們當知軍隊革命成功非成功，黨人革命成功乃真成功。」❷ 黨人革命的使命就是為主義而奮鬥，即力行主義，宣傳主義，動員民眾。先知先覺者扭轉普通人的不知不覺，動員不了民眾，自然也無法整合社會，組織國家，深化革命。其三，志向不遠。孫中山認為，只有志向高遠，長遠規劃，才能找到革命的正確路徑和方法。他比較俄國革命和中國革命後認為：

「俄國人立志革命，希望一百年成功，現在不過二十多年便完全達到成功的目的。我從前希望數年成功，現在已經到了三十年，還沒有大功告成。這是因為中國人革命的方法和氣魄不及俄國人。俄國人因為有了這種氣魄與方法，所以革命一經發動，得到機會，便大告成功。俄國革命的成功為什麼那樣大而且快呢？因為俄國人立志穩健，眼光遠大，把國家大事算到一百年，什麼方法都計劃到了，這就是經驗多而成功快。」❸

鑒於這三個原因，他改組了國民黨，並召開了國民黨第一次全國代表大會，力圖開啟邁向最終成功的新的革命歷程。

孫中山從自身經歷和俄國的成功中充分意識到，要在中國實現成功的革命，僅有軍隊是不夠的，還需要一個能動員社會，能整合力量，能把握

❶ 孫中山：《人民心力為革命成功的基礎》（1923 年 11 月 25 日），《孫中山選集》，人民出版社，2011 年版，第 562 頁。

❷ 孫中山：《黨義戰勝與黨員奮鬥》（1923 年 12 月 9 日），《孫中山選集》，人民出版社，2011 年版，第 572 頁。

❸ 孫中山：《歡宴國民黨各省代表及蒙古代表的演說》（1924 年 1 月 20 日），《孫中山選集》，人民出版社，2011 年版，第 607 頁。

中國整個革命歷程，通國情，合民心的黨。為此，他以蘇俄為榜樣，以列寧為模範。他說：

「吾黨此次改組，乃以蘇俄為模範，企圖根本的革命成功，改用黨員協同軍隊來奮鬥，俄國以此能抵抗列強之侵迫，其時正當俄國革命初成功，而俄黨人竟能戰勝之，其原因則由黨員能為主義的奮鬥。」❶

看起來，孫中山似乎是在反思革命受挫的教訓，為國民黨改組尋求依據，為新的革命歷程建構新的革命戰略，而實際上孫中山在有意無意之中道出了中國革命和建設的根本邏輯，即中國這樣落後的國家要取得最終的革命勝利，現代軍隊固然重要，但能夠將全社會革命力量與從傳統邁向現代所需要經歷的革命歷程完全整合在一起的強大革命政黨則更為重要。沒有政黨，軍隊的勝利就轉化不了革命的勝利，而沒有革命的勝利，就沒有革命的最後成功。顯然，這樣的黨，不是一般的黨，應該是能夠聚合民眾，引領軍隊，決定革命進程的黨。在孫中山眼裏，列寧領導的蘇俄共產黨就是這樣的政黨。他不無感慨地指出：

「我覺得於中國的革命黨有很大教訓。什麼教訓呢？就是大家應把黨基鞏固起來，成為一有組織的、有力量的機關，和俄國的革命黨一樣。」❷

在列寧的建黨思想中，這樣的黨不能是一般的黨，而是那些能夠引導

❶　孫中山：《黨義戰勝與黨員奮鬥》（1923 年 12 月 9 日），《孫中山選集》，人民出版社，2011 年版，第 571 頁。

❷　孫中山：《關於列寧逝世的演說》（1924 年 1 月 25 日），《孫中山選集》，人民出版社，2011 年版，第 629 頁。

革命、階級和國家發展方向的黨。這正如馬克思、恩格斯在《共產黨宣言》中寫到的：

「共產黨人同其他無產階級政黨不同的地方只是：一方面，在無產者不同的民族的鬥爭中，共產黨人強調和堅持整個無產階級共同的不分民族的利益；另一方面，在無產階級和資產階級的鬥爭所經歷的各個發展階段上，共產黨人始終代表整個運動的利益。」❶

孫中山晚年的反思和領悟所得出的結論是對的，抓住了中國革命的關鍵：即需要一個強大的且現代的革命政黨。他從俄國共產黨中看到這樣政黨的形，卻沒有看到這樣政黨的神。所以，他只能在組織形態上改組國民黨，不能從組織性質上改組國民黨。這也就注定了他寄託的所有希望最終必然落空。然而，只要中國還在革命的路上，還在繼續現代化努力，就必然要呼喚這樣的政黨出現。在國民黨改組過程中與國民黨合作的中國共產黨，正是在這樣的革命呼喚中走上中國舞台的。中國革命歷史的邏輯十分清楚地表明：中國共產黨的崛起，是中國革命真真切切的內在需求。中國共產黨成功地把握了這個需求，其基點就是中國共產黨要成為中國革命的領導力量，成為中華民族的核心力量，從而在時間和空間上整合中國的革命、建設和發展。

實際上，中國共產黨在成立的時候就已經看到了中國革命和國家建設對這種政黨的強烈需求，所以，一開始就不僅在主義上，而且在組織和社會基礎上定位自己為一個具有先鋒隊性質的政黨。早在 1921 年 3 月，李大釗就發表文章指出：為了領導革命勢力，「從事革命的運動」，實現「中國

---

❶ 馬克思、恩格斯：《共產黨宣言》，《馬克思恩格斯選集》第一卷，人民出版社，1995 年版，第 285 頁。

徹底的大改革」，中國 C 派（即共產主義者們）的朋友，現在繼續組織一個「強固的緊密的」團體，「這個團體不是政客組織的政黨，也不是中產階級的民主黨，乃是平等的勞動家政黨，即社會主義團體。」如果有這樣的團體，並通過這樣的團體訓練其成員，那麼「中國徹底的大改革」也就「有所附託」。❶ 中國革命的要求以及中國共產黨的性質與使命，決定了中國共產黨從誕生起，就立足在中國社會的軸心和中國革命的前沿，因而，其天生就注定了其最終的成敗，集中體現的不在於是否贏得政權，而在於是否實現了國家獨立、人民的解放和民族的復興。

孫中山想按照蘇俄的共產黨改組國民黨，以便完成中國的革命，但沒有成功；相反，中國共產黨取得了巨大成功。毛澤東說：

「中國共產黨就是依照蘇聯共產黨的榜樣建立起來和發展起來的一個黨。自從有了中國共產黨，中國革命的面目就煥然一新了。」❷

中國共產黨之所以能夠成為這樣的政黨，並最後取得革命的成功，關鍵的關鍵就在於它以其先鋒隊的性質和力量，贏得了整個社會和整個中華民族，贏得了這個國家的現在與未來。換句話說，這個政黨之所以有力量，是因為他紮根於這個民族之中、紮根於普通百姓之中，並承擔着引領、組織、服務作用和確定民族與國家未來的使命。美國記者岡瑟·斯坦因在其《紅色中國的挑戰》中記錄了他與毛澤東的交談，其中兩段交談清晰地道出了中國共產黨與中國社會、中華民族的內在關係，摘錄如下：

❶ 李大釗：《團體的訓練與革新的事業》（1921 年 3 月），《李大釗文集》（下），人民出版社，1984 年版，第 444 頁。

❷ 毛澤東：《全世界革命力量團結起來，反對帝國主義的侵略》，《毛澤東選集》第四卷，人民出版社，1991 年版，第 1357 頁。

「重慶的中國朋友要我找出究竟共產黨是『中國第一』還是『共產黨第一』，所以我就向毛澤東提出了這個問題。

他微笑着。『沒有中國民族就不會有中國共產黨。你也可以同樣地問，先有誰？孩子呢還是父母？這不是一個理論的問題而是一個實際的問題；正像國民黨區域裏的人們向你提出了其他的問題——我們是在為我們的黨工作還是在為人民工作。隨你要到什麼地方去問我們的人民，他們都充分地知道，中國共產黨是替他們服務的。他們曾經有着和我們同在最患難的時候的經驗。』」

「我問，在戰後，中國共產黨準備扮演的是一種怎麼樣的政治角色。

『我們黨的全體黨員當然只是中國人民中的一小部分』，他說。『只有那一小部分反映了大多數人民的意見，並且只有那一小部分為了大多數人民的利益而工作才能使人民與黨之間的關係健全。

『今天共產黨不僅反映了農民和工人的意見，而且也反映了許多抗日地主、商人、知識分子等等的意見，也就是：在我們區域內的一切抗日人民的意見。共產黨是願意而且將來一直準備着和那些預備和它合作的一切中國人民緊密合作的。』」❶

二、先鋒隊的屬性

邁入現代，中國問題的解決需要政黨，反過來，政黨只要能夠滿足中國的實際需要，就能贏得這個民族與國家。所以，認識中國，把握中國的歷史、現實與未來，從而抓住中國發展的每一個時代特徵及其現實需求，就成為政黨立足這個社會，領導這個國家走向進步的關鍵。為此，以孫中

---

❶ 馬連儒、柏裕江編：《毛澤東自述》，人民出版社，1996年版，第284頁、第289—290頁。

山先生為代表的中國國民黨努力過，孫中山先生提出了三民主義主張和系統的建國方略；而中國共產黨則從根本上思考中國，認為中國要建設現代國家，邁向現代化，首先要解決民族的獨立和人民的解放問題，這是中國最迫切的問題，這個問題不解決，中國的一切發展都無從談起，因而，這也是中國革命的首要問題。中國共產黨認為，中國的革命因現代世界革命而起，是世界革命的組成部分；基於現代世界革命的邏輯，中國革命必須首先進行資產階級民主革命，同樣基於現代世界革命發展的潮流，中國革命必須在資產階級民主革命之後，應「準備在一切必要條件具備的時候把它轉變到社會主義革命的階段上去。這就是中國共產黨光榮的偉大的全部革命任務」。❶

　　中國共產黨確實是從中國的現實需要出發來確立自己的革命任務的，這個現實需要就是：對外進行推翻帝國主義壓迫的民族革命以實現民族的獨立和對內進行推翻封建地主壓迫的民主革命以實現人民的解放。但中國共產黨在人類必然邁向社會主義和共產主義的革命邏輯上賦予了中國民族獨立和人民解放以新的目標和使命：民族獨立，不僅體現為擺脫帝國主義壓迫，實現國家獨立，而且體現為中華民族的偉大復興；人民解放，不僅體現為封建地主壓迫的推翻，而且體現為使勞動人民獲得自由與平等，真正享受當家作主的權利。所以，在中國共產黨的理論體系中，其所推動的革命，既是階級解放的革命，也是民族復興的革命，並且始終把這兩個革命緊密地聯繫在一起，只是在不同的歷史時期和時代條件下，賦予具體的內容與使命。❷ 這一點，毛澤東在 1940 年 1 月發表的《新民主主義論》中

---

❶　毛澤東：《中國革命和中國共產黨》，《毛澤東選集》，第二卷，人民出版社，1991 年版，第 651 頁。

❷　毛澤東於 1939 年和其他幾個在延安的同志合作寫作了《中國革命和中國共產黨》這個教材，其中第二章的第三節關於中國革命任務的闡述，就說明了兩個革命是相互聯繫和相互統一的。參見《毛澤東選集》第二卷，第 636—637 頁。

闡述得十分明確：

「我們共產黨人，多年以來，不但為中國的政治革命和經濟革命而奮鬥，而且為中國的文化革命而奮鬥；一切這些的目的，在於建設一個中華民族的新社會和新國家。在這個新社會和新國家中，不但有新政治、新經濟，而且有新文化。這就是說，我們不但要把一個政治上受壓迫、經濟上受剝削的中國，變為一個政治上自由和經濟上繁榮的中國，而且要把一個被舊文化統治因而愚昧落後的中國，變為一個被新文化統治因而文明先進的中國。」❶

要實現革命的任務，就必須有革命的行動。黨作為革命的主要行動者，要達到革命的最終目的，就必須解決三個基本問題：其一，革命的合法性；其二，革命的對象；其三，革命的動力。這三個問題也是聯繫在一起的，其中革命的合法性問題實際上多少涵蓋了革命對象和革命的動力問題，因為革命的合法性一定取決於對「為什麼革命」以及「革誰的命」的問題的正確把握，而明確了革命的對象，也就自然找到了可以開發的革命動力資源。在解決這三個問題上，中國共產黨所秉承的歷史唯物主義的世界觀和方法論提供了正確的思路和科學的邏輯。中國共產黨認為，中國革命雖然因世界革命衝擊而起，但其基礎和動力在中國社會，所以，應該從中國社會性質出發來把握中國革命的所有問題以及中國共產黨在其中的定位。「只有認清中國社會的性質，才能認清中國革命的對象、中國革命的任務、中國革命的動力、中國革命的性質、中國革命的前途和轉變。所以，認清中國社會的性質，就是說，認清中國的國情，乃是認清一切革命問題

---

❶　毛澤東：《新民主主義論》，《毛澤東選集》第二卷，人民出版社，1991 年版，第 663 頁。

的基本的根據。」❶ 革命可以從革命合法性出發思考所有的革命問題，但決定革命最終成敗的卻是革命的內在動力是否強大和厚實。中國共產黨認為，中國的社會性質、階級結構、力量對比以及革命的使命，決定了中國革命成敗的關鍵在於能否喚起民眾，能否使作為中國民眾絕對主體力量的工農階級成為革命的主力軍。所以，「誰要是想撇開中國的無產階級、農民階級和其他小資產階級，就一定不能解決中華民族的命運，一定不能解決中國的任何問題」。❷ 這也就意味着中國共產黨要實現其革命的目標，就時刻不能脫離工農大眾，並且應該把實現工農大眾的階級解放作為推動整個中國革命的根本動力之源。為此，中國共產黨必須始終保持其作為工農大眾、尤其是工人階級先鋒隊的性質，以便有效地動員、組織和領導工農大眾為國家的獨立和民族的復興而奮鬥。

實際上，作為階級的先鋒隊存在，中國共產黨在其成立的那一天就已經明確了。❸ 隨着革命運動的展開，中國共產黨充分意識到，要實現中國革命的最終成功，不僅要代表工農的利益，而且同時也要代表民族的利益。「我們黨的第六次全國代表大會所規定的十大政綱，不但代表了工農的利益，同時也代表了民族的利益。」❹ 這種認識的提升，一方面得益於中國共產黨自我認識的深入，另一方面也得益於中國共產黨對中國革命認識的深入。中國共產黨十分清楚地意識到其所代表的工農大眾本身就是中國社會

---

❶ 毛澤東：《中國革命和中國共產黨》，《毛澤東選集》第二卷，人民出版社，1991 年版，第 633 頁。

❷ 同上，第 649 頁。

❸ 江澤民在《紀念中國共產黨建黨八十周年大會的講話》中說：「我們黨從成立之日起，就把自己定為中國工人階級的政黨，始終堅持工人階級先鋒隊的性質，為保持自身的先進性奠定了堅實的階級基礎。」參見江澤民：《論「三個代表」》，中央文獻出版社，2001 年版，第 167 頁。

❹ 毛澤東：《論反對日本帝國主義的策略》，《毛澤東選集》第一卷，人民出版社，1991 年版，第 158 頁。

的主體，佔據了百分之八十到九十的比例；但是，即使這樣，中國革命要取得最後的勝利，除了依靠工農大眾之外，還需要調動一切可以調動的資源，團結一切可以團結的力量，建立最廣泛的統一戰線，從而使中國共產黨真正成為中國社會的核心力量，整體而全面地帶動全中國人民和整個中華民族的進步與發展。日本帝國主義入侵後所激發出來的民族危亡意識，使中國共產黨更加明確了面對中華民族的生存和發展應該承擔的責任和應該扮演的角色。1935 年底的瓦窰堡會議是中國共產黨發展的一個重大轉折，首先，會議明確了中國共產黨不僅是工農的先鋒隊，而且也是中華民族的先鋒隊，會議決議指出：

「中國共產黨是中國無產階級的先鋒隊。他們應該大量吸收先進的工人僱農入黨，造成黨內的工人骨幹。同時中國共產黨又是全民族的先鋒隊，因此一切願意為着共產黨的主張而奮鬥的人，不問他們的階級出身如何，都可以加入共產黨。一切在民族革命與土地革命中的英勇戰士，都應該吸收入黨，擔負黨在各方面的工作。」

「能否為黨所提出的主張而堅決奮鬥，是黨吸收新黨員的主要標準。」❶

其次，會議把中國共產黨建設國家的理想，從建立工農共和國改變為建立人民共和國，而這種基於「各革命階級聯合專政」的人民共和國既是實現勞動階級解放的共和國，同時也是實現中華民族根本利益的共和國，毛澤東說：「總括工農及其他人民的全部利益，就構成了中華民族的利

----

❶ 1935 年 12 月 25 日中共中央在瓦窰堡會議上，為批判「關門主義」和擴大鞏固共產黨而作出的論斷，參見《中央文件選集》第十集：《中央關於目前政治形勢與黨的任務決議》，中共中央黨校出版社，1982 年版。

益。」❶ 由此，中國共產黨就為其所要領導的革命的最終實現提供了合適的政治形式。後來的革命歷程表明，瓦窰堡會議所形成的這兩大政治躍升，不論對中國共產黨全面發展和最終成熟，也不論對中華民族取得抗日戰爭的勝利和實現最後的獨立解放，都具有決定性的意義，而這種躍升的關鍵就在於中國共產黨不僅把自己看作是階級的先鋒隊，而且看作是中華民族的先鋒隊，從而更加堅實、更加全面地擔負起這個民族、這個國家對政黨所提出的歷史責任。

所以，進入 21 世紀，為了使站立起來的國家和民族走向全面復興，中國共產黨自然也就再度明確了自己的兩個先鋒隊角色和使命。2002 年，在十六大報告中，再度明確中國共產黨「始終是中國工人階級的先鋒隊，同時是中國人民和中華民族的先鋒隊，始終是中國特色社會主義事業的領導核心，始終代表中國先進生產力的發展要求，代表中國先進文化的前進方向，代表中國最廣大人民的根本利益」。以往的成功昭示着這樣的真理：只要保持着這樣的先鋒隊角色，中國共產黨就立於不敗之地，自然也就能創造中華民族的偉大復興。

三、黨的使命與能力

政黨都是應一定的使命而誕生的。政黨的使命定位與政黨的目標有關，而政黨目標的選擇在很大程度上取決於其生存的現實狀況及其對這種狀況的把握。所以，政黨的使命是客觀規定與主觀選擇的結果。政黨一旦承擔起了其所應承擔的使命，就與相應的國家和社會形成緊密的關係，並因承擔了相應的使命而成為國家或社會的中心，同樣，國家或社會也因為

❶　毛澤東：《論反對日本帝國主義的策略》，《毛澤東選集》第一卷，人民出版社，1991 年版，第 159 頁。

有政黨承擔有關的使命而獲得發展。政黨為使命而誕生，而使命也將成就政黨偉業。高遠的使命，鑄造政黨的品格；而對使命的忠誠，則是政黨不敗的立足之本。

後發現代化國家的政黨都往往與變革、革命的需要相伴而生，「革命黨」普遍是其最初的展現形態，而創造獨立、民主和現代化則往往是其革命的基本使命。在中國，國共兩黨的誕生也沒有越出這個邏輯。中國共產黨是在孫中山先生所開闢的舊民主主義革命的基礎上開闢出新民主主義革命道路，並明確其使命是要完成中國革命的兩重任務：即「資產階級民主主義性質的革命（新民主主義的革命）和無產階級社會主義性質的革命」。● 這樣的使命定位決定了中國共產黨所努力的不僅僅要把中國帶入現代化社會，而且要在中國創造比現代社會更高形態的新型社會，即社會主義社會。為了能夠將高遠的理想與現實的發展有機結合，中國共產黨將其綱領定位為最高綱領和最低綱領的有機統一；為了使偉大的使命能夠激化出實實在在的、持之以恆的努力和奮鬥，中國共產黨努力保持其先鋒隊的本性，發揮其先鋒隊的作用。

中華民族與中國社會鍛造了中國共產黨，而中國共產黨以其信念、追求和不懈的奮鬥，塑造了這個民族、國家和社會的現代性。於是，中國共產黨自然而然地成為這個國家和社會的軸心，這個國家與社會也通過這個軸心得以不斷地攀升和成長。在這樣的政黨、國家與社會相生相長的結構中，政黨所承擔的使命，不僅決定着政黨的命運，而且也決定着國家和民族的命運。中國共產黨在中國社會的存在，首先是作為領導力量和核心力量的存在，其次才是作為革命力量和執政力量的存在。這是中國共產黨與其他國家政黨的根本區別所在。這也是中國共產黨作為階級的和民族的

● 毛澤東：《中國革命和中國共產黨》，《毛澤東選集》第二卷，人民出版社，1991 年版，第 651 頁。

先鋒隊存在的政治意義和現實價值的集中體現。政黨的實際力量與價值，不僅要體現在其所承擔的道義上的使命與責任，更重要的是要體現在其戰略、政策和行動所表達的使命與責任。中國共產黨領導中國革命以來，努力踐行的基本使命有四大方面：

第一，民族復興。這是源於有數千年文明史的民族在現代化衝擊之後，尤其是飽受西方帝國列強欺凌之後的真心呼喚，其實質就是擺脫落後，自立自強，實現民族獨立和國家富強。正是這種真心呼喚，呼喚了中國共產黨，同樣，中國共產黨也用這種真心呼喚動員了整個中華民族，凝聚了全體中國人民革命和建設的決心和力量。

第二，國家建設。傳統的帝制國家體系崩解之後，中國就面臨着在現代的原則下重建國家體系的歷史任務。孫中山的「建國方略」回應了這個任務。同樣，中國共產黨也在領導人民革命的過程中思考和實踐中華人民共和國的國家體系。毛澤東在《新民主主義論》中也系統地回應了這個歷史任務，指出了國家建設的方向。中國共產黨在延安的十三年初步實踐了其所設計的國家政權體系。可以說，對國家建設的思考、設計和實踐，伴隨中國共產黨成長的全過程，是黨的基本使命。進入 21 世紀，中國共產黨將其在革命時期提出的「三位一體」的國家建設戰略佈局，逐步發展為「四位一體」和「五位一體」的戰略佈局，明確將社會建設和生態文明建設納入到國家建設的戰略佈局之中，與政治建設、經濟建設和文化建設一起構成「五位一體」的國家建設戰略佈局。三十年的改革開放創造了中國巨大發展，中國已成為有世界影響的第二大經濟體，但中國共產黨依然努力推進更為全面和深刻的國家建設，在推動「五位一體」國家建設的同時，提出了推進國家治理體系和治理能力現代化的新使命。

第三，現代化發展。現代化發展是民族復興的基礎，也是國家建設的基本目標所在。對於中國來說，它不僅體現為人、社會與國家的全面進步，而且也體現為技術、物質和精神的全面發展；不僅體現為現代性的全面

建構；而且體現為文化傳統的再造與復興。顯然，在中國，現代化不僅僅是發展的問題，在更多方面，它是再造、復興與整合的問題，所以，它不僅需要動力，而且需要領導；不僅需要速度，而且需要效率；不僅需要成就，而且需要最終的成功。為此，中國共產黨努力推動着，同時也努力把握着。

第四，勞動解放。追求勞動解放是中國共產黨得以同時成為階級的先鋒隊和民族的先鋒隊價值基礎。勞動解放的政治取向在於使勞動人民擁有當家作主的權利，經濟取向就是使勞動創造財富的人享有財富，社會取向就是消除貧困，創造富裕、公平、和諧的生活。圍繞着勞動解放，中國共產黨通過新民主主義革命實現了勞動階級在政治上獲得解放，當家作主，成為國家的主人，實現了階級解放；通過改革開放，實現了勞動階級的每個個人獲得政治、經濟與社會的獨立與自主，實現了個體解放。基於社會主義社會的本質要求，中國共產黨的未來使命就是努力創造經濟與社會領域的公平，使共建與共享獲得高度統一。

踐行這四大使命，不僅需要信念和努力，而且需要能力與智慧。在黨發展的不同歷史時期，黨在錘煉其信念和使命感的同時，也在努力提升其領導革命、組織建設和創造發展的能力。從黨的大歷史來看，這三大能力在革命時期、計劃時代和改革開放時期分別得到了具體體現，取得了相應的成功。與一般政黨不同的是，中國共產黨十分強調使命感和領導能力背後的精神力量。這種精神力量是來自黨在領導革命過程中戰勝艱難險阻，創造人間奇跡所形成的，如長征精神、「兩彈一星」精神。所以，中國共產黨始終將黨對使命的踐行，確立在對社會主義的信念、為人民服務的能力和不畏艱險的奮鬥精神的三者統一之上。中華人民共和國成立前夕，面對即將到來的全國勝利，毛澤東在審閱新華社為紀念中國人民解放軍建立二十二周年而寫的社論稿的時候，把社論的題目改定為：《我們是能夠克服困難的》，以表達中國共產黨之所以能夠最終獲勝的力量就在於它能夠克服一切的困難，並不斷地創造前進的動力。他還為社論加寫了這樣一段話：

「我們是能夠克服困難的,不管什麼樣的困難也不怕。人民解放軍的二十二年的鬥爭史給了我們這樣一種經驗和信心,只須共產黨、人民解放軍和全國人民明了自己所遇困難的性質,堅決地執行克服困難的各項根本政策,我們就能達到目的。」❶

可見,中國共產黨踐行使命的過程統一於自我鑄造的過程;在任何時候,只要這個政黨被真正的困難動員起來,它就會煥發出常人難以想像的勇氣和力量。這應該是中國共產黨這支先鋒隊的真正力量所在。這種力量對於中國這樣國家的建設和發展來說,無疑是極為寶貴的。黨憑藉這樣力量不斷建功立業,國家與民族憑藉這種力量而獲得興旺發達,崛起於世界。

四、政黨的行動原則

從最簡單的語義來解釋,先鋒隊就是披荊斬棘,引領大隊人馬前進的先鋒力量。在中國共產黨的組織文化和中國政治文化中,先鋒隊就是既是衝鋒陷陣的帶頭力量,也是率先垂範的模範力量;既是領導全局的堅強核心,也是引導發展方向的先進代表。對於任何的組織或共同體來說,這樣的力量無疑是重要的動力資源,不僅能夠創造組織的生機活力,而且能夠創造組織發展的無限空間。時刻保持先鋒隊的先鋒性和先進性,是先鋒隊發揮有效作用的首要前提。維繫和弘揚這種先鋒性和先進性,既要靠理論的創新和組織的發展,也要靠信仰的支持和行動的規範。先鋒隊首先體現為一種理想、勇氣和精神;其次就體現為一種行動、作風與能力。前者必須通過後者來體現,後者必須通過前者來推動。作為一個階級、一個民

❶ 參見新華社電訊稿:《我們是能夠克服苦難的 —— 紀念中國人民解放軍的二十二周年》,1949 年 7 月 31 日。

族、一個國家的核心力量，其先鋒隊的作用，最終都要集中地體現在其領導作用上。從先鋒隊的定位和原則出發，中國共產黨形成了保持黨的有效領導的基本原則：

第一，把握歷史進程，確定正確目標。政黨的偉大，固然可以體現在它的道義目標和組織實力上，但更為關鍵的是其是否有能力把握歷史進程，抓住時代特徵，並適時地提出能夠凝聚全體民眾為之奮鬥的目標。中國共產黨認為這是黨有效領導，發揮先鋒隊作用的首要原則。1937年，毛澤東在《中國共產黨在抗日時期的任務》一文中，深刻闡述了這個原則：

「無產階級怎樣經過它的政黨實現對於全國各革命階級的政治領導呢？首先，是根據歷史發展行程提出基本的政治口號，和為了實現這種口號而提出關於每一發展階段和每一重大事變中的動員口號。例如我們提出了『抗日民族統一戰線』和『統一的民主共和國』這樣的基本口號，又提出了『停止內戰』、『爭取民主』、『實現抗戰』的口號，作為全國人民一致行動的具體目標，沒有這種具體目標，是無所謂政治領導的。」❶

第二，全力依靠羣眾，全心為民謀利。美國前總統尼克遜在考察世界偉大領袖時說過：

「領袖人物當然要突出地走在老百姓的前面。在國家該朝什麼方向前進、為什麼要這樣前進、怎樣達到目的地等問題上，要比老百姓有更清楚的認識。但是，領袖必須帶領老百姓前進。如果吹起衝鋒號之後，回頭一

---

❶ 毛澤東：《中國共產黨在抗日時期的任務》，《毛澤東選集》第一卷，人民出版社，1991年版，第262—263頁。

看，沒人跟上來，那就沒意思了。」❶

　　領袖是如此，作為先鋒隊的政黨也是如此。中國共產黨強調，政黨要真正成為羣眾的領導者，首先不能脫離羣眾，必須與羣眾打成一片；其次，必須全力依靠羣眾，相信羣眾的智慧和熱情，積極地團結和動員羣眾的力量，維護羣眾的積極新和創造性；最後，必須全心全意為人民服務，為民謀利，造福於民。在這三方面，最根本的是全心全意為人民服務。做不到這一點，其他兩個方面也就無從談起。在中國共產黨看來，為人民服務，不是一個簡單的道義原則，而是中國共產黨生存與發展的根本之道。能做到這一點，這個政黨就立於不敗之地。中國共產黨在戰爭年代的成功充分證明了這一點。在執政時代，這條原則依然是至高無上的真理。

　　第三，消除內外宗派，保持團結統一。在現代政治文明發展史的初期，不少西方學者反對政黨，認為政黨會導致兩大後果：一是帶來社會領域中的宗派之爭，導致社會斷裂或分裂；二是政黨內部因利益、原則或情感，分裂為宗派，從而使政黨成為一個派閥紛爭的舞台。❷美國第一任總統華盛頓在 1796 年的告別演說中這樣告誡人們要警惕宗派的危險：

　　「黨派性總是在渙散人民的議會，削弱政府的行政機構。它以毫無理由的妒忌和虛假的警報使社會動盪不安，它點燃一方的仇恨之火反對另一方，甚至煽動騷亂和暴動。它向外來勢力和腐化敞開大門，這些就是通過黨派感情的渠道找到了通向政府的方便之路。就這樣，一個國家的政策和意志卻聽命於另一國家的政策和意志。」❸

❶　【美】理查德・尼克遜：《領導者》，尤騖等譯，世界知識出版社，1983 年版，第 386 頁。

❷　參見【意】G 薩托利：《政黨與政黨體制》，王明進譯，商務印書館，2006 年版。

❸　【美】喬治・華盛頓：《華盛頓選集》，商務印書館，1983 年 8 月版，第 319 頁。

中國共產黨對這個問題的認識，雖然不是從政黨政治的危險出發的，而是從維護黨和國家的整體事業出發的，但對這個現象所可能造成的危害的認識卻是十分相近的。1942年2月，毛澤東在中央黨校開學典禮上的講話中明確提出了反對宗派主義，要求徹底消除可能存在的任何殘餘。他說：

「由於二十年的鍛煉，現在我們黨內並沒有佔統治地位的宗派主義了。但是宗派主義的殘餘是還存在的，有對黨內的宗派主義殘餘，也有對黨外的宗派主義殘餘。對內的宗派主義傾向產生排內性，妨礙黨內的統一和團結；對外的宗派主義傾向產生排外性，妨礙黨團結全國人民的事業。鏟除這兩方面的禍根，才能使黨在團結全黨同志和團結全國人民的偉大事業中暢行無阻。」❶

顯然，中國共產黨不是為反對宗派主義而反對宗派主義，而是為了追求黨的高度團結與統一反對宗派主義，為了追求黨與全體人民團結而反對宗派主義。中國共產黨認為，作為先鋒隊，不僅應該是一個團結的力量，而且還應該是能夠創造團結的力量。上個世紀80年代末，鄧小平也以同樣的道理告誡新一代領導集體，指出只要我們的黨和我們的領導安定團結，「那末誰也拿中國沒有辦法」。❷

第四，不斷自我建設，保持先進本色。中國共產黨十分清楚其自身與這個國家的關係：沒有中國共產黨，這個國家將四分五裂；反過來，這個國家的關鍵就在中國共產黨。所以，中國共產黨與國家之間的邏輯關係就是：黨強則國強、國興，黨弱則國弱、國敗。中國共產黨的性質與使命，

---

❶　毛澤東：《整頓黨的作風》，《毛澤東選集》第三卷，人民出版社，1991年版，第821頁。
❷　鄧小平：《改革開放政策穩定，中國大有希望》，《鄧小平文選》第三卷，人民出版社，1994年版，第318頁。

確定了其強大不是簡單地體現為組織的規模或擁有的資源，而應體現為其內在素質的好壞以及能力水平的高低。組織的規模與物質資源可以通過各種渠道積累起來，而素質與能力則只能通過不斷的自我建設、自我發展來達成。為此，中國共產黨一直把加強自身建設作為黨生存與發展的根本之道，而這種建設的價值取向就是保持和提升黨的先進性。這種價值取向決定了這種建設，既是克服不足，消除缺陷，清源固本的建設，也是適應變化，與時俱進，創新發展的建設。實踐證明，中國共產黨所創造的思想建設、組織建設和作風建設三位一體的黨建體系對於提升黨的戰鬥力，弘揚黨的先進性是有積極作用的。

第五，建立廣泛同盟，鞏固核心地位。在中國共產黨的歷史上，曾經有過是開門建黨還是關門建黨的爭論，爭論的結果是：關門主義既不利於黨的發展壯大，也不利於黨領導能力和領導地位的提升。毛澤東在批評關門主義中意味深長地指出：「人中間有三歲小孩子，三歲小孩子有許多道理都是對的，但是不能使他們管天下國家的大事，因為他們還不明白天下國家的道理。」[1] 這也就是說，在毛澤東看來，黨的建設不能僅僅從黨的性質和特徵出發，即不能僅僅從黨的邏輯出發，還應該從治國平天下的「天下國家的道理」出發。基於後者，黨要擁有其核心地位，並鞏固其核心地位，就必須不僅要把羣眾凝聚到黨的周圍；而且要把各種的組織、團體和階層都團結在黨的周圍。這種團結既增強了黨的力量，也鞏固了黨的社會基礎，更為重要的是，造就了一個「弱敵、甚至是無敵」的生存與發展空間。這樣的空間，利於鞏固黨的領導的核心地位，利於黨的團結和黨整合全社會力量。

---

[1]　毛澤東：《論反對日本帝國主義的策略》，《毛澤東選集》，第一卷，人民出版社，1991年版，第 155 頁。

第六章

黨與國家

中國共產黨在中國的領導地位，一方面基於其先鋒隊的組織性質；另一方面則基於其所擁有的領導權。領導權是黨的先鋒隊作用得以有效發揮的政治基礎。領導權的背後實際是政治學意義上的國體問題。國體既體現為國家的階級屬性，同時也體現為國家的社會歷史形態，最終落實於特定的國家政治體系。中國共產黨的領導權決定於中國國體。中國憲法規定：中華人民共和國是工人階級領導的、以工農聯盟為基礎的人民民主專政的社會主義國家。中華人民共和國國體決定了作為工人階級先鋒隊組織的中國共產黨擁有領導地位，擔負着領導和推動國家與社會全面發展的使命。從中國革命與建設的歷史來看，黨的領導地位和領導權，既是中國進行社會主義革命和建設的歷史過程所決定的，也是革命後確立起來的社會主義國家的國體所決定的。理論和實踐都表明，只有真正發揮了領導作用，成為全心全意服務人民、民族和國家的先鋒力量，中國共產黨擁有領導地位和領導權才具有實質性的意義和作用。

一、領導國家前途

關於現代化出現之後人類歷史發展的形態問題，馬克思在《資本論》第一卷第一版序言中作了這樣的闡述：

「問題本身並不在於資本主義生產的自然規律所引起的社會對抗的發

展程度的高低。問題在於這些規律本身，在於這些以鐵的必然性發生作用並且正在實現的趨勢。工業較發達的國家向工業較不發達的國家所顯示的，只是後者未來的景象。」

後來的歷史證明，馬克思道出了現代化發展的真實現實。這個鐵的規律也同樣作用於中國社會，它引發了千年古國的現代危機和對抗，同時也提出了中國的現代化前途與道路選擇的問題。

面對不可阻擋的世界潮流，中國必須走出傳統，邁向現代，為此，必須進行革命；為了自強復興，立於世界民族之林，中國必須快速發展，不斷趕超。「革命」與「趕超」一接觸，迅速形成相互放大的效應：趕超放大了革命，同樣革命也放大了趕超。而實際的中國，是既不具備革命的基礎，也不具備趕超的實力的。就前者而言，中國有革命的必要性，但是沒有革命的現實力量，因為，這場革命是列強的入侵和現代化的衝擊帶來的，不是內生的，而是刺激形成的，因而缺乏自覺性的革命主體，如果真有這樣的革命主體，哪怕是弱小的，毛澤東 1928 年在給中央的信中就不會發出這樣的感慨：「我們一年來轉戰各地，深感全國革命潮流的低落。」 [1]
中國是一個傳統的農業社會，小農經濟佔主導地位，從根本上就缺乏現代化發展所需的經濟基礎和生產要素。但是，歷史的發展是無情的，順之者昌，逆之者亡。中華民族要生存下去，只有順潮流而動，「無中生有」。於是，就必須有一場人為的「改天換地」的革命。這場革命不是內生的，但卻是時代要求的，其取向是現代化，其目的是要使中國融入世界歷史潮流，追趕世界發展的前沿。由此，古老的中國開始了「少年中國」的夢想。梁啟超說：

---

[1]　毛澤東：《井岡山的鬥爭》，《毛澤東選集》第一卷，人民出版社，1991 年版，第 77 頁。

「造成今日之老大中國者，則中國老朽之冤業也；制出將來之少年中國者，則中國少年之責任也。彼老朽者何足道，彼與此世界作別之日不遠矣，而我少年乃新來而與世界為緣。」

然而，誰來承擔少年中國之責任呢，以及這樣的責任如何才能承擔起來並最終得以實現呢，梁啟超沒有回答。因為，這不是容易回答的問題，它涉及兩大重大問題：其一，中國革命和現代化趕超發展的道路問題；其二，中國革命和現代化發展的核心主體問題。這兩個問題是相互決定的，更為重要的是，他們在中國都沒有相應的現實基礎，都必須人為地去組織、規劃和設計。

中國人確實像馬克思所說的那樣，努力在發達國家中尋找自己未來的景象。他們不僅找未來的理想藍圖與目標，而且找邁向未來的捷徑，有過以英美為師的探索，也有過以日本為師的衝動，但最後，不論是國民黨還是共產黨，都選擇以俄為師。之所以最後是這樣的選擇，因為人們首先發現，不管以誰為師，路都得自己來走，都必須從自身的實際出發，走自己的路，因而，在尋求未來的發展中，不能為了那必然的趨勢而忽視了自身的狀況，喪失自我。那麼，中國自身的狀況是什麼呢，20世紀20年代後期到30年代初期的關於中國社會性質的論戰就力圖回答這個問題，以定位中國革命與建設的方向、任務與路徑；其次，人們也就在這個過程中，越來越強烈地意識到20世紀初的世界是一個危機四伏的世界，資本主義周期性的經濟危機充分暴露了自由資本主義的困境，中國如果依然沿着這條路走，也必然會迎來相應的困境與痛苦，因而，選擇能夠克服資本主義之害的社會主義也就成為一種合理性的選擇，而當時蘇俄在這方面所展現出來的景象，為這種選擇以及這種選擇背後的革命邏輯提供了很好的注腳。隨着對中國命運的思考進入這樣的軌道，孫中山在改組國民黨的過程中提出了聯俄、聯共、扶助農工的三大政策，以便更好地落實三民主義；

同時，中國共產黨也就開始逐漸躍升到中國革命與發展的前台，努力成為「中國少年之責任」的責任者，擔當起領導中國的革命、建設與發展的歷史責任。

在革命的時代，任何革命的政黨都必須把自身的命運與國家、民族的命運緊緊地聯繫在一起，只有這樣，才有前途，才有生命力。雖然中國共產黨最初的綱領多少帶有一些空想的色彩，但是要「創造一個新社會」的理想，足以表明中國共產黨對人民和國家的使命感。這種使命感要轉化為黨領導革命的合法性基礎，關鍵地是要把握好中國革命的內在邏輯以及中國共產黨在其中的地位和作用。相比較而言，把握好中國革命的內在邏輯最為關鍵，因為，這將決定中國革命的起點與進程，手段與目的。中國共產黨對這個問題的認識經歷了一個過程，這其中有馬克思主義的啟蒙和教育，也有對中國社會的研究與反思，更有大革命失敗之後的感悟和覺醒。1927 年，大革命失敗後，中國社會和中國革命的走向問題成為國際共產主義運動的爭論焦點，形成明顯對立的兩種看法：托洛茨基等認為中國已經是一個資本主義國家，中國革命主要是爭取國家自主的革命；斯大林、布哈林等則認為封建勢力是中國政治生活中的基本力量，帝國主義利用封建勢力統治中國，因此中國當前的革命就是反帝反封建。這看似關於社會性質的理論爭論，但實際上關係到中國革命的必要性以及中國共產黨在中國革命中的前途問題。爭論很快影響到中國共產黨，1928 年 7 月，中國共產黨第六次全國代表大會通過決議，初步認定了中國社會的半殖民地半封建的性質，明確了中國革命的性質是資產階級民主革命。同年十一月，毛澤東在寫給中央的報告中，也明確表示：

「我們完全同意共產國際關於中國問題的決議。中國現時確實還是處在資產階級民權革命的階段。中國徹底的民權主義革命的綱領，包括對外推翻帝國主義，求得徹底的民族解放；對內肅清買辦階級的在城市的勢力，

完成土地革命，消滅鄉村的封建關係，推翻軍閥政府。必定要經過這樣的民權主義革命，方能造成過渡到社會主義的真正基礎。」

「中央要我們發佈一個包括小資產階級利益的政綱，我們則提議請中央制訂一個整個民權革命的政綱，包括工人利益、土地革命和民族解放，使各地有所遵循。以農業為主要經濟的中國的革命，以軍事發展暴動，是一種特徵。我們建議中央，用大力做軍事運動。」❶

在這裏，毛澤東已經比較明確地點明了中國革命的歷史起點、歷史進程、歷史目標以及武裝革命的革命方式。十年後，以毛澤東為核心的中國共產黨在《中國革命與中國共產黨》這部教材中，對中國革命進行了系統化的闡述，並明確指出：不論是資產階級民主主義革命還是社會主義革命，「離開了中國共產黨的領導，任何革命都不能成功」。❷

實際上，中國共產黨認為，隨着第一次國共合作形成，中國共產黨就開始全面登上中國歷史舞台，並擔負起領導中國革命的歷史任務。對此，毛澤東在為總結第二次國內革命戰爭經驗而寫的《中國革命戰爭的戰略問題》中闡述得十分明確：

「自一九二四年開始的中國革命戰爭，已經過去了兩個階段，即一九二四年至一九二七年的階段和一九二七年至一九三六年的階段；今後則是抗日民族革命戰爭的階段。這三個階段的革命戰爭，都是中國無產階級及其政黨中國共產黨所領導的。」

---

❶ 毛澤東：《井岡山的鬥爭》，《毛澤東選集》第一卷，人民出版社，1991 年版，第 77—79 頁。

❷ 毛澤東：《中國革命和中國共產黨》，《毛澤東選集》第二卷，人民出版社，1991 年版，第 651 頁。

「在無產階級已經走上政治舞台的時代，中國革命戰爭的領導責任，就不得不落到中國共產黨的肩上。」❶

這也就說，隨着中國社會走上了中國共產黨所開闢的革命與建設的道路，中國共產黨也就成為了中國革命和建設的領導核心。這條革命與建設的道路，決定着中國的前途與命運，同樣，作為這條革命與建設道路的開闢者和領導者，也就自然地成為決定中國的前途和命運的責任者，有效地領導革命與建設是其根本使命與責任。由此可見，是否掌握領導權與是否擔負起政黨對國家和人民應該承擔的責任是完全一體的。正如責任是這個國家、這個時代所賦予的一樣，領導權也是這個國家、這個時代所賦予的，不論是賦予責任，還是賦予領導權，其內在的目的只有一個：通過一個先進的政黨，創造一個新社會、新國家，實現中國民族的偉大復興。

縱觀中國近代史，可以發現，通過先進政黨領導建設現代國家的中國革命與建設道路，不完全來自於那個具體的學說或理論，也不完全來自那個黨派的一黨之主張，而是近代中國革命探索和實踐的產物。孫中山先生改組國民黨的一個目的，就是要走通這條道路。孫中山先生努力的方向是對的，這也是他經歷多次革命挫折之後所參悟出來的，但由於種種的局限，他所領導的國民黨沒有走通這條道路。相反，中國共產黨憑藉其對中國社會的深刻理解和把握，憑藉其與中國社會大眾的密切團結與合作，走通了這條道路，成為決定中國前途和命運的責任者和領導者。因而，掌握好領導權，有效領導中國社會發展，既是中國共產黨的責任，也是中國社會現代化發展的內在要求。

❶　毛澤東：《中國革命戰爭的戰略問題》，《毛澤東選集》第一卷，人民出版社，1991 年版，第 183 頁。

二、工人階級領導

　　中國共產黨是以馬克思主義為指導的政黨，其社會理想是建設社會主義社會，實現勞動者的政治和經濟的解放。所以，中國共產黨一登上中國歷史舞台，就表明自身的理想與目標要遠高於任何革命黨，包括孫中山所代表的國民黨。中國共產黨認為，在建立民主的現代化國家這一點上，中國共產黨與孫中山先生的三民主義沒有衝突，並且也認為中國革命必須經歷一場資產階級民主革命，[1] 但中國共產黨認為民主革命只是整個革命的一個過程和環節，中國革命要建立的不僅僅是獨立的現代民主國家，而是一個獨立的人民民主國家，這樣的國家，不僅要有民主的形式，而且要有民主的實質，即人民當家作主。在中國共產黨人看來，人民當家作主僅僅有民主的形式是不夠的，必須實現勞動階級作為階級獲得應有的解放。勞動階級解放的本質就是使勞動階級，不僅在政治上成為統治階級，而且在經濟上擺脫一切剝削與壓迫，包括資本主義的剝削和壓迫。中國共產黨人認為，孫中山先生「三民主義」中「平均地權」、「節制資本」的主張雖然表示了對窮苦大眾的同情和對資本剝削的仇恨，並力圖使中國社會的發展擺脫自由資本主義發展所帶來的罪惡和痛苦，但由此理想所建立起來的民主國家，依然不是人民的國家，因為，這個國家所發展出來的社會依然是資本主義社會，只是限制了剝削與壓迫，而沒有根本上使勞動大眾擺脫這種剝削和壓迫。中國共產黨所要建立的人民民主國家不是一般意義的現代民主國家，它是以勞動階級為主體的民主國家，在這個國家中，民主體現為廣大人民的當家作主，體現為作為先進生產力代表的工人階級的領導。毛

---

[1]　毛澤東：《中國共產黨在抗日時期的任務》，《毛澤東選集》第一卷，人民出版社，1991年版，第259頁。

澤東在《論人民民主專政》一文中認為,孫中山提出的民權主義與共產黨
提出的人民民主之間,除了領導權問題之外,基本上是相符合的。他這樣
說道:

「一九二四年,孫中山親自領導的有共產黨人參加的國民黨第一次全
國代表大會,通過了一個著名的宣言。這個宣言上說:『近世各國所謂民權
制度,往往為資產階級所專有,適成為壓迫平民之工具。若國民黨之民權
主義,則為一般平民所共有,非少數人所得而私也。』除了誰領導誰這一
個問題以外,當作一般的政治綱領來說,這裏所說的民權主義,是和我們
所說的人民民主主義或新民主主義相符合的。只許為一般平民所共有,不
許為資產階級所私有的國家制度,如果加上工人階級的領導,就是人民民
主專政的國家制度了」。❶

所以,中國共產黨領導革命所要建立的國家,就是「經過工人階級領
導的人民共和國」。❷

既然革命最終導向的是勞動階級得以解放的人民民主的國家,那麼中
國革命一開始就應該以勞動階級為主體,首先經歷資產階級民主革命,最
後導向使勞動階級得以解放的社會主義革命。這樣,中國共產黨所指出的
中國革命任務、目標和歷史進程,在呼喚中國共產黨領導的同時,也呼喚
中國的勞動階級應該成為革命的主導階級,並要求中國共產黨必須以勞動
階級為其階級基礎。與此相應,領導權問題在體現為中國共產黨能否把握
決定中國革命和建設前途的同時,也體現為中國共產黨能否有效動員和組

---

❶　毛澤東:《論人民民主專政》,《毛澤東選集》第四卷,人民出版社,1991 年版,第
1477 頁。

❷　同上,第 1471 頁。

織勞動階級成為革命和建設的核心力量，並通過革命和建設使其成為國家的主人，建設人民民主的國家。

儘管中國共產黨所領導的革命是「以農業為主要經濟的中國的革命」，[1] 並且走的是「農村包圍城市」的革命道路，但是，中國共產黨認為中國革命的領導階級應該是工人階級，中國共產黨應該是作為工人階級的先鋒隊來領導中國的革命和建設。中國共產黨認為，農民應該是，而且也確實是中國革命的主力軍，但是以農民為主力的革命，只有在工人階級領導下，才能走出傳統的農民革命邏輯，導向符合時代要求的現代民主革命；[2] 只有在工人階級領導下，中國的革命才能在完成資產階級民主革命之後轉變為社會主義革命。但是，資本主義在中國發展有限，速度也比較緩慢，這決定了工人階級不是中國社會最強大的力量，所以，工人階級的領導必須建立在工農聯盟基礎之上，這種領導是必須通過其先鋒隊中國共產黨來實現。

從整個中國革命的邏輯來看，領導權實際歸屬於工人階級。這與工人階級本身的歷史地位有關，同時也與中國革命的歷史取向有關。關於這一點，中國共產黨的基本理論是：

「人類社會必然要從階級社會走向沒有階級、沒有剝削和壓迫的社會，這是一個不以人的意志為轉移的總趨勢。能夠領導這種社會變革的力量，只有工人階級。它同現實大工業緊緊聯繫在一起，有嚴格的組織性、紀律性，富於革命的堅定性和徹底性，能夠以解放全人類為己任，代表先進生產力和生產關係，代表全體人民的根本利益。工人階級的這種歷史地

---

❶　毛澤東：《井岡山的鬥爭》，《毛澤東選集》第一卷，人民出版社，1991 年版，第 79 頁。

❷　瞿秋白：《國民革命中之農民問題》，《瞿秋白選集》，人民出版社，1985 年版，第 304 —305 頁。

位和作用，是任何別的階級所無法取代的。」❶

　　所以，工人階級領導是中國進行社會主義革命和現代化發展的必然要求。工人階級的領導，在賦予中國革命的現代性的同時，也賦予了中國革命的人民性。同樣，革命勝利之後，工人階級領導國家，在賦予國家發展的現代性的同時，也賦予了中國國家的人民性。但在中國這樣農業、農村與農民佔了相當大比重的國家，工人階級領導所體現出來的勞動階級的解放和當家作主，不僅要通過工人階級領導來體現，而且要通過工農聯盟來體現。沒有工農聯盟，工人階級領導就不可能體現出社會主義革命的本質取向：使勞動獲得最大限度的解放。這也就意味着工人階級領導在中國的實現，不僅需要依靠這個階級的成長和有效作為來實現，而且需要這個階級的先鋒隊組織中國共產黨有效領導來實現。瞿秋白當年明確指出：「要工人階級能爭得革命的領袖權，必須工人階級的政黨主觀上有正確的戰術。」❷

　　領導權屬於工人階級，黨是領導權運行的主體。❸ 依據前面分析的邏輯，黨要鞏固領導權，並通過其所掌握的領導權達到革命和建設的目標，黨的領導就必須始終堅持三點：第一，始終堅持黨的工人階級先鋒隊性質，即始終堅持中國共產黨是工人階級的政黨，是代表先進生產力發展方向的政黨，是代表最廣大人民根本利益的政黨。第二，始終在政治上堅決維護工人階級的領導地位，支持和領導人民當家作主。工人階級領導地位動

---

❶　中共中央文獻研究室編：《毛澤東鄧小平江澤民論黨的建設》，中央文獻出版社，中共中央黨校出版社，1998 年版，第 544 頁。

❷　瞿秋白：《誰能領導革命》，《瞿秋白選集》，人民出版社，1985 年版，第 323 頁。

❸　毛澤東在《論人民民主專政》一文中關於「人民民主專政」有這樣的表述：「工人階級（經過共產黨）領導的以工農聯盟為基礎的人民民主專政。」《毛澤東選集》第四卷，人民出版社，1991 年版，第 1480 頁。

搖，黨領導的階級基礎與合法性基礎，也必然動搖。第三，始終維護和發展工農聯盟，使工人和農民共同成為革命與建設的主力軍。維護和發展工農聯盟的關鍵，就是不論革命和建設，中國共產黨都必須時刻關心農民問題。農民問題關心不夠，解決不力，工農聯盟就不穩，工農聯盟不穩，工人階級的領導地位就不鞏固，黨的領導就無法有效實現。

工人階級的先進性，都與其產生與發展所賴以實現的現代產業緊密相連。所以，上述所說的三點，固然需要政治上的努力和組織上的安排，但更重要的是需要現代經濟與社會的發展。因為，只有保持經濟與社會的發展，工人階級隊伍才能隨着現代產業的提升和發展而不斷發展，其先進性和領導地位才能有更為充實的物質基礎和生產形態支撐；與此同時，工農聯盟所需要的農民問題的解決才有更大的資源空間和政策空間。所以，具體運行領導權的中國共產黨，應該總結中國革命的成功經驗，猶如不斷推進中國革命走向全國，走向深入一樣，不斷推進中國的經濟與社會發展。黨只有把握了革命，才能動員和組織工農大眾；同時，黨也只有動員和組織了工農大眾，才能最終決定革命的成功。這是中國共產黨領導中國革命成功的基本原理。這個原理也同樣可以運用於黨領導人民進行現代化建設。改革開放至今的實踐已經表明，中國共產黨只有把握了發展，才能激發起大眾的積極性和創造性，同樣，黨只有激發起了大眾的積極性和創造性，並且使他們在所創造的發展中獲得進步與發展，那麼中國共產黨就能取得其領導改革發展和社會主義現代化事業的最終成功。

三、統一戰線

在國家發展與黨的領導緊密聯繫的條件下，黨運用領導權所形成領導必須是全方位的。這種全方位的領導不是體現為領導者對權力的高度集中，而應該體現為領導者能夠整體把握民眾、社會與國家，並通過卓有

成效的領導實踐而真正成為整個國家與社會發展的軸心力量。不論在革命年代還是在執政年代，中國共產黨所取得的一系列成功都與其建立了這種全方位的領導有密切的關係。中國共產黨是在領導革命的過程中逐漸形成這種全方位領導的。黨對整個革命進程和國家前途的領導，可以看作是在時間維度上展開的領導，那麼黨代表工人階級對工農聯盟的領導這是在空間維度上展開的。實際上，黨在空間維度上展開的領導，除了工農聯盟之外，還是黨對其他政治和社會力量的領導。中國共產黨把在空間維度上所形成的這兩方面領導，統稱為對「統一戰線」的領導。1953 年，毛澤東概括說：

> 「現在有兩種統一戰線，兩種聯盟。一種是工人階級和農民的聯盟，這是基礎。一種是工人階級和民族資產階級的聯盟。」[1]

由於工農聯盟是中國共產黨生存與發展的天然基礎，所以，在許多時候，統一戰線主要用來指稱後一種聯盟。這一種聯盟實際上是中國共產黨與工農大眾之外各種積極的、可團結的社會和政治力量的聯盟。在革命時代，這種聯盟起到了「強我弱敵」的作用，改變了整個政治實力的格局；在執政時代，這種聯盟起到了團結大眾，整合社會，協調利益的作用，促進國家的內在統一與團結。

關於統一戰線的具體問題，本書後面再做具體分析。這裏主要分析黨對統一戰線的領導權問題。統一戰線的出發點就是中國共產黨通過建立廣泛的階級與黨派聯盟，在壯大自身，擴大和鞏固基礎的同時，保證黨的戰略目標能夠獲得各方力量的支持，以獲得有效實現。所以，這個聯盟自

---

[1] 毛澤東：《反對黨內的資產階級思想》，《毛澤東選集》第五卷，人民出版社，1977 年版，第 93 頁。

然是以中國共產黨為領導中心的，黨理所當然地擁有領導權。但是，統一戰線所聯合進來的各種社會與政治力量，不是虛化的，都實實在在地代表一定的階層、組織和團體的利益，也有自己利益取向、價值取向和行動取向。因而，黨所組成的這樣階級與黨派聯盟，必然時時會遇到不同觀念、利益與主張的協調與整合問題。黨對統一戰線的領導的重要任務之一，就是如何在聯盟之內有效整合各種利益和主張，以保持黨的領導。中國共產黨一直堅信，這樣的政治聯盟要鞏固，要發揮積極的作用，必須要有一個核心力量的領導，不然，要麼出現「樹倒猢猻散」，要麼這個階級與政黨聯盟的性質發生變化，成為其他黨派或政治力量的政治聯盟。所以，黨一旦放棄領導權，不論出現哪一個結果，都將使中國共產黨領導中國革命與建設失去了重要的政治基礎，這對中國共產黨領導的事業所造成的衝擊和傷害是直接的。所以，毛澤東指出：

「中國新民主主義的革命要勝利，沒有一個包括全民族絕大多數人口的最廣泛的統一戰線，是不可能的。不但如此，這個統一戰線還必須是在中國共產黨的堅強的領導之下。沒有中國共產黨的堅強的領導，任何革命統一戰線也是不能勝利的。」❶

從統一戰線的性質與使命出發，黨的堅強領導不是體現為黨對各種外部力量的直接整合或控制，而是體現為黨積極地團結和聯合各種外部力量，使這些力量成為黨領導革命和建設的重要支撐與合作力量。所以，在統一戰線的問題上，黨的領導權，不是體現在「權」上，而是體現在「領」與「導」上。「領」體現為黨能夠把握革命與建設的大局，不斷在理論上、

---

❶ 毛澤東：《目前形勢和我們的任務》，《毛澤東選集》第四卷，人民出版社，1991年版，第1257頁。

戰略上和制度上開闢新空間、新境界;「導」體現為黨能夠積極聯合和團結一切可以團結的力量,調動一切可以調動的積極因素,並將這些力量和因素引導到黨和國家的事業之中,以共同促進社會進步、國家發展和民族復興。所以,黨對統一戰線的領導,不是為了領導而領導,而是為了發展統一戰線和發揮統一戰線而領導。毛澤東指出:

「所謂領導權,不是要一天到晚當作口號去高喊,也不是盛氣凌人地要人家服從我們,而是以黨的正確政策和自己的模範工作,說服和教育黨外人士,使他們願意接受我們的建議。」❶

以上分析表明,黨對統一戰線的領導,與其說是領導統一戰線本身,不如說是把握和領導整個國家革命與建設的現代化進程本身。因為,黨如果不能從國家與社會發展的大局中確立起整個社會能夠為之奮鬥的目標和共同理想,是無法從思想上聯合和團結黨外的各種力量與黨一起奮鬥的。沒有共同的奮鬥目標和理想,僅僅有組織關係的聯合,是夠不成真正的統一戰線的。所以,黨對統一戰線的領導與黨能夠在國家與社會發展的不同歷史時期提出不同的時代主題與歷史任務是緊密相關的。在革命和建設發展的不同歷史時期,黨是根據不同的時代主題和歷史任務來定位和發展統一戰線的,先後經歷了工農民主統一戰線、抗日民族統一戰線、人民民主統一戰線、愛國統一戰線等不同發展歷史時期。歷史經驗表明,正因為中國共產黨能夠根據時代的發展和形勢的變化及時調整統一戰線的定位與方向,黨對統一戰線的領導才能在革命與建設的實踐中不斷煥發出強大的政治力量。從這個角度看,統一戰線對黨領導權的要求,所考驗的主要不僅

---

❶ 毛澤東:《抗日根據地的政權問題》,《毛澤東選集》第二卷,人民出版社,1991年版,第742頁。

是黨團結與聯合黨外力量的能力，而且是黨把握國家與社會發展脈搏與前進方向的能力。中國共產黨之所以能夠不斷地以弱勝強，創造出從一個勝利到另一個勝利的革命奇跡，與黨對整個革命的歷史進程和不同革命時代的具體任務的準確把握是分不開的。黨對革命時代把握的每一次深入，都在不同程度上深化和鞏固了統一戰線，都在更大的範圍和空間中發揮了統一戰線的法寶作用。

四、領導制度

從中國邁向現代化的歷史邏輯來看，工人階級成為中國革命和建設的領導階級，是時代的要求，也是中國革命使命的要求，符合中國社會發展的歷史大趨勢，大目標。但是，由於資本主義在中國發展不成熟，工人階級從隊伍的數量到隊伍的質量都相當有限。中國共產黨早期領導人鄧中夏在其 1923 年寫的《論工人運動》中說道：

「目前中國因為產業還未發達，新式工業下的工人可統計的只不過六十三萬餘名，連不可統計的，充其量亦不過一百萬名，在數量上看，實在是四萬萬全人口中的少數了。」[1]

這決定了以工人階級為領導的革命是基於革命形勢和革命要求建構起來的革命，必然要超越罷工等形式的工人運動，形成有組織、有動員、有行動、有目標、有體系的革命。這就要求作為工人階級政黨的中國共產黨必須在領導和推動革命的過程中，逐步形成一套完整的領導制度，以實現

---

[1]　鄧中夏：《論工人運動》，《鄧中夏文集》，人民出版社，1983 年版，第 42 頁。

對革命的全面領導。中國共產黨真正意識到要建立一套完整的領導制度是在大革命失敗之後。1927 年 5 月，瞿秋白就明確地發出這樣的呼籲：

「我們對於過去所謂無產階級領導權問題現在更要深入，以前所謂領導權僅僅指羣眾運動中的領導權，至於政權與軍權是在無產階級領導以外的，現在這個無產階級領導權初創的形式已經不夠了，現在無產階級應當參加革命的政權，應當指導革命中的武力，應使軍隊中的指揮成份繼續由真正忠於革命的成份來代替和補充，使軍隊本身直接關顧勞動羣眾的利益。」❶

這種呼籲很快就轉化為中國共產黨的具體實踐。毛澤東在 1928 年 11 月寫給中央的報告中，就匯報了黨在領導井岡山鬥爭過程中，建立軍隊、建設政權的情況，作為黨的領導核心原則之一的「支部建設在連上」實踐，就是由此創設和確立的。

黨的領導制度誕生於黨領導整個革命和建設的邏輯，反過來，黨領導整個革命和建設的邏輯決定了黨的領導制度是一個全方位的制度，涉及黨所領導的方方面面，不僅有黨自身的組織，而且有軍隊、有國家、有社會，不僅涉及政治領域，而且涉及經濟、社會與文化領域。通過這樣全方位的制度體系，黨不僅建構了革命，而且也建構了政權，建構了國家與社會，建構了意識形態與文化，從而使中國的革命與建設的整個過程以及所涉及的方方面面領域都在黨的領導制度作用下展開。所以，黨領導中國社會進步與發展有其一套自主的制度體系，黨是通過運行這套制度來帶動相應的領域以及該領域中的相應制度的。

----

❶　瞿秋白：《論中國革命中之三大問題》，《瞿秋白選集》，人民出版社，1985 年版，第 364 頁。

黨所建立的領導制度使黨的領導權實現有了制度基礎和制度保障，與此同時，黨的領導權實現好壞也就很大程度上取決於領導制度本身的健全與完善。然而，問題在於，黨並不想用領導制度來代替一切的制度，所以，領導制度的好壞，不僅取決於黨的領導在其中實現的狀況，而且取決於它與其他領域制度的相互調試的狀況。這多少表明黨的領導需要領導制度，但黨通過領導制度所實現的領導，不完全是權力直接作用領導對象的過程，而是領導制度與相關制度聯通互動的過程。但在實踐中，往往會出現這樣的問題：從領導出發，黨的領導制度很容易在這種聯通互動中佔據主導地位，使得相關的制度依附於黨的領導制度；但是從黨的領導所要解決的具體問題來說，相關領域的具體制度往往是真正解決問題的制度，一旦這個制度的邏輯被黨的領導制度邏輯「矯正」或者「替代」，那麼相關制度解決問題的能力和應有功效的發揮就會大大降低，這種情況最後影響的還是黨的領導本身。這個兩難的問題，從黨一開始建立領導制度就提出了，時刻考驗着黨的領導能力。毛澤東在領導井岡山鬥爭的時候，就發現了這個問題並力圖予以解決：

「黨在羣眾中有極大的威權，政府的威權卻差得多。這是由於許多事情為圖省便，黨在那裏直接做了，把政權機關擱置一邊。這種情形是很多的。政權機關裏的黨團組織有些地方沒有，有些地方有了也用得不完滿。以後黨要執行領導政府的任務；黨的主張辦法，除宣傳外，執行的時候必須通過政府的組織。國民黨直接向政府下命令的錯誤辦法，是要避免的。」❶

---

❶　毛澤東：《井岡山的鬥爭》，《毛澤東選集》第一卷，人民出版社，1991 年版，第 73 頁。

　　由此可見，黨要有效實現領導權僅有領導制度是不夠的，因為領導制度本質上是有限度的。從黨領導本身來講，黨可以就其領導的範圍和領域建立領導制度，但從黨領導的使命來說，革命與現代化的根本目的就是建設現代化的國家與社會，而現代化的國家與社會是制度化的，有其內在的制度體系，因此，黨的領導制度不僅不能限制這些制度的成長和發揮作用，相反還必須積極地培育和發展這些制度。這實際上就對領導制度提出了特殊的功能要求，即既能實現黨的領導，又能促進國家與社會的制度化成長。實際上，不僅建設時期是如此，革命時期也是如此。董必武在 1940年就針對黨政關係指出：

　　「黨對政府的領導，在形式上不是直接的管轄。黨和政府是兩種不同的組織系統。」

　　「黨包辦征服工作是極端不利的。政府有名無實，法令就不會有效。政府一定要真正有權。」❶

　　領導制度對實現領導權的有限性，決定了黨的領導權的實現方式應該是多元的，除了領導制度之外，還應該有思想領導、組織領導和政策領導等等。黨的有效領導應該是在不同條件下，針對不同情況和對象，對這些領導方式和手段進行不同的有效組合。當然，再怎麼說，領導制度對於黨的領導來說，還是最為根本的。

　　必須注意的是，黨建立領導制度的最初原則，更多的是從如何實現黨的領導出發的，重心主要在於解決黨如何領導自身、領導軍隊、領導政權、領導群眾以及領導生產與生活等問題。圍繞着領導工作而建構起來的

---

❶　董必武：《更好地領導政府工作》，《董必武選集》，人民出版社，1985 年版，第 54—55 頁。

領導制度，在確保黨對相應領域的領導的同時，也實際上賦予了黨具體的領導權力，而且是有黨內制度化保障的權力。這就意味着，黨的領導制度所具有的政治優勢，可能影響相關領域制度成長的同時，還可能出現對黨的領導制度所生成權力的濫用，而這種濫用必然會直接影響黨的領導權的合法性與權威性。所以，黨的領導制度建設，不僅要解決黨如何實現其對全局的領導問題，而且要解決黨的領導制度本身的制度化、規範化和程序化問題。概括來說，就是黨的領導制度如何實現黨自身的領導、組織與運行的全面制度化、規範化和程序化，成為制度化的黨。實踐表明，如果後者不能夠解決，那麼黨為實現其領導而建構起來的領導制度就可能在實踐中變形，就可能無法與其所領導領域的制度建立聯通互動的關係，從而最終損害黨的領導。從中國共產黨多年的實踐經驗和教訓中，鄧小平很清醒地認識到了這一點的重要性。他在「文革」結束、改革開放伊始就指出：

> 「我們過去發生的各種錯誤，固然與某些領導人的思想、作風有關，但是組織制度、工作制度方面的問題更重要。這些方面的制度好可以使壞人無法任意橫行，制度不好可以使好人無法充分做好事，甚至會走向反面。即使像毛澤東同志這樣偉大的人物，也受到一些不好的制度的嚴重影響，以至對黨對國家對他個人都造成了很大的不幸。」[1]

上述分析說明，領導制度是由領導權的實踐而起的，但其使命是在保障黨的領導實現的同時，促進黨所領導方方面面的成長與進步，促進黨自身的完善與發展。領導制度表面上體現為黨的領導權實踐的制度安排，但實際上它應該是黨完善自身，推進國家與社會進步和發展的制度安排。所

---

[1]　鄧小平：《黨和國家領導制度的改革》，《鄧小平文選》第二卷，人民出版社，1994 年版，第 333 頁。

以，與其說黨的領導制度是一種權力制度，不如說是一種工作制度與組織制度。工作制度是相對於黨領導其組織之外的事務而言的，組織制度則是對於黨領導自身而言的。

五、建構國家

今天的中國是在革命中誕生、建設中成長的國家。然而，這個國家不是內生於這個社會自身發展的邏輯，而是這個社會回應現代化的大潮流衝擊，走出國家民族危機，實現中華民族復興而建構起來的。它得以建構的現實基礎，就是這個社會和民族對於國家獨立、人民幸福與民族復興的強烈期待。所以，中華人民共和國是為了創造一種新經濟、新社會和新文化而建構的，而這種「新」都是基於社會主義的內在要求和現代化邏輯而形成的。這是落後國家邁向現代化發展的通常邏輯，即革命建構一個新的國家，新的國家創造現代化發展，現代化發展使新的國家實現現代化。

中國共產黨也是在這樣的大邏輯下來領導革命與建設的，一切努力與奮鬥的目的，「在於建設一個中華民族的新社會和新國家」。所以，黨領導革命的成功，也就意味着黨真正成為國家建構的主體，並承擔起國家建構的使命。黨的領導與國家建構由此緊密地聯繫在一起，而把握好領導權則成為黨建構國家的重要政治前提，黨失去了領導權，新社會、新國家的建構也就失去了承載的軸心和建設的主體。可見，領導權，對於政黨來說，就是獨立承載起建構國家的歷史使命。

黨因有領導權，而成為國家建構的軸心與主體；同樣，領導權因為黨，而成為國家建構的動力與機制。對於國家建構來說，領導權的本質在於把握國家建構的方向，奠定國家建構的基礎，搭建國家建構的支架，開發國家建構的資源，鞏固國家建構的成果。領導權的實現是通過一個複雜的、系統的領導行為來實現的，體現為政治領導、思想領導、組織領導、

政策領導、制度領導等等。領導權所蘊含的內在歷史使命，賦予了這些領導實踐必須以現代化的歷史取向和社會主義的內在規定為參照。為此，中國共產黨始終強調黨的領導，不能是主觀主義的領導，應該尊重客觀規律來領導中國社會發展，具體來說，就是應該尊重人類文明的發展規律，尊重社會主義建設的規律，尊重中國社會發展的規律。中國共產黨認為，這是馬克思主義政黨領導國家建設與社會發展必須遵循的基本原則，是歷史唯物主義的基本體現。1987 年，鄧小平在回答美國記者邁克‧華萊士採訪時闡述了這種基本精神：

「我是個馬克思主義者。我一直遵循馬克思主義的基本原則。馬克思主義，另一個詞叫共產主義。我們過去幹革命，打天下，建立中華人民共和國，就因為有這個信念，有這個理想。我們有理想，把馬克思主義基本原則同中國實際相結合，所以，我們才能取得勝利。革命勝利以後搞建設，我們也是把馬克思主義的基本原則同中國實際相結合。我們搞四個現代化建設，人們常常忘記是什麼樣的現代化，是社會主義的四個現代化。這就是我們今天做的事。」

從這段話中，我們可以提煉出黨運行領導權必須遵循的三個原則：一是符合社會主義要求，推進社會主義建設；二是符合現代化要求，推進現代化建設與發展；三是符合中國國情，推進中國進步與發展。

前面已指出，黨的領導國家建設與社會發展的過程，也是黨培育和促進國家與社會領域各項制度成長的過程。黨的領導自身是有強大制度體系的，它要能培育而不是替代其所領導領域的制度體系的成長，關鍵就在於運行領導制度的領導者要有領導的使命意識、責任意識和不斷創新的領導方法。為此，中國共產黨認為，黨應該在領導經濟與社會發展的過程中，不斷改革和調整領導體制與領導方式，使黨的領導能夠適應現實的經濟與

社會發展變化，從而在適應現實發展中調整自身，在調整自身中為現實發展創造新的成長空間的良性發展態勢。所以，改進黨領導體制和領導方式的效用是雙重的：一是保證黨在變化發展中的領導地位和領導能力；二是不斷推進國家與社會的組織與管理走向制度化。

總之，黨基於領導權建構國家與社會的過程，應該是一個不斷培育國家與社會制度並使其充分發揮作用的過程。黨的領導制度與領導方式應該在這樣的過程中得到調整與轉變，從而在增強黨在新的歷史條件下的領導作用的同時，推進國家與社會制度體系的全面發育和成長，使國家與社會真正走向制度化、法律化，成為民主與法治的社會主義國家。鄧小平在改革開放之初，就把這個原則充分體現在他對黨和國家領導制度改革的主張和設想上，其精神對於黨在中國建構現代化國家有長遠的意義，摘錄如下：

「有準備有步驟地改變黨委領導下的廠長負責制、經理負責制，經過試點，逐步推廣，分別實行工廠管理委員會、公司董事會、經濟聯合體的聯合委員會領導和監督下的廠長負責制、經理負責制。還有黨委領導下的校長、院長、所長負責制等等，也考慮有準備有步驟地加以改革。過去的工廠管理制度，經過長期的實踐證明，既不利於工廠管理的現代化，不利於工業管理體制的現代化，也不利於工廠裏黨的工作的健全。實行這些改革，是為了使黨委擺脫日常事務，集中力量做好思想政治工作和組織監督工作。這不是削弱黨的領導，而是更好地改善黨的領導，加強黨的領導。這些單位的行政負責人要努力學習各種有關管理和技術專業，再不能長期泡在各種會議裏，老是當外行，那樣我們就永遠實現不了現代化。這些同志大多數是黨員，管理制度改變了，他們除了要受上級行政部門的行政領導以外，還要受上級黨組織的政治領導和同級黨組織的監督。同級黨組織的任務也沒有減輕，而是真正加強了黨的工作。工廠、公司、院、校、所

的各級黨組織，要管好所有的黨員，做好羣眾工作，使黨員在各自的崗位上發揮先鋒模範作用，使黨的組織真正成為各個企業事業的骨幹，真正成為教育和監督所有黨員的組織，保證黨的政治路線的執行和各項工作任務的完成。」❶

　　總結上述分析，中國共產黨從三個方面主導國家建構：一是從人類社會發展的基本規律確定國家的社會歷史形態，把握中國建設社會主義的道路與方向；二是從社會主義國家建設出發，建構一套社會主義國家制度體系，並推進其法律化和制度化；三是從堅持黨的領導出發，建構推動中國發展的領導核心力量以及保證其發揮作用的領導制度體系。對於一個後發的現代化國家來說，選好國家發展的方向、完善國家運行的制度以及鞏固國家的領導核心是國家建構的基礎與關鍵。這三大關鍵把握好了，國家的發展也就有了基本保障。這是中國共產黨把超大規模的千年古國迅速地發展為現代化的社會主義國家的成功經驗所在。

---

❶　《鄧小平文選》第二卷，1994 年 11 月版，第 340 頁。

第七章

黨與軍隊

　　作為先鋒隊，中國共產黨承擔起了領導中國革命的歷史使命，革命的成敗，決定着黨的事業與國家的前途。中國的社會性質與中國共產黨的使命，決定了中國革命的第一步必須通過武裝奪取政權。毛澤東對此做了十分理性的分析：他認為，中國的革命既不同於歐洲工人運動，也不同於俄國的革命運動，「中國的特點是：不是一個獨立的民主的國家，而是一個半殖民地的半封建的國家；在內部沒有民主制度，而受封建制度壓迫；在外部沒有民族獨立，而受帝國主義壓迫。因此，無議會可以利用，無組織工人舉行罷工的合法權利。在這裏，共產黨的任務，基本地不是經過長期合法鬥爭以進入起義和戰爭，也不是先佔城市後取鄉村，而是走相反的道路。」「在中國，主要的鬥爭形式是戰爭，而主要的組織形式是軍隊」，❶主要的途徑是農村包圍城市，最後奪取城市。為此，黨要領導中國革命，就必須進行武裝鬥爭；要武裝鬥爭，就必須有自己的軍隊。這種革命形式和革命邏輯，鑄造了中國共產黨堅定不移的信條：「槍桿子裏面出政權」，同時也鑄造了中國現代軍隊的軍魂：「黨對軍隊的絕對領導」。這個軍魂主宰着中國現代軍隊的建設和成長，同時也決定着中國共產黨領導革命與建設的成敗。

----

❶　毛澤東：《戰爭和戰略問題》，《毛澤東選集》第二卷，人民出版社，1991 年版，第 542—
　　543 頁。

一、中心支柱

　　近代以來的中國問題，無不與現代化密切相關。現代化是人類社會發展所形成的普遍追求，然而在不同國家，其具體的實踐邏輯是不同的，這與具體國家的現代化是在「某種不同情勢下發生的」有直接關係。對於後發外生型的現代化發展國家來說，現代化的發展都普遍形成對「新政治中心」的追求。這是因為現代化的衝擊很容易使傳統的政治體系失效，甚至崩解，在這樣的條件下，不論是出於革命的需要，還是出於建設新的政治體系以整合國家的需要，都需要建構新的政治中心，如果新的政治中心不能借助傳統精英力量的轉換而形成，那就必然會有新的政治精英取而代之。在這個時候，邁向現代化的轉型與發展就在很大程度上取決於新政治精英所建構的政治中心的力量與能力了。著名學者艾森斯塔德在其現代化研究中對此有相關的研究和闡述，歷史事實與經驗證明，他的分析和判斷是有道理的。❶中國的經驗也在這方面提供了很好的注釋。

　　關於孫中山領導的革命，前面多次提及，這裏還必須再次討論。這是因為中國共產黨領導的革命與孫中山領導的革命，在革命的序列上有關聯，在革命形態上有相似之處。更為重要的是這兩大革命，都生長在近代中國救亡圖存和現代化發展的這根藤上。前面已經指出過，孫中山晚年意識到他所領導的革命之所以在辛亥革命之後無法繼續發展，相反卻屢遭挫折，主要原因在於他所領導的政黨既無法喚醒民眾，也無法治理國家，為此，他在「聯俄、聯共、扶助農工」的三大政策下，以列寧主義政黨為榜樣，改組國民黨。然而，在這個時候，他也更加明確地意識到他領導的革命要成功，改造政黨是不夠的，還必須建立能夠支撐政黨的現代軍隊。孫

---

❶　參見【以】S. N. 艾森斯塔德：《現代化：抗拒與變遷》，張旅平等譯，中國人民大學出版社，1988 年版。

中山最終走向聯俄、聯共之路，與他內心湧動的改組國民黨，建立現代軍隊的強烈願望密切相關。所以，國共合作，既為國民黨改組為列寧主義的政黨提供了組織基礎，同時也為兩黨共建現代軍隊提供了條件。著名的黃埔軍校就是由此創立的。在 1929 年 6 月 16 日的開學典禮上，孫中山闡明了「革命軍」對革命黨的重要性及其關係：同樣是革命，為什麼「我們革命的時期比較俄國要長一半，所遇的障礙又不及俄國的大，弄到至今革命還是不能成功呢？」其中的「一個大教訓」「就是俄國發生革命的時候，雖然是一般革命黨員做先鋒，去同俄皇奮鬥，但是革命一經成功，便馬上組織革命軍；後來因為有了革命軍做革命黨的後援，繼續去奮鬥，所以就是遇到了許多大障礙，還是能夠在短時間之內大告成功。中國當革命之時，在廣東奮鬥的黨員最著名的有七十二烈士，在各省捨身奮鬥的黨員也是不少。因為有了那些先烈的奮鬥，所以武昌一經起義，便有各省響應，推倒滿清，成立民國，我們的革命便有一部分的成功。但是後來沒有革命軍繼續革命黨的志願，所以雖然有一部分的成功，到了今天，一般官僚軍閥不敢明目張膽更改中華民國的正朔；至於說到民國的基礎，一點都沒有。這個原因，簡單的說，就是由於我們革命，只有革命黨的奮鬥，沒有革命軍的奮鬥；因為沒有革命軍的奮鬥，所以一般官僚軍閥便把持民國，我們的革命便不能完全成功。我們今天要開這個學校，是有什麼希望呢？就是要從今天起，把革命的事業重新來創造，要用這個學校內的學生做根本，成立革命軍」。有了好的革命軍，「我們的革命事業便可以成功。如果沒有好革命軍，中國的革命永遠還是要失敗」。那麼，什麼樣的軍隊才叫革命軍呢？「有和革命黨的奮鬥相同的軍隊，才叫革命軍。中國革命雖然有了十三年，但是所用的軍隊，沒有一種是和革命黨的奮鬥相同的。我敢講一句話，中國在這十三年之中，沒有一種軍隊是革命軍。」所以，革命黨必須造就自己的革命軍。對於立志建設新國家的革命黨來說，組織革命軍，既是為了保證革命的成功，同時也是為了新國家的建設，「大凡建設一個新國

家，革命軍是萬不可少的」。❶

　　總結孫中山所言，可概括三點：其一，政黨發動和領導革命，但決定革命最終成敗的是革命軍；其二，革命軍要成為決定革命最終勝利的力量，就必須由革命黨來組織和訓練，以保證其組織的革命性和信仰的堅定性，從而能夠與革命黨一起奮鬥；其三，革命軍既是保證革命成功所不可缺少的，同時也是建設新國家所萬不可少的。這三點說明，孫中山先生經過長期的革命實踐後認為，中國革命要取得勝利，關鍵必須建構一個新的強有力的政治中心。這個新的政治中心顯然是由現代政黨及其所培育的軍隊所構成。當時，為了保證這樣的政治中心的力量，他與中國共產黨結合，並共建黃埔軍校。顯然，他希望這個政治中心支撐的是整個國家的前途與命運。然而，孫中山去世之後，其後繼者並沒有從革命和現代化的歷史邏輯來培育和發展這個政治中心，相反更多地從局部和個人的私利來看待這個政治中心，結果很快就導致孫中山所期待的新政治中心破裂，最終導致大革命失敗。

　　正如當年孫中山先生從革命的挫折中意識到其所領導的革命必須建立在強大的政黨與軍隊基礎之上一樣，經歷了大革命失敗的中國共產黨也更加清醒地意識到，中國共產黨要擔當起全面領導中國革命和建設的歷史使命，除了有堅強的政黨的領導之外，還必須有堅強的革命武裝。1935 年，毛澤東在反思 1927 年大革命失敗的原因時，深刻地闡明了這一點：

　　「一九二七年革命的失敗，主要的原因就是由於共產黨內的機會主義路線，不努力擴大自己的隊伍（工農運動和共產黨領導的軍隊），而只依仗其暫時的同盟者國民黨。其結果是帝國主義命令它的走狗豪紳買辦階

---

❶　孫中山：《在陸軍軍官學校開學典禮的演說》（1924 年 6 月 16 日），《孫中山選集》，人民出版社，1981 年版，第 915—926 頁。

級，伸出千百隻手來，首先把蔣介石拉去，然後又把汪精衛拉去，使革命陷於失敗。那時的革命統一戰線沒有中心支柱，沒有堅強的革命的武裝隊伍，四面八方都造起反來，共產黨只得孤軍作戰，無力抵制帝國主義和中國反革命的各個擊破的策略。那時雖然有賀龍、葉挺一支軍隊，但還不是政治上堅強的軍隊，黨又不善於領導它，終歸失敗了。這是缺乏革命中心力量招致革命失敗的血的教訓。」❶

在這裏，毛澤東比孫中山先生更加明確地把政黨與軍隊看作是中國革命的中心支柱，這樣的中心支柱，不是政黨與軍隊兩個要素的簡單疊加，而應該是政黨與軍隊的有機統一，政黨是領導力量，軍隊是為政黨的使命與信念而奮鬥的政治力量。要使軍隊成為這樣的政治力量，不管是自建的還是收編的，都必須經過政黨的錘煉與洗禮，以保持組織上和精神上的內在統一。

中國現代化發展必須經歷革命過程，而中國的社會性質和現代化追求決定了中國的革命需要進行武裝鬥爭。要革命，就需要有領導力量；要武裝鬥爭，就需要有軍事力量。所以，這兩個力量的有機結合就成為革命勝利的關鍵。然而，中國的革命不僅僅是為了政權的更迭或移位，而是要創造一個新的社會和新的國家。這決定了政黨與軍隊的有機結合，不是兩個組織力量的機械結合，而是結合起來的兩個力量能夠變成一個中心支柱，支撐起這個國家和民族的天和地、歷史與未來、制度與精神、勇氣與理想。顯然，這種中心支柱只能靠政黨來塑造，這其中，政黨對軍隊的塑造以及軍隊對政黨宗旨和政黨領導的認同是根本的前提。所以，對中心支柱來說，黨軍一體不是本質，黨領導軍隊以及軍隊認同政黨，並為黨的事業

❶ 毛澤東：《論反對日本帝國主義的策略》，《毛澤東選集》第一卷，人民出版社，1991年版，第156—157頁。

而奮鬥才是本質。

　　建構和保持強有力的中心支柱是中國革命和現代化發展的內在要求。只要這種要求還客觀存在，那麼維持這個中心支柱的必要性與合法性也就順理成章了。所以，對中國來說，黨的領導以及黨對軍隊的領導，不是黨自身決定的，而是中國革命和現代化的歷史邏輯和現實要求決定的。正如我們現在不能離開現代化邏輯而獲得國家發展和民族復興一樣，我們現在也不能放棄黨的領導以及放棄黨對軍隊的領導。執政的中國共產黨必須從國家與民族的前途和命運的高度，時刻把握好這樣的政治邏輯，實踐好這樣的歷史使命。

二、槍桿子裏面出政權

　　黨與軍隊的有機統一，構成中國革命和建設的中心支柱。在這種有機統一中，中國共產黨的基本理念是：有軍隊，黨才有作為；黨的作為，必須基於對軍隊的絕對領導。前者，蘊含着「槍桿子裏面出政權」的真理；後者，蘊含着「黨指揮槍，而決不容許槍指揮黨」的原則。這裏先分析「槍桿子裏面出政權」的真理。

　　毛澤東一直很欣賞斯大林在《論中國革命的前途》中的一句話：「在中國，是武裝的革命反對武裝的反革命。這是中國革命的特點之一和優點之一。」[1] 他多次引用這句話，並視其為分析和把握中國革命的關鍵，認為不能認識到這一點，也就無法把握中國革命，領導中國革命。中國革命的這樣特點，決定了任何一個政黨要在革命中有所作為，最基本的前提條件就是必須擁有軍隊。毛澤東考察了中國國民黨戰爭史後指出：「歷史不長的

[1] 斯大林：《論中國革命的前途》，《斯大林選集》上卷，人民出版社，1979 年版，第487 頁。

幾個小黨，如青年黨等，沒有軍隊，因此就鬧不出什麼名堂來。」而國民黨正相反，「蔣介石代替孫中山，創造了國民黨的全盛的軍事時代。他看軍隊如生命，經歷了北伐、內戰和抗日三個時期。過去十年的蔣介石是反革命的。為了反革命，他創造了一個龐大的『中央軍』。有軍則有權，戰爭解決一切，這個基點，他是抓得很緊的。對於這點，我們應向他學習。在這點上，孫中山和蔣介石都是我們的先生。」❶ 所以，中國共產黨必須要有自己的軍隊。

　　毛澤東用於論證中國共產黨必須有自己軍隊的事實經驗，實際上也揭示了當時中國的一個現實，即在中國革命中，有能耐的政黨，都會有自己的軍隊。毛澤東認為，這是中國的國情決定的，政黨有自己的軍隊，不是政黨的通則，自然也不是革命的通則。他說：

　　「外國的資產階級政黨不需要各自直接管領一部分軍隊。中國則不同，由於封建的分割，地主或資產階級的集團或政黨，誰有槍誰就有勢，誰槍多誰就勢大。處在這樣環境中的無產階級政黨，應該看清問題的中心。」❷

　　顯然，在中國，黨對軍隊的需求和依靠，大的方面講，與黨所要推動和領導的中國革命必須建立在武裝鬥爭基礎上有關；小的方面講，則與中國軍閥割據的現實環境有關。在軍閥割據的條件下，黨沒有軍隊，立足就有問題，更不用說發展了。毛澤東認為，政黨擁有自己的軍隊，是軍閥割據條件下，政黨的生存之道。他分析說：

❶　毛澤東：《戰爭和戰略問題》，《毛澤東選集》第二卷，人民出版社，1991 年版，第 545—546 頁。

❷　同上，第 546 頁。

「辛亥革命後，一切軍閥，都愛兵如命，他們都看重了『有軍則有權』的原則。譚延闓是一個聰明的官僚，他在湖南幾起幾覆，從來不做寨頭省長，要做督軍兼省長。他後來做了廣東和武漢的國民政府主席，還是兼了第二軍軍長。中國有很多這樣的軍閥，他們都懂得中國的特點。中國也有些不要軍隊的政黨，其中主要的一個是進步黨，但是它也懂得必須靠一個軍閥才有官做。袁世凱、段祺瑞、蔣介石（附蔣的是進步黨之一部轉變而成的政學系）就成了它的靠山。」❶

所以，毛澤東要求每個共產黨員都應該懂得「槍桿子裏面出政權」的真理。這個真理包含兩層含義：其一，槍桿子裏面出政黨；其二，槍桿子裏面出政權。在革命實踐中，沒有前者，後者也就不能成立了。

從黨所領導的革命生成過程來說，黨產生在先，黨創建自己的軍隊；但從黨在革命中的立足和成長來說，則是軍隊保障黨的生存與發展。沒有軍隊，離開了武裝鬥爭，黨就失去了領導革命的任何可能。毛澤東十分明確地指出：「在中國，離開了武裝鬥爭，就沒有無產階級和共產黨的地位，就不能完成任何的革命任務。」❷ 這就意味着軍隊是黨的生存發展之本。黨創立軍隊，軍隊則促進黨的發展，鞏固黨的地位，提升黨的能力，因為，黨的許多使命，不論是革命時代的戰爭，還是建設時代的國家建設，都離不開軍隊。在毛澤東看來，在黨創立軍隊的同時，軍隊也在創造黨，推動黨的發展。他說：

「有了槍確實又可以造黨，八路軍在華北就造了一個大黨。還可以造

❶ 《毛澤東選集》第二卷，人民出版社，1991 年版，第 546 頁。
❷ 毛澤東：《戰爭和戰略問題》，《毛澤東選集》第二卷，人民出版社，1991 年版，第 544 頁。

幹部，造學校，造文化，造民眾運動。延安的一切就是槍桿子造出來的。槍桿子裏面出一切東西。」❶

可見，不論是軍隊的力量，還是軍隊的特殊組織和功能，都給黨的建設和發展提供了資源和空間。黨因軍隊而在革命中得以不斷強大。

中國的國情決定了中國的革命必須進行武裝鬥爭。黨要領導武裝鬥爭，建立和建設軍隊只是進行武裝鬥爭的基礎，黨還必須掌握領導軍隊進行武裝鬥爭的戰爭藝術。所以，黨對軍隊的領導必須與黨對武裝鬥爭的領導有機結合，黨必須擁有領導戰爭和把握戰爭的能力。抗日戰爭初期，毛澤東就向全黨發出號召：「全黨都要注重戰爭，學習軍事，準備打仗。」❷1939年，毛澤東在總結中國共產黨十八年的奮鬥史時明確指出：十八年黨的建設過程，是黨「逐步學會了並堅持了武裝鬥爭」的過程。❸所以，要實現「槍桿子裏面出政權」，首先要實現槍桿子裏面出能夠領導軍隊、領導戰爭的堅強政黨；而黨堅持「槍桿子裏面出政權」的真理，就是堅持武裝奪取政權的革命真理，就是堅持黨在半殖民地、半封建社會生存與發展的黨的建設之道。

所以，黨拿起槍桿子，只是選擇了戰爭，選擇了鞏固自身和發展自身的生存與發展之道，其真正目的不在戰爭本身，而是取得革命的勝利以及建設新社會、新國家所需要的政權。黨要通過軍隊和戰爭取得政權，而取得政權的黨則要靠軍隊來鞏固政權。「從馬克思主義關於國家學說的觀點看

❶ 毛澤東：《戰爭和戰略問題》，《毛澤東選集》第二卷，人民出版社，1991年版，第547頁。

❷ 毛澤東：《戰爭和戰略問題》，《毛澤東選集》第二卷，人民出版社，1991年版，第545頁。

❸ 毛澤東：《〈共產黨人〉發刊詞》，《毛澤東選集》第二卷，人民出版社，1991年版，第610頁。

來，軍隊是國家政權的主要成份。誰想奪取國家政權，並想保持它，誰就應有強大的軍隊。」❶ 戰爭是奪取政權的基本手段，所以「槍桿子裏面出政權」；但不論是槍桿子，還是戰爭本身，都是以「黨指揮槍，而決不容許槍指揮黨」為原則的，所以革命勝利後的政權則不在槍桿子裏面，而在黨的領導下，在人民手中，人民的軍隊則在黨的領導下，保衞國家政權。這是「槍桿子裏面出政權」的革命和建設邏輯。

這個邏輯既明確了戰爭時代政黨、軍隊與戰爭之間的關係，也明確了建設時代，政黨、軍隊與國家政權之間的關係。從黨領導革命發展的歷史過程來看，前一種關係決定着後一種關係，而這兩重關係也同時定位了黨的地位和軍隊的性質。所以，在中國，黨與軍隊的關係以及軍隊本身的性質，完全是黨領導的武裝鬥爭的歷史與實踐塑造的，符合黨領導中國革命和建設事業發展的根本要求，支撐着黨的領導，決定着國家政權的鞏固和有效性，不是輕易可以改變的。1989 年 11 月，鄧小平離開軍隊領導崗位時，發表了感人的告別講話，再次重申了中國軍隊的性質是中國革命歷史鑄造的，是軍隊的魂之所在，不能動搖：

「我確信，我們的軍隊能夠始終不渝地堅持自己的性質。這個性質是，黨的軍隊，人民的軍隊，社會主義國家的軍隊。這與世界各國的軍隊不同。就是與別的社會主義國家的軍隊也不同，因為他們的軍隊與我們的軍隊經歷不同。我們的軍隊始終要忠於黨，忠於人民，忠於國家，忠於社會主義。我確信，我們的軍隊能夠做到這一點，幾十年的考驗證明軍隊能夠履行自己的責任。」❷

---

❶ 毛澤東：《戰爭和戰略問題》，《毛澤東選集》第二卷，人民出版社，1991 年版，第 547 頁。

❷ 鄧小平：《會見參加中央軍委擴大會議全體同志時的講話》，《鄧小平文選》第三卷，人民出版社，1993 年版，第 334 頁。

三、黨指揮槍

　　任何社會邁向現代國家，都會經歷大變革或大革命的過程。這個過程的行動方式和戰略選擇，在決定着大變革或大革命的成與敗的同時，也決定着現代國家成長的形式與進程。這正如吉登斯所言：

　　「軍事對抗和戰爭的意外後果，決定性地造就了歐洲國家發展過程中的各種主要特徵。」❶

　　對於歐洲之外的其他國家，類似的事實也是常常能夠看到的。看到戰爭與軍事對現代國家成長的影響的同時，也應該重視戰爭與軍事本身受到具體歷史、社會和文化條件的決定作用。這也就是說，不能抽象地來看待戰爭與軍事和現代國家之間的關聯性，因為作為催生現代國家的行動，戰爭與軍事可能具有一般性，但戰爭與軍事本身卻是具體的，受到特定歷史、社會和文化規定的。這一點，在吉登斯歷史考察的發現中能夠得到充分的說明：

　　「歐洲國家的武裝力量的早期發展是依『資本主義』的模式組織起來的，這一事實可能同企業家創辦的企業機構的傳播不無關聯，而企業機構後來則成為西方社會制度中至關重要的成份。後封建時代，歐洲王侯都開始依賴於銀行家的貸款，從而使銀行家及企業所僱傭的領導者成為君主的樹立者和廢黜者。僱傭兵和銀行家族，對於絕對主義國家在早期形成過程

---

❶　【英】安東尼・吉登斯：《民族、國家與暴力》，胡宗澤，趙力濤譯，生活・讀書・新知三聯書店，1998 年版，第 136 頁。

中『脫離』傳統的軍事組織模式來說，至關重要。」❶

　　由此可見，任何社會的邁向現代國家，其社會形態與時代特徵決定了大變革或大革命的行動、組織與進程；而大變革、大革命中的軍事與戰爭則在一定程度上決定着現代國家成長過程中的特徵。因此，我們對一個國家軍隊、戰爭和現代國家之間關係的考察，不能超越出這個國家的歷史規定性和革命規定性，一切都必須從革命以及現代化如何在這個社會出現為思考問題的起點。

　　中國共產黨領導人民進行武裝鬥爭建立中華人民共和國，這是中國軍事與國家建設之間最基本的邏輯關係。決定這個行動邏輯成敗的關鍵在兩點：第一，黨能否建立起自己的武裝；第二，黨能否有效領導其所建立的武裝。對這兩點，中國共產黨都有一個認識和實踐的過程，其中大革命失敗的衝擊起到了重要作用。由此，中國共產黨開始系統地思考和實踐組建自己的武裝、進行武裝鬥爭的道路以及黨對軍隊的領導等問題。實踐表明，在那樣一個軍閥割據、亂象叢生的年代，組織武裝不難，但要建立一支有組織力、有戰鬥力，能為黨的理想而奮鬥的武裝隊伍並非容易。因為，黨的理想是要建立一個新社會、新國家，而現實的社會卻是一個半殖民地、半封建的農業社會，農業社會的傳統、舊軍閥的作風以及黨所擁有的物質資源的嚴重匱乏，都對黨建立一支現代武裝提出了嚴峻挑戰。1928 年，毛澤東在寫給中央的報告中指出：工農武裝割據的存在與發展，除了可借用軍閥混戰所造成的生存空隙之外，「還需要具備下列的條件：（1）有很好的羣眾；（2）有很好的黨；（3）有相當力量的紅軍；（4）有便利於作戰的地勢；

---

❶　【英】安東尼·吉登斯：《民族、國家與暴力》，胡宗澤，趙力濤譯，生活·讀書·新知三聯書店，1998 年版，第 139—140 頁。

（5）有足夠給養的經濟力。」這五大條件的形成，最終都有賴於黨與紅軍的努力，有的需要努力創造的，如羣眾動員；有的則需要努力克服的，如給養短缺。然而，此時的「紅軍成份，一部是工人、農民，一部是遊民無產者。遊民成份太多，當然不好。但因天天在戰鬥，傷亡又大，遊民分子卻有戰鬥力，能找到遊民補充已屬不易」。「紅軍士兵大部分是由僱傭軍隊來的，但一到紅軍即變了性質。首先是紅軍廢除了僱傭制，使士兵感覺不是為他人打仗，而是為自己為人民打仗。紅軍至今沒有什麼正規的薪餉制，只發糧食、油鹽柴菜錢和少數的零用錢。紅軍官兵中的邊界本地人都分得了土地，只是遠籍人分配土地頗為困難」。要將這樣既有舊軍隊性質，又有散兵遊勇性質，並且以貧苦的農村為腹地的武裝塑造為能為黨的理想和事業而奮鬥的現代武裝，就必須有新的組織形式、新的訓練手段以及新的軍事文化。毛澤東認為：「在此種情形下，只有加緊政治訓練的一法。」政治訓練的基礎就是將黨的思想、黨的組織以及黨的作風全面帶入到軍隊之中，形成黨對軍隊的領導，用現代政黨的組織力量和價值觀念來帶領軍隊的革命化發展。「黨的組織，現分連支部、營委、團委、軍委四級。連有支部，班有小組。紅軍所以艱難奮戰而不潰散，『支部建在連上』是一個重要原因。兩年前，我們在國民黨軍中的組織，完全沒有抓住士兵，即在葉挺部也還是每團只有一個支部，故經不起嚴重的考驗。現在紅軍中黨員和非黨員約為一與三之比，即平均四個人中有一個黨員。最近決定在戰鬥兵中發展黨員數量，達到黨員非黨員各半的目的。」「紅軍的物質生活如此菲薄，戰鬥如此頻繁，仍能維持不敝，除黨的作用外，就是靠實行軍隊內的民主主義。」「軍隊內的民主主義制度，將是破壞封建僱傭軍隊的一個重要的武器。」❶ 可見，黨對軍隊的領導，不僅是中國共產黨在一個傳統性極強，而且軍閥盛行的社會建立現代軍隊的唯一正確戰略，而且也是黨在艱

---

❶　毛澤東：《井岡山的鬥爭》，《毛澤東選集》第一卷，人民出版社，1991 年版，第 57—68 頁。

苦卓絕的條件下建設武裝力量，鞏固和發展武裝力量唯一正確的戰略。在這種領導中，黨既有效組織了軍隊，也有效訓練了軍隊，從而使得這個武裝力量，既有政黨性，也有軍事性，既有現代性，也有人民性。

恩格斯說過：

「拿破崙之不朽的功績就在於：他發現了在戰術和戰略上唯一正確使用廣大的武裝羣眾的方法，而這樣廣大的武裝羣眾之出現只是由於革命才成為可能；並且他把這種戰略與戰術發展到那樣完善的程度，以致現代的將軍們一般地都絕不能勝過他，而只能試圖在自己最光輝和最成功的作戰中抄襲他罷了。」

在「以現代的軍事手段與現代的軍事藝術來與現代的軍事手段與現代的軍事藝術作戰」的現代革命中，這種發現對於革命的進程和最終的勝利則具有決定性意義的。拿破崙的成就說明了這一點。同樣，中國共產黨的革命成功也說明了這一點。所以，恩格斯說：

「每個在戰史上因採用新的組合而創造了新紀元的偉大的將領，不是新的物質力量的發明家，便是以正確的方式運用他以前所發明的新的力量的第一人」。❶

從中國共產黨所取得的革命戰爭勝利來看，「黨指揮槍」無疑是一個決定革命勝利的「新的組合」，正是憑藉這樣「新的組合」，中國共產黨創造了中國歷史發展的新紀元，取得了新民主主義革命的勝利，開闢了社會

---

❶ 恩格斯：《一八五二年神聖同盟對法戰爭的可能性與前提》，（1851 年秋）《恩格斯軍事論文選集》，曹汀譯，人民出版社，1955 年版，第三分冊，第 28 頁。

主義革命與建設的道路。

　　黨指揮槍，不完全來自一種理論的要求，更多地是來自革命實踐的要求，其背後自然是中國革命的歷史與條件所規定的。黨指揮槍，在決定中國革命勝利的同時，也必然造就了中國建設現代國家的過程與特點，其中一個重要的特點就是在黨領導人民進行國家建設的過程中，依然要保持黨對軍隊的領導。黨締造的人民軍隊，在取得革命戰爭勝利，建立起人民共和國後，雖然成為了全體人民和人民共和國的軍隊，但依然要在黨的領導下才能得以發展和完善。這一方面與軍隊本身在革命戰爭歷史形成的性質、傳統與組織方式有直接關係，另一方面則與黨所承載的重大歷史使命和發展任務有直接關係。作為領導核心，黨對國家和社會發展的有效領導，必須擁有強大的領導力與執政力。黨保持對軍隊的領導是黨領導力的重要基礎。

　　黨領導軍隊的過程，實際上是黨全面塑造軍隊的過程，其中包括思想塑造、作風塑造、組織塑造和制度塑造。在中國共產黨的建軍戰略中，把這種塑造視為「軍魂」的塑造。在現代軍事條件下，軍隊的現代化發展，武器裝備的進步，能解決軍力問題，但不能解決「軍魂」問題，而沒有「軍魂」的軍力，是沒有戰鬥力的。在武器條件有限的革命年代，這種「軍魂」的塑造，打造出一支人民的軍隊，用「小米加步槍」創造出一個又一個戰爭勝利的奇跡；在今天，現代的武器裝備代替了「小米加步槍」，但其戰鬥力的終極源泉還是來自這個「軍魂」。這個「軍魂」是中國軍隊與生俱來的，在中國的現代化發展依然在黨的領導下展開的時代條件下，這個「軍魂」既關係到軍隊的建設和成長，也關係到黨的領導能力和執政基礎。

　　黨對軍隊的絕對領導，決定了黨的自我完善是軍隊建設和發展的絕對條件，而在中國這樣的大國成長中，軍隊的建設和發展直接關係到國家的安危與發展。所以，黨在塑造軍隊的時候，實際上軍隊也在塑造着政黨。軍隊的特殊性與絕對重要性，決定了黨在軍隊中的領導必須具有高度政治

性、紀律性和規範性，一句話，要求領導軍隊的黨必須是高質量的黨。黨對軍隊的領導，既體現為黨對軍隊的塑造，同時也體現為軍隊對黨的塑造。對於同為中國革命和發展的中心支柱的黨與軍隊來說，黨與軍隊的相互塑造，具有十分積極的價值和意義。可見，在中國，治黨、治軍和治國實際上是有機統一的。任何一方面的治理，都會帶來連帶的治理效應；同樣，任何治理環節出問題，都會給治理的全局造成深刻的影響。

四、人民的軍隊與國家的軍隊

黨締造了軍隊，擁有對軍隊的絕對領導權，但這並不意味着軍隊僅僅是黨的軍隊。黨的性質以及軍隊的使命，決定了黨創造的軍隊從根本上講，應該還是人民的軍隊。毛澤東說過：「緊緊地和中國人民站在一起，全心全意地為中國人民服務，就是這個軍隊的唯一的宗旨。」[1] 黨領導的軍隊成為人民的軍隊，是黨對軍隊絕對領導的必然；而軍隊作為人民軍隊的存在，則使得黨對軍隊的絕對領導擁有必要的合法性基礎。軍隊的人民性，使得黨締造和領導的軍隊，在性質上同時成為全體人民的軍隊，成為人民國家的軍隊。

中國的現代軍隊與中國的現代革命是緊密聯繫在一起的，軍隊決定了中國現代革命的成敗，而中國現代革命的內在要求則規定了中國軍隊的中國特性。實際上，孫中山在強調革命黨應該建立革命軍的同時，也強調革命軍必須與國民結合才能真正成為革命的力量。在 1924 年的北伐宣言中，孫中山就認為，革命黨新建立的軍隊，不能像軍閥那樣與帝國主義勢力結合，而應該與中國國民結合，否則，革命就無成功之日。他說：

---

[1]　毛澤東：《論聯合政府》，《毛澤東選集》第三卷，人民出版社，1991 年版，第 1039 頁。

「凡武力與帝國主義結合者無不敗；反之，與國民結合以遠國民革命之進行者無不勝。今日以後，當劃一國民革命之新時代，使武力與帝國主義結合之現象，永絕於國內。其代之而興之現象，第一步使武力與國民相結合，第二步使武力為國民之武力，國民革命必於此時乃能告厥成功。」❶

在這裏，孫中山表明了一個基本思想，要建立與傳統的軍閥軍隊完全不同的現代軍隊，關鍵在於軍隊與國民結合，並以國民為軍隊的力量之源；而這樣的軍隊，其最後必然是國民的軍隊。中國共產黨人接受的思想，只不過將「國民」改為「人民」，強調了軍隊的國民性背後還有階級性，任何軍隊不管怎麼樣，都是為一定階級主導的國家服務的。毛澤東針對抗戰勝利後，國民黨要求共產黨把軍隊交給其所掌管的政權而提出的「軍隊是國家的」的理論，就明確闡述了軍隊國家性背後的階級性。「『軍隊是國家的』，非常之正確，世界上沒有一個軍隊不是屬於國家的。但是什麼國家呢？大地主、大銀行家、大買辦的封建法西斯獨裁的國家，還是人民大眾的新民主主義的國家？中國只應該建立新民主主義的國家，並在這個基礎之上建立新民主主義的聯合政府；中國的一切軍隊都應該屬於這個國家的這個政府，藉以保障人民的自由，有效地反對外國侵略者。」❷中國要建立的新民主主義國家就是人民民主專政的國家，是人民當家作主的國家，所以，中國共產黨認為，在新民主主義國家，「軍隊是國家的」與「軍隊是人民的」具有內在的一致性。當這個國家是人民的國家的時候，人民的軍隊也就是國家的軍隊。

從現代軍隊的角度看，人民軍隊具有兩個根本特徵：其一，它不是

---

❶ 孫中山：《時局宣言》（1924 年 11 月 10 日），《孫中山選集》，人民出版社，1981 年版，第 953 頁。

❷ 《毛澤東選集》第三卷，人民出版社，1991 年版，第 1037 頁。

為着少數人的或狹隘集團的私利，而是為着廣大人民羣眾的利益、為着全民族的利益而奮鬥的。其二，這個軍隊是一個內外團結的軍隊，「在內部 —— 官兵之間，上下級之間，軍事工作、政治工作和後勤工作之間；在外部 —— 軍民之間，軍政之間，我友之間，都是團結一致的」。❶ 內部團結靠的是黨的領導所創造的有效的軍隊政治工作，外部團結靠的是軍隊全心全意為人民服務。這樣的軍隊，自然能夠立足於社會，並與整個社會和諧共存，相互促進。這也就是黨所努力追求的「軍民魚水一家親」的獨特的軍隊、社會和國家的關係。黨認為這種魚水關係正是軍隊的根本力量所在。毛澤東曾有這樣的豪言壯語：「軍民團結如一人，試看天下誰能敵。」❷

可見，黨領導的軍隊、人民的軍隊與國家的軍隊實際上是有機統一的。鄧小平明確定位中國軍隊的性質是：「黨的軍隊，人民的軍隊，社會主義國家的軍隊。」這就意味着黨對軍隊的絕對領導必須與保持人民軍隊的人民性，保證人民軍隊的社會主義國家屬性相統一。中華人民共和國建立後，國家制度建設中關於軍事領導的制度安排就是依據這個原則確立起來的。中華人民共和國一建立，出於建設國家統一軍隊的需要，《共同綱領》專設了「軍事制度」一章，在國家層面規定了國家軍事制度。《共同綱領》第二十條規定：

「中華人民共和國建立統一的軍隊，即人民解放軍和人民公安部隊，受中央人民政府人民革命軍事委員會統率，實行統一的指揮，統一的制度，統一的編制，統一的紀律。」

---

❶　毛澤東：《論聯合政府》，《毛澤東選集》第三卷，人民出版社，1991 年版，第 1039 頁。
❷　毛澤東：《八連頌》，《毛澤東軍事文集》第六卷，軍事科學出版社、中央文獻出版社，1993 年版，第 395 頁。

同時，同年頒佈的《中華人民共和國中央政府組織法》規定：人民革命軍事委員會，為國家軍事的最高統轄機關，統一管轄並指揮全國人民解放軍和其他人民武裝力量。基於這些規定，軍隊在社會主義國家政權建立之後，就在法律和制度上納入了國家政權體系。但這並不影響黨對軍隊的領導。就《共同綱領》來說，它的第二十一條就規定：

「人民解放軍和人民公安部隊根據官兵一致、軍民一致的原則，建立政治工作制度，以革命精神和愛國精神教育部隊的指揮員和戰鬥員。」

對這些原則、制度和精神的強調，實際上也就間接強調了黨對軍隊的領導作用，因為，這些原則、制度和精神是黨締造軍隊和領導軍隊的核心要素。當時出任軍事委員會主席的是毛澤東，他同時也是中國共產黨中央委員會主席，中華人民共和國中央人民政府主席。這充分體現了軍隊的國家性與軍隊的政黨性之間的有機統一，而這個統一背後的基礎，就是軍隊的人民性。雖然在此後的國家政權建設實踐中，有關軍事領導制度經歷了一些變化，但是，現行的 1982 年憲法還是進一步確認了這個精神和原則。因而，在實踐中，黨的總書記兼任中央軍委主席，同時兼任國家主席和全國人大選舉的中央軍委主席。與 1975 年、1978 年憲法簡單而直接規定中華人民共和國武裝力量由中國共產黨中央委員會主席統帥不同，1982 年憲法將軍事制度作為國家政權的一部分，從我國國家政權的內在邏輯出發來規定軍事制度，使黨領導軍隊的中央軍事委員會同時成為國家政權制度中的一個權力組織，並接受憲法和國家政權的規範。所以，1982 年憲法，不同於 1954、1975 和 1978 年憲法，專設了「中央軍事委員會」一節。1982 年憲法對軍事制度作出的明確規定有：其一，中華人民共和國中央軍事委員會領導全國武裝力量。其二，中央軍事委員會實行主席負責制。其三，中央軍事委員會主席由全國人大代表大會選舉產生，委員會成員經主席提

名後由全國人大審議決定。其四，中央軍事委員會每屆任期同全國人民代表大會每屆任期相同。中央軍事委員會主席對全國人民代表大會和全國人民代表大會常務委員會負責。這樣，憲法就把軍隊置於了國家政權的體系之中，並受到人民的監督。憲法規定，全國人大有權罷免中央軍事委員會主席和中央軍事委員會其他組成人員。

實際上，基於全國人大制度運行所形成的這個中央軍事委員會與黨的系統所形成的中央委員會實際上是一體的，職能和組成人員完全相同。❶ 這種統一性也從另一個角度說明，在執政的條件下，黨對軍隊的絕對領導，不僅要建築在黨的領導體制之上，而且也必須建築在國家政權體制之上。既然要建築在國家政權體制之上，那麼依照黨必須在憲法和法律下活動的原則，這種領導就自然要尊重人民的意志，接受人民的監督。所以，1982年憲法在兼顧中國國家政權的性質和中國軍隊性質的基礎上，比較好地安排了中國軍事制度，從而在制度上體現了「黨的軍隊、人民的軍隊和社會主義國家的軍隊」的三者統一。這為在執政條件下，黨領導軍隊，軍隊服務國家和人民，保證黨領導的軍隊保持人民軍隊的本色，提供了制度基礎和憲法保障。

五、政治工作體系

中國現代軍隊因革命而起，締造者是政黨。孫中山以及中國共產黨人認為，黨建立的軍隊要能夠為黨的目標而奮鬥，就必須在加強軍事訓練的同時，要加強政治訓練。為此，國共合作建立的黃埔軍校就設有政治部，負責對軍校學生的政治訓練，同時還試圖設立政治訓練班，以培養軍隊中

---

❶ 李保忠：《中外軍事制度比較》，商務印書館，2003 年版。第 69 頁。

的黨代表和政治宣傳員。周恩來是黃埔軍校政治部的組建者，他力圖通過政治部將列寧建設紅軍的經驗引入到黃埔軍校之中，以培養真正的革命軍。❶1926 年，時任黃埔軍校擔任政治主任教官的惲代英在黃埔軍校發表了題為《軍隊中政治工作的方法》的演講，認為：「軍隊中政治工作的目的，便是根據總理的兩句話：『第一步使武力與人民結合，第二步使武力成為人民之武力。』」❷可見，在中國共產黨看來，軍隊的政治工作，既是黨領導軍隊和訓練軍隊的體系，也是提升軍隊革命性和人民性的體現。正因為有政治訓練，才使得革命軍隊與此前的軍隊有了本質的區別。

所以，當中國共產黨獨立組織人民武裝的時候，一開始就在軍隊中建立政治工作體系，以實現黨對軍隊的有效領導和軍隊的革命化建設。在井岡山鬥爭中，毛澤東一開始積極探索和實踐軍隊的政治工作，創造了對中國軍隊建設具有決定性影響的「把支部建在連上」的軍隊政治工作的組織體系。為了建設革命武裝，推進革命進程，1929 年工農紅軍召開了著名的古田會議，毛澤東親自為會議寫了《中國共產黨紅軍第四軍第九次代表大會決議案》，決議在明確黨對軍隊領導的同時，也全面規劃和明確了軍隊中黨的工作和政治工作。1930 年，根據決議精神頒佈了《中國工農紅軍政治工作暫行條例草案》。基於古田會議決議和這個條例，黨建立的軍隊成為軍事系統和政治系統內在統一的軍隊，❸從而真正成為黨領導的人民軍隊。在此後的軍隊建設中，黨在各個歷史時期根據時代的要求，都在古

---

❶ 廣東革命歷史博物館編：《黃埔軍校史料（1924—1927）》，廣東人民出版社，1982 年版，第 178—238 頁。

❷ 惲代英：《軍隊中政治工作的方法》，《惲代英文集》下卷，人民出版社，1984 年 5 月版，第 845 頁。

❸ 毛澤東：《中國共產黨紅軍第四軍第九次代表大會決議案》，《毛澤東軍事文集》第一卷，軍事科學出版社、中央文獻出版社，1993 年版，第 86—125 頁。

田會議所確定的基本原則基礎上，結合實際，頒佈相應的軍隊政治工作條例。指導當前軍隊工作的政治工作條例是 2003 年 12 月頒佈的《中國人民解放軍政治工作條例》。該條例明確指出：

「中國人民解放軍的政治工作，是中國共產黨在軍隊中的思想工作和組織工作，是構成軍隊戰鬥力的重要因素，是實現黨對軍隊絕對領導和軍隊履行職能的根本保證，是中國人民解放軍的生命線。」

根據該條例，可以把軍隊的政治工作體系展現如下：

第一，軍隊政治工作的組織體系。這個組織體系主要體現為黨在軍隊的組織體系，因為，軍隊政治工作的主體是軍隊中的黨的組織。根據條例，在團以上部隊和相當於團以上部隊的單位（以下稱團級以上單位）設立黨的委員會，在營和相當於營的單位設立黨的基層委員會，在連和相當於連的單位設立黨的支部。黨的各級委員會（支部）是各該單位統一領導和團結的核心。黨委（支部）統一的集體領導下的首長分工負責制，是黨對軍隊領導的根本制度。

省軍區（衛戍區、警備區）、軍分區（警備區）、縣（市、區）人民武裝部和預備役部隊，實行軍隊系統和地方黨的委員會的雙重領導制度。省軍區（衛戍區、警備區）、軍分區（警備區）和縣（市、區）人民武裝部既堅持軍隊系統的垂直領導和隸屬關係，又受同級黨的地方委員會領導，是同級黨的地方委員會的軍事工作部。預備役部隊師、旅、團，既堅持軍隊系統的垂直領導和隸屬關係，又受同級或上級黨的地方委員會領導。

設立總政治部。團級以上單位設立政治委員和政治機關，營設立政治教導員，連設立政治指導員；與上述部（分）隊相當單位政治幹部和政治機關的設立，由中央軍委或中央軍委授權的單位決定。

第二，軍隊政治工作的基本原則。政治工作的原則，一方面來自軍

隊性質的規定性，另一方面來自軍隊建設的內在要求，因而有深厚的理論基礎和歷史傳統。原則中的不少內容是從建軍堅持至今的，這些原則已經成為中國軍隊的靈魂、傳統和文化。根據條例，軍隊政治工作的基本原則是：「堅持黨對軍隊的絕對領導；堅持人民軍隊的性質和宗旨；堅持用科學理論武裝部隊；堅持把思想政治建設擺在軍隊各項建設的首位；堅持圍繞軍隊現代化建設這個中心開展工作；堅持促進官兵的全面發展；堅持官兵一致、軍民一致、瓦解敵軍；堅持發揚政治民主、經濟民主、軍事民主；堅持貫徹依法治軍、從嚴治軍；堅持繼承優良傳統與創新發展的統一。」

第三，軍隊政治工作的基本任務。軍隊政治工作的基本使命就是使軍隊能夠全面服務於黨和國家，忠實的維護和保障人民的根本利益。所以，軍隊政治工作既要圍繞着黨的中心工作展開，也要圍繞着軍隊的建設展開。2003年的條例具體規定了軍隊政治工作的基本任務是：「服務於國家的改革開放和全面建設小康社會、推進社會主義現代化建設，服務於中國特色軍事變革和軍隊的革命化現代化正規化建設，從政治上、思想上、組織上保證黨對軍隊的絕對領導和人民軍隊的性質，保證以培養有理想、有道德、有文化、有紀律軍人為目標的軍隊社會主義精神文明建設，保證軍隊內部的團結和軍政軍民團結，保證軍隊戰鬥力的提高和各項任務的完成。」

第四，軍隊政治工作的基本內容。條例明確指出，「中國人民解放軍政治工作的主要內容，根據中國人民解放軍的性質、宗旨、職能和政治工作的基本任務確定。」具體內容多達二十項，具體是：（1）思想政治教育；（2）黨組織建設；（3）幹部隊伍建設；（4）共產主義青年團建設和青年工作；（5）民主制度建設；（6）紀律檢查和行政監察工作；（7）保衛工作；（8）軍事審判、檢察和司法行政工作；（9）科學文化教育；（10）軍事宣傳工作；（11）文藝體育工作；（12）羣眾工作；（13）聯絡工作；（14）軍人褒獎、福利和優待撫恤；（15）經常性思想工作；（16）軍事訓練中政治

工作;(17)執行任務中政治工作;(18)戰時政治工作;(19)預備役部隊、民兵政治工作;(20)政治工作研究。從這二十項工作內容可以看出,軍隊政治工作實際上是圍繞着黨對軍隊的絕對領導展開的,所以,工作的內容不局限於軍隊的體制內和組織內,拓展到整個軍隊的建設和發展,拓展到與軍事系統相關的生產、生活和發展的領域。可以說,軍隊政治工作的另一面就是軍隊建設和管理工作,所以,既是黨對軍隊領導的體現和保障,也是軍隊建設和發展的基礎和動力。

長期的軍事政治工作實踐表明,軍隊政治工作的有效性,主要來自三個方面:一是領導;二是制度;三是民主。在軍隊政治工作制度已經明確和鞏固的條件下,黨的領導和軍隊內部的民主就決定了軍隊政治工作的成效。黨的領導能力決定軍隊政治工作的有效性是毫無異義的。至於軍隊內部民主氛圍與軍隊政治工作有效之間的關係,則由軍隊政治工作的內在規定性所決定。實際上,軍隊政治工作實踐的最初出發點,就是力圖變傳統的軍隊為現代軍隊,在這種轉變中,實行軍隊內部的民主是最為有效的方法。毛澤東在總結井岡山鬥爭的經驗時就指出:

「紅軍的物質生活如此菲薄,戰鬥如此頻繁,仍能維持不敝,除黨的作用外,就是靠實行軍隊內的民主主義。官長不打士兵,官兵待遇平等,士兵有開會說話的自由,廢除煩瑣的禮節,經濟公開。」

「同樣一個兵,昨天在敵軍不勇敢,今天在紅軍很勇敢,就是民主主義的影響。紅軍像一個火爐,俘虜兵過來馬上就熔化了。中國不但人民需要民主主義,軍隊也需要民主主義。」❶

---

❶ 毛澤東:《井岡山的鬥爭》,《毛澤東選集》第一卷,人民出版社,1991年版,第65頁。

在古田會議上，毛澤東再次強調軍隊必須有一定的民主，但是軍隊不能搞極端民主化，一旦這樣，自由散漫就一定會毀了軍隊，毀了黨。❶可見，黨對軍隊的政治工作，與軍隊內的民主建設一開始就是結合在一起的，軍隊政治工作內含有軍隊民主的原則，因而，軍隊的政治工作必然在許多方面要體現和實踐軍隊民主的原則。從這個意義上講，黨對軍隊的領導，既是為了維護集中，也是為了維護民主。在組織上厲行集中指導下的民主生活，是黨領導的軍隊保持統一性、紀律性和戰鬥力的根本政治保證。

❶　毛澤東：《關於糾正黨內的錯誤思想》，《毛澤東選集》第一卷，人民出版社，1991 年版，第 88—89 頁。

第三篇

治理

第八章

憲法與法治

現代國家區別傳統國家之處，在於它是建立在主權與人權基礎之上的。主權與人權既有一致性的一面，體現為國家權力來自人民，是人民意志的產物；但同時也有衝突的一面，即主權的絕對性與人民權利神聖性之間存在的緊張。儘管主權的絕對性理論上來源於人民權利的神聖性，但主權的絕對性卻可能在實踐中威脅到人民權利的神聖性，從而使現代國家背離其現代屬性，即權力來自人民並保障人民。為此，現代國家都力圖通過憲法來規定和保障自身，從而將主權的絕對性和人民權利的神聖性平衡在國家的組織、制度與秩序體系之中。於是，制定憲法就成為現代國家建構的第一個行動；而建構起來的現代國家的制度、組織與行動必須以憲法規定為依據展開。有了憲法，才有法治，這兩個層面的有機聯動，支撐起現代國家的組織體系、制度體系和治理體系。因而，憲法與法律就構成現代國家治理的根本與基礎。

一、憲法與革命

中國從傳統古國邁向現代國家，面臨兩個基本問題：一是如何選擇新制度替代舊制度；二是如何用新制度維繫既有的國度。前者是中國近代化歷史運動的首要切入口，而現代制度及其得以確立的方式，決定了新制度選擇和確立的過程往往伴隨着思想運動、政治運動與立憲運動。對中國的國家轉型與民主發展，除了從思想文化變遷與政治革命的過程來透視

之外，還可以從立憲運動的過程來把握。相比較思想文化與政治革命注重「破舊」，立憲運動則注重「立制」與「建構」。因而，立憲運動除了要考慮選擇什麼樣的制度體現民主之外，還要考慮如何用這個制度來保證既有的國度能夠在國家轉型中得以維持。

中國現代意義上的立憲實踐並非從新舊制度替代開始的，而是從舊制度的改制開始的。清末的制度改制與中國歷史上的改制不同，不是在中國既有的邏輯中進行自我調整與完善，使中國既有的價值、原則與精神能夠在國家制度中得到更好的體現與實現，而是要考慮如何使中國的千年制度在現代化邏輯中得以轉型與延續。對於千年的中國傳統制度來說，這是事關生死的改制，因為，這種改制要求將現代政治的核心要素注入千年體制，這個核心要素就是民主。民主的本質就是人民掌握國家政權，保證國家政權服務和保障人民權利。因而，改制不僅改變中國「家天下」的格局，實現「天下為公」，使權力為公共利益服務，而且要變「臣民政治」為「公民政治」，使權利成為政治的基礎。這無疑是顛覆性的改制，其根本的意志不是來自國家政權本身，而是來自社會與民眾。因而，這種改制以及改制後的制度建設與發展，不再是國家政權單一力量所決定的，而是國家與社會共同決定的，社會扮演了基礎性的、根本性的角色。正是在這個意義上，馬克思認為現代國家制度是國家與社會的契約，這種契約的所有內容將通過憲法來表達。於是，是否擁有憲法就成為現代國家制度區別傳統的最基本標誌。中國千年制度要邁向現代，順應現代化發展邏輯，自然必須從具有現代意義的立憲實踐開始。

中國改制性的立憲實踐發端於戊戌變法，沒有展開就失敗了。然而，大勢難違，儘管百般的不願意，清王朝還是在終止戊戌變法後不久，不得不實行「新政」。1908 年 9 月清王朝頒佈了《欽定憲法大綱》，開啟「預備立憲」。該憲法大綱除了在法律上承認「臣民」的部分權利之外，整體上不過是以憲法的形式來肯定既有的千年制度原則。顯然，這種改制不是

社會所期待的。兩年多後，迫於社會的壓力，為了挽救岌岌可危的王朝，1911 年 11 月，清王朝頒佈了《憲法重大信條十九條》，對皇權與皇族的權力做出了重大限制，擴大了社會的權利。然而，為時已晚，三個月後，清王朝被徹底推翻，千年制度就此終結。這既可視為改制的失敗，也可視為改制的成功。從失敗角度看，它意味着中國的千年制度是難以通過改制而昇華為現代制度的；從成功角度看，它意味着正是通過改制，摧毀了中國千年制度中軸心制度，即 1905 年廢科舉制度，使得千年制度能夠在辛亥革命的幾聲槍響中轟然倒塌，徹底崩解。

伴隨着千年制度的崩解，立憲建制就成為隨後到來的政治革命與國家建設的核心主題。任何試圖登上中國政治舞台的力量，都會帶上自己的憲法主張與憲法文本，由此而展開的立憲運動，就自然而然地成為中國政治生活的重要內容。在這一過程中，正式通過的憲法有：《中華民國臨時約法》（1912 年 3 月）、《中華民國憲法草案》（又稱「天壇憲草」，1913 年 10 月）、《中華民主憲法草案》（又稱「五五憲草」，1936 年 5 月 5 日）、《中華民國憲法》（1946 年 12 月）、《共同綱領》（1949 年 9 月）、《中華人民共和國憲法》（1954 年 9 月）。從歷史實踐來看，這些憲法都同時承載了兩個重大歷史使命：一是構建新政權；二是組織新國家。因而，每一部憲法都代表着不同的階級利益、政治主張與對中國發展的根本把握，大致可以分為三種：一是以孫中山先生的三民主義、建國方略與五權憲法思想為核心的憲法主張與立憲實踐；二是以蔣介石為代表的國民黨的憲法主張與立憲實踐；三是以中國共產黨為代表的憲法主張與立憲實踐。從中國近代的民主革命邏輯來看，這三種憲法主張與立憲實踐不僅有一定的歷史關聯性，而且在某些內容的憲法主張上還存在着前後繼承性，如在共和民主問題上，在單一制的國家結構問題上。但應該看到，中國共產黨的憲法主張與立憲實踐與國民黨是完全不同的，後者源於辛亥革命之後的中國政治革命，而前者源於革命根據地的工農政權建設實踐。但由於孫中山先生的

新三民主義也強調以俄為師，主張聯俄、聯共、扶助工農，所以，基於孫中山思想所提出的憲法主張和所形成的立憲實踐在某些方面被中國共產黨所接受。毛澤東 1940 年在《新民主主義論》中明確指出，聯俄、聯共和扶助農工「三大政策的三民主義，革命的三民主義，新三民主義，真三民主義，是新民主主義的三民主義，是舊三民主義的發展，是孫中山先生的大功勞，是在中國革命作為社會主義世界革命一部分的時代中產生的。只有這種三民主義，中國共產黨才稱之為『中國今日之必需』，才宣佈『願為其徹底實現而奮鬥』。只有這種三民主義，才和中國共產黨在民主革命階段中的政綱，即其最低綱領，基本上相同」。❶

因而，中國共產黨的憲法主張與立憲實踐雖然源於革命根據地實踐，但由於將孫中山先生的「新三民主義」視為「願為其徹底實現而奮鬥」的「中國今日之必需」，所以，根據地的立憲實踐，既是為培育和建設社會主義國家而準備的實踐，也是將孫中山領導的民主革命引向徹底，建立新民主主義國家的實踐。中國共產黨在根據地的立憲實踐先後經歷過蘇維埃政權、「三三制」政權與解放區政權建設實踐，並先後頒佈了《中華蘇維埃共和國憲法大綱》、《陝甘寧邊區憲法原則》。這些憲法主張與立憲實踐為中國共產黨最終建設新政權、新國家和新社會提供了堅實的理論基礎與制度儲備。所以，抗日戰爭一結束，中國共產黨就有能力將革命根據地的政權建設與立憲實踐運用到整個國家政權的建設中，並在與國民黨的鬥爭中，贏得了充分的政治主動。不論是建設「聯合政府」的理論與政治主張，還是 1946 年舊政協通過的和平建國綱領，中國共產黨都充分顯示了其比較成熟而全面的立憲主張和制憲能力。

必須指出的是，中國共產黨憲法主張與立憲實踐，不是從簡單的憲法

---

❶　毛澤東：《新民主主義論》，《毛澤東選集》第二卷，人民出版社，1991 年版，第 692—693 頁。

原理與憲政模式出發的，相反，而是充分基於中國革命的要求與實踐。雖然《中華蘇維埃共和國憲法大綱》具有很強的模仿性，照搬了不少當時俄國蘇維埃政權建設的理論原則和具體制度，❶ 但是隨着中國共產黨找到了中國革命道路，明確了中國共產黨未來要建立的國家不是「工農共和國」而是「人民共和國」，中國要建立的新民主主義政權，既不是資產階級專政，也不是蘇聯式的無產階級專政，而是適合半殖民地半封建的中國社會性質的「人民民主專政」，中國的憲法主張與立憲實踐就有了自己的主體性，並牢牢地與中國革命的進程和實踐相結合。由此，中國共產黨認為，對於中國的新民主主義憲政來說，其關鍵不是頒佈一部憲法，而是要將確立新民主主義憲政所需要的革命進行到底，真正實現人民的解放與國家的獨立。1940 年，毛澤東在延安各界人民代表參加的憲政促進會成立大會上明確了這個思想主張：

「世界上歷來的憲政，不論是英國、法國、美國，或者是蘇聯，都是在革命成功有了民主事實之後，頒佈一個根本大法，去承認它，這就是憲法。中國則不然。中國是革命尚未成功，國內除我們邊區等地而外，尚無民主政治的事實。中國現在的事實是半殖民地半封建的政治，即使頒佈一種好憲法，也必然被封建勢力所阻撓，被頑固分子所障礙，要想順暢實行，是不可能的。所以現在的憲政運動是爭取尚未取得的民主，不是承認已經民主化的事實。這是一個大鬥爭，決不是一件輕鬆容易的事。

「（所以，）真正的憲政決不是容易到手的，是要經過艱苦鬥爭才能取得的。」❷

❶　王永祥：《中國現代憲政運動史》，人民出版社，1996 年版，第 206—211 頁。
❷　毛澤東：《新民主主義的憲政》，《毛澤東選集》第二卷，人民出版社，1991 年版，第 735—736 頁。

　　由此可見，中國今天所實行的《中華人民共和國憲法》，不是簡單的開國立憲的產物，而是中國革命的產物，天然地承擔兩種使命：一是以憲法的方式承認和鞏固革命和建設取得的成果；二是牢牢地把握住整個國家發展的歷史方向，使其始終朝着中國社會發展追求的目標前進。正因為如此，中國人民共和國憲法中的「序言」就有了非同一般的功能與使命：一是說明現代中國從何而來，走向何方；二是說明中國共產黨使命所在、奮鬥目標與領導責任；三是說明中國為何實行社會主義，以及實行什麼樣的社會主義。

二、憲法與國家

　　作為根本大法，憲法是現代國家的基礎。國家是一個政治共同體，憲法使命就是維繫和規這個政治共同體，不僅使其擁有合法性的基礎，而且使其擁有合理的組織方式與制度體系。所以，「憲法原則上是與組成國家的政治體制相聯繫的」。❶ 其實，政治體制主要是與國家權力的組織與運行相關的制度安排，而憲法除了安排國家權力之外，還要保障公民的權利。這兩方面制度安排的統一構成國家的政治體系。因而，從嚴格意義上講，憲法是通過確定一套政治體系來組織國家的。

　　政治體系是對人民權利、國家權力及其相互關係的制度性安排。由於在現代政治中，這種安排不是國家單方面意志的結果，而是社會與國家互動的產物，其中人民的意志起決定作用，所以，政治體系首先面臨的不是如何做好制度性安排問題，而是如何與人民的意志和社會的發展相契合的問題。這意味着當憲法力圖通過一套政治體系來組織國家的時候，首先要

---

❶　【荷】亨利·范·馬爾賽文、格爾·范·德·唐：《成文憲法的比較研究》，陳雲生譯，華夏出版社，1987 年版，第 53 頁。

明確的不是政治體制的結構與功能，而是要明確包含政治體制在內的整個政治體系從何而來，其價值、使命與組成國家之間的內在關係、與人民的生存與命運的內在關係。為此，憲法不是機械性地規定國家組織與運行所需要的基本政治體制的結構與功能，而是應該將組成現代國家的所有政治要素組成一個有機整體，在賦予其所組織的國家以形態的同時，也賦予其以靈魂。中國憲法是通過對人、人民、社會、政黨、國家所構成的政治體系來組織國家的，在這其中，最具特點的是人民與政黨，因為，中華人民共和國是中國共產黨領導人民建立起來的，實行的是人民整體掌握國家權力的人民民主。中國憲法文本的序言部分對此作了歷史性、理論性和制度性的說明，從而使黨的領導與人民民主成為中國憲法的核心原則和其實踐的政治前提。

在中國現行的政治體系中，除了國家與社會這對關係之外，還有黨與人民這對關係。不論是從社會主義社會的內在要求出發，還是從共和民主維繫中國的整體轉型與內在統一出發，黨與人民的關係更具根本性與決定性。因為，只有安排好這種關係，國家的人民性以及統一性才能得到有效的政治保證。但從作為現代文明產物的成文憲法，主要是從公民權利出發來構建公民權利體系與國家權力體系，其主要內容除了關於公民權利基本規定之外，就是對國家本身及其所擁有的國家權力的組織做出具體的安排與規定，不會直接涉及到黨與人民的關係。面對這樣的兩難，中國憲法創造性地將黨的領導及其與人民的關係放在憲法的序言部分，使其獲得憲法性的規定與保障。這樣，中國實際存在的二元結構的政治體系就獲得了明確的憲法地位和憲法保障。中國憲法規定的國家制度體系將在後面一章作具體分析。這裏主要分析黨的領導體系。

中國憲法安排與規範黨與人民關係的政治基礎就是人民民主。換言之，在中國政治中，尤其是在憲法框架中，黨與人民的關係，不是從中國共產黨本身所擁有的政治邏輯和歷史邏輯出發的，而是從人民民主的內在

要求和相應的制度安排出發的，其關鍵在於安排好黨的領導與人民當家作主的關係。為此，憲法找到了實現這種安排所需要的共同實踐基礎，這就是統一戰線。對黨的領導來說，統一戰線是確立、鞏固和增強其領導地位和領導能力的重要法寶；對人民民主來說，統一戰線是實現各階級聯合，實踐當家作主的重要政治基礎與政治機制。所以，從中華人民共和國開國以來的，包括《共同綱領》在內的五大憲法版本以及 1982 年憲法的歷次修改本，都在序言中強調統一戰線，只是在不同的歷史時期，強調和把握的角度與方式不同。

首先，《共同綱領》直接將人民民主專政的政權視為「人民民主統一戰線的政權」，強調人民民主是基於共產黨領導的各階級聯合當家作主的民主，並將體現和實踐這種聯合的中國人民政治協商會議直接視為人民民主統一戰線的組織形式。《共同綱領》明確表示：中國人民政治協商會議代表全國人民的意志，宣告中華人民共和國的成立，組織人民自己的中央政府。於是，借助統一戰線以及作為其組織形式的中國人民政治協商會議，黨的領導，人民民主以及國家組織得到了全面統一，從而使得國家的建構從黨的領導與人民民主的有機統一中獲得相應的政治基礎與應有的合法性保障。黨的領導所追求的工人階級在統一戰線中的領導地位，保證了中華人民共和國的社會主義性質；而人民民主所追求的人民意志在國家事務中的決定作用，保證了中華人民共和國國家的人民性與民主性，正如《共同綱領》序言所強調的：「中國人民政治協商會議一致同意以新民主主義即人民民主主義為中華人民共和國建國的政治基礎，並制定以下的共同綱領，凡參加人民政治協商會議的各單位、各級人民政府和全國人民均應共同遵守。」中國共產黨也必須遵守這個立國立憲所定下的基本要求。

然而，1954 年的憲法、以 1954 年憲法為基礎修訂而成的 1982 年的憲法，以及與「文革」關係密切的 1975 年的憲法和 1978 年的憲法，雖然也強調統一戰線，但更多地從黨領導中國不能沒有統一戰線這個法寶的角度

來把握統一戰線，以至於統一戰線與人民民主的關係逐漸淡化，變得相當間接。1954 年憲法僅僅從黨領導人民進行各種偉大鬥爭的角度強調統一戰線的現實性與必要性。相比較而言，1982 年憲法要科學許多，它是以從社會主義建設和維護國家統一的角度來強調統一戰線的重要性，並將黨的領導置於統一戰線之中來體現。

然而，進入 21 世紀，基於 2004 年憲法修正案修正之後的憲法序言，有了一個重大的變化，就是將作為統一戰線組織形式和制度形態的「中國共產黨領導的多黨合作與政治協商制度」明確寫入憲法序言，並強調其「將長期存在和發展」。這個修正看起來是把中國的政黨制度寫入憲法序言，但其實質上是為黨的領導與人民當家作主的統一提供了必要的憲法性制度基礎，從而使黨與人民的關係再度回到人民民主的內在邏輯與制度安排之上。而且，中國共產黨領導的多黨合作與政治協商制度，實際上就是黨領導制度的組成部分。

從建國以來的憲法文本來看，黨的領導不是體現為黨內的權力結構與運行體系，而是體現為黨領導人民、國家和社會的歷史實踐與現實奮鬥，並力圖從三個維度來呈現：一是黨領導的歷史成就；二是黨領導的國體政體；三是黨領導的國家發展。這三個維度分別解決黨領導的歷史必然性與合理性；黨領導的階級與政治基礎以及黨領導的現實任務和歷史使命。可以說，在相當長的時間裏，黨的領導更多從黨的歷史成就與國家發展來強調和體現，對黨的領導與國體、政體之間的政治安排和制度安排缺乏有意識的設計與開發。實踐證明，這方面的不足必然使得中國憲法序言所要解決的「黨的領導」無法真正從國家政治體系上確立起來。憲法無法從政治體系上科學而合理地確立「黨的領導」，既影響黨的領導本身，也影響整個國家政治體系的健全與完善，影響黨的領導與人民民主有機統一和發展。對此，2004 年憲法修正案的努力及其所帶來的實際政治效應，給出了正面的證明。實踐表明，將「中國共產黨領導的多黨合作與政治協商制度

將長期存在與發展」寫入憲法序言之後，統一戰線，多黨合作，政治協商在中國得到前所未有的重視，從而使得「協商民主」很快成為中國實踐人民民主的重要形式。

綜上所述，社會主義國家的政治體系，不能沒有黨的領導；而黨的領導只有與人民民主有機統一，才能在社會主義國家政治體系中得以確立。中國的憲法只有同時規範了黨的領導體系與國家制度體系，才能使國家的組織、運行與發展獲得全面而切實的規範和保障。中國憲法序言在這方面的探索和努力正逐漸走向成熟。

三、憲法與民主

在現代政治邏輯中，憲法是基於人民意志的決斷而形成的，既是人民共同意志的體現，同時也是每個人必須遵循的共同意志。由此，人們形成的普遍共識是：憲法是現代民主的前提與基礎，沒有憲法，民主也就無從談起。然而，這並不意味着有憲法，就有民主。因為，民主的生成，除了需要憲法的根本保障之外，還需要制度的完善，人民的實踐與努力。當然，在這其中，憲法是基礎，它既規定了制度的框架與完善的方向，也規定了人的權利與實踐的路徑。可以說，好的憲法是民主成長的學校，通過憲法，可以培育出好的制度與好的人民，關鍵是憲法能不能真正成為民主的學校。

在中國，不論是法律文件，還是黨和政府的文件，都強調憲法是國家的根本大法。但具體政治實踐對憲法所具有的「根本性」的把握還是比較模糊的，在相當長時間裏，缺乏理論的堅定性和行動的堅決性。這種模糊體現在三個方面：其一，憲法是民主的成果，還是民主是憲法的成果；其二，人民當家作主是憲法的要求，還是政治的要求；其三，黨的領導是基於憲法，還是高於憲法。出現這種模糊的重要原因在於：我們長期將黨

的領導、人民民主以及憲法的根本性割裂開來,結果,強調了黨的領導或人民民主的重要性,就難免忽視憲法的根本性地位與作用。實踐表明,這種割裂滋生了導致「文化大革命」發生的各種政治與社會因素,而「文化大革命」也將這種割裂推到了極端。實際上,在這種割裂中,黨的領導、人民民主以及憲法的根本性,都受到嚴重的破壞,並最終使黨、國家與社會全面陷入無政府狀態。從「文革」的教訓中,中國共產黨充分意識到要消除這個割裂的關鍵,就是從政治上和制度上確保憲法的根本性地位與作用。中國共產黨在「文革」結束後作出的《關於建國以來黨的若干歷史問題的決定》中,痛定思痛地指出:

「必須鞏固人民民主專政,完善國家的憲法和法律並使之成為任何人都必須嚴格遵守的不可侵犯的力量,使社會主義法制成為維護人民權利,保障生產秩序、工作秩序、生活秩序,制裁犯罪行為,打擊階級敵人破壞活動的強大武器。決不能讓類似『文化大革命』的混亂局面在任何範圍內重演。」

顯然,中國的民主發展離不開憲法規範和保障作用,而憲法要推動中國的民主發展,就必須與人民當家作主的政治實踐緊密地聯繫在一起,這與中國的國體密切相關。中國的國體是人民民主,用當年毛澤東的話來說,就是「各革命階級聯合專政」。這種國體對政治的內在要求有三:一是實現各階級聯合成為「人民」這個集合體;二是人民意志是國家統治的基礎;三是國家權力掌握在「人民」這個集合體手中,從而在法律上保障人民當家作主。這種國體決定了人民在國家政治生活中的主體地位。在民主的邏輯中,人民的主體性與憲法的根本性是辯證統一的:人民的主體性使得基於人民意志而形成的憲法自然贏得其根本性的地位與作用;反過來,憲法的根本性地位與作用將保證人民主體性的制度性實現。然而,在具體的實踐中,憲法對人民當家作主實踐的保障和推動作用,卻不是僅僅靠憲

法本身所能夠達成的，還需要人民對憲法的擁護、認同和尊重。因為，在中國的政治邏輯中，由於實現人民當家作主是黨領導的使命，是社會主義國家合法性的最基本來源，在政治上擁有絕對性的地位，是中國政治的「絕對律令」，所以，一旦人民當家作主實踐缺乏應有的憲法觀念，無視憲法的規範和規定，就可能完全按照自身的地位和邏輯來進行自我強調和自我實踐。這樣做的後果之一：就是人民當家作主完全按照自己的意志自行其是，而將憲法放置一邊，變得可有可無。這種人民當家作主的民主運行自然很容易走向極端，其歷史後果之一就是「文化大革命」。

所以，憲法固然是人民民主的基礎與保障，但要將人民當家作主的實踐有效地納入憲法的規範，並獲得切實憲法保障的關鍵不在憲法本身，而在人民民主本身對憲法的有效實踐與實施。這要求人民民主應該真正地將憲法作為自身意志的表達與體現，並將憲法的權威及其實施視為人民當家作主最根本的實現形式。中國共產黨在總結其 60 多年建設國家歷史的經驗教訓時充分闡明了這其中的道理：「往前追溯至中華人民共和國成立以來 60 多年我國憲法制度的發展歷程，我們可以清楚地看到，憲法與國家前途、人民命運息息相關。維護憲法權威，就是維護黨和人民共同意志的權威。捍衛憲法尊嚴，就是捍衛黨和人民共同意志的尊嚴。保證憲法實施，就是保證人民根本利益的實現。只要我們切實尊重和有效實施憲法，人民當家作主就有保證，黨和國家事業就能順利發展。反之，如果憲法受到漠視、削弱甚至破壞，人民權利和自由就無法保證，黨和國家事業就會遭受挫折。這些從長期實踐中得出的寶貴啟示，必須倍加珍惜。我們要更加自覺地恪守憲法原則、弘揚憲法精神、履行憲法使命。」「憲法的生命在於實施，憲法的權威也在於實施。」❶

---

❶　習近平：《習近平談治國理政》，外文出版社，2014 年版，第 137 頁。

在中國這樣後發現代化國家，人民要將憲法實施作為其當家作主的實現形式，就需要其擁有很強的主體意識與主體實踐。這一方面有賴於人民主導和參與的民主的全面發展，但同時也有賴於憲法所規定的民主制度的有效運行。這兩者是相輔相成的，其中人民的自主地位和自由發展是內在的動力。社會主義市場經濟的確立與發展無疑大大激發了這種動力，當人民普遍意識到必須用法律手段來保障自身的自主與自由的時候，人民對憲法和法律的要求自然也就更加迫切與全面。1995 年，即在中國提出建設社會主義市場經濟任務目標的三年後，中國共產黨就歷史性地提出改變執政方式，實行依法治國，推進社會主義法治國家建設的戰略目標。在這其中，任何人都能感受到市場經濟所激發出來的自主意識對憲法與法治所形成的內在需求。然而，世界各國的政治發展實踐表明，市場經濟所激發出的各種自主力量並非在完全自由無序的狀態下推進民主與法治的，相反，都必須通過特定的整合力量或整合機制來發揮作用，以保證這些自主的力量能夠有秩序、有目的的推動民主法治發展。亨廷頓在《變動社會政治秩序》一書的最後，多少帶有總結性地提出了一個重要的政治忠告：「組織的必要」，他這樣說道：

「組織是通向政治權力之路，但也是政治穩定的基礎，從而也是政治自由的先決條件。許多進行現代化的國家存在的權力和權威真空，可以暫時由具有能引起大眾狂熱擁護的特殊氣質的領導人或軍事力量來填補。但要長期填補，就只能靠政治組織。要麼是由既定的上層集團通過現有政治體系相互競爭，以組織羣眾，要麼就是由持不同政見的上層集團組織羣眾，來推翻現有的政治體系。在進行現代化的世界裏，誰組織政治，誰就控制了未來。」❶

---

❶ 【美】塞繆爾·P·亨廷頓：《變動社會的政治秩序》，張岱雲等譯，上海譯文出版社，1989 年版，第 496 頁。

　　雖然亨廷頓主要是從政黨組織作用對現代化的意義來強調的，但也同樣適用於憲法實踐。對憲法實踐與民主化發展來說，現代化既是其基礎和前提，也是其動力與保障，因而，從抽象意義上講，組織及其對現代政治有效的組織化，是國家建設、民主發展以及憲法實踐所必不可少的政治基礎。中國的國體確立在由各階級力量聚合而成的人民集合體上，它對組織及其對政治的組織具有更為內在的和迫切的需求。沒有必要的組織，也就不可能有人民民主，自然也就不可能使憲法實踐得到有效的落實與展開。在中國，這個組織及其對政治生活的組織就集中體現為中國共產黨領導。

　　可見，在中國國家建設與政治發展中，共產黨領導的必要性，不是簡單建築在中國革命與國家轉型的邏輯上，實際上它還建築在中國人民民主的建設與發展上，建築在中國推動憲法實踐和建設法治國家上。有了黨的領導所產生的組織力量以及對政治生活的有效組織，以集合體存在的人民就能有效發揮其應有的主體性，從而有目的、有意識地將憲法實踐真正轉化為人民當家作主的實踐。在這其中，何為黨的領導以及如何實踐黨的領導就變得十分關鍵。

　　在執政條件下，黨的領導核心體現是：將各社會力量凝聚為一個人民集合體，以保障人民整體掌握國家權力，創造共同的幸福。這種凝聚通過兩個途徑實現：一是黨的組織動員與凝聚人民；二是黨凝聚人民意志以引領國家健康發展。所以，黨的領導的實現方式不是通過其簡單掌握領導權或執政權，而是通過其對民眾和社會的有效凝聚和正確領導來實現的，其所掌握的領導權或執政權，不是確立在國家政治體系的安排上，而是確立在廣泛的階級基礎、廣大人民的認同和擁護以及經濟與社會的有效發展之上。可見，黨的領導與其說是一種領導和執政的狀態，不如說是一種社會發展與國家建設所需要的持續組織化、規範化和科學化的過程；與其說是一種政治權力的結構性安排，不如說是一種中國國家組織與運行的內在機制。這決定了其實現的方式，不能脫離出中國的社會與國家，相反，必須

與社會和國家形成緊密的聯繫，即其功能和使命的實現，不能脫離出人民的意志，脫離出社會發展的要求，脫離出整個國家政治體系的內在結構與運行邏輯。正因為如此，黨領導人民制定憲法與黨必須在憲法和法律的範圍內活動是一致的，黨的領導、人民當家作主與依法治國三者有機統一擁有內在的合理性與現實的必要性。為此，中國共產黨的領導與執政堅持這樣的政治信條：「黨領導人民制定憲法和法律，黨自身必須在憲法和法律範圍內活動，真正做到黨領導立法、保證執法、帶頭守法。」❶ 支撐這個政治信條的價值與實踐前提有兩個：一是黨必須依據黨章從嚴治黨；二是黨必須依據憲法治國理政。有了這樣的政治信條和實際的政治基礎，黨、人民與憲法也就在理論上和實踐上獲得了統一，憲法實踐就成為人民民主的保障，而同時也成為人民當家作主的實現方式。

四、憲法的政治原則

簡單地講，憲法是對人的權利與國家權力的根本性安排，既要保障權利的神聖性，也要保障權力的有效性；既要保障權利的公平性，又要保障權力的可控性，從而在權利與權力之間創造一種相輔相成的良性關係。但在不同社會，基於歷史、社會與文化的差異以及發展目標選擇的不同，憲法安排人的權利與國家權力關係所依據的原則自然也就不同，從而形成不同的國家組織方式、制度形態、運行邏輯與發展方向。任何國家的憲法都不是抽象原則的產物，相反，都是從現代文明發展出發對具體國家與社會進行根本把握的產物。這種把握所提煉的原則成為憲法的具體政治原則。憲法在一定的政治原則指導下形成的，確定的憲法既要遵循這些政治

---

❶ 習近平：《習近平談治國理政》，外文出版社，2014 年版，第 142 頁。

原則，同時還要切實保障和維護這些政治原則。這其中任何一條政治原則動搖了，憲法的根基必然動搖，進而威脅到國家政權與整個政治共同體。所以，任何走向成熟的現代化國家，都會牢牢守住支撐憲法的基本政治原則。系統考察中華人民共和國建立與發展過程中形成的各種憲法文本，可以將中國憲法的政治原則概括如下：

第一，人民當家作主。它既是決定中國國體的原則，也是決定政體的原則，是中國現代國家與現代政治的邏輯起點和根本的政治原則。它包含三個層面：其一，人民主權，即國家的權力來自人民，人民意志是國家的根本意志；其二，人民作主，即不僅國家權力來自人民，而且國家權力完全掌握在聯合起來的人民手中；其三人民為本，即國家的一切行動以人為本，以民為本。以人為本，保障人權；以民為本，保障民利，做到權為民所用，利為民所謀。

第二，社會主義。社會主義既是中國所追求的新的社會發展形態，也是中國的國家形態和國家制度形態。作為社會發展形態，明確中國社會發展是追求比資本主義社會更高的社會形態，其本質特徵就是實行社會主義公有制，消滅人剝削人的制度；實行各盡所能、按勞分配的原則。作為國家形態，社會主義明確代表先進生產力發展方向的工人階級為領導力量，基於建設國家的各階級聯合的人民掌握國家政權，當家作主，因而，體現工人階級領導地位與作用的黨的領導，是社會主義國家形態的內在要求。作為國家制度形態，明確社會主義經濟制度的基礎是生產資料的社會主義公有制；社會主義政治制度的基礎是國家的一切權力屬於人民，人民行使國家權力的機關是全國人民代表大會和地方各級人民代表大會。人民依照法律規定，通過各種途徑和形式，管理國家事務，管理經濟和文化事業，管理社會事務。人民代表大會制度是國家的根本政治制度，共產黨領導的多黨合作與政治協商是國家的基本政治制度。

第三，民主集中制。作為國家機構實行的原則，民主集中制從一開始

就被寫入中華人民共和國的憲法文本。現行憲法第三條明確寫道:「中華人民共和國的國家機構實行民主集中制的原則。」從目前的憲法文本以及歷次憲法修訂所包含的憲法說明來看,它包含三個層面:其一是人民民主運行的過程層面。周恩來當年在說明《共同綱領》時指出:

「從人民選舉代表、召開人民代表大會、選舉人民政府、直到由人民政府在人民代表大會閉會期間行使國家政權的這一整個過程,都是行使國家政權的民主集中的過程。」❶

所以,現行憲法在第三條的第二款明確寫道:「全國人民代表大會和地方各級人民代表大會都由民主選舉產生,對人民負責,受人民監督。」其二是國家政權的組織層面。1954 年劉少奇在關於中華人民共和國憲法草案的報告中指出:「我們經過人民代表大會制統一和集中行使國家的權力,就說明了我們的民主集中制。」❷ 所以,1954 年的憲法第二條規定是:「全國人民代表大會、地方各級人民代表大會和其他國家機關,一律實行民主集中制。」在民主集中制下,人民代表大會體現的是人民集中掌握和行使國家權力,由此產生的一府兩院,是按照人民代表大會的意志運行國家的行政權力與司法權力,因而,要受到人民大會的監督。這樣的國家政權組織形式,雖有立法、行政、司法三大權力職能,但其內在邏輯不是基於三權分立,而是基於人民集中掌握和運行國家權力的民主集中制。現行憲法第三條第三款規定:「國家行政機關、審判機關、檢察機關都由人民代表大

❶ 周恩來:《人民政協共同綱領草案的特點》,《周恩來選集》(上),人民出版社,1997年版,第 369 頁。
❷ 劉少奇:《關於中華人民共和國憲法草案的報告》(1954 年 9 月 15 日),《劉少奇選集》(下),人民出版社,1985 年版,第 157—158 頁。

會產生，對它負責，受它監督。」其三是國家組織的結構層面。在這個層面上，民主集中制體現為國家實行單一制的國家結構，在堅持中央集中統一領導的前提下，充分發揮中央與地方兩個積極性。現行憲法第三條第四款規定：「中央和地方的國家機構職權的劃分，遵循在中央的統一領導下，充分發揮地方的主動性、積極性的原則。」

第四，民族平等。中國是統一的多民族國家，從傳統邁向現代的標誌之一就是國家實行民族平等政策。1949 年建國所依據的《共同綱領》專列一章：「民族政策」，其中強調三點：一是各民族一律平等；二是實行民族區域自治；三是各民族都有參與軍隊與公安工作的權利。雖然在此後正式憲法規定中，不再有「民族政策」一章，但對民族平等的強調則貫穿序言、總綱和憲法的各具體部分。由於在中華民族大家庭中，漢族是主體民族，佔很大比例，所以，民族平等主要從保護少數民族的生存與發展權益出發。從現行憲法第四條的規定來看，基於民族平等所保護的是少數民族所擁有的合法公民權、發展權、自治權以及文化權。其中，在民族區域自治上，現行憲法第四條第三款規定：「各少數民族聚居的地方實行區域自治，設立自治機關，行使自治權。各民族自治地方都是中華人民共和國不可分離的部分。」

第五，公有制。公有制是社會主義社會的內在規定性，而由此轉化出來的國家與社會關係，直接關係到國家職能範圍及其對社會財富的組織和管理方式，其具體要求有：其一，強調國有經濟的主導地位與作用；其二，強調土地非私有化，城市土地歸國家所有，農村土地歸集體所有；其三，自然資源除了歸集體所有之外，都歸國家所有；其四，社會主義公有制消滅人剝削人的制度，實行各盡所能，按勞分配的原則，人民共享發展成果；其五，國家在推動經濟發展，創造共同服務、發展文化事業，維護國家安全等方面是責任主體，社會應該支持和配合國家履行其職責。可見，公有制原則，在在為人民當家作主提供必要的經濟基礎的同時，也為形成國

家主導的發展形態和治理形態提供了相應的經濟基礎。

從 1949 年以來的中華人民共和國國家建設和憲法實踐來看，上述這五條原則是貫穿始終的。這些原則在不同的發展階段有新的內涵和新的表現形式，但作為支撐整個國家組織、運行和發展的五大憲法政治原則，是絕對不能動搖的。中華人民共和國憲法因此而確立，同時也將通過堅持和保障這五大原則而得以鞏固和完善。

五、憲法與法治

儘管中國邁向現代國家，選擇現代政治不是內生性的行為，但還是具有很強的自主性。這種自主性一方面體現為對現代國家和現代政治的積極反應、廣泛學習和主動吸納；另一方面體現為沒有完全的照搬和模仿，而是根據國家發展所處的時代和所面臨的挑戰，自主設定現代國家建設與民主政治發展議程，因而，關注政治發展的階段性與時效性，強調政治建設與變革的現實性與開放性。孫中山先生提出的軍政、訓政、憲政的三段式的政治發展議程與五權憲法體現了這種自主性；中國共產黨提出的人民民主、民族區域自治以及依法治國，建設社會主義法治國家，也是這種自主性的充分體現。

憲法是法治的基礎，但法治要得以真正的確立，不僅需要一套基於憲法而形成的完整的國家法律體系，而且需要相應的立法、司法和執法的制度安排以及由此形成的法治國家、法治政府與法治社會。從這個意義上講，在現代國家建構過程中，立憲和頒佈憲法是一回事，依法治理國家的法治是另一回事，前者僅僅是後者的必要條件。中華人民共和國的發展表明，由於沒有法治的觀念，1954 年的憲法很快就被現實的政治需求所突破，不僅憲法的規定無法產生應有的權威和影響，現實的政治運動所形成的政治探索很快就突破了憲法的制度規定，完全無視憲法權威與地位，最

典型的實例就是為了強調社會主義原則，直接用工農商學兵一體的公社體制替代憲法所規定的生產組織方式和基本社會自治體系。正是這種「無法無天」的政治行為方式導致「文化大革命」的出現。所以，「文革」結束後，鄧小平認為，「文革」的最大教訓就是沒有實行法治，而要避免「文革」再現的關鍵也就是實行法治，具體來說，就是「必須使民主制度化、法律化，使這種制度和法律不因領導人的改變而改變，不因領導人的看法和注意力的改變而改變」。❶ 中國的法治建設就是從這樣的政治背景和精神核心出發的，所以，中共十五大第一次明確提出要實行社會主義法治的時候，就直接用鄧小平基於對「文革」教訓總結所提出的政治主張：

「依法治國，就是廣大人民群眾在黨的領導下，依照憲法和法律規定，通過各種途徑和形式管理國家事務，管理經濟文化事業，管理社會事務，保證國家各項工作都依法進行，逐步實現社會主義民主的制度化、法律化，使這種制度和法律不因領導人的改變而改變，不因領導人看法和注意力的改變而改變。」❷

由此可見，中國邁向法治，不是因為有憲法，而是經歷了破壞憲法，不行法治所帶來的歷史性的創傷之後所形成的政治覺醒。換言之，中國啟動法治，不完全是基於憲法的根本性和權威性，而是針對千年的人治傳統以及人治所帶來的「文革」歷史創傷和國家危機。

改革開放是推動中國邁向法治的重要歷史動力，而將法治確立在依

---

❶　鄧小平：《解放思想，實事求是，團結一致向前看》，《鄧小平文選》第二卷，人民出版社，1994 年版，第 146 頁。

❷　參見十五大報告：《高舉鄧小平理論偉大旗幟，把建設有中國特色社會主義事業全面推向二十一世紀》。

法治國和建設社會主義法治國家基礎之上的關鍵因素，則是中國實行社會主義市場經濟。市場經濟對法治的要求，最終促成中國共產黨改變千年的傳統治國方式，全面走上建設法治國家的發展軌道，即從人治走向法治。由於中國確立法治的直接動因不是來自憲法本身，而是來自對人治的反思和否定，所以，法治的最初使命不是落實憲法，而是最大限度地消除人治的傳統。這就使得，憲法的實踐與法治建設在相當長的時間裏是兩條平行線：法治建設並沒有真正提升憲法在國家治理中的地位與作用；反過來，憲法的修訂完善與宣傳教育也沒有直接導致法治建設水平的提升。直到1995 年黨的十五大提出「依法治國，建設社會主義法治國家」的戰略目標之後，隨着構建社會主義法律體系實踐的全面展開，憲法實踐與法治實踐才開始逐漸交融，相互推動。2012 年，在慶祝 1982 年憲法頒佈三十周年的大會上，習近平全面系統地闡述了憲法與法治的內在關係：

「依法治國是黨領導人民治理國家的基本方略，法治是治國理政的基本方式，要更加注重發揮法治在國家治理和社會管理中的重要作用，全面推進依法治國，加快建設社會主義法治國家。實現這個目標要求，必須全面貫徹實施憲法。」

「憲法的生命在於實施，憲法的權威也在於實施。我們要堅持不懈抓好憲法實施工作，把全面貫徹實施憲法提高到一個新水平。」❶

憲法實施既是憲法實踐的根本，也是法治建設的根本。在中國的政治邏輯中，中國的國家建設實踐是黨領導人民來推動的，憲法也是黨領導人民來制定的，因而，明確黨的領導與憲法之間的關係直接決定着憲法的實

---

❶　習近平：《習近平談治國理政》，外文出版社，2014 年版，第 138 頁。

踐。「文革」推行的黨一元化領導，使黨的領導凌駕於憲法之上，混亂了黨
的領導與憲法實施之間的關係。為了扭轉這個局面，中國共產黨在推進民
主法制建設的基礎上，於 1995 年黨的十五大上明確提出了改變傳統的治國
方略，實行依法治國，並承擔起建設社會主義法治國家的使命。這無疑是
黨治國理政的重大轉變，從中國大歷史看，它結束了幾千年的中國人治政
治，正式開啟法治政治的新時代；從中國共產黨的領導與執政的歷史看，
它使中國共產黨正式開始從革命黨向執政黨轉變，與此相應，其所遵循的
領導和執政邏輯，也就從革命的邏輯轉向執政的邏輯，明確了黨領導人民
制定憲法，但黨必須依據憲法治國理政，黨必須在憲法和法律的範圍內
活動。

　　1982 年頒佈新憲法，1995 年推行依法治國方略，開始建設社會主義
法律體系。進入 21 世紀，隨着社會主義法律體系的初步建成，中國共產黨
在 2014 年作出了《關於全面推進依法治國若干重大問題的決定》，明確了
「建設法治中國，必須堅持依法治國、依法執政、依法行政共同推進，堅持
法治國家、法治政府、法治社會一體建設」的戰略目標與任務。為此，在
1995 年開啟的社會主義法律體系建設近二十年後的 2014 年，開啟了社會
主義法治體系建設。這無疑是中國憲法實踐和法治建設的一大躍進，即從
法律體系建構躍進法治體系建構，強調黨的領導、依法治國與人民當家作
主的有機統一，立法、執法與司法協同建設，法治國家、法治政府、法治
社會一體建設。在這其中，中國共產黨緊緊抓住黨的領導要與憲法實踐、
法治建設有機統一這個關鍵點，切實落實依法治國方略，創造性地提出了
社會主義法治體系應該將黨規體系的建設與完善包含其中，並將「黨規黨
紀嚴於國家法律」作為黨維護和推動社會主義法治體系建設的基本政治前
提。這無疑是黨領導社會主義法治國家建設的重大創造，為實現黨的領
導、人民民主和依法治國三者有機統一提供了最為關鍵、最為有效的政治
保障和法治基礎。

改革開放三十多年來，從修訂憲法到提出依法治國方略，從建設社會主義法律體系到建設社會主義法治體系，中國在努力推動現代化發展的同時，也一直努力在探索自身的民主與法治建設之路，並不斷深入與全面。儘管中國的法治建設還有很長的路要走，但客觀地講，中國推進法治建設的實踐與努力是有計劃、有步驟地展開的，表現出堅定的決心和強大的戰略能力，充分體現了其對自身發展道路和自我建構制度的自信。

第九章

制度與發展

二千多年前，古希臘的大思想家亞里士多德在《政治學》中這樣寫到：

「政治學術應該考慮適合於不同公民團體的各種不同政體。最良好的政體不是一般現存城邦所可實現的，優良的立法家和真實的政治家不應一心想望絕對至善的政體，他還須注意到本邦實現條件而尋求同它相適應的最良好政體。」❶

在此，亞里士多德點出了政治制度建構的最基本原則：立足現實，建構適合國情的政體。二百多年前，美國的立國者在建構美國憲法和制度的時候提出這樣一個深刻的問題：「人類社會是否真正能夠通過深思熟慮和自由選擇來建立一個良好的政府，還是他們永遠注定要靠機遇和強力來決定他們的政治組織。」❷ 他們的實踐選擇了前者，其背後的精神就是世界各國應該在深思熟慮的基礎上自主選擇和建構適合自己的政治制度。20 多年前，鄧小平確立了評判一個國家政治體制的三條基本標準：「第一是看國家的政局是否穩定；第二是看能否增進人民的團結，改善人民的生活；第三

---

❶ 【古希臘】亞里士多德：《政治學》，吳壽彭譯，商務印書館，1965 年版，第 176 頁。

❷ 【美】漢密爾頓等：《聯邦黨人文集》，程逢如等譯，商務印書館，1980 年版，第 3 頁。

是看生產力能否得到持續發展。」❶ 這三條基本標準的核心，就是看政治體制是否對促進國家的進步與發展有用和有效。顯然，對制度的思考貫穿着人類發展始終，不同時代、不同國家的智者會有不同的回答，但其精神是一致的，即一個國家的進步與發展，需要合理的制度。合理的制度一定基於國家對制度的自主選擇，一定基於選擇的制度具有堅實的現實基礎；一定基於現實的制度擁有促進國家進步與發展的能力。合理的制度才能形成相應的制度自信，而合理的制度不是基於價值的設定，而是基於制度與發展長期互動中實現內在協調與統一。本章將從這個維度探討中國形成制度自信的政治邏輯。

一、自主建構制度

　　中國從傳統邁入現代是一個革命性的轉變，直接體現就是要進行全面的制度更替，即要用一套全新的制度來重新整合舊制度崩解之後的中國社會。所以，國家建設始終伴隨着制度建設，而制度建設過程中的制度選擇與制度設計又直接決定着國家建設，在這一過程中，中國始終堅持並得到人民廣泛認同的信念是：民主共和是中國制度選擇和設計的合法性基礎。中國的制度自信就源於此，堅信民主是中國必然的選擇，中國只有實行了民主，才可能實現現代化。

　　在中國共產黨領導革命，建設國家的歷程中，這種制度自信首先體現在從中國的國情出發，自主地定位、設計和建構中國的現代民主制度。這種實踐過程是從中國共產黨自覺放棄國家政權建設中的簡單模仿和概念化的實踐開始的，具體體現為：用人民共和國的主張替代工農共和國。中國

---

❶　鄧小平：《怎樣評價一個國家的政治體制》，《鄧小平文選》第三卷，人民出版社，2001年版，第 213 頁。

共產黨最初的國家政權建設實踐出現在江西瑞金的工農革命根據地，當時模仿俄國革命經驗，進行建設蘇維埃工農政權的實踐，並提出了未來要建立「工農共和國」的建國主張。然而，在經歷了艱苦卓絕的兩萬五千里長征之後，隨着中國共產黨將自身的使命與中華民族抗日救亡運動融合在一起，1935 年 12 月，剛到陝北的中共中央就做出了一個決定中國國家建設方向的重大政治選擇，即將建設「工農共和國」的主張改為建設「人民共和國」的主張，強調這種改變能夠更好地適應中國社會的階級狀況，使得中國共產黨能夠更大範圍地凝聚人民的力量進行抗日戰爭和國家建設。❶由此，「人民共和國」就成為中國共產黨在中國建構現代民主國家的基本政治主張，奠定了中國共產黨領導人民建設新社會與新國家的自主性與自信心。1940 年，毛澤東在設計人民共和國的國體與政體時明確指出，中國半殖民地半封建的社會性質決定了中國的國體和政體安排，既不能採用資產階級共和國的形式，也不能採用蘇聯所實踐的無產階級專政的共和國模式，而應該實行各革命階級聯合專政的共和國，即人民民主專政的共和國。正因為有明確的自我定位和合理的國家建設設計，中國共產黨此後也就順理成章地進行了「三三制」以及民族區域自治的創造性實踐，並在不斷地探索人類社會發展的規律，從社會主義發展的規律以及中國革命與建設的規律中，提高自主設計與建構中國現代民主制度的智慧與能力。

中國的制度自信不僅創造了符合中國國情的人民民主制度體系，而且將中國的民主建設與國家發展緊密的聯繫起來，始終強調民主是中國現代化發展的前提，是中國徹底告別傳統政治的關鍵所在。1945 年，毛澤東在與民主人士黃炎培對談中就明確認為，中國已經找到了使國家與社會擺脫黃炎培先生所擔心的歷史周期率的支配方法，這就是民主。毛澤東指出：

❶　毛澤東：《論反對日本帝國主義的策略》，《毛澤東選集》第一卷，人民出版社，1991 年版，第 158 頁。

我們已經找到了新路，我們能夠跳出這周期率。這條新路，就是民主。只有讓人民起來監督政府，政府才不敢鬆懈。只有人民起來負責，才不會人亡政息。❶ 毛澤東的回答是正確的，但在民主問題上，毛澤東僅僅看到人民監督與負責的力量，沒有看到這種監督與負責的常態化，需要通過制度化的渠道來達成，而不是通過定期的人民運動來實現。因而，在後來的實踐中，毛澤東更多地通過羣眾的「大鳴大放」式的民主來「實踐」人民監督，結果釀成「文化大革命」的動亂。「文革」結束後，鄧小平一方面徹底終結「大鳴大放」式的大民主，另一方面將尊重每個人的權益，激發每個人積極性，保障每個人自由的民主制度與民主生活的建設全面提上議事日程，強調民主是改革開放的前提，沒有民主，就沒有社會主義現代化。基於對「文革」教訓的深刻反思，鄧小平提出了指導中國現代化和民主化建設根本原則，即把制度問題作為帶有根本性、全局性、穩定性和長期性的問題來抓。他說：

　　「『文革』的教訓是極其深刻的。不是說個人沒有責任，而是說領導制度、組織制度問題更帶有根本性、全局性、穩定性和長期性。這種制度問題，關係到黨和國家是否改變顏色，必須引起全黨的高度重視。」❷

　　為此，他明確了民主建設的方向是：「為了保障人民民主，必須加強法制。必須使民主制度化、法律化，使這種制度和法律不因領導人的改變

❶　參見黃方毅：《黃炎培與毛澤東周期率對話 —— 憶父文集》，人民出版社，2012 年版，第 56—58 頁。

❷　鄧小平：《黨和國家領導制度的改革》，《鄧小平文選》第二卷，人民出版社，1994 年版，第 333 頁。

而改變，不因領導人的看法和注意力的改變而改變。」❶ 由此，中國的民主
建設就逐步進入到制度化、法制化時代，民主與法治的相互促進與有機統
一為中國共產黨強化其內在的制度自信提供了強大的政治基礎與實踐基礎。

中國是社會主義國家，其所建構的制度是在現代人類文明的基礎上展
開的，但同時又力圖實踐社會主義原則，推進中國特色社會主義的建設與
發展。因而，中國共產黨所進行的所有制度建設都必須體現中國建設社會
主義所形成的內在規定性。然而，由於這種內在規定與流行世界的西方民
主對國家制度建設所提出的規定性有本質差異，所以，中國共產黨以及中
國人民所秉持的制度自信就不得不面對西方民主的挑戰。面對挑戰，中國
共產黨為中國制度確定了三大底線：其一，堅持黨的領導，不搞西方的多
黨制；其二，堅持人民代表大會制度，不搞西方的三權分立；其三，堅持
公有制為主體的基本經濟制度，不搞私有制。顯然，在全球化的時代，要
在全球社會中發揮作用，中國不僅要守住這三大底線，而且要將其所堅持
的黨的領導、人民代表大會制度以及公有制的合理性與有效性充分發揮出
來。為此，在改革開放的三十多年的實踐中，中國共產黨努力通過經濟體
制改革和政治體制改革來完善其所堅持的制度，並努力將這種改革與創造
中國的發展和穩定有機結合起來，使得所有的體制變革和發展，既有保障
有合理的價值追求，但同時更關注如何從創造發展的角度來完善和提升相
應的制度，追求體制變革和制度創新的效能，從而逐漸走出一條以不斷提
升制度的有效性來增強制度的合法性的制度建設和發展道路。❷

綜合上述分析可以看出，中國的制度自信分別來自其制度建構的自主

---

❶　鄧小平：《解放思想，實事求是，團結一致向前看》，《鄧小平文選》第二卷，人民出版
　　社，1994 年版，第 146 頁。

❷　林尚立：《在有效性中累積合法性：中國政治發展的路徑選擇》[J]，《復旦學報·社會科
　　學版》，2009 年第 2 期，第 46—54 頁。

性、制度性質的民主性以及制度運行的有效性。制度自信的背後是理論的堅定性與發展的有效性，而其現實根基就是全社會對制度的合理性與有效性所形成的基本認同。理論與實踐都表明，所有的制度認同都是建立在制度所創造效能與社會和民眾的基本追求具有內在的契合性基礎上的。[1] 當然，在這個過程中，中國共產黨對既定制度的堅持和維護，也起到了十分重要的作用。蘇聯的教訓提醒中國共產黨，對自身制度建構的任何含糊和猶豫，將可能帶給國家以毀滅性的打擊。

但必須指出的是，中國共產黨對既定制度的堅持與維護，不是從守住政權出發的，而是從完善和鞏固制度出發的，強調通過改革來健全和完善制度本身，使其得以鞏固和發展。為此，中國共產黨始終堅持一條基本原則：作為社會主義國家建設與發展所需要的領導制度、根本制度和基本制度絕不動搖，但健全和完善制度所需要的體制改革卻應該貫穿制度建設與完善的全過程。這表明中國共產黨所擁有的制度自信，不是來自盲目的制度自戀，而是來自有效的制度建設與發展。

二、制度精神的統一

任何制度都蘊含價值理性和工具理性，制度的建設與完善一定是圍繞着這兩者的協調與統一展開的。每一個政治共同體的維繫和發展都要靠各種制度，涉及政治、經濟、社會、軍事、文化等等，每一個具體的制度都有自己特定的價值追求與工具使命，但這絲毫不能動搖政治共同體對支撐其存在與發展的所有制度形成統一要求，因為只有這樣，政治共同體才能保持其內在的真正一體化。這個統一要求，源於國家制度背後所蘊含的制

---

[1] 林尚立：《現代國家認同建構的政治邏輯》[J]，《中國社會科學》，2013 年第 8 期，第 22 頁。

度精神。

　　一個國家的制度精神，既是特定政治哲學的精神表達，同時也是源於相關民族精神文化的集中體現；它決定着一個國家的制度選擇，同時也被所選擇的制度所決定，因而，實際上是人與制度，民族與國家互動的結果，凝聚着組成一定政治共同體的人們對國家和制度最本質的訴求。顯然，這種訴求伴隨着一個民族的成長而凝聚起來，並逐漸走向成熟。每一個民族、每一個社會都是在特定的時空中來組織適合自己生存與發展的政治共同體的，在漫長的歷史過程中，必然經歷了十分複雜的分化組合。對政治共同體的每一次重構和定型，都是組成這個共同體的人民與民族對自己命運和前途的重新把握和選擇，因而，既決定於其內在的精神文化，也決定於其對國家和民主未來發展的理想與期待。

　　千年歷史的中國邁向現代、建構現代國家的歷程，實際上是中華民族力圖通過建構一套全新的制度來實現自我重新組織和安排的過程。對於古老的中國來說，現代制度雖然是外來的，但對現代制度的選擇與建構是自覺和自主的，在這個過程裏，中國人將現代制度的精神與中華民族的精神、對現代社會和現代國家的內在訴求有機統一起來，賦予全新建構起來的中國現代制度以自己的精神特質：這就是人民性，其內涵的精神原則有兩條：其一，人民是國家的主人，人民決定制度，不是制度決定人民，因而，制度的權力來自人民，同時，制度運行的權力掌握在全體人民手中；其二，制度運行立足於以人為本與以民為本的有機統一，其根本使命在於創造人民的團結、幸福與發展。

　　人民性的精神品質，使得中國制度既能包容現代制度的所有品質，也能承載社會主義社會的內在規定性；同時，它也使得中國的制度建設、運行與發展必須以人民利益至上。在人民主體地位得以確認和保障的前提下，對人民利益的現實追求就自然會聚焦於兩個重大利益點上：一是人民團結以創造國家穩定；二是社會發展以創造人民福祉。對現代化國家來說，

這兩大利益點，既是人民與社會發展的最大追求，也是國家建設與發展的最大追求。中華人民共和國的建設和發展實踐表明，人民性的制度精神賦予了中國制度的自我完善以鮮明的特徵，即不是簡單地從本本、教條和模式出發，而是緊緊圍繞增進人民福祉和鞏固國家制度這個根本原則，一切根據中國國情和現實需求來改革和創新體制，完善國家制度。

中國是社會主義國家，憲法規定社會主義制度是中華人民共和國的根本制度。這個根本制度主要規定國家權力從何而來，歸誰所有，為誰服務，為何目的以及如何配置，這是決定國家性質和發展方向的制度安排。至於這個制度安排展開所需要的體制與機制，則看其是否能夠服務於根本制度的運行、鞏固和完善。所以，鄧小平提出的評判政治體制的三條標準都是十分實際的，即看其能否穩定國家、發展生產和造福百姓。可見，中國在制度問題上是原則性與現實性的統一，聚焦於社會主義制度的鞏固和人民的根本利益的保障上。由此，改革開放過程中的體制變革與創新始終堅持實事求是的態度，強調以我為主，為我所用，只要能夠解決中國問題，滿足中國發展需要的制度文明，不問其源頭屬性，都可借鑒和學習，並創造性的運用於中國的體制變革和創新之中。正是這種務實的態度，使得中國的制度建設和體制變革堅持以人類的制度文明成果為資源，以中國的實際需求為出發點，以追求人民根本利益為歸宿點。

在改革開放過程中，中國從世界上獲得的最大資源之一，就是世界各國所創造的現代制度文明，其中最大的制度資源就是現代市場體制。市場經濟體制的引入，全方位地改變了中國的經濟運行方式、社會運行方式甚至政治運行方式，極大地激發了中國社會的活力與創造力，從而創造了中國發展奇跡。中國政治、經濟、社會與文化的各方面體制變革無不與市場體制的確立有直接關係。但市場經濟沒有因此動搖中國既有制度的根本屬性，原因在於中國從一開始就將市場經濟與中國的社會主義制度相結合，因而，不是用市場經濟來重構中國的制度體系，相反，是要用市場制度所

具有效能來增強中國既有制度體系的績效與基礎，完善其結構與功能。中國不因市場經濟而改變自己制度的本質規定性，但對市場經濟所要求的體制變革卻給予積極的配合，首先，1992 年中國開始全面推進社會主義市場經濟體制建設，1995 年中國就明確提出改變治國方略，實行依法治國，建設社會主義法治國家；其次，2013 年中國第一次明確市場應在資源配置中起決定作用，並由此啟動全面深化改革，2014 年黨的十八屆四中全會要求全面推進依法治國，實現國家治理能力和治理體系的現代化。在這兩波的大變革與大發展中，市場經濟體制的建設和發展無疑都扮演了決定性的角色，其所推動的體制變革和制度完善都是全面性的和根本性的。從這互動中可以看出，中國在推進制度創新與完善的過程中，思想和態度是務實和開放的，由於其立足點始終是站在鞏固制度、追求人民的根本利益上，所以體制變革和創新都以能夠創造發展、保障發展和完善發展為根本，並在創造發展的同時，從制度效能和制度完善上鞏固制度。

總之，中國從封閉走向開放、從計劃走向市場、從人治走向法治所經歷的革命性的體制變革和創新，之所以不但沒有改變中國制度的社會主義性質，反而進一步鞏固和發展了既有的社會主義制度，關鍵在於中國的改革開放和體制改革始終堅守中國的制度精神，即人民利益至上。這個堅守使得中國制度的自我完善和發展始終是圍繞着其本質規定性展開的，與此同時，這個堅守所帶來的以發展為核心的體制變革和創新具有很強的務實性，時刻從中國制度規定性和現實發展需要出發進行實踐。中國共產黨與中國人民對中國特色社會主義制度的自信，在很大程度上就來自這種成功的制度建設實踐。

三、變革中求發展

指導中國社會發展的思想理論基礎是馬克思列寧主義，而其思想核

心就是歷史唯物主義的世界觀與方法論。馬克思主義認為：生產力與生產關係，經濟基礎與政治上層建築之間的辯證運動是推動社會發展的內在動力。在這辯證運動中，圍繞着促進生產力發展以及經濟基礎建設而展開的生產關係和政治上層建築的變革與創新，是創造和推動經濟與社會持續發展的關鍵所在。這個世界觀與方法論，不僅塑造了中國共產黨用於領導革命和建設的理論和主張，而且也有力地支撐了中國共產黨進行持續不斷的體制改革實踐。從以革命的方式推動社會進步轉型到以改革的方式推進社會發展，變化的不是其背後的世界觀和方法論，而是其對什麼是社會主義、怎樣建設社會主義，建設什麼樣的黨、怎樣建設黨，實現什麼樣的發展、怎樣發展等重大理論和實際問題的探索與回答。● 中國的體制改革，不是為改革而改革的，而是緊緊圍繞着這些重大理論與實際問題的回答和解決而改革的，既具有鮮明的探索性，又同時具有鮮明的建設性與發展性。由此，我們可以提煉出中國體制改革的鮮明特質，即與發展緊密結合，圍繞着發展進行體制變革，通過有效的體制變革創造發展。

改革開放以來，中國體制改革先後圍繞着三大核心使命展開：一是解放和發展生產力；二是實現可持續的科學發展；三是國家治理能力與治理體系的現代化。對於中國國家建設與發展來說，這三大核心使命所提出的任務和挑戰是逐級提升的，與此相應，所要求的體制改革也需要更加深入、系統和全面。這三大使命都是有起點沒有終點的使命，這決定了中國的改革越向前推進，其所面臨的任務和挑戰就越發艱巨，到了今天，中國的改革就必須同時面對上述三大使命，這與改革初期僅僅抓住解放和發展生產力這個戰略點進行改革是完全不同的。這意味着中國的體制改革，不僅需要持久的動力，而且需要不斷累積的能量。中國的發展要可持續，要

● 參見中共十七大報告：《高舉中國特色社會主義偉大旗幟　為奪取全面建設小康社會新勝利而奮鬥》。

達到理想的彼岸，就必須進行持續不斷的變革；而改革要持續不斷，並不斷累積其能量，就必須創造合理的改革動力體系。

客觀地講，中國之所以能夠在改革開放三十多年後的今天依然高舉改革大旗，進行更為全面與深化的改革，關鍵在於中國在推動改革，不斷創造發展新局面的同時，也逐步建構起了保證中國永續發展的改革動力體系。這種動力體系的形成，使中國逐步發展出一種「以改革促改革」，使改革成為持久的國家建設實踐的改革發展模式。總結改革開放以來的實踐與理論，保證中國永續發展的改革動力體系主要由以下動力機制構成：

第一，以人為本，為民謀利，持續不斷地激發和維護民眾追求發展的活力。不論是中國的治國傳統，還是中國的社會主義社會性質，都將人民視為國家之根本。因而，人民之狀態決定國之狀態，只有人民有活力了，國家才有活力。從改革來講，人民對發展的追求是推動國家改革的最基本、也是最根本的動力；而人民對發展的追求直接動因源於對自身利益和發展的關懷。鄧小平就是基於此來啟動改革的。1978 年底，在推動中國的動力是源於人們「革命精神」，還是源於人們「革命利益」的問題上，鄧小平一改此前的革命化主張，強調要重視人們對革命利益追求在推動改革發展中的作用。他指出：

「不講多勞多得，不重視物質利益，對少數先進分子可以，對廣大群眾不行，一段時間可以，長期不行。革命精神是非常寶貴的，沒有革命精神就沒有革命行動。但是，革命是在物質利益的基礎上產生的，如果只講犧牲精神，不講物質利益，那就是唯心論。」❶

----

❶ 鄧小平：《解放思想，實事求是，團結一致向前看》，《鄧小平文選》第二卷，人民出版社，1994 年版，第 146 頁。

鄧小平認為，將物質利益追求轉化為革命行動的第一主體不是政府與企業，而是工人與農民中的每一個人，為此，「一定要使每個工人農民都對生產負責任、想辦法。」❶ 必須指出的是，中國共產黨對民眾物質利益的關注，不是基於人是自私和逐利的價值判斷，而是基於「人是追求自我全面發展的」這個歷史唯物主義命題。這個價值取向隨着改革的深入越發明顯，到了 2007 年黨的十七大，中國共產黨明確將「以人為本」作為追求全面科學的發展核心，而且強調為民謀利是黨執政的基本使命。這樣，追求人的自由而全面發展的社會主義原則就自然而然地轉化為中國國家建設與社會發展的內在機制，從而使得不斷滿足人們發展需求的改革與發展成為黨的執政與國家發展的合法性所在。

第二，解放思想，吸納人類文明成就，激發全社會的學習與創新動力。中國改革與發展的基本立足點是：以民為力，為民謀利。所以，激發民力是關鍵，具體來說，就是激發人民的主動性與創造性。這種激發，除了肯定人們物質利益的合法性之外，就是要給人民提供敢想敢幹的自由思考和創新空間。為此，中國共產黨將解放思想作為推動改革與發展的基本動力，並將思想解放所必須的民主作為改革開放的前提與基礎。鄧小平在啟動中國改革時明確指出：

「在黨內和人民羣眾中，肯動腦筋、肯想問題的人愈多，對我們的事業就愈有利。幹革命、搞建設，都要有一批勇於思考、勇於探索、勇於創新的闖將。沒有這樣一大批闖將，我們就無法擺脫貧窮落後的狀況，就無法趕上更談不到超過國際先進水平。我們希望各級黨委和每個黨支部，都

---

❶　鄧小平：《解放思想，實事求是，團結一致向前看》，《鄧小平文選》第二卷，人民出版社，1994 年版，第 146 頁。

來鼓勵、支持黨員和羣眾勇於思考、勇於探索、勇於創新，都來做促進羣眾解放思想、開動腦筋的工作。」**❶**

解放思想的背後，除了尊重人的主體性之外，就是尊重人類文明創造的所有成就，並將其作為中國發展應該學習和借用的資源。因而，解放思想所帶來的就是理論的與時俱進與開放的學習精神。2002 年黨的十六大明確將堅持理論創新，保持與時俱進狀態，尊重人民羣眾的首創精神以及建設學習型政黨與學習型社會，作為黨領導和執政應有的品質。在這一過程中，中國共產黨比較好地協調了黨的指導思想的統一與黨和人民解放思想之間的關係，其途徑有五：一是堅持理論創新，做到與時俱進；二是建構社會主義核心價值以整合思想觀念多元化的社會；三是努力從人類社會發展規律、社會主義社會發展規律以及中國發展規律來把握中國發展與中國問題；四是努力通過統一戰線和協商民主凝聚社會的最大共識；五是強調積極學習和借鑒人類文明先進成果，打造學習型政黨與學習型社會。

第三，追求黨的先進性，不斷打破基於權力所形成的各種利益固化，從而保證黨和國家的持久活力。改革固然需要人民的呼喚、實踐與推動，但也需要執政者的自覺與領導。改革一旦失去了後者，不是改革停滯，就是革命爆發。所以，相比較而言，執政者的自覺、勇氣與領導，對於改革來說更具關鍵性的作用。中國是以中國共產黨為領導核心來組織和運行國家的，沒有所謂的「反對黨」，中國共產黨始終以建設國家，創造人民幸福為自己的最大利益，不存在像西方執政黨那樣擁有區別於「反對黨」利益訴求的自身利益。這決定了中國共產黨在領導改革中，不存在自身利益的天花板，即改革改到自身就無法推進的問題，相反，始終把創造發展，

---

❶ 鄧小平：《解放思想，實事求是，團結一致向前看》，《鄧小平文選》第二卷，人民出版社，1994 年版，第 143 頁。

滿足人民的追求作為黨領導的使命和黨的生存之道。然而，中國共產黨不是抽象的，而是具體的，其執政是通過具體的黨的幹部來進行的，因而難免在某些幹部中形成某種利益固化，並因此消極應對觸及自身利益的改革。為此，中國共產黨從黨的宗旨和提高領導與執政能力出發，將追求黨的先進性作為黨長期執政的根本要求，在不斷創新理論的同時，不斷優化黨的隊伍，以使黨能夠始終站在時代的前列，能夠保持領導核心地位，能夠不斷增強開拓創新的活力。黨一方面通過全面實踐羣眾路線，置身於羣眾之中，凝聚羣眾，吸收羣眾智慧，接受羣眾監督；另一方面通過從嚴治黨，在保持黨的先進性與戰鬥力的同時，保持黨的內在活力。為了保持黨擁有長盛不衰的生命力，中國共產黨堅決實行領導幹部任期制、退休制以及能上能下制度；嚴格執行黨章黨規，嚴肅黨的紀律，將依章依規治黨納入整個國家的法治體系建設之中；開放黨的組織，不僅吸納建設社會主義的各類積極力量入黨，而且接受黨內、黨外的各種監督。

第四，發揮市場的作用，依法保障各方合理利益訴求，創造公平市場和正義的社會。中國改革開放的重大成就之一就是推行社會主義市場經濟，發揮市場機制在經濟建設和社會發展中的作用，並讓市場在資源配置中起決定性作用。必須指出的是，中國所要建立的社會主義市場經濟體制，從一開始就不是封閉的，而是開放的，其建設與發展的過程始終是與國際市場體系和規則有機互動的過程。正因為如此，中國在上世紀90年代後期積極主動地加入了WTO，並自覺地利用WTO的規則來推動國內的經濟體制改革；也正因為如此，十八大之後，中國在上海等地進行自貿區實驗，力求進行更為深刻的經濟體制改革，使得中國的經濟體制不僅有更大的開放性，而且能夠與國際規則相適應，尋求中國在全球經濟貿易格局中的主動權。不論對於擁有悠久歷史的中國來說，還是對中國所實踐的社會主義建設事業來說，推進市場經濟，讓市場在資源配置中起決定作用，都是革命性的變革行動，它深刻改變了中國社會的權力結構與運行方式，使

其在組織結構、制度安排和運行方式上全面邁向現代化。市場經濟體制所必然要求的市場主體的多元與公平、法律的正義與獨立的司法以及對人權保障等等，都為市場發育以及社會力量成長提供了體制氛圍、法律保障和經濟基礎，從而為深化改革和完善國家治理體系提供了不竭的動力源泉。

第五，融入全球化發展，主動參與國際規則的實踐與完善，使中國成為促進和平、合作與發展的重要力量。開放是中國改革的題中之義。開放使中國的發展贏得了國際的資源和支持，而中國的發展也有效地回饋了世界的和平、合作與發展。伴隨着中國成為世界第二大經濟體，中國的經濟力量及其所創造的廣闊的市場逐漸使其成為影響全球經濟格局的經濟主體。不僅如此，隨着中國的「一帶一路」戰略的全面推開，中國經濟發展與世界經濟發展形成了更為深刻的聯動關係。在這種聯動中，中國既認真實踐世界規則，又積極主動地參與世界規則的完善，為創造更為合理的世界經濟與社會發展的秩序和體制而努力。可見，從國家開放到對全球國際事務的主動參與，中國今天在世界的存在方式與行為方式，不再是孤立的和隨意的，而是與世界聯動的，時刻順應世界的發展，回應國際規則的要求。為此，中國不僅要從自身發展的要求出發進行體制變革，而且要為創造更好、更全面、更深入的全球參與不斷進行體制的自我變革與完善。通過自貿區實驗來推進政府管理體制變革就是這種努力的體現。從這個意義上講，浩浩蕩蕩的世界發展潮流也將是推動中國進行不斷的體制變革與完善的不竭動力。

上述五大動力機制所構成的中國體制改革動力體系，實際上也是中國改革的重要成果。中國體制改革之所以能夠為自身創造出一個持久的動力體系，關鍵在於中國的體制改革始終不是從國家的局部利益出發的，而是從國家發展的全局與長遠利益出發的；始終不是從就問題解決問題出發的，而是始終堅持在發展中解決問題的原則，從而使發展成為改革的第一要義。所以，中國的體制改革始終是在黨的基本路線所確定的方向上展開，

努力以中國發展的百年戰略規劃為坐標系來定位和設計。當然,這一切並不意味着中國的體制改革是一帆風順的,也並不意味着中國的體制改革就一定能夠像永動機那樣持續運轉。其實,體制改革的實踐也是充滿艱難險阻的,中國的體制改革能夠持續到今天,最關鍵的還是中國共產黨與中國人民的堅持與努力。中國體制改革要繼續持續下去,靠的還是這個關鍵力量。在這個世界上,不存在不需要人力推動的制度,再好的制度,如果沒有好的領導力與推動力,也不過是一紙空文。

四、合法性與有效性

沒有現代的制度體系,也就不可能有現代國家。可以說,現代國家建構的過程在本質上就是現代制度體系建構和成長的過程。對於追求現代化和民主化的現代國家來說,建構現代制度體系的基本出發點不外兩個:一個是為人與社會的發展提供合理制度;二是為在一定地域上建立獨立自主的政治共同體提供合理制度。前者是從人的發展出發,後者是從國家建構出發的。這決定了任何社會為建設現代國家所進行的制度設計和建構,都要同時考慮人的現代發展和現代國家建設兩個基本要求。在現代化和民主化的大潮流下,這種考慮往往是基於制度建構主體對人類社會發展規律以及本國現代化發展規律把握而展開的,因而,其所設計和選擇的制度既要符合人類社會發展的基本價值,同時也要符合本國對建構現代國家的內在期待和要求。正因為如此,任何現代制度建構的背後都是有明確的價值規定和使命要求的。這種價值規定和使命要求在決定現代國家建構中的具體制度設計和選擇的同時,也決定了所確立起來的制度的合法性基礎。這種合法性是每一個制度都必須擁有的價值規範合法性,它是一個國家制度體系得以確立並獲得內在合法性的決定性力量;而一個國家制度體系也因為擁有了明確的價值合法性基礎而成為一個具有內在規定有機體系,從而使

其所支撐的國家成為價值、制度與組織有機融合的政治有機體。現代國家與現代制度的生成原理決定了現代制度得以鞏固的首要前提就是守住其內在的價值合法性基礎，在這方面的任何自我懷疑和動搖，都將直接影響既有制度的鞏固，從而可能從根本上動搖現代國家的根基。

在中國現代制度建構與國家建設中，中國共產黨是軸心力量。這個政黨不是基於運行議會民主而產生的政黨，相反是基於承擔領導革命和建設新社會、新國家而產生的政黨，因而，天生承載兩大歷史使命：一是將全體民眾凝聚為一個有機的集合體，即人民，實現人民當家作主；二是維繫國家的內在統一，保持國家整體轉型與發展。這既是時代的要求，也是中國現代化發展的內在需求，它既定位了中國共產黨的歷史責任與時代使命，同時，也確立了中國共產黨領導在中國現代制度體系中的根本地位。作為中國現代制度建構的核心力量，中國共產黨在推動中國現代制度建構的過程中，基於建設社會主義社會的內在要求，賦予了中國現代制度的社會主義本質屬性和黨的領導的規定性，從而建構出中國特色社會主義制度體系。

縱觀中國特色社會主義制度體系形成和發展的歷史過程，中國共產黨始終是在遵循人類文明發展規律、社會主義建設規律以及中國社會自身發展規律三者有機統一基礎上進行制度建構，堅守由此所確立的中國特色社會主義制度的價值規定和使命要求。由此，中國共產黨形成了始終如一的制度建構原則：第一，追求現代化的原則，基於此，中國共產黨認為辛亥革命開創的民主共和制是中國建構現代制度的基本準繩。第二，追求人民當家作主原則，基於此，中國共產黨反對「三權分立」，堅持能夠保證人民整體掌握國家權力，並有效監督立法、行政和司法的人民代表大會制度。第三，追求維護國家統一原則，基於此，中國共產黨通過單一制與民族區域自治制度有機統一，保證多民族國家的內在統一與和諧。第四，追求創造有效發展原則。基於此，中國共產黨不談虛幻的民主，堅持建設

能夠創造社會進步與人民幸福的實在的民主制度，從而將既吸納人民羣眾廣泛參與，又能優化國家科學決策的協商民主作為中國民主運行的基本形式。第五，追求法治化原則。基於此，中國共產黨強調制度是國家治理之本，只有實現了民主的全面制度化，不受特定意志的左右，中國才能建設成為社會主義法治國家。第六，追求自主實踐原則，基於此，中國共產黨所建構的制度體系，不是簡單地從概念、價值或外來的某種模式出發，而是基於自主的實踐和探索，以保障其必要的適應性和有效性。這六條原則不是一夜之間形成的，而是中國共產黨長期探索和實踐的成果，既有來自成功經驗的總結，也有來自對挫折與教訓的反思。正是基於上述六條原則，中國共產黨建構了一套具有鮮明中國特色的、現代化的社會主義制度體系。中國發展的奇跡充分表明這套制度體系不僅適合中國社會，而且能夠有效保證和推動中國社會的進步與發展。

從中華人民共和國建立以來的中國經濟與社會發展所經歷的改革前後的兩個歷程可以看出：中國共產黨對中國制度的價值合法性的堅守，實際上經歷了從上層建築的層面轉向經濟基礎的層面的變化過程。改革開放後，中國共產黨不再僅僅從價值層面強調堅守社會主義制度意義，而更多轉向強調中國的社會主義制度的特色與優越性一定要體現為能夠促進生產力的發展，能夠創造人民的幸福與國家的富強。1980 年鄧小平明確指出，要充分發揮社會主義制度的優越性，首要的是使社會主義制度在經濟上能夠「迅速發展社會生產力，逐步改善人民的物質文化生活」；其次是政治上「充分發揮人民民主，保證全體人民真正享有通過各種有效形式管理國家，特別是管理基層地方政權和各項企事業的權利，享有各項公民權利」。❶ 由此，中國共產黨就更加全面和具體地將制度價值合法性的堅守與推動制度

---

❶　鄧小平：《黨和國家領導制度的改革》，《鄧小平文選》第二卷，人民出版社，1994 年版，第 322 頁。

創造經濟發展、社會進步以及人民當家作主的有效性緊密結合起來，形成以堅守合法性創造中國特色社會主義有效發展，以制度創造發展所形成的有效性來鞏固制度的合法性的國家建設新格局。

中國共產黨是以人民為本位的政黨，所以，其追求的制度有效性不是簡單的經濟增長，而是通過經濟增長所帶來的人民的共同富裕與幸福，具體來說，中國共產黨把建設全民共促發展、共享繁榮、共治國家的小康社會作為制度改革與國家建設的基本目標。這樣，中國共產黨在力圖通過不斷實踐和提升其制度有效性來鞏固其制度的價值合法性的同時，打開了制度合法性所無法迴避的另一個維度，即基於人們對實踐中的制度所給予的實實在在的認同和支持。這個維度的制度合法性顯然是以制度所創造的經驗事實為人們判定依據的，相對於價值合法性來說，屬於事實合法性。雖然對於制度的鞏固來說，價值合法性與事實合法性是屬於兩個不同層面的，沒有直接的正相關關係，但卻是缺一不可的。促成它們有機統一的重要媒介就是制度的有效性。如果制度的有效性在創造事實合法性的同時，又能深化價值合法性，那麼制度的鞏固和完善就有了最為堅實的基礎。要做到這一點，就需要主導國家建設與發展的核心力量能夠始終保持強大而正確的領導力，不僅能夠守得住底線，而且能夠為發展開拓出無限的空間。經過革命和建設成敗磨礪的中國共產黨在這方面表現出了異乎尋常的使命感、智慧與能力。

改革開放伊始，中國共產黨就明確了用於領導中國改革與發展的基本思想路線，即「一個中心，兩個基本點」，具體來說，就是以經濟建設為中心，堅持四項基本原則，堅持改革開放，強調中國將長期堅持這個基本思想路線不動搖。中國的改革開放的成功實踐充分證明這個基本思想路線是完全正確、切實有效的。正是在這個基本路線基礎上，中國形成了中國特色社會主義理論，走出了中國特色社會主義發展道路，全面鞏固了中國社會主義制度體系。可見，黨的領導對中國制度的鞏固與完善，不單是因

為有黨這個核心力量及其組織基礎為制度提供必要的支撐，而更為重要的是黨的領導所秉持的思想路線及其有效實踐，從根本上解決了中國特色社會主義制度體系價值合法性、制度有效性以及事實合法性之間的動態協調和內在統一，保證了整個制度能夠在大改革、大開放、大發展中，不但不動搖，相反得到更全面的完善和鞏固。這是中國制度自信的真正的源頭與基礎，而其背後的關鍵在於中國共產黨對中國發展的有效領導。

世界各國成功發展的經驗，無不證明這樣一個基本事實：國家與人民對其所運行的制度是否具有自信，是國家得以成長和鞏固的最基本的精神基礎與政治基礎，直接決定着國家的內聚力與競爭力，進而決定着國家的興衰命運。可以說，中國共產黨從為建設中華人民共和國而努力的那天起，就努力在人民中打造對新社會、新國家的自信心，為此經歷了各種各樣的實踐和努力，走過彎路，遇到過危機和挫折，最終在明確了什麼是社會主義以及落後國家如何建設社會主義這個根本問題的基礎上，將制度與發展辯證地統一起來，即將現代化發展確立在制度化基礎上，將制度化確立在有效創造發展的基礎上，從而形成制度與發展相互推動，相互提升的中國特色社會主義發展形態。制度所創造的有效發展是制度自信的基礎，發展所推動的制度完善是制度自信的保障。在這個過程中，中國共產黨明確形成的黨的領導、人民當家作主與依法治國三者有機統一的中國民主政治建設道路，在確立起中國制度自信所秉持的基本政治原則的同時，也為中國制度自信提供了三個至關重要的支撐點：即黨的領導能力、人民民主的水平以及依法治國的質量。這三個支撐點所提供的支撐力量將與中國整體發展一起共同決定着中國制度自信的強度。

第十章
組織與治理

　　人是天生的社會動物，其社會生活必然形成組織，反過來，組織就成為支撐和維繫人們社會生活的基礎和平台。這樣，在人與整個社會之間，就有兩層組織介體：一是基於生命生產而形成的組織介體，即家庭；二是基於社會生產和交往而形成的組織介體，即組織。由此，人們的生產與生活形成了一個組織化的鏈條：即個體、家庭、組織、社會與國家。它們之間的關係猶如俄羅斯套娃，最小、最核心的是人，最大、最外圍的是國家。在這個組織化鏈條中，組織是最重要的介體，它決定着個人與家庭，同時又支撐着社會與國家。中國傳統社會是宗法社會，人的生產與生活是以家庭為單位，以村落為主要空間展開的，因而，家族組織就成為連接個人與社會以及個人與國家關係的核心介體，國家也就自然成為「集家而成」的政治共同體。梁漱溟先生因此認為中國傳統社會最大的缺陷就是沒有團體生活。然而，邁入現代之後，隨着家族社會的解體，現代生產方式和生活方式的出現，組織替代了家庭成為現代中國社會的核心介體，大多數的社會成員都被吸納到各種單位組織之中，中國社會由此從家族社會進入到單位社會。然而，改革開放之後，尤其是社會主義市場經濟全面展開之後，人的社會存在開始從作為單位一員的共同體存在轉變為作為社會一員的獨立個體存在，單位組織開始鬆懈，其中不少的單位組織走向消亡。在這樣的形勢下，人們在市場經濟生產和自主社會交往中形成的各種社會組織就成為十分重要的介體，成為下整合個體、上支撐社會與國家的核心介體。所以，進入 2000 年之後，中國的國家治理開始全面重視各種社會組織

建設，不僅賦予其社會建設和社會治理的功能，而且賦予其民主實踐和社會服務的功能。

作為一個共同體，今天的中國實際上是確立在黨的體系、國家體系、社會體系與市場體系基礎之上，中國實際存在的組織，既來自個體生產生活的需求，也來自這四個體系維繫自身、發揮自身功能的需求；由此而形成的各類組織，不僅要滿足人們對生產和交往的需求，而且要滿足這四個體系所共同承擔的治理功能實現的需求。這決定了對中國組織與治理的關係的考察，不能僅僅關注社會組織，還必須關注各類的政治組織以及體現為企事業單位的各類經濟生產組織和公共服務組織。

一、黨的基層組織

社會主義中國是黨領導人民建構起來的，黨領導人民進行革命和建設的重要組織手段就是黨的基層組織。建黨、建軍進而建國，是中國共產黨領導人民革命和建設國家的基本行動議程，革命勝利後，這三個行動及其過程完全統一在一起，形成了治黨、治軍與治國的三者有機統一。從整個革命歷程來看，建黨與建軍的統一是黨進行革命和建設的首要議程和根本保障。當年孫中山先生也強調這種統一的重要性，認為黨只有擁有了為黨的主義而奮鬥的軍隊，黨才能最終贏得政權，建立國家。但在將這種統一落在實處的問題上，以孫中山為代表的國民黨沒有最終解決。大革命失敗之後，毛澤東充分意識到建黨與建軍要統一，要掌握軍隊、指揮軍隊，就必須深入到軍隊之中。於是，在著名的「三灣改編」中，創造性地將黨的支部建在了部隊的連上。這個實踐不僅奠定了黨與軍隊的內在關係，在組織上保證了黨對軍隊的領導，而且也由此將「支部建在連上」上升為黨贏得政權後組織社會、治理國家的基本原則。

作為組織建設的方略，「支部建在連上」就是強調黨的組織應該建在

最基層，並通過發揮黨的基層組織作用，來保障和實現黨的領導。作為黨的領導方略和原則，「支部建在連上」所具有政治效用是根本性的：首先，從組織上保證了黨對軍隊的絕對領導；其次，黨能夠緊密聯繫羣眾，凝聚羣眾，為領導和執政打下堅實的階級基礎與社會基礎；第三，黨自身能夠由下至上地建構起黨領導軍隊和國家的領導體系。中國共產黨不同於其他政黨的關鍵之處，就是其整個領導體系在邏輯上不是從上往下延伸的，相反是從下往上生長，具體來說，它不是通過簡單地聚集精英力量或權力力量來建構其領導體系，而是通過凝聚大眾力量和社會基層力量來支撐其領導體系和領導能力。所以，對中國共產黨來說，聚集精英力量固然需要，但最為關鍵和最為根本的是凝聚大眾力量。此外，黨內的民主集中制要求黨的基層組織是產生黨的地方組織和中央組織的基礎。❶ 所以，對中國共產黨來說，基層組織是其根與源，真可謂「基礎不牢，地動山搖」。

「支部建在連上」看起來是黨的組織嵌入軍隊系統，其實並非完全如此。因為，中國共產黨領導的早期軍隊不是正規的軍隊，而是各種力量的聚合。毛澤東在《井岡山的鬥爭》中分析了軍隊的成份：「紅軍成份，一部是工人、農民，一部是遊民無產者。遊民成份太多，當然不好。但因天天在戰鬥，傷亡又大，遊民分子卻有戰鬥力，能找到遊民補充已屬不易。在此種情形下，只有加緊政治訓練的一法。」❷ 由此可以斷定，「支部建在連上」實際上是一種建軍模式，既以黨的組織為核心，通過黨的政治功能和組織功能來建立軍隊，塑造軍隊。可以說，軍隊是以黨的組織為核心建構和塑造起來的，具有高度紀律性的黨的組織原則和運行方式因此直接塑造了中國軍隊的組織形態和運行邏輯。中國共產黨領導的武裝鬥爭的勝利及

---

❶　中共中央黨校黨的建設原理教研室編著：《中國共產黨基層組織建設》，中國方正出版社，第 3—4 頁。

❷　毛澤東：《井岡山的鬥爭》，《毛澤東選集》第一卷，人民出版社，1991 年版，第 63 頁。

其所帶來的新民主主義革命的成功，充分證明這種組織方式是有效的，可行的，能夠達到最終目標的。

因而，革命勝利之後，當中國共產黨面臨着如何全面重新改造半殖民地半封建社會，建立新社會、新國家的時候，也很自然地將其建軍的方式直接帶入到社會改造與社會主義國家建設之中，其行動邏輯也是一樣的，看起來是將黨的組織嵌入到社會的各個領域之中，而實際上是通過黨的組織撬動社會的全面改造，使整個社會以黨的基層組織為核心點進行全面的調整、再造和組合。為此，中華人民共和國建立之後，一方面整頓既有的黨的組織，保持其成員的純潔性；另一方面在沒有黨員的各個領域和地區發展黨員，建立黨的支部，進而藉黨支部和黨員的作用，改造相關的領域與地區，全面推動社會改造。陝西省委於 1951 年 7 月 24 日頒佈的《關於整理黨的基層組織和發展新黨員的計劃》中提出，根據老區黨員比例大大高於其他地區的情況，老區暫停發展新黨員；而在工廠、企業、學校及完成土地改革的新區農村則需要接收具備黨員條件的人入黨。在工廠、礦場中發展黨員的對象首先是各種積極分子及工齡較長的工人、技術工人與熟練工人；其次是普通工人和一般職員。爭取兩年內在沒有黨的組織或只有個別黨員的工廠、礦場中，特別是在有 50 人以上職工的工廠、礦場中，逐漸建立起黨的組織，使黨員人數佔工人的 5% 或 10%；在已達上述標準的工廠、礦場中，使黨員人數發展到工人的 10% 或 20%；在機關和高中以上學校中有計劃地接收一批新黨員。在已完成土改的關中農村，吸收真正具備黨員條件者入黨。該計劃規定農村每年接收新黨員兩次，工廠、機關、學校等每年接收新黨員 3 次到 4 次。[1] 由此可見，當時的黨員發展已不僅僅為黨員人數的增加而發展，而是從實現黨員和黨組織的全方位佈局而發

---

[1]　張明楚主編：《中國共產黨基層組織建設史》，福建人民出版社，2008 年版，第 211—212 頁。

展，其目的就是建立以黨組織為核心的社會與國家組織體系。

在今天的中國，黨組織的建設原則是：單位原則和地區原則，即按照生產（工作）單位和地域設立黨的基層組織，使黨組織嵌入到每個社會基層組織中。這樣，黨的基層組織就同時作為組織力量和領導力量佈局於各行各業、城市鄉村、黨政軍各個部門，既是黨的領導體系，也是黨的工作體系；既是國家各個體系、各機構的組織核心，同時也是運作國家各體系、各機構的主體力量。改革開放以來，中國社會結構和社會組織方式發生了深刻變化，隨着傳統的單位組織鬆懈，人員流動增大，各類新社會組織、新經濟組織湧現，為了適應這個變化，黨的基層組織建設開啟了一場消滅「空白點」以及加強流動黨員管理的黨建行動，以鞏固黨的執政基礎和執政能力。從面上看起來，消滅「空白點」僅僅是強調黨組織建設的全覆蓋，保持原有的格局和優勢，鞏固執政基礎，但從根本上看，還是要保障黨對社會的有效治理能力，原因在於這些黨的基層組織除了組織和管理黨員之外，都有相應治理職能，中國共產黨就是通過這一龐大的組織網絡及其所形成的治理體系，來協調、整合和治理中國這樣超大規模的社會的。為此，有必要在此呈現整個黨的基層組織體系及其相應的治理功能。

根據黨的基層組織建立原則，可以把黨的基層組織歸納為六種類別：❶

一是街道、鄉、鎮黨的基層委員會和村黨支部，在本地區處於領導核心地位，領導本地區的工作，支持和保證行政組織、經濟組織和群眾自治組織充分行使職權。

二是國有企業中的黨的基層組織，發揮政治核心作用，圍繞企業生產經營開展工作。保證監督黨和國家的方針、政策在本企業的貫徹執行；支持廠長（經理）依法行使職權，堅持和完善廠長（經理）負責制，全心全

---

❶　中共中央黨校黨的建設原理教研室編著：《中國共產黨基層組織建設》，中國方正出版社，第 7—8 頁。

意依靠職工羣眾，支持職工代表大會開展工作；參與企業重大問題的決策；領導思想政治工作和工會、共青團等羣眾組織等。

三是學校中的黨組織，處於政治領導地位。學校實行黨委領導下的校長負責制，黨委是學校的政治領導核心，圍繞學校的改革和發展，加強和改進德育工作，保證學校執行黨的辦學方針和辦學方向，對重大問題進行討論和作出決定，同時保證行政領導人充分行使自己的職權。

四是各級黨和國家機關中黨的基層組織，處於保證監督地位，協助行政負責人完成任務，改進工作，對包括行政負責人在內的每個黨員進行監督。不領導本單位的業務工作，要緊密結合本單位的業務工作，抓好思想政治工作。

五是人民解放軍連隊中的基層黨組織，處於領導地位，是軍隊基建單位思想政治工作的具體組織者和實施者，是實現黨對軍隊絕對領導的組織法則和保證。

六是新經濟組織與新社會組織中的基層組織，處於保障地位。

二、黨派與政協

在中國，除了中國共產黨之外，重要的政治組織就是民主黨派與人民政治協商會議。和中國共產黨一樣，民主黨派也是在中國革命的歷史中形成的，即「在抗日反蔣鬥爭中形成的以民族資產階級及其知識分子為主的」[1]黨派組織，一定意義上講，是社會各界進步人士為尋求國家獨立，建立中華人民共和國而組織起來的黨派。在中華人民共和國建立過程中，民

---

[1] 毛澤東：《論十大關係》，《毛澤東選集》第五卷，人民出版社，1977 年版，第 278—279 頁。

主黨派在中國共產黨領導下，與中國共產黨一起共商建國大計，共議《共同綱領》。中華人民共和國的建立，實現了民主黨派的歷史使命，但為了中國共產黨能夠有效地領導新生國家的建設和發展，中國共產黨依然堅持要將共同參與建國的民主黨派保留下來，並與中國共產黨一起構成「長期共存、互相監督」的政治局面和中國特色的政黨制度，以保證黨的領導和人民民主的實踐有良好的政治生態。保留了民主黨派，也就自然延續了中國共產黨與民主黨派以及各界社會人士共議國事的組織平台，這就是人民政治協商會議。在建立中華人民共和國的時候，中國共產黨就將人民政協明確定位為統一戰線組織，周恩來闡述了這個政治論斷：

「中國人民政治協商會議是一個包含了工人階級、農民階級、城市小資產階級、民族資產階級和一切愛國民主人士的統一戰線組織。既然是這樣一個組織，就不應該開一次會議就結束，而應該長期存在。中國人民政治協商會議是個長期性的組織。這一點相信大家都是贊成的。」❶

可以說，中國共產黨與民主黨派所代表的社會各界合作創造了人民政治協商會議這個組織；而這個組織對黨的統一戰線、對中華人民共和國的建立以及對社會各階級力量的團結與聯合，都具有的獨特價值和作用，成為中華人民共和國建設和發展不可缺少的「長期性」政治組織。

在組織形態上，民主黨派雖然是精英性組織，但還是代表和聯合了特定的社會階層與群體，因而，具有從階層或社會群體的角度組織社會的功能。周恩來明確指出：中國的民主黨派「是從中國的土壤中生長出來的」，

---

❶　周恩來：《關於人民政協的幾個問題》，《周恩來統一戰線文選》，人民出版社，1984 年版。第 136 頁。

「每個黨派都有自己的歷史，都代表着各自方面的羣眾」。因而，「民主黨派在人民民主統一戰線中起着相當重要的作用」。[1] 在這裏，周恩來強調了民主黨派組織本身對社會的組織作用。中國共產黨認為中華人民共和國所建立的新社會，不僅應該是以黨的基層組織為核心全面組織起來的社會，而且也應該是各個階級、階層和羣體也全面組織起來的社會。周恩來明確指出：

> 「我們人民民主專政的國家，現階段是四個民主階級的聯盟，工人階級在任何地方都可以碰到其他階級的人，問題只是有組織與無組織罷了。事實說明，有組織比沒有組織更好。我們已經把工、農、婦、青組織起來。同樣，把上層政治活動分子組織起來也有必要。組織起來好處很多，便於他們學習，便於他們把各個階級的意見反映給我們，在政治上他們也能夠更好地同我們合作和配合，有些工作他們去做有時比我們更有效，在國際上也有影響。」[2]

在此，周恩來強調了從階級、階層和社會羣體來組織社會的重要性，其中重要的是，這種組織能夠保證中國共產黨通過統一戰線將組織起來的各階層和各社會羣體人士團結在中國共產黨周圍。

綜合上述分析，中國共產黨組織中國社會的體系實際上是一個縱橫結構：橫向結構通過黨的各級、各類基層組織及其所形成的網絡構成；縱向結構是通過黨派組織以及工青婦等人民團體來完成。橫向結構聚合確立在

---

[1]　周恩來：《發揮人民民主統一戰線積極作用的幾個問題》、《處理好人民民主統一戰線中的四個關係》，《周恩來統一戰線文選》，人民出版社，1984 年版，第 160—177 頁。

[2]　周恩來：《發揮人民民主統一戰線積極作用的幾個問題》，《周恩來統一戰線文選》，人民出版社，1984 年版，第 172 頁。

廣泛而普遍存在的黨基層組織之上；縱向結構聚合確立在黨的統一戰線及其組織平台「人民政治協商會議」之上。實踐表明，中國社會發展對縱向結構組織體系所產生的治理需求是與日俱增的。

橫向結構聚合是在基層社會聚合基礎上逐級上升的，因而，對於橫向聚合來說，基層社會的聚合是很重要的，在這方面黨的基層組織網絡建設無疑具有決定性的作用；而縱向聚合則主要是對因職業分途或社會角色分途形成不同社會群體的聚合。在近代中國社會轉型中，中國民主黨派主要基於縱向階級聯盟或特定社會群體聚合而建立起來，因而，具有政治聯盟性質。這些民主黨派與共產黨一起共同反對國民黨的統治，嚮往建立民主共和的中華人民共和國，所以，與中國共產黨擁有共同的政治基礎和奮鬥目標。中國共產黨就是通過團結和聯合這些黨派來全面地凝聚各界人民，團結各進步力量，協商建立中華人民共和國。中華人民共和國建立後，中國共產黨堅持保留民主黨派，自然也同時保留了民主黨派與其原先所聯繫的社會力量之間的內在關係，從而在客觀上使得民主黨派成為幫助共產黨實現對中國社會進行縱向結構聚合的重要組織載體和機制。

目前八個黨派分別聚合不同的階層和社會群體：中國國民黨革命委員會（簡稱民革），以同原中國國民黨有關係的人士、同民革有歷史聯繫和社會聯繫的人士、同台灣各界有聯繫的人士、社會和法制專業人士以及其他人士為對象，着重吸收其中有代表性的中上層人士和中高級知識分子。中國民主同盟（簡稱民盟）主要由從事文化教育以及科學技術工作的高中級知識分子組成。中國民主建國會（簡稱民建）主要由經濟界人士組成。中國民主促進會（簡稱民進）是以從事教育文化出版工作的高中級知識分子為主。中國農工民主黨是以醫藥衞生、人口資源和生態環境領域的高中級知識分子為主，加上相關的業界人士。中國致公黨是以歸僑、僑眷中的中上層人士和其他有海外關係的代表性人士組成。九三學社是以科學技術界的高、中級知識分子為主。台灣民主自治同盟是由台灣省人士組成的社

會主義勞動者、社會主義事業建設者和擁護社會主義愛國者的政治聯盟。看得出，這些民主黨派聯絡和組織的實際上是社會精英，其核心主體是知識分子和各業界的優秀精英，但這些黨派畢竟是歷史的產物，其所聯繫的對象和羣體帶有歷史規定性，無法覆蓋整個中國社會的階層和羣體結構。但是，中國共產黨與各民主黨派在協商建國中建構起來的人民政協會議則直接彌補了這方面的不足，因為，人民政協會議的委員除了來自中國共產黨、各民主黨派外，很大一部分來自各界別的代表人士。

人民政協會議委員一開始就是由黨派、人民團體和界別的代表人士構成的，以體現人民政協會議是全社會各方力量的代表共議共商國事的制度空間。1949 年 6 月 15 日，新政治協商會議籌備會第一次全體會議通過的《關於參加新政治協商會議的單位及其代表名額的規定》，確定參加第一屆政協的單位有 45 個，包括各民主黨派、人民團體、無黨派人士，代表中有工人、農民、人民解放軍、婦女、青年、學生、文藝界、新聞界、工商界、自然科學界等。中華人民共和國建立後，針對人民代表大會制實行後統一戰線的組織問題，中共中央於 1953 年召開了全國統戰工作會議，並批准下發了《全國統戰工作會議關於人民代表大會制實行後統一戰線組織問題的意見》，明確全國人民代表大會召開後，中國人民政治協商會議不再代行全國人民代表大會的職權，而是作為獨立的統一戰線組織而繼續存在。該《意見》提出「參加全國統一戰線組織的單位，大體可分為下列幾類：一、黨派，即中國共產黨與各民主黨派。二、人民團體：中華全國總工會、中華全國民主婦女聯合會、中華全國民主青年聯合會、中華全國合作社聯合總社、中華全國工商聯、中國人民救濟總會。中國伊斯蘭教協會、中國佛教協會、基督教革新籌備委員會等。三、農民。四、少數民族。五、教育、文藝、自然科學、新聞出版、社會科學、自由職業、醫務、體育界。六、華僑。七、特邀。」1954 年，中國人民政治協商會議第二屆全國委員會的參加單位發生了變化，區域代表、軍隊代表由於有了

人大這個制度平台，不再作為政協的參加單位，中國人民政協全國委員會改由黨派、團體、界別、特邀四個方面組成，即由中共、民革、民盟、民建、無黨派、民進、農工、致公、九三、台盟、青年團、工會、農民、婦聯、青聯、合作社、工商聯、文聯、自然科學團體、社會科學團體、教育界、新聞出版界、醫藥衛生界、對外和平友好團體、社會救濟福利團體、少數民族、華僑、宗教界共 28 個單位和特別邀請人士組成。以後各屆全國委員會的界別略有變化，有的因階層的消失而取消，有的則是新設。如五屆一次會議時，取消「合作社」界別，增設體育界。六、七屆政協增加了「中華全國台胞聯誼會」和「港澳同胞」兩個界別。八屆全國政協增設了「經濟界」，同時將「社會福利界」改為「社會福利和社會保障界」，將原來的「港澳同胞界」分為「香港同胞界」和「澳門同胞界」。目前，全國政協由 34 個界別組成，包括中國共產黨、中國國民黨革命委員會、中國民主同盟、中國民主建國會、中國民主促進會、中國農工民主黨、中國致公黨、九三學社、台灣民主自治同盟、無黨派人士、中國共產主義青年團、中華全國總工會、中華全國婦女聯合會、中華全國青年聯合會、中華全國工商業聯合會、中國科學技術協會、中華全國台灣同胞聯誼會、中華全國歸國華僑聯合會、文化藝術界、科學技術界、社會科學界、經濟界、農業界、教育界、體育界、新聞出版界、醫藥衛生界、對外友好界、社會福利和社會保障界、少數民族、宗教界、特邀香港人士、特邀澳門人士、特別邀請人士。地方政協界別的設置基本上是參照全國政協的做法。

　　從人民政協界別結構及其歷史上的變化可以看出，人民政協界別的設立，一方面力圖要將各類重要的社會和政治組織納入到人民政協這個平台上來，另方面也要盡可能地將各類社會力量，不論是既有的，還是新生的，都整合到政協這個平台上來，給予參政議政的空間，從而在基本制度上體現和保障人民當家作主。由於人民政協不是一個權力機構，加上以往民主法治不健全，所以長期以來在中國的政治生活中，人民政協機構及其

委員的象徵性意義要強於實質性的作用。然而，隨着協商民主明確為中國民主的重要形式，強調協商是黨和政府的前提與過程，人民政協所具有的實質性作用正在逐漸顯現，着重體現為兩點：一是其利益表達有了更強的影響力；二是其所承擔的使命和所擁有的職能對國家政治過程的作用和影響更加直接、全面和深入，成為沒有國家權力，但卻有政治權威的機構和力量。這些變化使得民主黨派與人民政協，不僅是人民民主價值、制度和組織結構中的重要組成部分，更為重要的是直接成為中國國家治理體系的主要組成部分，發揮着特殊的、不可替代的作用。

三、社會組織

近代以來的中國革命，不論從現代化的邏輯出發，還是從社會主義革命和建設的邏輯出發，都必然是以徹底摧毀既有的國家體系和社會組織為其內在使命和現實任務。這決定了革命後建立起來的中國現代國家體系與社會體系與中國傳統的國家和社會之間缺乏直接的歷史繼承性。但是，這並不意味着中國在前現代長期形成的國家與社會格局及其背後的歷史和文化對其新建立國家和社會沒有任何影響，其中一個重要例證就是社會組織。

著名學者梁漱溟先生在《中國文化要義》中，認同梁啟超先生關於中國傳統社會是以家族為單位組織起來的判斷，但同時基於與西方社會比較，又提出另一個判斷，即中國是缺乏集團生活的國家。實際上，這兩個判斷是聯繫在一起的。家族繁盛就意味着每個個體難以作為獨立的社會個體存在，而所謂的集團生活卻是以個體為單位形成的有目的的組織集合；同時，家族作為生產和生活的組織主體，也全面滿足了社會生產和生活對組織的內在需求，於是非家族、非國家的社會組織也就失去了生成與發育的內在動力。然而，我們由此斷言即使到了現代化發展階段，社會組織在中國也難以得到有效發展。實際上，在中華人民共和國成立之前，處在半

殖民地、半封建狀態的中國還是出現了現代政黨以及各類的社會組織，只不過這些社會組織對近代中國國家與社會轉型的決定作用不那麼強烈。也正因為如此，中國共產黨在建立新國家、新社會的過程中，在全面清除傳統中國遺留的各類封建組織的同時，也全面清除了近代國家轉型中滋生出來的各類社會組織，從而建構了以黨的基層組織為基礎的社會主義國家與社會體系。在這樣的結構體系中，黨組織基本上全面整合了源於中國傳統社會和近代國家轉型所形成的各種組織體系，形成了以黨的領導為核心，黨的組織為網絡，以政府組織為主幹的國家組織和治理體系。在這其中，處於黨與國家之外的社會組織力量基本上失去了獨立地位和自主發展空間。所以，改革開放前的中國國家與社會治理體系，主要通過黨的組織、黨所領導的政府組織以及作為黨的外圍組織的各類人民群眾團體來實現。

必須指出的是，中華人民共和國的國家體系以及國家治理體系，從一開始就承認社會團體是國家組織的單位之一，同時也是國家治理的單位之一。不論是《共同綱領》，還是「五四憲法」都明確將社會組織以「人民團體」的名義列入其中。之所以用「人民團體」來概括社會組織，有兩個原因：一是尊重概念的繼承性，因為國民黨政府就曾經用「人民團體」來概括社會組織，作為法律上的界定：國民政府於 1942 年 2 月通過的《人民團體法》將「人民團體」分為三類：職業團體、社會團體和政治團體。二是中國共產黨強調國家的人民性。實際上《人民團體法》規定「人民團體」不得主張共產主義，但新生的政權並沒有因此否定和放棄這個概念，其中最重要的原因之一，就是毛澤東在《論人民民主專政》中明確賦予新生國家以鮮明的人民性：

「我們現在的任務是要強化人民的國家機器，這主要地是指人民的軍隊、人民的警察和人民的法庭，藉以鞏固國防和保護人民利益。」

所以，中國共產黨是在人民共和國框架下沿用這個概念，並直接賦予其鮮明的政治性。在《共同綱領》與「五四憲法」中，「人民團體」雖然代表社會組織，但不再是一般的社會組織，是既具有法律地位，又具有政治地位的社會組織。政治地位體現為人民團體成為統一戰線的組成部分，並與各民主黨派具有同等的地位，進而也理所當然地成為人民政協界別結構體系中的一部分。這種政治地位直接決定了其法律地位，在國家治理中，它成為代表人民和組織人民參與國家治理、監督國家治理的組織機構，並擁有了憲法規定的權利和義務。「人民團體」成為選取、改造和整合其他各類組織的組織範疇和組織平台，也就成為社會組織唯一合法的組織形態，其他範疇的社會組織難以得到獨立的發展地位和發展空間。但是，人的社會屬性天生地具有建構自己組織的內在需求，不論國家的規定如何具體，劃定的邊界如何清晰，人們都會千方百計地在各種組織和制度的空隙中發展自己需要的組織，所以，在實踐中，「人民團體」為了能夠更為廣泛地包容其他範疇的社會組織，逐漸延伸出有官方地位，但沒有明確法律地位的類似概念，如「人民群眾團體」或「群眾團體」，並有意識地用這種多少有點模糊化的概念來默認人民群眾實踐中成長起來的新的團體和組織。

改革開放前的中國，對社會組織在國家中的地位和作用，一方面就是將其政黨化和政治化，直接納入到黨的統一戰線和社會工作體系，所以，人們習慣上將這些人民團體直接視為黨的外圍組織；另一方面不斷地用黨組織和單位組織來替代社會組織，在「文革」最極端的時候，「人民團體」本身也差不多失去了應有的生存空間。1975 年、1978 年憲法根本就沒有出現「人民團體」這個概念，甚至「團體」這個概念也沒有了。

改革開放是社會組織在中國發展的轉折點。首先，1982 年憲法不僅恢復了人民團體在憲法中的地位，而且在人民團體之外，提出了「社會團體」，並將其上升為主概念，成為與國家機關、武裝力量、政黨、企業、事業組織並列的法定國家組織單位之一；與此相應，「人民團體」就作為

「社會團體」中的一種類型而存在。根據 1982 年憲法,「人民團體」特指的是黨為建立統一戰線,推動統一戰線工作而建設和聯絡的社會團體,是人民政協的重要組成部分,它主要包括工會、共青團、婦聯、科協、作協、僑聯、台聯、文聯、工商聯、社科聯。1982 年憲法序言是在這樣的語境中陳列「社會團體」的:

> 「全國各族人民、一切國家機關和武裝力量、各政黨和各社會團體、各企業事業組織,都必須以憲法為根本的活動準則,並且負有維護憲法尊嚴、保證憲法實施的職責。」

基於此,「社會團體」是對除國家機關、武裝力量、政黨、企業、事業組織之外的團體組織的總稱,因而,它既包含出於黨的領導和國家治理需要所建立和聯繫的團體與組織,也包含社會羣眾基於自身的意願和需要依法建立的各種社會組織。1982 年憲法的這個變化為社會組織在中國的全面發展提供了根本性的法律空間。

但是,1982 年憲法所指稱的「社會團體」,其原意依然是黨和國家所建構的各種團體與組織,並力圖借助這個概念使得「人民團體」指向專門化。因而,改革開放後由社會大眾自發產生的團體與組織,一開始並沒有冠以「社會團體」,而是冠以「民間組織」,以區別於官方確立的團體和組織。但在社會上,尤其是學術界,「民間組織」和「社會組織」往往是混用的,其背後的直接動機是力圖給「民間組織」以切切實實的社會地位。這種困擾與黨和政府在如何正視「民間組織」或「社會組織」發展問題上長期比較糾結有直接關係。1987 年的十三大報告從政治體制改革角度出發,第一次在黨的報告中提及社會團體與社會組織。但由於改革戰略調整等方面的原因,在推行社會主義市場經濟之後召開的 1997 年的黨的十五大沒有提「社會團體」,更沒有「社會組織」或「民間組織」的字眼。2002 年的

十六大雖然沒有提及「社會組織」，但是用了「社會團體」與「社會中介組織」這兩個概念，並開始重視它的實際作用和價值。2007 年在黨的十七大上，中國的國家建設從傳統的政治、經濟與文化建設的三位一體結構提升為「四位一體」結構，加上社會建設，因而，十七大的報告第一次全面肯定了社會組織在社會建設中的重要作用，強調其建設和發展不僅有利於基層自治民主，而且有利於社會治理。至此，「民間組織」就徹底被規範為社會組織，並全面納入到整個國家組織和治理體系之中。

　　儘管 1997 年黨的十五大沒有提及「社會團體」，但 1998 年國務院頒佈的新修訂《社會團體登記管理條例》第一次對「社會團體」給出了界定，明確「社會團體是指中國公民自願組成，為實現會員共同意願，按照其章程開展活動的非營利性社會組織」。這相對於 1989 年國務院頒佈的《社會團體登記管理條例》有了重大變化：一方面明確了社會團體是公民自願成立的組織；另一方面不再簡單地從控制社會團體的角度來定位這個條例。實際上，1989 年的條例是在全面修訂 1950 年的《社會團體登記管理條例》的基礎上形成的，這兩個條例基本上還是從嚴格管理社會團體角度出發的。雖然 1998 年對該條例的修訂並沒有完全脫去對社會團體管理性的強調，但其對「社會團體」所具有的公民自願性和社會性的認定，實際上充分承認了公民結社自由所具有的合法權利以及社會團體在社會中存在與發展的權利。此後，中國的社會組織有了很大發展，黨的十七大在提出社會建設的同時，也全面肯定了社會組織在社會建設中的地位與作用。

　　目前，相對於社會團體來說，社會組織已經上升為外延最大的概念，在負責社會組織管理的民政部門中，社會組織包括三類：社會團體，基金會和民辦非企業單位。據 2014 年底統計，目前全國共有社會組織 606 萬個，吸納社會各類人員就業 6823 萬人。在這其中，全國共有社會團體 31 萬個，涉及工商服務、科技研究，教育、衛生、社會服務、文化體育、生態環境、法律事務、宗教、農業及農村發展、國際及其他涉外組織等；全

國共有基金會 4117 個;全國共有民辦非企業單位 292 萬個。相對於十年前,這些組織都實現了成倍的增長。❶

四、企事業單位

企業、事業組織在世界各國都存在,是現代國家組織和管理生產與生活的基本組織單位,自然是國家與社會治理的重要要素。除了那些本身具有直接的社會服務與管理職能之外,許多時候企事業單位都是從自身所承擔的社會責任出發,直接或間接地參與國家與社會治理。中國的企事業單位也不例外。但正如不同國家內部的企事業組織會以不同的方式參與國家與社會治理一樣,中國也有自己的方式。中國獨特的方式在很大程度上來源於中國企事業組織背後的單位體制及其所形成的傳統。

根據建設社會主義社會的內在要求,中華人民共和國是按照這樣的邏輯來建構新社會的:個人原則上納入一定的單位組織,單位組織原則上以黨的組織為核心,單位組織在供給人們生產崗位的同時,也供給基本的生活保障。企事業背後單位體制就是這樣建構起來,其確立的經濟基礎是國家所有制與集體所有制及其所支撐的計劃經濟;而其確立的政治基礎是黨的領導體制以及基於計劃經濟形成的政府行政主導體制。因而,在改革前的計劃經濟體制下,企事業單位,既是一個有特定功能的單位組織,但同時又是一個直接承擔組織社會、服務社會和管理社會的組織。雖然企事業單位主要在城市中,但農村合法化運動之後,尤其是建立人民公社制度之後,農村公社與大隊體制也在一定程度上將農村單位化了,因為,公社體制既是一個生產組織體制,同時也是農村基層社會和基層政權組織體

---

❶　資料來自中國民政部的網站

制。❶ 可以說，改革前中國社會的單位化是全面的，單位組織以及單位體制自然也就成為中國社會組織和治理的基本形態。

在單位體制下，不論是企業單位組織、還是事業單位組織，或是農村的公社體制下的大隊或生產隊，都全面管理着每個人的生產、生活、思想，甚至家庭和家庭關係，它們在將個人凝聚為集體的同時，也實現了對個人比較全面的服務和管理。這種單位體制是計劃經濟時代的產物。雖然隨着農村公社體制的終結，中國從計劃經濟全面走向市場經濟，單位體制也隨之走向式微，但單位體制與公有制、與黨的領導之間所具有的內在契合性還是繼承了下來，以至於今天的企業和事業單位，依然在國家與社會治理中起比較特殊的作用。

改革開放從多方面衝擊着改革前的單位體制：首先是農村公社解體，農民重獲生產自主權，農民湧入城市，在創造勞動力市場的同時，也孕育出了非單位制的非公經濟組織；其次，隨着企業的所有制改造以及現代企業制度的建設，企業全面回歸企業的本性，企業與職工關係也走向合同制，職工的社會保障逐漸從企業剝離出去，交給社會和政府；再次，隨企業改革而展開的事業單位改革也逐漸使事業單位從政府性組織走向社會公益性組織，其內在的功能日益社會化，現在很明確：事業單位是指國家為了社會公益目的，由國家機關舉辦或者其他組織利用國有資產舉辦的，從事教育、科技、文化、衞生等活動的社會服務組織。最後，企事業組織的運行與發展都將從原來以政府指導為主走向政府指導與市場規則相結合的方式，其市場取向、社會取向更加鮮明。隨着單位體制的式微，既有的這些單位組織不再是傳統的半社會的單位，而是日益回歸其單位組織性質所決定的內在功能，成為一個市場化、社會化的功能性的單位組織，因而，其對社會的組織和治理作用，就不像單位體制那樣是全能性的，而更多是

---

❶ 參見張樂天：《告別理想：人民公社制度研究》，上海人民出版社，2012 年版。

專業性的和功能性的。

　　即使發生如此巨大的變化，還是要看到中國企事業單位在國家與社會治理中所具有的獨特作用。這其中的關鍵有兩點：其一，中國是社會主義國家，實行以公有制為主體的社會主義經濟制度，企事業單位無論如何必須服務於這種國家的政治和經濟制度，保證其基礎與運行；其二，中國是以中國共產黨為領導核心的國家，黨的領導是社會組織與國家治理的基礎與原則，黨在企事業單位的領導地位決定了中國的企事業單位（企業中以國有企業為主），既是組織和運行國家經濟生活和社會生活的重要支撐，同時也是保證黨的領導，推動黨、國家與社會在國家與社會治理過程中實現有機互動的關鍵組織與機制。可以說，如果沒有這些企事業單位，沒有黨對這些企事業單位的領導，中國的國體與政體鞏固和發展所需要的經濟與政治基礎就難以得到保障和增強。正因為如此，中國共產黨不論如何變革中國的經濟、政治和社會體制，都始終強調堅持和加強黨對企事業單位的領導。中國由此形成獨特的改革與發展景觀，即在宏觀上，越是推動市場經濟發展，越是強調加強法治國家建設，並切實推進；在中觀和微觀上，越是加強企事業單位的市場化、社會化與現代化改革，越是強調加強黨在企事業單位中的領導地位與作用，並努力創新體制機制。在此，以國有企業黨建和高校黨建為例說明：

　　2015 年 8 月，在黨的十八屆三中全會關於全面深化改革要求下，中共中央和國務院發佈了《關於深化國有企業改革指導意見》。關於國有企業的改革提出了五條原則，即堅持和完善基本經濟制度，堅持社會主義市場經濟改革方向，堅持黨對國有企業的領導，堅持積極穩妥統籌推進。在這五條原則中，堅持社會主義市場經濟改革方向，要求國有企業全面走向市場，遵循市場基本規律發展，真正成為依法自主經營、自負盈虧、自擔風險、自我約束、自我發展的獨立市場主體。但與此同時，要求堅持黨對國有企業的領導，《意見》指出：

「這是深化國有企業改革必須堅守的政治方向、政治原則。要貫徹全面從嚴治黨方針，充分發揮企業黨組織政治核心作用，加強企業領導班子建設，創新基層黨建工作，深入開展黨風廉政建設，堅持全心全意依靠工人階級，維護職工合法權益，為國有企業改革發展提供堅強有力的政治保證、組織保證和人才支撐。」

黨對國有企業的領導沒有影響國有企業的市場主體地位，但對國有企業的領導體制、發展方向與組織性質還是起到了決定性的作用，使得國有企業在成為真正的市場主體的同時，依然保持其對中國經濟制度的鞏固和支撐作用，從而在整體上有效保障中國國家制度體系的鞏固與運行。考慮到國有企業黨建的高度重要性，中共中央隨即在當年發佈了專門意見，即《關於在深化國有企業改革中堅持黨的領導加強黨的建設的若干意見》，明確了國有企業黨建與國有企業改革和發展之間的深層關係：堅持黨的建設與國有企業改革同步謀劃，充分發揮黨組領導核心作用、黨委政治核心作用、基層黨組織戰鬥堡壘作用和黨員先鋒模範作用；堅持黨管幹部原則，從嚴選拔國有企業領導人員，建立適應現代企業制度要求和市場競爭需要的選人用人機制；嚴格落實國有企業黨建工作責任制，切實履行黨風廉政建設主體責任和監督責任；把加強黨的領導和完善公司治理統一起來，明確國有企業黨組織在公司法人治理結構中的法定地位；堅持從嚴教育管理國有企業領導人員，強化對國有企業領導人員特別是主要領導履行職權的監督；適應國有資本授權經營體制改革需要，加強對國有資本投資、運營公司的領導；把建立黨的組織、開展黨的工作，作為國有企業推進混合所有制改革的必要前提。

對於中國發展影響巨大的另一個重要單位組織就是大學。在中國組織體系中，大學屬於事業單位，在黨和政府看來，高校是國家建設與發展的戰略平台，在科學研究、諮政育人與文化傳承上發揮着重要作用。對於這

樣的事業單位，其領導體制原則上堅持黨委領導下的校長負責人，強調黨對高校工作的領導。2014 年 10 月，中共中央辦公廳印發了《關於堅持和完善普通高等學校黨委領導下的校長負責制的實施意見》，開宗明義地強調：黨委領導下的校長負責制是中國共產黨對國家舉辦的普通高等學校領導的根本制度，是高等學校堅持社會主義辦學方向的重要保證，必須毫不動搖、長期堅持並不斷完善。該《意見》要求黨委統一領導學校工作，校長主持學校行政工作，通過健全黨委與行政議事決策制度來安排和協調黨委與行政關係，形成黨委領導、校長負責的中國大學制度。對於黨委統一領導，《意見》指出：高等學校黨的委員會是學校的領導核心，履行黨章等規定的各項職責，把握學校發展方向，決定學校重大問題，監督重大決議執行，支持校長依法獨立負責地行使職權，保證以人才培養為中心的各項任務完成。據此，明確規定了黨委統一領導的十項任務以及校長主持學校行政工作的十項任務。為了有效落實黨委領導下的校長負責制，使其成為高校內部管理的根本制度，2010 年，中國高校為了建設中國特色的現代大學制度，全面開啟了大學章程建設工作，經過近五年的努力，2015 年 6 月教育部核准完畢 112 所中國重點大學的章程。這些章程都以黨委領導下的校長負責制為大學的根本制度。這樣，黨委領導下的校長負責制就全面成為各大學法定的根本制度。

上述兩個事例的共同點是：都強調要加強黨對單位組織的領導，並努力實現這種領導的制度化、規範化和科學化。這種強調直接針對這些企事業單位的建設，但其所產生的實際效應不僅僅局限於這些企事業單位，因為從根本上講，這些強調不僅僅就企事業單位本身的組織和運行而言的，更多地是從保證社會主義事業和國家長治久安而言的。對企事業單位的制度設計，落實於企事業單位，但出發點和歸宿點都落在整個國家與社會的建設和發展上。從這個角度講，中國的企事業單位至今依然是國家與社會治理的關鍵因素，是黨和政府必須牢牢把握和有效領導的關鍵力量。這是中國政權建設和國家治理的獨特之處，也是關鍵之處。

第十一章

文化與價值

　　國家是人類的偉大作品，既是人類實踐的產物，也是人類文化的產物。國家的轉型與發展，必然伴隨着文化的轉型與發展。縱觀世界歷史，任何比較成功的現代國家建構，都必然包含深刻的文化革命以及革命後的文化建設。近代以來的中國革命與現代國家建構，就是在政治革命、社會革命與文化革命相互激蕩中展開的，文化革命在其中的地位與作用絲毫不遜色於政治和社會革命。中國的社會性質、文化形態與革命邏輯，共同決定着中國文化革命與建設的取向、地位、功能與方式。文化是人們生產和生活的必然產物，同時也是國家組織人們生產和生活的關鍵所在，它時刻流動於國家與社會之間，流動於過去、現在與未來之間，流動於物質生產、精神生產和制度生產之間，同時決定着個人、社會與國家的現在與未來。現代國家建設不僅要進行文化建設，更為重要的是通過文化建設來解決個人、社會與國家面臨的生存與發展的基本問題，由此，文化建設中的意識形態問題和核心價值就自然而然地凸顯出來，成為國家建設與國家治理中的核心問題。

一、文化國家與國家文化

　　只要有人生產和生活的地方，就自然會產生文化。文化存在於任何共同體之中，任何國家都會形成並發展自己的文化，但並不是所有的國家都被稱為文化國家。中國是文化國家的典型代表。在美國著名的中國學專家

費正清看來，傳統中國「是國家、社會和文化三者異常超絕的統一體」，以至於「許多西方研究中國的人曾把『中國』整個實體或『中國文化』作為對象」。● 這充分表明在西方人眼裏，中國傳統國家的存在，在很大程度上是作為一個文化體存在的，文化包容了整個國家與社會，國家與社會作為文化體呈現給世人。在文化人類學家看來，這是基於文化整合而形成的國家，它不同於基於政治整合而形成的國家。● 在比較政治學的視野中，中國這樣的文化國家，既不同於傳統的宗教國家，也不同於現代的民族國家。

相對於傳統的宗教國家，中國不是通過宗教力量來整合國家的，而是通過具有很強社會根基與現實整合性的中國文化體系本身來整合國家的，這其中既包括強大的漢字體系，也包括貫穿個人、家庭、社會與國家，全面溝通天地人的儒家思想體系。這種文化體系與社會心理體系和民主精神體系融合一體，借助國家制度與權力體系，對人與社會形成強大的整合力，從而賦予人們的生產與生活、社會的運行與發展、國家的組織與治理，總而言之，賦予一切的一切以文化的意義。在余英時先生看來，不具有任何宗教性質的中國文化之所以具有這麼強大的整合力，最根本的一點是：中國文化使得中國人「追求價值之源的努力是向內而不是向外向上的，不是等待上帝來『啟示』的。這種精神不但見之於宗教、道德、社會各方面，並且也同樣支配着藝術與文學的領域」。這也是中國具有「人文精神」的具體體現。● 顯然，這與西方社會所經歷的宗教國家以及目前還存在的各類宗教國家完全不同。在宗教國家，現實世界不是人創造的，而是上帝之

● 【美】費正清：《偉大的中國革命》，劉樽棋譯，世界知識出版社，2001 年版，第 9、12 頁。

● 【美】菲利克斯·格羅斯《公民與國家 —— 民族、部族與族屬身份》，王建娥、魏強譯，新華出版社，2003 年版，第 28 頁。

● 余英時：《文化傳統與文化重建》，生活·讀書·新知三聯書店，2004 年版，第 451—452 頁。

神創造的。無所不知、無所不在的上帝是現實存在的所有依據，現世所有的價值和意義都是上帝賦予的。一旦步入現代化，文化國家與宗教國家之間的差異很快就轉化為國家建構邏輯的差異：宗教國家會經歷一個世俗化的過程，但宗教依然作為文化的深層次支撐而存在，因而，其文化的主體結構依然能夠得到有效的延續；但對於缺乏超自然力量的文化國家來說，隨着相伴而生的社會、國家以及相關制度在現代化過程中的崩解，其對國家的整合力量也隨之消解，在這樣情況下，其所有的力量，更多地是來自歷史、文化與民族精神的慣性，來自千年民族在天地之間所留下來的習俗根脈與文化氣場。

　　另一方面，相對於現代民族國家來說，文化國家不像民族國家那樣，以主體族羣為單位建構的，而是以歷史形成的文化共同體為單位建構的，相對於構成民族國家的族羣相對單一性來說，中國這樣的文化國家的族羣則是多元性的，因而其內在整合，除了國家權力與制度體系之外，更需要基於歷史與文化所形成的文化整合力量。然而，問題在於這種文化國家在現代國家建構的過程中，其所面臨的文化挑戰是相當深刻的，因為，維繫多元族羣為一體的文化傳統體系在現代化過程中不是世俗化問題，而是逐漸式微的問題。然而，更為關鍵的問題在於，歷史形成的文化國家特性決定了國家所需要的最終整合體系依然離不開文化的整合。這之間的歷史性反差要求文化國家的現代國家建設，不僅需要建構新的制度體系，而且需要相應建構新的文化體系。這個新的文化體系不可能是文化傳統本身的承續和再生所能形成的，相反，一定是國家從維繫和發展整個文化共同體出發而進行的文化再造，這其中既有文化傳統的創造性轉換，更有支撐現代制度體系的價值、意識形態與文化傳統的融合和再生。正如傳統宗教國家邁向現代國家必然要進行宗教改革與宗教世俗化發展一樣，傳統文化國家邁向現代國家也必然要進行國家文化重建。這種國家文化重建，也像宗教改革一樣，既是建構現代國家必要的思想和文化前提，同時也是保證現代

國家有效成長所必要的思想和文化基礎。

中國傳統國家向現代國家轉型，既是西方資本與暴力衝擊所引發的，也是西方現代文明所帶來的文化危機所引發的。為解救鴉片戰爭之後陷入危機的國家，晚清政府與社會開始嘗試接受西方的制度與文化，並將其與政治變革結合起來。儘管「中體西用」的立場是保守的，但還是為現代文化進入中國打開了窗口。這為辛亥革命後的新文化運動提供了重要的鋪墊。辛亥革命無疑是一場政治革命，但其所開啟的民主共和，對於中國來說，不僅有政治意義，而且有文化意義，成為新文化運動的核心價值之一。不論是辛亥革命前的政治改革，還是辛亥革命開啟的政治革命，都離不開如何在變革或革命中面對中國千年的文化傳統問題。這使得政治改革或政治革命都必然與文化改革或文化革命相伴而生。按照梁啟超的說法，五四新文化運動的全面爆發，在很大程度上與辛亥革命後的歷史進程偏離預期、陷入令人失望的無序狀態有關，因而，五四新文化運動力圖在制度革命之後進行一場更為深刻的民族精神和國民心理的革命，力求「全人格的覺醒」。[1] 這也許能夠解釋為什麼五四新文化運動以追求「西化」、否定「傳統」的激進方式展開。從中國革命的內在邏輯與進程來看，五四新文化運動無疑是有文化革命的意義和價值，但對國家現代化轉型所面臨的文化重建和社會發展來說，它卻將中國的現代化發展與文化建設引上了反傳統的軌道。這種激進的文化革命看似為現代化發展開路，其實是使現代化發展走向困境。因為，現代化發展本質上是要超越傳統，而不是拋棄或否定傳統，其實際的進程是在既有的歷史邏輯中展開，不可能斬斷歷史與文化傳統的關係，「事實上卻沒有任何一個民族可以一旦盡棄其文化傳統而重新

---

[1]　梁啟超：《五十年中國進化概論》，吳嘉勳、李華興編：《梁啟超選集》，上海人民出版社，1984 年版，第 834 頁。

開始。」「離開文化傳統的基礎而求變求新，其結果必然招致悲劇。」❶ 中國後來文化建設所遇到的種種困難以及由此所帶來的對中國現代化發展的消極影響充分說明了這一點。

中國近代以來的變革與革命所形成的政治與文化相互激蕩的格局，使得辛亥革命之後的國家建設實踐從一開始就將文化革命與文化建設納入到國家建設規劃之中，視其為國家建設的前提與基礎。孫中山先生寫於 1917 年至 1919 年的《建國方略》將改變中國人知行觀的「心理建設」作為國家建設的前提，認為中國人只有走出傳統的「知易行難」，確立「行易知難」的行動哲學，中國才能有效開啟現代國家建設的偉大實踐。1940 年，毛澤東第一次系統闡述了未來國家建設構想，強調新民主主義的國家必須確立在新民主主義政治、經濟與文化的三大建設基礎之上。他指出：「新民主主義文化」，是「民族的科學的大眾的文化，就是人民大眾反帝反封建的文化」，是「中華民族的新文化」。「新民主主義的政治、新民主主義的經濟和新民主主義的文化相結合，這就是新民主主義共和國，這就是名副其實的中華民國，這就是我們要造成的中華人民共和國」。❷ 很顯然，相對於五四新文化運動的文化主張來說，從國家建設出發所形成的文化主張，則完全超越了中西文化對峙的格局，直接從國家建構與發展對國民的內在要求出發來佈局文化建設。由此，中國近代的文化革命就逐漸分化出兩套邏輯：一套是由現代化和民主化對文化轉型要求而形成的文化革命與建設的邏輯；另一套是由社會制度選擇與國家建設對文化重構要求而形成的文化革命與建設的邏輯。前者更多地從發展滿足人的獨立自主需求的現代化文化出發，其現實運動就是人的主體自覺與現代化文化的建構；而後者更

❶ 余英時：《文化傳統與文化重建》，生活·讀書·新知三聯書店，2004 年版，第 429 頁。
❷ 毛澤東：《新民主主義論》，《毛澤東選集》第二卷，人民出版社，1991 年版，第 709 頁。

多地從建構國家所需要的、具有意識形態功能的國家新文化出發,其現實運動就是人的社會主義改造與社會主義文化的建設。這兩者之間不僅存在着價值上的緊張,而且存在着文化形態上的緊張。這兩種文化革命與建設邏輯之間的緊張貫穿着中國國家建設實踐的全過程,既直接影響着現代國家建設展開的具體場景與進程,也直接影響着國家現代文化建設的價值選擇、形態建構與行動方式。

中國邁入現代之後,文化革命與建設的這兩套邏輯一直相互糾纏,其所形成的兩股力量此起彼伏。總體上講,一旦國家擁有了穩定的政權,國家在文化革命與建設中就擁有主導地位,不僅中華人民共和國建立之後是如此,中華人民共和國建立前的國民黨統治時期也是如此。國家對文化革命與建設的主導地位體現為兩個方面:一是國家推進文化建設,如創辦學校,推進文化教育和傳播;進行文化普及,提高國民的素質;確立文化項目,塑造文化的時代工程;擴大文化交流,保護和推廣文化等。二是國家把握文化發展方向,如明確文化的使命與功能,提煉引領社會的核心價值,建立文化教育與普及體系;協調不同文化之間的關係;鞏固意識形態的主體地位等等。在中國這樣以文化為基礎的國家,國家主導文化建設,既是中國社會的內在要求,也是中國建構現代國家的現實必然,既有其歷史和傳統的淵源,也有其社會制度的規定性。但是,現代化畢竟是以人的獨立與社會自主為現實基礎的,由此所形成的文化革命邏輯也蘊含着強大的發展欲求,這就要求國家主導的文化建設必須要充分平衡好與社會發展所形成的文化創造力量,形成文化建設與發展的合力。實踐表明,如果這兩個邏輯及其形成的兩股力量無法平衡和協調,不論向哪一個極端偏離,其結果都一定是兩敗俱傷,從而在整體上影響國家文化的建設和發展。在這方面,「文化大革命」的教訓是最為深刻的。

二、主義、意識形態與價值

　　現代化是人類社會發展所形成的必然運動，波及到何處，何處就會發生結構性轉型，即用新的結構替代舊的結構。這種轉型就是革命。到目前為止，任何社會要維繫和承續，都必然組成國家，國家的使命就是通過公共權力將人與資源組合在特定的秩序範圍內，形成保障人的生存與發展的共同體。將人與資源組合為特定秩序中的組織體系、價值體系和制度體系，成為支撐一個國家生存與發展的內在結構。現代化是基於人的類本質變化而形成的歷史運動，所到之處必然引發新舊結構替代，即革命。然而，這種替代不是輕而易舉的，這使得革命的過程往往會產生暴力。暴力能夠摧毀舊的結構，但不能最終確立起新的結構。因而，任何新的結構得以最終確立的關鍵，不在其背後的權力，而在人民大眾對新結構的認同與支撐。

　　實際上，任何國家要建構和維繫既定的結構，都離不開兩大基本力量：一是強力，二是認同。強力來自國家政權；認同來自社會大眾。正因為如此，當國家的現代化轉型要進行新舊結構替代的時候，也需要兩大推動力量：一是暴力，以摧毀既有的強力體系；二是主義，以改變既有的認同體系。基於主義所形成的革命運動，其最直接體現就是文化革命，但一旦深入到國家的全面轉型以及政權體系的全面更替，就很快會融到政治革命之中，成為政治革命的根本力量。中外革命概莫能外。這是因為體現為新舊結構替代的革命必須進行廣泛的社會動員，形成全社會的革命力量，這就要求文化革命不僅要開啟民眾的革命熱情，而且要凝聚民眾的革命力量。

　　當文化革命引發真正的政治革命熱潮，並與政治革命匯合前行的時候，文化革命的使命就必然從啟迪民眾轉為凝聚民眾，動員民眾的革命熱情，與此相應，文化革命就迅速地被革命的主義所主導，即被用於凝聚

民眾、指導革命、規劃未來、重建價值的思想理論與政治主張所主導。

任何革命都離不開民眾的力量，但對民眾力量的依賴程度取決於革命中的軍隊的性質與力量。當軍隊力量成為革命的主導力量，革命就更多地依靠軍隊的強力優勢，而不是依靠民力的參與和凝聚；相反，當軍隊尚無法主導革命大局的時候，革命的成敗就直接取決於民力的參與和凝聚。

孫中山先生認為：「建國方法有二：一曰軍隊之力量，二曰主義之力量。」❶ 袁世凱軍人統治的失敗，意味着中國依靠軍隊力量，建立軍人統治的建國之路徹底終止，必須另闢蹊徑。代之而起的必然是動員民力形成革命之勢，建立民主共和政權。為此，孫中山先生學習俄國革命經驗，改組國民黨，推動國共合作，力圖通過建立革命黨，將兩種方法有機統一起來。他說：

> 「吾黨此次改組，乃以蘇俄為模範，企圖根本的革命成功，改用黨員協同軍隊來奮鬥。俄國以此能抵抗列強之侵迫，其時正當俄國革命初成功，而俄黨人竟能戰勝之，其原因則由黨員能為主義的奮鬥。」❷

當孫中山將革命的成敗最終寄託於革命黨的時候，中國也就走上了黨領導建國和黨治理國家的革命與國家建設之路。孫中山先生認為，這條道路最終走向成功的關鍵之處，就在於黨能否有效地通過其主義來動員與整合大眾，讓全體民眾與革命黨一起，協同黨領導的軍隊去取得革命的最終勝利。他指出：

---

❶　孫中山：《黨義戰勝與黨員奮鬥》（1923 年 12 月 9 日），《孫中山選集》，人民出版社，
　　2011 年版，第 573 頁。

❷　同上，第 571 頁。

「所謂以黨治國，並不是要黨員都做官，然後中國才可以治；是要本黨的主義實行，全國人都遵守本黨的主義，中國然後才可以治。簡而言之，以黨治國並不是用本黨的黨員治國，是用本黨的主義治國，諸君要辨別得很清楚。

「（所以，）如何是以黨員打勝仗？就是凡屬黨員，皆負一種責任，人人皆為黨而奮鬥，人人皆為黨的主義而宣傳。一個黨員，努力為吾黨主義宣傳，能感化一千幾百人。此一千幾百人，亦努力為吾黨主義宣傳，再能感化數十萬人或數百萬人。如此推去，吾黨主義自能普遍於全中國人民。此種奮鬥，可謂之『以主義征服』。以主義征服，是人民心悅誠服，所謂『得其心者得其民，得其民者得其國』，就是這個道理。❶

「到了全國人民的心理都被本黨統一了，本黨自然可以統一全國，實行三民主義，建設一個駕乎歐美之上的真民國」。❷

由此可見，「以主義征服」，以主義建國，進而以主義治國，是黨建國家和黨治國家的基本路徑。沒有主義的基礎與主義的力量，黨就不可能領導軍隊，更不可能動員民眾，黨也就自然不可能成為建立新社會與新國家的領導核心和根本支柱。

所以，伴隨着革命黨成為中國國家轉型與國家建設的核心力量，黨的主義就自然上升為國家文化建設的核心主題，因為，只有在全社會、全體民眾中確立起黨的主義，使全體民眾擺脫傳統的思想束縛，認同革命的新

❶ 孫中山：《人民心力為革命成功的基礎》（1923 年 11 月 25 日），《孫中山選集》，人民出版社，2011 年版，第 561—562 頁。

❷ 孫中山：《在廣州中國國民黨懇親大會的演說》（1923 年 10 月 15 日），《孫中山選集》人民出版社，2011 年版，第 547 頁。

理想、新目標與新道路，革命與建設才能取得最終的成功。於是，宣傳黨
的主義就成為革命運動與國家文化建設的根本路徑。孫中山先生指出：

「主義能實行，然後乃得為真成功也。此則純然倚靠宣傳之力。軍隊
以槍炮出而宣傳，黨員則以主義出而宣傳，其革命相同，而其成功則不
同。因革命成功，非能專靠殺人，尤須靠救人。然救人必須全國人能自
救；全國人能自救，必須多數人明白人生道理。」❶

　　這樣，孫中山先生在中國開闢黨建國家以及黨治國家的現代國家建設
模式的同時，也建構起了「革命黨—主義—宣傳—大眾動員與教育」的
革命動員與國家文化建構的文化宣傳行動模式。這兩套模式後來被同樣以
俄國革命為師的中國共產黨所繼承，並得到最為有效的發揮。中國共產黨
領導的新民主主義革命的勝利成功，證明了這兩套模式對中國的適用性與
有效性。
　　與孫中山先生不同的是，中國共產黨將主義的宣傳與新文化建設有機
結合起來，用馬克思主義創造中國新文化，同時通過新文化建設更好地宣
傳馬克思主義。毛澤東正是由此出發來規劃新民主主義文化建設的：

「革命文化，對於人民大眾，是革命的有力武器。革命文化，在革命
前，是革命的思想準備；在革命中，是革命總戰線中的一條必要和重要
的戰線。而革命的文化工作者，就是這個文化戰線上的各級指揮員。『沒
有革命的理論，就不會有革命的運動』，可見革命的文化運動對於革命

----

❶　孫中山：《黨義戰勝與黨員奮鬥》（1923 年 12 月 9 日），《孫中山選集》人民出版社，
　　2011 年版，第 574 頁。

的實踐運動具有何等的重要性。而這種文化運動和實踐運動，都是羣眾的。」❶

　　而這個革命的理論，就是馬克思主義，它必須與中國的民族特點和社會實踐有機結合起來，只有這樣才能真正宣傳和動員羣眾。為此，毛澤東道出了中國共產黨堅持至今的思想理論建設原則：

　　「必須將馬克思主義的普遍真理和中國革命的具體實踐完全地恰當地統一起來，就是說，和民族的特點相結合，經過一定的民族形式，才有用處，決不能主觀地公式地應用它。公式的馬克思主義者，只是對於馬克思主義和中國革命開玩笑，在中國革命隊伍中是沒有他們的位置的。」❷

　　在此，毛澤東在解決如何提高主義與理論對革命動員和宣傳的有效性的同時，也將奠定了主義與理論在國家文化建設中的關鍵地位。因為，以毛澤東為代表的中國共產黨人認同列寧的一個基本理論，即只有在馬克思主義思想理論基礎上的革命和建設實踐，「才能認為是發展真正的無產階級的文化」。❸

　　真正的革命黨，不僅僅在於奪取政權，更為重要的是通過革命建設新社會、新國家，所以革命黨高舉的主義，往往既是改造社會和建設國家的理論與理想，同時也是啟迪心智與塑造新人的人生觀與世界觀，缺一不可，否則，就不可能動員社會大眾進行開天闢地的革命。這樣，在革命後的國家建設中，隨着革命黨掌握國家政權，被成功革命洗禮過的革命黨的

------

❶　毛澤東：《新民主主義論》，《毛澤東選集》第二卷，人民出版社，1991 年版，第 708 頁。

❷　同上，第 707 頁。

❸　列寧：《論無產階級文化》，《列寧選集》第四卷，人民出版社，1964 年版，第 362 頁。

主義就理所當然地成為建構新制度、創造新發展的指導思想和理論基礎，總而言之，成為革命黨領導國家發展的意識形態。毛澤東在中華人民共和國建立後不久，就明確了這一點，他指出：

「領導我們事業的核心力量是中國共產黨，指導我們思想的理論基礎是馬克思列寧主義。❶

「人民民主專政的國家制度和法律，以馬克思列寧主義為指導的社會主義意識形態，這些上層建築對於我國社會主義改造的勝利和社會主義勞動組織的建立起了積極的推動作用，它是和社會主義的經濟基礎即社會主義的生產關係相適應的。」❷

從一定意義上講，意識形態不是革命黨通過高舉主義就能簡單轉化出來的，因為，意識形態要得以存在並發揮作用，就必須與現實的經濟基礎和成長中的國家制度相適應，即必須與現實發展的實際需求相適應。這決定了由特定主義發展而來的國家意識形態，既是主義的產物，同時也是現實發展在觀念上的綜合反映，用毛澤東的話來說，就是馬克思主義與中國建設和發展實踐有機結合的產物，它雖有自己的精神核心和理論基礎，但整體上應該是不斷豐富和發展的觀念、思想和理論體系。中國發展的實踐證明，黨的有效領導離不開黨對國家意識形態的主導作用；而意識形態上的任何僵化、教條和錯誤，都將直接危害國家的建設和發展。「文化大革命」的深刻教訓和改革開放的成功實踐，錘煉出了中國共產黨在思想意識

---

❶　毛澤東：《為建設一個偉大的社會主義國家而奮鬥》，《毛澤東選集》第五卷，人民出版社，1977 年版，第 133 頁。

❷　毛澤東：《關於正確處理人民內部矛盾的問題》，《毛澤東選集》第五卷，人民出版社，1977 年版，第 374—375 頁。

形態上的科學品質:與時俱進。進入 2000 年,中國共產黨十六大將這種品質視為決定黨和國家命運的品質:

「與時俱進,就是黨的全部理論和工作要體現時代性,把握規律性,富於創造性。能否始終做到這一點,決定着黨和國家的前途命運。

「只有這樣,黨的思想理論才能引導和鼓舞全黨和全國人民把中國特色社會主義事業不斷推向前進。實踐基礎上的理論創新是社會發展和變革的先導。通過理論創新推動制度創新、科技創新、文化創新以及其他各方面的創新,不斷在實踐中探索前進,永不自滿,永不懈怠,這是我們要長期堅持的治黨治國之道。」●

黨的理論工作和意識形態建設與時俱進的背後動力,就是思想解放以及由此所激發的全社會的創新活力。改革開放以來的實踐表明,思想解放實際上包含兩個層面:第一個層面就是突破理論教條,強調馬克思主義理論應該與中國發展的實踐有機結合,並發展出能夠用於指導和推動中國實踐與發展的中國化的馬克思主義;第二個層面就是指導思想的統一性與社會觀念和思潮多樣性的有機統一,鼓勵人民大眾積極學習和吸收人類的先進思想與文化,在實踐中勇於理論創新、觀念創新和實踐創新,鼓勵百花齊放,百家爭鳴。思想解放全面開啟了中國改革開放,推動了中國民主政治發展。進入上世紀 90 年代,思想解放、民主政治以及市場經濟三者的有機統一,全面催生了中國社會的獨立與自主,從而根本改變了中國政黨、國家與社會混合一體的一元化結構形態,形成了以黨的領導為核心,黨、國家和社會各自相對自主,相互決定,相輔相成的新權力結構模式。在這

● 江澤民:《全面建設小康社會,開創中國特色社會主義事業新局面》,《十六大報告》。

種結構模式中，不論是黨的領導，還是國家權力，對社會的作用不能局限於單方面的行動，必須建構具有社會基礎並能將社會力量納入其中的關鍵機制，這其中包括經濟領域的市場機制、民主政治領域的協商民主、國家治理領域的法治體系以及意識形態領域的社會主義核心價值體系。所以，社會主義核心價值體系建設的提出，是改革開放之後中國發展形態、權力形態、治理形態全面變化的必然產物，既是國家對社會自主獨立的承認與保護，同時也是國家對獨立自主社會保持有效治理的必然要求。

社會主義核心價值的根在黨領導的意識形態，但其所需要的沃土和陽光雨露，卻在人類文明、中華文化以及中國特色社會主義所建構的精神、思想和文化的天地之間。所以，社會主義核心價值體系的建構及其作用的有效發揮，在豐富和發展意識形態功能的同時，更為重要的是使國家意識形態建設和文化建設重新回歸到中國社會的現實、歷史與傳統之中，重新喚起中國文化傳統的現代價值，並在核心價值建設基礎上實現意識形態建設與國家文化建設的有機統一。

雖然社會主義核心價值建設全面提上國家建設議事日程的時間不長，但其所蘊含的歷史意義和時代價值卻是難以估量的。首先，它標誌着國家轉型和國家建設所形成的主義、意識形態以及核心價值，都比較明晰地落位於各自的歷史空間和制度空間，形成了功能有別、結構有機、互動有序的中國現代國家思想和意識形態體系；其次，它標誌着中國的文化建設將在人類文明與世界文化、中國的文化傳統和文化精神、社會主義的思想和文化體系這三大方面有機融合的基礎上展開，既追求文化的現代化，又追求文化的中國化。最後，它標誌着公民教育全面回歸到人的社會屬性、文化屬性和制度屬性，既立足於社會主義制度對公民的要求，也立足於中國社會、歷史與文化對公民的塑造，既立足於現代制度與價值對公民的要求，也立足於中國精神與價值對公民的滋養，從而為中國公民的全面發展提供最為廣闊的文化資源和思想基礎。

三、認識論與民族精神

　　人的自主與解放是現代化發展的歷史前提與社會基礎。伴隨着現代歷史的展開，人類創造世界的精神與心靈也將經歷深刻的革命，最重要的體現就是：人與世界的全面理性化。人的理性化體現為人基於自身的發展與實現來把握自己，世界的理性化體現為人基於人類社會發展的內在規律來把握世界及其發展。現代化發展與人類精神和心靈革命是相伴相生的，相互激蕩出人類的現代歷史。對這樣的文明成長過程，恩格斯的分析是無比深刻的：

　　「在法國為行將到來的革命啟發過人們頭腦的那些偉大人物，本身都是非常革命的。他們不承認任何外界的權威，不管這種權威是什麼樣的。宗教、自然觀、社會、國家制度，一切都受到了最無情的批判；一切都必須在理性的法庭面前為自己的存在作辯護或者放棄存在的權利。思維着的知性成了衡量一切的唯一尺度。那時，如黑格爾所說的，是世界用頭立地的時代……以往的一切社會形式和國家形式、一切傳統觀念，都被當作不合理性的東西扔到垃圾堆裏去了；到現在為止，世界所遵循的是一切成見；過去的一切只值得憐憫和鄙視。只是現在陽光才照射出來。從今以後，迷信、非正義、特權和壓迫，必將為永恆的真理，為永恆的正義，為基於自然的平等和不可剝奪的人權所取代。」❶

　　西方的現代社會就是在這樣的精神與心靈的轉變過程中建構出來的。具有五千年歷史的中國建構現代社會與現代國家的過程中也經歷了這樣的

---

❶　恩格斯：《反杜林論》，《馬克思恩格斯選集》第三卷，人民出版社，1995 年版，第 355—356 頁。

精神與心靈的革命性轉變過程。在這個過程中，中國人重構的是自己的人生觀與世界觀，中華民族因此獲得了精神和思想上的脫胎換骨的新生，當然，這個過程充滿了艱辛和痛苦，需要付出極大的代價和努力。

在傳統的世界中，中華文明既是一個獨立的體系，同時也是一個成熟的體系，自然有一套自己成熟的思維體系，其理論與哲學基礎是儒道佛的複合。中國人是在天地之間思考和把握天地自然與社會人生的，其對現實的關懷要大大超過對終極的關懷，從而發育出豐富的生活哲學和治國安邦的哲學，並將對事物之理與世間之道的把握和認知糅合其中，沒有形成獨立的知識與分析體系。這是與西方思維之間的根本差異所在，這種差異多少也成為中國傳統思維不僅不能孕育現代化，而且必須在現代化的過程中加以改造的理據所在。辛亥革命後的新文化運動實際上就是一場力圖改造中國人思維和價值觀的文化革命，運動在「科學」與「民主」兩大旗幟下展開，全面審視中國的人生觀、歷史觀以及世界觀。儘管這場運動很快就消融到了更為緊迫的「民族救亡運動」之中，但還是從根本上開啟了重構中國人思想和精神世界的歷程，因為，在此後展開的歷次國家建設實踐都是以思想建設為切入口的。

辛亥革命後的第一次國家建設實踐無疑是孫中山先生設計與領導的。他的「建國方略」就是以「心理建設」為突破口的。「夫國者，人之積也。人者，心之器也。國家政治者，一人羣心理之現象也。是以建國之基，當發端於心理。」❶ 在他看來，辛亥革命之後的國家建設之所以不斷受挫，一事無成，固然有各種原因，但關鍵點在於整個民族、整個社會的「思想錯誤」，「思想錯誤」了，國家建設也就無從談起。在孫中山先生看來，這種「思想錯誤」，不是簡單的觀念和主張的錯誤，而是整個民族思維方式及其

❶　孫中山：《建國方略》（1917 年—1919 年），《孫中山選集》，人民出版社，2011 年版，第 184 頁。

所決定的行動方式的錯誤，他指出：

「此思想之錯誤為何？即『知之非艱，行之惟艱』之說也。此說始於
傅說對武丁之言，由是數千年來深入於中國之人心，已成牢不可破矣。故
予之建設計劃，一一皆為此說所打消也。[1]

「夫中國近代之積弱不振、奄奄待斃者，實為『知之非艱，行之惟艱』
一說誤之也。此說深中於學者之心理，由學者而傳於羣眾，則以難為易，
以易為難。遂使暮氣畏難之中國，畏其所不當畏，而不畏其所當畏。由是
易者則避而遠之，而難者又趨而近之。始則欲求知而後行，及其知之不可
得也，則惟有望洋興歎，而放去一切而已。間有不屈不撓之士，費盡生平
之力以求得一知者，而又以行之為尤難，則雖知之而仍不敢行之。如是不
知固不欲行，而知之又不敢行，則天下事無可為者矣。此中國積弱衰敗之
原因也。」[2]

因而，中國要走出積弱衰敗之困境，唯有改變傳統的心理結構，即改
「知易行難」為「知難行易」，「古人說『知易行難』，我的學說是『知難
行易』。從前中國百事都腐敗的原因，是由於思想錯了。自我的學說發明
以後，中國人的思想便要大改革。拿我的學說去做事，無論什麼事都可以
做得到的。」[3] 因為，「知難行易」強調「以行而求知，因知以進行」，「能
知必能能行」，這不僅是人類知識與文明進步之理，而且也是現代科學與

---

[1] 孫中山：《建國方略》(1917 年—1919 年)，《孫中山選集》，人民出版社，2011 年版，
第 121 頁。

[2] 同上，第 166—167 頁。

[3] 孫中山：《宣傳造成羣力》(1923 年 12 月 30 日)，《孫中山選集》，人民出版社，2011
年版，第 591 頁。

國家建設之理：「其近代之進化也，不知固行之，而知之更樂行之，此其進行不息，所以得有今日突飛之進步也。」● 所以，孫中山認為，如果整個國民的心理結構與行為方式能夠轉到「知難行易」上來，那麼中國的民族心理與精神結構就會轉向重視行動，勇於開拓的積極創造和進取的取向，從而有效落實和實踐「三民主義」與「建國方略」，推進中國的現代國家建設。然而，事與願違，孫中山的國家建設實踐沒有取得最後的成功，問題不是出在其「心理建設」和整個「建國方略」上，而是出在當時領導國家建設的國民黨的組織無力與政治腐敗上。

於是，中國就有了第二次國家建設的努力，其領導力量是中國共產黨。中國共產黨在中國建設新社會、新國家的方案是基於馬克思主義理論與中國社會發展實際有機結合而形成的。因而，推動中國革命與建設的關鍵在於要做到既能確立和堅持馬克思主義的指導地位，同時又能將其與中國社會發展有機結合，進行創造性的探索與實踐。經過革命的實踐與探索，中國共產黨清楚地認識到要達到這個境界，就必須在全黨確立新的世界觀和方法論。1941 年，毛澤東在延安號召開展全黨範圍的馬克思列寧主義教育運動，即著名的延安整風運動，其核心使命就是解決怎樣使馬克思列寧主義的基本原理和中國革命的實際相結合。毛澤東認為，解決問題的答案就在馬克思主義本身，因為馬克思主義「諄諄告誡人們的一條基本原則：理論和實際統一」。❷ 違背了這個原則，理論必然脫離實際，不是陷入教條主義、本本主義之中，就是陷入主觀主義。為此，毛澤東認為中國共產黨應該在改造客觀世界的過程中，「改造自己的主觀世界 —— 改造自

● 孫中山：《建國方略》（1917 年—1919 年），《孫中山選集》，人民出版社，2011 年版，第 168 頁。

❷ 毛澤東：《改造我們的學習》，《毛澤東選集》第三卷，人民出版社，1991 年版，第 798 頁。

己的認識能力，改造主觀世界同客觀世界的關係」。只有這樣，才能「整個兒地推翻世界和中國的黑暗面，把它們轉變過來成為前所未有的光明世界」。毛澤東給出的改造主觀世界的途徑和方法是：

> 「通過實踐而發現真理，又通過實踐而證實真理和發展真理。從感性認識而能動地發展到理性認識，又從理性認識而能動地指導革命實踐，改造主觀世界和客觀世界。實踐、認識、再實踐、再認識，這種形式，循環往復以至無窮，而實踐和認識之每一循環的內容，都比較地進到了高一級的程度。這就是辯證唯物論的全部認識論，這就是辯證唯物論的知行統一觀。」❶

　　這就是毛澤東著名的《實踐論》給出的答案，它的副標題是：「論認識和實踐的關係 —— 知和行的關係」。顯然，他與孫中山一樣關注知與行的關係，並將處理好知行關係作為保障革命與建設成功的關鍵，所不同的是，毛澤東是在更為深刻的現代認識論層面來把握這個問題，因而，他不是要簡單地改變人們對知與行的傳統觀念，而是建構以歷史唯物主義和辯證唯物主義為基本的科學的認識論。這種新認識論的建構，不僅為馬克思主義在中國社會和中華文明中的確立奠定了重要的哲學基礎與思想基礎，而且為中華人民共和國形成科學的國家建設戰略提供了全新的世界觀與方法論。可以說，中國的精神與社會面貌因為這個新認識論的確立和運用而煥然一新。

　　以毛澤東為核心的中國共產黨基於《實踐論》的精神，探索出了適合中國國情的革命道路，成功地完成了新民主主義革命，建立了社會主義中華人民共和國。但由於在什麼是社會主義以及如何在中國建設社會主義

---

❶　毛澤東：《實踐論》，《毛澤東選集》第一卷，人民出版社，1991 年版，第 296—297 頁。

的問題上，既偏離了馬克思主義的基本理論，也偏離了中國社會發展的實際，在戰略和方略上出現偏誤，結果導致社會主義現代化建設受挫，使國家與人民遭受了「文化大革命」的浩劫。「文革」結束後，1978 年，中國迎來了第三次國家建設的努力，其總設計師是鄧小平。鄧小平認為，國家的進步與發展關鍵在於人民的積極性、主動性與創造性；而要充分調動人民，創造改革與發展的大格局，關鍵在於全面解放思想，打破各種思想束縛。為此，他借助「真理標準」的討論，明確了「實踐是檢驗真理的唯一標準」的論斷，強調所有的理論都要經過實踐的檢驗，實踐是創造真知的唯一路徑。他指出：

「一個黨，一個國家，一個民族，如果一切從本本出發，思想僵化，迷信盛行，那它就不能前進，它的生機就停止了，就要亡黨亡國。這是毛澤東同志在整風運動中反覆講過的。只有解放思想，堅持實事求是，一切從實際出發，理論聯繫實際，我們的社會主義現代化建設才能順利進行，我們黨的馬列主義、毛澤東思想的理論也才能順利發展。」❶

為此，他將「實事求是」作為中國改革開放和現代化建設的思想原則與精神核心。他說：

「實事求是，是無產階級世界觀的基礎，是馬克思主義的思想基礎。過去我們搞革命所取得的一切勝利，是靠實事求是；現在我們要實現四個現代化，同樣要靠實事求是。不但中央、省委、地委、縣委、公社黨委，

---

❶　鄧小平：《解放思想，實事求是，團結一致向前看》，《鄧小平文選》第二卷，人民出版社，1994 年版，第 143 頁。

就是一個工廠、一個機關、一個學校、一個商店、一個生產隊，也都要實事求是，都要解放思想，開動腦筋想問題、辦事情。」●

此後的改革開放充分證明了「實事求是」所具有的無限價值和力量。黨的十七大在總結近三十年改革所取得的成就時指出：

「改革開放以來我們取得一切成績和進步的根本原因，歸結起來就是：開闢了中國特色社會主義道路，形成了中國特色社會主義理論體系。

「中國特色社會主義道路之所以完全正確、之所以能夠引領中國發展進步，關鍵在於我們既堅持了科學社會主義的基本原則，又根據我國實際和時代特徵賦予其鮮明的中國特色。」

縱觀辛亥革命以來中國國家建設的實踐，科學處理知行關係一直是佈局和推動中國發展的思想基礎與行動前提。知與行，在現代哲學體系中，屬於認識論問題；在中國的文化體系中，是人生觀與世界觀的核心，對中國的思想與文化的形成和發展具有根本性意義。張岱年先生指出：「中國哲學，最注重人生；然而思『知人』，便不可以不知『天』，所以亦及於宇宙。」❷ 而在知的問題上，中國各家思想都「認為知與行有密切關係，此實中國哲學之基本傾向」。❸ 因而，知行觀是注入到中國文化和民族精神之中的精神基因，它鑄造了中國社會與國家，創造了中國傳統精神與文化。和任何傳統社會進入現代化都要經歷民族精神與文化的創造性改造一樣，

● 鄧小平：《解放思想，實事求是，團結一致向前看》，《鄧小平文選》第二卷，人民出版社，1994 年版，第 143 頁。

❷ 張岱年：《中國哲學大綱》，中國社會科學出版社，1982 年版，第 495 頁。

❸ 同上，第 497 頁。

中國傳統文化也需要經歷這樣的過程。正如前面分析指出的，在這個過程中，文化革命的雙重邏輯同時起作用，相對來說，基於國家建設所形成的文化革命邏輯扮演了更為根本和直接的角色，其具體體現不是國家在文化革命中擁有強大的意識形態和政治主導力，而是體現為國家有效地將文化革命與國家建設有機統一起來，從國家建設的需要出發把握中國民眾思想的現代性建構，使中國文化和民族精神的現代性轉化依然是在自身的哲學與精神範疇中展開，沒有偏離中國千年文化與民族精神的本體。今天看來，這應該是中華民族得以全面重新崛起的關鍵所在。就今天支撐整個國家思想和行動原則的「實事求是」來說，既可以看作是馬克思主義理論在中國的實踐的產物，但同時實際上也是中國知行觀念自我發展和探索的產物。「中國傳統哲學倡導的以重和諧、重整體、重直覺、重關係、重實用為特色的思維方式，到明末開始受到懷疑，經過明清之際的反思，至清代為之一變」，產生出一種唯物主義的學術思潮。「這種唯物主義認為，理氣均是實有而理寓於氣，理即事物知條理秩序，理不在心而在物，因此，求理之道，唯有通過對事物的觀察分析。這種認識產生了一種完全否定直覺主義的思維方式，即『實事求是』」。❶ 由此可見，國家轉型過程中，文化革命所形成的意識形態選擇，比較充分地考慮了中國國家轉型與建設的需要，而且強調要與中國發展的實際有機結合，所以客觀上使得意識形態建構與中國文化的現代化轉化有機統一起來，並將立足點定於中國文化內在基因結構的改造之上，即知行結構的現代轉換。這種文化革命路徑，雖然與基於人的自主與社會獨立所形成的文化革命路徑有所不同，相互之間也必然存在某種緊張關係，但從千年傳統國家的現代化轉化來看，這種文化

---

❶　張岱年、程宜山：《中國文化論爭》，中國人民大學出版社，2006 年版，第 191 頁。

革命從整體上保證了文化轉型的整體性與有效性，確保文化既能向現代轉型，又能有效支撐國家的建設與發展。中國文化革命的實踐表明，在兩種文化革命邏輯中，任何文化激進主義實踐所收穫的都不是進步與發展。

四、思想教育與公民塑造

在政治學的範疇中，「思想教育」與「教育」是兩個概念，教育是從人的發展與族羣的延續出發的，關注知識的轉播與精神的塑造；「思想教育」則是從在民眾中創造政權與制度的認同出發的，關注的是信仰、價值與認同。不是所有的國家與政權都會重視教育的，但幾乎所有的國家與政權都離不開思想教育，因為，它是國家一體化與政權鞏固的前提與基礎。思想教育可以包含在教育之中，也可以直接作為一種統治方式與手段作用於民眾和社會。中國傳統社會是一個高度重視教育的社會，通過制度化的選官體系，將知識教育與思想教育融為一體，為中國傳統國家統治體系的長期存續提供了有效的思想與文化支撐。

從抽象意義上講，思想教育的使命就是在一定的制度體系下培養或塑造認同並適應國家制度的社會成員，以鞏固制度的社會基礎，增強制度與政權的權威。這是人類組織國家所遵循的古今通則，不論是西方的柏拉圖、亞里士多德，還是東方的孔子、老子，都從各種立場出發研究思想教化與政權鞏固的關係。所以，思想教育與其說是教育的問題，不如說是政治的問題。作為政治問題的思想教育，其機制是宣傳與教化，其資源則是文化、宗教與意識形態。由於中國不是宗教立國的國家，所以，在思想教育中，文化與意識形態就顯得十分重要。隨着傳統國家統治體系最終選擇以儒家思想為核心的意識形態，中國傳統社會就形成了文化傳統與儒家思想相互塑造的格局，在這個格局下，文化與意識形態逐漸融為一體。這就意味着一旦中國從傳統國家邁入到現代國家，必然面臨文化再造與意識形

態再造的問題。然而,在現代化的背景下,文化再造的主體與邏輯,除了國家主體與國家邏輯之外,還有社會主體與社會邏輯。於是,完全出於國家政權需要出發所形成的意識形態再造,就不可避免地要面臨如何贏得來自社會力量的文化認同與文化支撐問題。這樣,現代國家建設中意識形態建構與文化再造中存在的國家與社會之間的緊張關係,就會演變為意識形態建構與文化發展之間的緊張關係。要處理好這種緊張關係,不僅需要有很好的意識形態建構戰略,而且需要有很好的文化發展戰略。實踐表明,當新生的國家政權不得不從鞏固政權與制度出發來進行意識形態再造的時候,往往會將意識形態建構置於主導地位,並自覺或不自覺地將文化建設納入到意識形態建設的範疇。這樣做法雖然能夠有效地消弭意識形態建構與文化再造之間的張力,但從長遠看,則削弱了意識形態在思想教育中獲得文化支撐的基礎與空間。中國現代國家建設經歷了這個過程,形成了比較獨特的思想教育與公民塑造體系。

中國用於公民塑造的思想教育主要有兩大體系:一是宣傳體系,二是教育體系。宣傳體系以宣傳工作體系為核心,通過黨內的宣傳教育工作體系和媒體的傳播體系來完成;教育體系是通過從小學到大學的國民教育體系以及學校內部的政治理論課和專業思想政治工作體系來完成。黨的領導始終包含黨對教育事業的領導,黨委是各類、各級學校的領導核心,承擔着思想政治工作的任務,所以,在學校教育中,塑造公民的宣傳體系與教育體系是相互融合的,宣傳體系更多地是借助學校教育體系發揮作用的。可見,宣傳在公民塑造中所起的作用是廣泛、持久而深入的,其實際效用,一方面與宣傳本身所擁有的權力有關,另一方面與宣傳所擁有的影響力和吸引力有關。

這兩套體系不是建國後才建立起來的,黨在建立軍隊和開闢根據地的時候就開始建立和發展這兩套體系,並視其為黨領導人民和軍隊取得革命勝利的重要體制和工作方式。因而,中國共產黨在籌建新社會、新國家的

過程中，始終將思想文化建設作為國家建設的重要內容，並將其置於與政治、經濟建設具有同等重要的地位。建立中華人民共和國的《共同綱領》專門明確了中華人民共和國的文化教育與公民塑造的政策與方向：中華人民共和國的文化教育為新民主主義的，即民族的、科學的、大眾的文化教育。人民政府的文化教育工作，應以提高人民文化水平，培養國家建設人才，肅清封建的、買辦的、法西斯主義的思想，發展為人民服務的思想為主要任務。提倡愛祖國、愛人民、愛勞動、愛科學、愛護公共財物為中華人民共和國全體國民的公德。於是，中華人民共和國建立後，在全面摧毀傳統的或國民黨建構的宣傳教育體系的過程中，中國共產黨很快就建立起了自己的宣傳和教育體系。

從建國至今，用於塑造公民的宣傳和教育體系，先後圍繞着鞏固政權的意識形態建構、全體民眾的社會主義思想改造、社會主義事業接班人的培養以及公民核心價值觀的建構來展開，每一個時期的核心任務有所不同，但基本上都配合了相關時期國家建設與發展所面臨的工作重心。從整個發展歷程來看，黨和國家對民眾的宣傳與教育逐漸從以黨為中心轉變為以國家為中心，最明顯的體現就是：對公民的塑造從社會主義制度鞏固出發逐漸轉向從國家建設和治理出發，從而不再簡單地從培育社會主義接班人角度塑造公民，而是從作為國家公民應該有的認同、信仰和價值出發來塑造公民。於是，建構社會主義核心價值上升為塑造公民的宣傳與教育的核心內容。然而，這並不意味着宣傳和教育在公民塑造中原先追求的目標今天可以完全被取代，因為，社會主義核心價值包含國家、社會與個人三個層面，國家層面的核心價值是：富強、民主、文明、和諧；社會層面的核心價值是：自由、平等、公正、法治；個人層面的核心價值是：愛國、敬業、誠信、友善，這三個層面的核心價值都能直接服務於國家政權、社會主義制度鞏固以及社會主義接班人的培養。由於圍繞着社會主義核心價值而展開的宣傳和教育更加直接地從國家與公民的關係出發，所以，相對

而言要超然一些，同時與公民成長的實際需求也更加貼近一些。這種變化所產生的直接效應是：在國家核心價值和意識形態建構中，國家除了依靠自身力量之外，也可以通過與社會的有效互動而借助到基於社會運動和發展邏輯而展開的文化建設力量。

思想教育與公民塑造本質上是國家行為，其背後包含國家意志以及國家制度對公民的規範。然而，不論思想教育，還是公民塑造，其對象都首先是自然人，即在特定的社會、歷史與文化中生存與發展的自然人，其觀念與思想的底版是其所屬的民族或社會的文化基因與文化傳統。思想教育與公民塑造能在多大程度上觀照這種文化基因與文化傳統，既直接決定着其表現形式與工作方式，也直接決定着其所具有的影響力與滲透力。在這方面，傳統中國所建構的「修齊治平」與「內聖外王」的人生成長與修煉的模式，有效地將國家意識形態與民眾所承載的文化基因、文化傳統統一起來，共同糅合進每個人的生活實踐與人生追求。然而，問題在於中國的現代化過程，既是一個力圖超越文化傳統的過程中，同時也是一個力圖通過政治、社會革命摧毀傳統文化，進而解構文化傳統的過程。這使得現代的思想教育與公民塑造是在民眾的文化基因與文化傳統被模糊化、脆弱化的基礎上展開，難以得到有效的文化氛圍呼應和文化力量支撐，結果，思想教育與公民塑造只有通過不斷放大自身的力量與影響力來產生應有的效應。這種放大雖然有一定的效用，但其帶來副作用也很大，最直接的體現就是受教育者對宣傳教育的逆反心理與排斥情緒。

客觀地講，中國在建構社會主義現代國家的過程中，無疑十分重視思想教育與公民塑造。由於在一段時間裏，宣傳和思想教育為了實現有效的思想灌輸，直接否定文化傳統在個人思想與精神塑造中的作用和影響。實踐證明，其效果適得其反，不僅達不到思想教育與公民塑造的預期目的，而且還嚴重削弱了思想教育與公民塑造所依賴的文化資源。今天，面對日益獨立自主的個體，思想教育與公民塑造越來越依賴每個社會個體生活與

成長所具有的文化背景與文化基礎。於是，歷史的發展輪迴到起點，即思想教育與公民塑造應該重新找回能夠滋養中國民眾精神和心靈的文化傳統及其所形成的文化資源。為了展現這種歷史輪迴，有必要引述習近平總書記對此發表的系統論述：

「培育和弘揚社會主義核心價值觀必須立足中華優秀傳統文化。牢固的核心價值觀，都有其固有的根本。拋棄傳統、丟掉根本，就等於割斷了自己的精神命脈。博大精深的中華優秀傳統文化是我們在世界文化激蕩中站穩腳跟的根基。

中華文化源遠流長，積澱着中華民族最深層的精神追求，代表着中華民族獨特的精神標識，為中華民族生生不息、發展壯大提供了豐厚滋養。中華傳統美德是中華文化精髓，蘊含着豐富的思想道德資源。不忘本來才能開闢未來，善於繼承才能更好創新。對歷史文化特別是先人傳承下來的價值理念和道德規範，要堅持古為今用、推陳出新，有鑒別地加以對待，有揚棄地予以繼承，努力用中華民族創造的一切精神財富來以文化人、以文育人。

要講清楚中華優秀傳統文化的歷史淵源、發展脈絡、基本走向，講清楚中華文化的獨特創造、價值理念、鮮明特色，增強文化自信和價值觀自信。

要認真汲取中華優秀傳統文化的思想精華和道德精髓，大力弘揚以愛國主義為核心的民族精神和以改革創新為核心的時代精神，深入挖掘和闡發中華優秀傳統文化講仁愛、重民本、守誠信、崇正義、尚和合、求大同的時代價值，使中華優秀傳統文化成為涵養社會主義核心價值觀的重要源泉。要處理好繼承和創造性發展的關係，重點做好創造性轉化和創新性發展。」❶

---

❶　習近平 2014 年 2 月 24 日在中共中央政治局第十三次集體學習時的講話。

五、文化傳統的現代轉化

對於獨立建構了自己文明體系，有五千年歷史的中華民族與中國社會來說，文化發展的方向問題本不應成為當下中國發展的難題。然而，事實恰恰相反，與中國的政治、經濟和社會發展相比，中國文化發展方向更具不確定性。即使進入 2010 年之後，中國所宣示的道路自信、理論自信和制度自信，對中國政治、經濟和社會發展方向所具有的規定性作用，要大大強於對中國文化發展的作用。

這種發展狀態實際上是一種倒掛性的發展狀態，因為，文化發展方向一旦模糊或搖擺，就難以安頓人的心靈與民族的精神，進而也難以在國家認同與社會心理結構上鞏固既定的制度、道路與理論。可以想見，在道路、理論與制度既定的狀態下，未來中國政治建設與政治發展所面臨的挑戰，將在很大程度上來自文化的建構。從這一點上看，即使發展到今天，中國依然沒有脫離出長久形成的文化國家的特性，即人的基礎心靈結構，不是來自宗教的塑造，而是來自文化的塑造；而塑造人的心靈結構的文化，是離不開國家的文化選擇與文化戰略的。

應該指出的是，中國傳統社會所進行的文化國家塑造是通過兩個力量的合作來完成的，一是社會的力量，二是國家的力量。由於中國傳統國家是基於社會邏輯而確立和建構的，因而這兩個力量在文化塑造和價值建構上具有比較強的內在契合性，很容易在實踐中成為一種相互承認的、相互支撐、相互鞏固的合力。

但是，邁入現代，隨着傳統國家體系的解體，這種合體結構也就隨之崩解，社會力量依然留存，而傳統國家力量則完全喪失，代之而起的是現代國家力量，而現代國家力量一開始就以改造舊的社會結構，推動社會革命為使命的。於是，在現代化過程中，國家文化所需要的文化塑造主體，即國家與社會，都發生了革命性變化。在這種變化中，走出傳統成為國家

與社會的共同選擇，但走出傳統之後的，選擇什麼樣的新文化以及如何處理新文化與傳統文化的關係，國家與社會卻有完全不同的考慮與追求。這樣，傳統社會塑造文化國家的二元一體的合體結構，就完全陷入了二元分割的結構之中，這之間的緊張和衝突一直左右着中國的政治建設與發展。這意味着中國要建構定型的國家文化體系，必須從消除這種緊張和衝突開始。

正如前面分析所指出的，現代化在中國引發的文化革命一開始就形成了兩套邏輯：一套邏輯是基於社會對現代化的直接反映而形成的，強調應該從實現人的自主與解放出發來重構中國的現代文化；另一套邏輯是基於現代國家建設對文化的要求而形成的，強調中國現代文化的建構必須與中國現代政治和社會發展的要求相適應。前者的主體，顯然是社會；後者的主體則是國家。它們在推動文化革命與建設的過程中，具有兩個共同點：一是力圖超越傳統；二是力圖從現代文明中尋找新的文化資源。然而，由於在尋找現代文化資源的出發點上存在差異，它們在共同尋找新的文化資源過程中形成了各自邏輯，形成了各自不同的取向；另一方面，對新文化資源的不同選擇也直接影響它們各自對傳統文化的態度，從而在中國文化現代化轉化與定型上也形成了不同的意向與取向。這之間的差異與緊張，雖然可以在特定的時空中成為中國文化現代轉化的一種推動力量，但長此以往，最終還是會成為中國文化現代轉化的羈絆。因而，在中國的現代國家建設中，國家要努力消除這種差異與緊張。雖然在過往的實踐中，國家曾經通過其所擁有的優勢來限制這其中的差異與緊張，但沒有真正解決問題，因為，國家所建構的文化要成為安頓人的心靈與民族精神的力量，其根基不在國家，而在社會，在每個人的心中。

客觀地講，三十多年的改革開放所帶來的對人類文明的再認識，以及對什麼是社會主義和落後國家如何建設社會主義的再探索，使得國家的

文化取向與文化建設逐漸擺脫了教條化的藩籬，更加契合現代人類文明的發展規律，更加積極地吸納現代人類文明的成就，更加尊重現代人類文明的核心價值。這決定了在國家文化的重構與定型上，國家與社會之間的緊張可以緩解，差異可以縮小。但是，國家與社會的各自文化立場、文化取向以及文化需求不可能因此而達到完全聯通或重疊的狀態，因為基於社會主義的國家立場，中國國家文化的建設取向和發展邏輯依然有自己的定位與選擇。事實上，現代化過程中的文化轉型與文化建設出現國家與社會的緊張，是現代化發展的必然，是普遍的現象。所以，現代化過程中的國家文化重構與建設，不是基於全面消除這其中的緊張與差異，而基於將這種緊張與差異確立在共同的文化關懷基礎之上。顯然，這種共同的文化關懷只能回到國家與社會所共享的歷史與文化之中，這就是國家與社會可以超越，但不能斷絕的文化傳統。對於中國這樣的文化國家來說，更是如此。習近平總書記一直強調，中國國家與社會所共享的五千年文化傳統是中國文化軟實力得以發展的基礎所在：

「提高國家文化軟實力，要努力展示中華文化獨特魅力。在五千多年文明發展進程中，中華民族創造了博大精深的燦爛文化，要使中華民族最基本的文化基因與當代文化相適應、與現代社會相協調，以人們喜聞樂見、具有廣泛參與性的方式推廣開來，把跨越時空、超越國度、富有永恆魅力、具有當代價值的文化精神弘揚起來，把繼承傳統優秀文化又弘揚時代精神、立足本國又面向世界的當代中國文化創新成果傳播出去。」❶

---

❶　習近平在 2013 年 12 月 30 日在中共中央政治局第十二次集體學習時的講話。

任何民族都會在自己發展的歷史中形成體現自身價值、守護自身信念、傳承自身血脈和塑造自身認同的文化傳統。任何民族所建構的國家這個政治共同體，既是文化傳統的產物，也是文化傳統的守護者。所以，對任何民族來說，其所建構的國家，除了需要一套制度體系支撐之外，還需要一套文化體系的支撐，並力求達成制度與文化的內在協調與統一。這決定了現代化所帶來的國家轉型，即傳統國家轉向現代國家，必然同時面臨制度轉型與文化轉型的問題，也就是前面提到的政治革命、社會革命與文化革命問題。在這一過程中，制度轉型是更具根本性與徹底性的，文化轉型要服務於制度轉型，並為制度轉型提供必要的觀念、心理與價值基礎。所以，文化轉型更多地取決於制度轉型；制度轉型除了決定於既定制度的性質之外，就是取決於現代化發展所提出的發展目標和選擇的社會發展歷史形態。到目前為止的現代化實踐表明，內生性的現代化與後發外生性的現代化的鮮明差異在於：前者是通過既有制度的自我轉型與變革來完成的；後者是通過整體的制度替代來實現的。這決定了以西方為代表的內生性現代化國家的現代文化重構，是通過文化傳統的自我轉化和變革來完成的，這其中不會出現嚴重的文化斷裂；而後發外生性的非西方國家的現代文化重構，則往往基於用現代的觀念、價值與精神對自身的文化傳統進行全面的洗滌和篩選而形成的，這其中不可避免地要打斷文化本身歷史延續性，出現一個文化斷裂與碎裂的過程，人們力圖通過這個過程，將傳統文化體系打碎，從而在消解傳統文化對現代化發展所可能產生的羈絆作用的同時，摘取出既能支撐本民族發展，又能與現代文化相銜接、相適應的文化傳統。所以，像中國這樣文化國家的現代化發展，必然要經歷一個反傳統文化的過程，但如果這個過程不能有效地過渡到文化傳統的提煉與現代轉換，那麼其現代化過程就必然演化為反傳統、反文化的過程，並最終導致現代化發展的嚴重扭曲和失敗。

　　在邁向現代的過程中，中國關於文化的現代轉換的討論，始於十六世

紀末，❶鴉片戰爭爆發後，進入高潮，伴隨着傳統國家體系的危機與解體，逐漸演化出反對傳統文化的新文化運動；隨後在反帝反封建的革命運動中，以及在中華人民共和國建立之後的社會主義革命的運動中，被定性為封建文化的傳統文化遭到了更為徹底的否定。在這個過程中，雖然有不少人意識到反對傳統文化不能演變為對文化傳統的全面否定，但還是無力扭轉這個歷史進程。實踐表明，對傳統文化的批判與否定，對推進現代化發展是有積極的文化意義的，但當這種批判與否定從根本上衝擊了民族與國家賴以存續的文化傳統的時候，對現代化發展就失去了積極意義，反而使現代化發展失去應有的文化支撐和社會基礎，因為，現代化的主體是人，而人的心靈與精神的安頓是離不開與生俱來的文化傳統滋養與安撫的。

現代化越是深入與全面，中國人對現代化過程中所出現的這種文化兩難困境的感受越是深刻。

改革開放三十多年之後的今天，隨着中國特色社會主義道路的成功，中國全面認識到國家的文化力量，不僅是創造國家進步、社會安定和人民幸福的重要資源，而且也是中華民族在世界上全面崛起的重要軟實力。為此，中國將當下的探索與實踐以及當下社會的進步與發展都全面地銜接到中國的歷史、文化與傳統之中，為此，習近平強調指出：

「對我國傳統文化，對國外的東西，要堅持古為今用、洋為中用，去粗取精、去偽存真，經過科學的揚棄後使之為我所用。講清楚中國特色社會主義植根於中華文化沃土、反映中國人民意願、適應中國和時代發展進步要求，有着深厚歷史淵源和廣泛現實基礎。講清楚中華文化積澱着中華民族最深沉的精神追求，是中華民族生生不息、發展壯大的豐厚滋養；中

❶　張岱年、程宜山：《中國文化論爭》，中國人民出版社，2009 年版，第 255—256 頁。

華民族創造了源遠流長的中華文化，中華民族也一定能夠創造出中華文化新的輝煌。講清楚中華優秀傳統文化是中華民族的突出優勢，是我們最深厚的文化軟實力。」❶

　　這裏強調的三方面「講清楚」，既是文化傳統所需要的深刻自我反思的過程，也是在反思中尋求中國現代化發展的文化資源與文化決定力量的過程。這三個「講清楚」命題的共同指向就是一條：中國特色社會主義現代化的成功，離不開中國文化傳統在其中的決定性作用；而中國文化傳統的現代轉換，將長遠地、根本地決定中華民族的復興與繁榮。所以，今天的中國應該在什麼樣的深度上把握和轉換中國文化傳統，將直接決定中國走向強國所具有的能力與實力。中華民族偉大復興的根還是要牢牢地繫在中國文化傳統之中。

　　優秀傳統文化的繼承與弘揚，中華文化傳統的延續與發展，是中國現代化過程中的國家文化重構的重要基礎。在這個基礎上，文化建設實踐中的國家力量與社會力量、國家邏輯與社會邏輯，就可能形成聯通和融合，形成相互推動，相互促進的發展局面。這種局面的出現，不僅對文化建設有力，而且對國家穩定與社會和諧有益。國家與社會之間在觀念、價值和認同上的互通、互認與互信，是一個國家繁榮的基礎，也是一個國家長治久安的根本所在。由此可見，中國在經歷了百年現代化努力之後，終於找到了重構國家文化的戰略路徑和根基所在。中國發展應有的文化自覺和文化自信將由此逐步確立和鞏固。

---

❶　習近平 2013 年 8 月在全國宣傳思想工作會議上的講話。

第四篇

發 展

第十二章

政治建設

　　三十多年的改革開放，使中國發展全面邁入現代化進程，與人類的現代化發展邏輯相呼應，使人們能夠從發達國家的現實中看到中國未來的影子。在這樣的背景下，人們對中國的認識和思考常常會自覺或不自覺地以發達國家的經驗或模式來透視中國、思考中國，甚至規劃中國，以至於常常將中國發展中最關鍵的要素遮蔽掉，視而不見。典型的事例之一就是：在中國政治學研究中，人們常常習慣性地將黨建問題置於思考和回答中國政治建設問題之外，沒有將其視為中國政治研究中的基本問題。所以，黨建研究一直沒有進入中國政治研究的主流，長期局限在黨史研究的範疇之中。儘管這個局面目前有所改變，但基本格局和認知邏輯沒有變化。導致這種狀況的原因很多，其中非常重要的一點就是：不少人沒有從中國的政治邏輯中去把握中國共產黨、把握黨建，因而也就無法真正認識到黨建在中國發展中的重要政治作用。為此，本章將從政治學出發考察黨建在中國發展中的重要政治作用，並由此來揭示政治建設的中國範式。

一、政治建設與國家成長

　　政治建設，是中國的概念，但卻是現代化發展的必然要求。❶ 現代化

---

❶　在西方的學術體系中，用於表達類似中國「政治建設」概念含義的用語是：國家建設（state-building）。本書所說的國家建設，將政治建設包含其中，除此之外，還包括經濟建設、社會建設、文化建設；而所有這些領域的建設，都必須建構三大體系：即價值體系、組織體系與制度體系。

實際上是人類生產和生活的重構以及由此形成的歷史發展運動。產生這種重大歷史躍進的核心動力來自人在追求全面發展過程中所出現的革命性變化，即從作為共同體一員存在的人躍進為作為獨立個體存在的人。人的存在狀態的質變必然帶來由人構成的社會組織的變化，德國著名社會學家滕尼斯用「共同體」與「社會」這兩個概念來區分前後兩種社會之間的差異，前者是「一種生機勃勃的有機體」，後者是「一種機械的聚合和人工制品」。❶ 相對於自然形成的「共同體」來說，人工形成的現代「社會」，自然是人的思想和意志的產物，是擁有自主性的個體的自由聚合。因而，現代化建設實際上是對政治、經濟、社會與文化系統的重新構建，以滿足以個體為單位、以自主為取向的人與社會的發展。這種重新建設綜合起來，就是所謂的「國家建設」。馬克思將這個歷史運動概括為這樣的邏輯：人的自主創造現代社會；現代社會必然建設與其相適應的現代國家；建設現代國家就必須建設現代的經濟、社會、政治與文化系統，並在民主、市場和法治的原則下，將這些系統聚合為穩定的有機整體。❷

因而，建設現代國家是現代化發展的必然，而現代國家建設一定包括政治建設。由於現代國家是以承認和保證人的自主發展與社會平等為前提的，因而其政治建設的內在價值取向就是創造保障個體自由與社會平等的民主政治。這樣，人們就很自然地把政治建設看作是政治民主化的過程，從而直接用「政治民主化」來表達現代國家建設中的政治建設。❸

現代國家建設，首先要完成國家轉型，即從傳統邁向現代；其次要

---

❶ 【德】斐迪南·滕尼斯：《共同體與社會》，林榮遠譯，商務印書館，1999 年版，第54 頁。

❷ 林尚立：《建構民主的政治邏輯 —— 從馬克思的民主理論出發》，《學術界》，2011 年第5 期。

❸ 美國學者亨廷頓就是在這樣的政治思維中來撰寫其兩本著名的著作：《變遷社會中的政治秩序》與《第三波 —— 20 世紀後期民主化浪潮》。

建立國家制度，即建立現代的民主制度；最後要鞏固國家制度，即形成穩固而健全的憲政體系。這決定了承載國家建設使命的政治建設，雖然以民主化為取向，但其實際任務要超越出民主建設本身，要解決這樣幾個具體問題：

其一，政治制度化問題。從傳統國家邁向現代國家的標誌之一，就是傳統政治制度體系的消解與新的政治制度體系的建構。所謂的政治制度化問題，就是新的政治制度體系的確立與鞏固的問題，這其中不僅包括制度本身的確立，而且包括制度背後的價值的確立。用韋伯的理論來表達，就是新政治制度完成工具合理性與價值合理性。正是在這個意義上，亨廷頓認為，「制度化是組織和程序獲得價值觀和穩定性的一種進程。」❶ 顯然，這種制度化是對所有的政治制度而言的，與制度本身民主形態無關，即使是所謂西方的經典民主制度，其確立也要經歷這樣的過程。

其二，政治穩定問題。從國家建設的邏輯來講，政治穩定實際上包括橫向穩定與縱向穩定。橫向穩定是國家結構的內在協調問題，其基礎是主權認同、一體化結構與公民社會；縱向穩定是國家政權的鞏固及其統治的有效性，其基礎是政權的合法性與有效性、國家與社會的協調以及有效的政治發展。對國家轉型與建設來說，政治穩定既可以是策略性的，也可以是制度性的，但最終必須是制度性的。策略性的政治穩定是危機應對的產物，一定是暫時的，而只有制度性的政治穩定才是國家建設的內在要求，因為，它創造的是常態化的穩定政治結構。

其三，政府能力問題。現代化意味着人與社會的全面發展變成可能。這種發展離不開政府，就個體來說，現代化在創造個體自主與獨立的同時，也削弱了個體從自然資源中獲得自我生存條件的基礎與能力，於是對

❶ 【美】塞繆爾·P·亨廷頓：《變化社會中的政治秩序》，王冠華等譯，上海人民出版社，2008 年版，第 10 頁。

政府的作用形成了內在的依賴；對社會來說，雖然市場的作用在許多方面替代了政府，但市場對秩序與對國家一體化的內在需求卻對政府的有效作為形成必然的需求。因而，現代化需要政府能夠創造個體與社會都能獲得有效發展的治理體系，這種治理體系的力量，不是來自政府所擁有的強力，而是政府所擁有的能力，強力只是能力的組成部分。王紹光、胡鞍鋼教授將這種能力概括為八個方面：強制能力；汲取能力；濡化能力；監管能力；統合能力；再分配能力；吸納能力；整合能力。❶

其四，政治民主問題。現代國家與傳統國家的根本區別在於它是以個體自主為前提，以促進人與社會發展為使命的，因而，它要努力尋求個體自由與社會平等的協調；個人發展與社會進步的協調。實現這種協調的有效制度安排就是民主制度，即民眾能夠在決策與治理中充分發揮作用從而維護自身合法利益的制度安排，它由三大體系構成：一是權利保障體系；二是權力制約體系；三是政治參與體系。通過立憲確立這三大體系是政治民主的開始，但在實踐中要實現這三大體系的有機統一，需要長時間的國家與社會互動。只有當這種互動進入到制度化和法治化的軌道上，這三大體系所支撐的政治民主才能鞏固下來，否則，政治民主時刻面臨陷入危機的可能。❷

綜合上述分析，政治建設實際上是圍繞着現代政治共同體的建構、憲政民主體系的建構、現代政府治理體系的建構以及公民社會的建構這四個方面展開的。現代國家就是在四個方面建構中得以逐步成長的，最終形成

---

❶　參見王紹光、胡鞍鋼：《中國國家能力報告》，遼寧人民出版社，1993 年版。

❷　美國政治學者林茨認為民主的鞏固必須具備五大基礎條件，即擁有公民社會發展的條件；存在受人尊重的政治社會；自由而自主的結社生活；服務民主的國家官僚系統；制度化的經濟社會。見【美】胡安·J·林茨、阿爾弗萊德·斯泰潘著：《民主轉型與鞏固的問題：南歐、南美和後共產主義歐洲》，孫龍等譯，浙江人民出版社，2008 年版，第7 頁。

的結構形態是：上是政治共同體，下是公民社會，憲政民主體系與政府治理體系立於中間，以公民社會為基礎，支撐現代政治共同體。

二、政治建設的權力空間

政治建設一定是在特定的權力空間中展開的，其使命是合理配置權力，以建立穩定有序的權力結構及其形成的政治體系，從而為人的生存與發展提供必要的秩序與保障。權力是在人與人的相互作用中形成的。人們只要組成社會，就必然形成複雜的權力關係，並由此形成特定的權力空間，其內在結構決定於權力關係本身。人類發展的歷史表明，社會制度轉型與社會形態躍進的背後一定包含着這種權力關係的變化。

著名未來學家托夫勒曾經從權力轉移的視角考察了人類文明與進步發展的歷程與邏輯。❶ 實際上，人們只要簡單考察一下歐洲近代以來的歷史就會發現，歐洲邁向現代的前提與基礎就是權力關係及其決定的權力結構的深刻變化。這種變化既包含神人關係權力關係的顛倒，也包含社會與國家權力關係的顛倒。❷

現代化所要求的政治建設，自然是在現代權力關係所形成的權力空間中展開的。現代化是人類社會發展的必然，它發端西方，但不屬於西方。然而，基於先行者對後覺者的榜樣作用，西方根據自身歷史與社會現實所形成的實踐卻往往成為現代化的「經典」，這其中包括對權力關係的佈局。

---

❶ 　參見【美】阿爾溫·托夫勒：《第三次浪潮》，朱志焱等譯，生活·讀書·新知三聯書店，1983 年版。

❷ 　瑞士著名歷史學家布克哈特對人類歷史中六種相互制約關係的考察，能夠給我們更為豐富的啟示。見【瑞士】雅各布·布克哈特：《世界歷史沉思錄》，金壽福譯，北京大學出版社，2007 年版，第 76—152 頁。

從根本上講，權力關係的實際佈局是人們生產、生活和交往的自然產物，相關的理論抽象是基於對其內在規律的把握。近代以來的西方學者根據西方社會現代化轉型的內在邏輯與現實狀況，將現代政治建設的權力空間抽象為二元結構模式，即國家與社會的二元結構模式。支持這種結構模式的理論有：社會契約理論、市民社會理論、社會革命理論等等，其共同的邏輯是：人的解放創造現代社會，現代社會建構現代國家，現代國家服務和保障現代社會，民主由此成為現代社會和現代國家的必然選擇，於是，現代政治建設應該在國家與社會組成的二元結構權力空間中展開。馬克思就很明確地認為：

「國家制度只不過是政治國家和非政治國家之間的妥協，因此它本身必然是兩種本質上相異的權力之間的一種契約。」❶

馬克思認為，正是在這樣的二元結構中，人民獲得了制約國家權力的力量。這與傳統的古代國家有本質不同。因為，「在古代國家中，政治國家構成國家的內容，並不包括其他領域在內，而現代的國家則是政治國家和非政治國家的相互適應。」❷ 換言之，在古代國家，國家政權就是國家本身，國家就是國家政權；而在現代國家，除了國家政權之外，還有自主的人民力量及其所組成的現代社會，因而，在這空間中的政治建設，必然是基於政府與人民、國家與社會的「協調」與「契約」。

馬克思歷史觀認為，這種二元結構是對傳統的國家生活與社會生活一體的一元結構的反動，但不是最終的結構，馬克思認為這種二元結構必

---

❶　馬克思：《黑格爾法哲學批判》，《馬克思恩格斯全集》第三卷，人民出版社，2002 年版，第 73 頁。

❷　同上，第 41 頁。

須以新的一元結構模式為依歸，即重歸國家與社會一體，不過這種一體不是社會歸屬國家，而是國家歸屬社會，其政治形態是「社會共和國」。[1] 所以，在馬克思看來，這種二元結構不過是人類社會發展過程中的一種權力結構形態，它可以孕育民主，也可能產生專制，因為，從社會抽象出來的國家也可能倒過來像蟒蛇一樣緊緊地將社會纏繞起來。[2] 這就意味着二元結構雖然是現代民主成長的基本權力空間，但它並非是現代民主成長的必然保障空間。換言之，現代民主建設需要以這樣的權力空間為基礎，但並不意味着只能局限於這樣的權力空間。中國現代化基於自己的探索實踐，在二元結構的權力空間基礎上，建構了三元結構的權力空間。

中國傳統帝國的權力空間實際上也是二元結構，一個是基於家族共同體所形成的村落社會；一個是基於皇權和官僚所形成的國家空間。「皇權不下縣」的治理原則以及國法尊重家法的政治原則，[3] 保證了村落社會與官僚國家既相對獨立，又相互依存。但是，用馬克思的話來說，這種二元結構是「現實的二元論」，與基於現代社會抽象的二元論所形成的二元結構完全是兩碼事。現代的二元結構是基於私人生活完全從國家生活中抽象出來並由此獲得社會自主而形成的。因而，傳統帝國解體之後，帝國所留下的社會，不僅在本質上不是現代社會，而且在形態上也不是完整的社會，在原有的帝國體系崩解之後，它陷入了四分五裂的狀態。由此，我們可以這樣描述中國邁進現代化門檻時的最初形態：帝國的規模、崩潰的權威、分裂的社會、坍塌的信仰、貧弱的機體。顯然，這種現代化不是內生的要求，而是外力使然，不但缺乏應有的社會基礎，而且缺乏有效的主導

[1] 馬克思：《法蘭西內戰》，《馬克思恩格斯選集》第三卷，人民出版社，1995 年版，第 104—105 頁。

[2] 同上，第 91 頁。

[3] 瞿同祖：《中國法律與中國社會》，中華書局，1981 年版，第 25 頁。

力量，因而，傳統中國現代化轉型的最終命運很可能被現代化擊垮，傳統帝國裂變為幾個小國，分散化地進行現代化發展的各自努力，適者生存。現代化的歷史潮流對近代中國的衝擊確實將巨大的中國置於這樣的危險境地。因為，歷史潮流雖然將中國沖到了民主化與現代化的岸邊，但既沒有給中國帶來一個現代社會，也沒有給中國帶來一個有效的國家。在社會無力、國家無效的狀況下，中國要維繫規模巨大的整體，並努力將其帶上現代化發展的軌道，就自然需要第三種力量，這就是政黨。近代中國有過為開國會而產生的政黨，但作為拯救國家與民族危亡的第三種力量的政黨，從一開始就不僅止是為運行民主而產生的，而是為了建立一個新社會和新國家而產生的，所以，它的基礎是現實的社會，但其使命卻超越出社會的現實規定，定位於建構新社會與新國家。為此，它要成為社會的核心，從而有效地動員、組織和主導社會，成為全社會和全民族的代表；在此基礎上，它要成為建構現代國家的擔當力量。為保證這種力量具有履行其特殊歷史使命的能力，它將軍隊納入其領導之下，成為服務其使命的力量。首先將這第三種力量引入中國現代化建設的是孫中山，但最終以此模式取得成功的是中國共產黨。

應該指出的是，從根本上講，這第三種力量並不是對國家與社會這兩種力量的否定，相反，它將充分發展現代國家與現代社會這兩大力量，否則，在民主與現代化成為中國發展必然選擇的歷史前提下，它就失去了應有的合法性基礎。作為建構國家與社會的擔當力量，它自然對社會和國家都具有相對的自主性，但又代表和主導社會；它在國家制度範圍之內，但駕馭和決定國家。於是，中國現代化發展在客觀上就形成了三元結構的權力空間。然而，這種權力空間要有現代化和民主的價值追求和功能體系，其背後就必須有兩個不可缺少的抽象過程：其一是私人生活從國家生活中抽象出來，獲得獨立的存在；其二是國家政權從少數人統治中抽象出來，成為全民的力量，實踐人民民主。前者基於現代化，後者基於政黨的人民

民主實踐。在這兩方面抽象基礎上形成的三元結構，就必然是相互決定，相互作用的結構。由此可見，這三元結構的現實基礎是中國的歷史與社會，但其支撐的內在邏輯是人民民主，即國家權力來自人民，人民整體掌握國家權力。換言之，人民民主是政黨與國家、社會共同構成三元結構權力空間的合法性基礎。

不論在理論上，還是在實踐中，沒有二元結構的權力空間，也就不可能形成三元結構的權力空間，所以，前者是後者的基礎，並決定着後者的成熟與發展。然而，中國對人民民主的追求，使得中國現代化和民主化的發展不可能將三元結構權力空間簡化為二元結構權力空間，或者直接用二元結構權力空間來替代三元結構權力空間。因為，在二元結構權力空間中，雖然國家權力也是來自人民，但人民無法整體來面對國家權力，相反，都是以個體為基礎來面對國家權力，因而，他們的事務無法直接而有效地上升為國家事務，而國家事務往往取決於權勢力量的利益與訴求。然而，在三元結構的權力空間中，面對國家的個體可以通過代表全體人民利益的政黨而凝聚成為整體的力量，從而整體面對國家，使人民事務直接上升為國家事務。因為，維繫這三元權力結構的關鍵在於政黨；而政黨也只有維繫了這三元權力結構才能獲得領導和執政的合法性基礎。

在這三元結構的權力空間中，人民既是個體的存在，也是整體的存在，因為，既是他們政治參與的主體，也是國家治理的主體；這決定了國家不僅是保證每個人利益的國家，而且是屬於全體人民的國家，其相對自主性，不是體現為對少數人統治的自主性，而是體現為國家權力不屬於任何少數人集團的自主性。這決定了在三元結構下的國家與社會的關係與二元結構下的國家與社會的關係並不完全相同。帶來這種差異並使其具有實際意義的關鍵力量就是承擔現代國家與社會建構使命的政黨。代表全體人民利益，以實現人民當家作主為使命的政黨，實踐人民民主的社會與國家的同時，也被這樣的社會與國家所決定，即這樣的政黨必須是以全體人

民根本利益為使命的政黨，保證國家權力掌握在全體人民手中的政黨。所以，在這樣三元結構的權力空間中，政黨的權力是基於其所擁有的實質性領導而形成的，而實質性領導的基礎不是來自強力，而是來自人民的認同與擁護。因而，這種權力，不是強力，而是號召力、影響力與凝聚力的有機統一。它與人民手中的權力以及國家的公共權力完全不同，但又是人民與國家有效運行其擁有的權力所不可缺少的力量。

三、黨的建設與政治建設

在三元結構的權力空間中，政治建設是在各權力主體的相互作用中展開的，各權力主體既是政治建設的主體，也是政治建設的對象。整個政治建設，不僅需要人民民主發展，國家政權體系建設，而且也需要黨的建設。在中國的政治邏輯中，黨是政治建設的領導力量，黨在很大程度上決定着政治建設的議程與走向。這種決定作用，一方面來自黨所代表的人民意志，另一方面來自黨自身的建設與發展。所以，將黨的建設從中國政治建設中抽取掉，無視其與政治建設的深刻關係，既不明智，也不科學。黨的建設與中國政治建設的深刻關係，並非完全基於黨對政治建設的領導，而更多地是基於中國共產黨與社會、國家之間的深刻關係，其基礎是黨領導人民建立國家與治理國家的長期實踐。

和世界上任何政黨一樣，黨的建設伴隨黨的發展始終。在中國共產黨掌握政權，開啟以社會主義為取向、以人民民主為根本的中國現代國家建設之前，黨的建設就已經存在。1939 年，毛澤東在總結中國共產黨十八年成長歷史的時候就指出：黨的建設是中國共產黨在中國革命中戰勝敵人的三個法寶之一。中國共產黨的成長過程，就是黨的建設過程。所以「我們今天要怎樣建設我們的黨？要怎樣才能建設一個『全國範圍的、廣大群眾性的、思想上政治上組織上完全鞏固的布爾什維克化的中國共產黨』？這

個問題，考察一下我們黨的歷史，就會懂得」。❶ 中國共產黨的性質和使命決定了黨的建設從一開始就與通過議會政治和選舉政治而形成的政黨的黨建不同。這種差異體現在兩個方面：其一，中國共產黨將黨的建設視為黨的生命，是黨永葆生機與活力的根本保障。這與中國共產黨是革命黨出身有直接關係。革命黨要領導革命，奪取政權，不僅要用自己的主義和主張動員羣眾、聚合革命力量，而且要用自己的主義與主張領導軍隊，激發軍隊的戰鬥力；不僅要用自己的組織實踐使命、聚合社會，而且要用自己的組織塑造軍隊，要用自己的組織去保證軍隊的戰鬥力。其二，中國共產黨成立後不久就將黨的建設與軍隊建設以及隨後的政權建設實踐有機的結合起來。基於「支部建在連上」的建黨實踐，中國共產黨開闢了以政黨力量來推動和保障現代軍隊建設的歷程，形成了「黨指揮槍」的治黨與治軍的工作體系；基於革命根據的政權建設實踐，中國共產黨一方面開啟了以黨的民主集中制原則為藍本的國家政權建設實踐，並發展出民主集中制的政體原則和模式；另一方面在統一戰線的基礎上開啟了與黨外民主人士合作的黨派合作與政治協商的政治實踐，並最終將中華人民共和國建立在這種合作所創造的人民民主統一戰線的基礎之上，從而孕育出既具有現代民主意義、又具有中國特色的中國共產黨領導的多黨合作和政治協商制度。

由此可見，中國共產黨的建設過程，既是黨的成長過程，也是中華人民共和國的軍隊與政權的孕育和壯大的過程。毛澤東將這其中所創造的黨的建設、統一戰線和武裝鬥爭的三者統一視為中國共產黨取得革命勝利的根本法寶。黨的建設與國家建設和軍隊建設相統一的格局，在中華人民共和國建立之後，不但沒有消解，反而更加深入和全面，一直持續至今。必須指出的是，中國共產黨的建設，不論其組織建設還是其思想建設和政治

---

❶ 　毛澤東：《〈共產黨人〉發刊詞》，《毛澤東選集》第二卷，人民出版社，1991 年版，第613—614 頁。

建設，都將人民羣眾作為自身力量的源泉，為此，中國共產黨將羣眾路線確立為黨的生命線。在這樣的立黨思想和建黨戰略下，中國共產黨將黨的組織牢牢地紮根於羣眾之中，並成為動員羣眾、宣傳羣眾和組織羣眾的核心機制。中華人民共和國建立之後，黨的組織也就順理成章地成為建構新社會和新國家所需要的最基本，也是最核心的組織載體，並在此基礎上創造了將社會上所有的個人納入單位組織，在所有的單位組織建立黨組織的社會組織和整合形態。黨的組織就這樣完全嵌入到社會生活的方方面面，成為社會機體的細胞核。由此，我們可以進一步把黨的建設過程看作是黨組合社會力量，創造新型社會結構的社會整合過程。這個過程一方面保證了黨的基礎與力量；另一方面保障了黨對社會的凝聚與整合。

　　黨的建設過程所創造的黨與軍隊、黨與國家政權以及黨與整個社會之間的關係，實際上已成為一種相互塑造、共生共進的關係。正是這種關係孕育和發展了中國特有的三元結構的權力空間。這種關係形態決定了政治建設本身就包含黨的建設，不僅如此，政治建設的其他領域的建設，也時刻離不開黨的建設。沒有有效與積極的黨的建設，要改變既有的權力格局與政治形態是很難的。改革開放前，在黨的一元化領導之下，黨的建設實際上基本上替代了政治建設的方方面面。❶改革開放之後，在黨政分開、市場經濟、依法治國以及社會建設等改革與建設實踐的推動下，黨、國家與社會獲得了各自的運行和發展空間，但它們之間的內在關係依然是建立在相互塑造與共生共進的基礎上，所以，雖然現在黨的建設不能替代政治建設的其他方面，但黨對政治建設的領導和決定作用沒有改變。正因為如此，直到目前為止，鄧小平在 1980 年發表的《關於黨和國家領導制度改革》的文章依然是指導中國政治建設中重要的經典文獻。

---

❶　鄧小平：《黨和國家領導制度的改革》，《鄧小平文選》第二卷，人民出版社，1983 年版，第 328—329 頁。

從黨的歷史與中華人民共和國的歷史來看，中國共產黨將政治建設上升為國家發展戰略是在改革開放後，是在經歷了近二十年的政治體制改革之後形成的。2002 年黨的十六大第一次在「政治體制改革」概念的基礎上提出「政治建設」；黨的十七大，政治建設與經濟建設、社會建設、文化建設共同成為推動國家發展的四大建設。其內在動因，一方面來自政治體制改革的需要，另一方來自社會主義市場經濟體制對現代政治建設的需求。從黨的報告來看，政治建設實際上包含兩大方面：一是社會主義民主政治建設；二是黨的建設。社會主義民主政治建設主要圍繞着國家政治制度的完善、公民政治參與的深化、政府管理能力的增強以及依法治國水平的提升而展開；黨的建設除了組織、思想和作風建設之外，主要是圍繞着黨的領導方式與執政方式的展開，其中包括黨內民主。從建設的具體內容來看，黨的建設全面涉及到社會主義民主政治建設的方方面面。我們不妨在此引用黨的十七大報告中的兩段關於黨的建設的論述：

「積極推進黨內民主建設，着力增強黨的團結統一。黨內民主是增強黨的創新活力、鞏固黨的團結統一的重要保證。要以擴大黨內民主帶動人民民主，以增進黨內和諧促進社會和諧。尊重黨員主體地位，保障黨員民主權利，推進黨務公開，營造黨內民主討論環境。完善黨的代表大會制度，實行黨的代表大會代表任期制，選擇一些縣（市、區）試行黨代表大會常任制。完善黨的地方各級全委會、常委會工作機制，發揮全委會對重大問題的決策作用。嚴格實行民主集中制，健全集體領導與個人分工負責相結合的制度，反對和防止個人或少數人專斷。推行地方黨委討論決定重大問題和任用重要幹部票決制。建立健全中央政治局向中央委員會全體會議、地方各級黨委常委會向委員會全體會議定期報告工作並接受監督的制度。改革黨內選舉制度，改進候選人提名制度和選舉方式。推廣基層黨組織領導班子成員由黨員和群眾公開推薦與上級黨組織推薦相結合的辦法，

逐步擴大基層黨組織領導班子直接選舉範圍，探索擴大黨內基層民主多種實現形式。全黨同志要堅決維護黨的集中統一，自覺遵守黨的政治紀律，始終同黨中央保持一致，堅決維護中央權威，切實保證政令暢通。」

「不斷深化幹部人事制度改革，着力造就高素質幹部隊伍和人才隊伍。堅持黨管幹部原則，堅持民主、公開、競爭、擇優，形成幹部選拔任用科學機制。規範幹部任用提名制度，完善體現科學發展觀和正確政績觀要求的幹部考核評價體系，完善公開選拔、競爭上崗、差額選舉辦法。擴大幹部工作民主，增強民主推薦、民主測評的科學性和真實性。加強幹部選拔任用工作全過程監督。健全領導幹部職務任期、迴避、交流制度，完善公務員制度。健全幹部雙重管理體制。推進國有企業和事業單位人事制度改革，完善適合國有企業特點的領導人員管理辦法。」

在上述兩段論述中，人們可以清晰地看到黨的建設與政治建設之間存在着兩大方面的直接對應關係：一是體制與組織的對應關係，如黨內的領導與決策體制與國家政權系統中的決策體制的對應關係；二是領導與幹部的對應關係，如黨內幹部選拔晉升制度與國家公務員內的選拔晉升制度的對應關係。從這種對應關係中，人們不僅要看到黨的建設對政治建設的主導作用，同時也更要看到政治建設對黨的建設的引導作用。雖然中國共產黨主張擴大黨內民主以帶動人民民主，但同時也應該看到人民民主制度及其實踐現在已成為黨內民主建設所必須面對的戰略依據。所以，正如中國的民主政治建設不能離開黨的建設一樣，黨的建設也不能孤立於民主政治建設之外，否則，黨的建設就缺乏合法與合理的制度基礎與行動框架。

綜合上述分析，黨的建設與政治建設的關係可以概括為：政治建設包含黨的建設，而黨的建設決定政治建設。這種關係使得黨的建設具有政治建設的價值；同樣也使得政治建設具有黨的建設的意義。這種關係格局使

中國的政治建設的途徑和平台不是單一的,而是多元的,既可以直接依法進行改革,也可以從黨建進行改革;既可以在國家制度的平台上進行改革,也可以在黨的組織空間中進行改革。這種多元的途徑和平台為中國政治建設的戰略佈局和策略選擇提供了很大的迴旋空間,從而使具有高度政治敏感性的政治改革與政治建設能夠在比較穩妥的狀態下展開和進行。當然,對於中國的政治建設來說,持久穩定的政治生活最終還是有賴於民主的制度化和制度化的民主。

四、人民民主的鞏固

現代民主,不論表現為何種形式,都離不開政黨在其中的作用。這其中的根本原因在於現代民主存在着一種天生的內在張力,即強有力的政府與自由的個人之間的緊張。這種緊張實際上是現代人自身生存的緊張,即作為現代民主前提的人的自由,是以逐漸離開傳統的生存系統(即自然系統和傳統的共同體系統)到以城市為主要空間的生存系統為前提的,於是,伴隨着這種堅韌自由而來的卻是脆弱的城市生存環境,人們只有在市場上將自己的勞動力出售出去才能獲得生存,這必然使得獲得堅韌自由的個人不得不依賴政府,以獲得最基本的生存與生活保障。這種依賴直接壯大了政府對個人以及社會的控制與駕馭作用,從而使個人的自由在客觀上不得不面對政府權力的威脅。於是,既要政府有作為,同時又要政府不強權,就成為現代民主的內在使命。在民主的原則下,實現這種使命的關鍵在於讓政府最大限度地控制在人民手中。為此,現代民主孕育了普選制度,明確規定贏得普選的政治力量掌握國家權力。西方國家的現代政黨就是在這樣的政治溫床中得以全面成長的,它處於國家與社會之間,既是社會利益的代表,同時也是政府治理的代理,因而能夠在一定程度上平衡國家與社會、政府與個人之間的張力。由此可見,現代民主運行必然產生現

代政黨，現代民主對現代政黨的依賴，使得各國政黨結構以及政黨制度直接影響各國民主的運行與發展。

　　暫且不論是政黨或政黨制度決定一國的民主制度，還是一國的民主制度決定政黨以及政黨制度，有一點可以肯定的是，政黨和民主制度的決定力量都是共同的，這就是一個社會的歷史與現實。西方那些先發的現代化國家所形成的政治形態，不論在結構上，還是在運行方式上，都是形態各異的，這充分說明了一國的政治一定是一國歷史與現實社會結構的產物。❶ 這個邏輯在中國社會也得到了同樣的演繹。走向共和的近代中國，實際上實踐過現代政治可能出現的各種政治形態，如袁世凱的軍人政權、民國初年的議會政治以及蔣介石的獨裁政治，最終在歷史合力和現實發展要求的共同作用下，以社會主義為取向的中國現代政治建設走上了人民民主的發展道路。「人民民主」與普遍運行於西方先發的現代化國家的代議民主有本質不同，它強調人民不僅是國家權力的來源，而且是掌握國家權力的力量，是人民當家作主，實現「人民統治」的民主，其基本價值是：人為發展之本，發展以人為本；人民為國家之本國家為人民服務；人民當家作主，共建人民國家。在這樣的政治結構中，代議基於「自我代表」的原則，即構成人民的每個羣體都通過自己相應的代表來掌握和行使國家權力；而不是「委託代理」的原則，即人民將權力委託給職業的政治代理人並讓他們來管理國家。這兩種代議形態所產生的政治效果也是完全不同的：基於「自我代表」原則所形成的代議，國家權力依然共同掌握在社會各方面力量的手中，從而在代議的形式下，實現全體人民共同掌握國家權力，整體運行國家權力；而基於「委託代理」原則所形成的代議，國家權力掌握在

---

❶　【美】塞繆爾·P·亨廷頓：《導致變化的變化：現代化，發展和政治》，見【美】西里爾·E·布萊克編：《比較現代化》，楊豫、陳祖洲譯，上海譯文出版社，1996年版，第37—91頁。

人們所選舉的職業政治代理人手中，從而不可避免地形成部分人掌握國家權力統治的政治格局，國家與社會也因此逐漸陷入一部分人統治另一部分人的分立與對峙的政治之中。由此可見，如果僅從目的來看，人民民主的最大意義在於能夠有效地避免國家權力陷入一部分人統治另一部分人的分立與對峙之中。對於中國這樣巨型的單一制國家來說，這無疑具有重要價值，因為，它使得單一制國家平衡多元結構與多元利益有了一個重要的政治基礎，即社會各力量聯合，共同掌握國家政權，整體運行國家權力，創造平等協商共治。

很明顯，人民民主是在人民內部力量多元構成的基礎上形成的，但是它的出發點不是多元分散，而是多元聯合與團結。在中國共產黨的政治實踐中，人民民主就是從「各革命階級聯合專政」的新民主主義政治發展而來的。[1] 因而，人民力量的聯合與團結是人民民主的前提。換言之，人民力量構成有機整體是人民民主的前提。在中國，這種前提的實現方式是人民通過其先進性階級力量及其先鋒隊組織，即中國共產黨，聯合為有機整體，共同掌握國家政權，整體運行國家權力。從這個角度講，黨的領導是人民民主的內在要求；黨能否實現有效領導則是人民民主發展的關鍵。這是中國政治內在的基本原則，這個原則決定了不論從哪個角度講，中國現實政治、經濟與社會發展的關鍵都在黨本身。中國共產黨建立這個國家，並將自身全部嵌入到這個國家與社會體系之中，成為主導性力量。

雖然伴隨着現代化的成長與國家制度的成熟，國家、市場與社會日益獲得了獨立自主的運行空間和有效的法律保障，但正如西方代議民主離不開西方現代政黨一樣，[2] 中國現代政治的制度根脈與運行邏輯也離不開中國

---

[1] 毛澤東：《新民主主義論》，《毛澤東選集》第二卷，人民出版社，1991年版，第677頁。
[2] 【英】艾倫·韋爾著：《政黨與政黨制度》，謝峰譯，北京大學出版社，2011年版，第111—130頁。

共產黨。所以，包括黨的領導制度建設在內的黨的建設問題就成為國家政治建設與政治發展的全局性問題。在這一點上，中國與西方發達國家沒有什麼兩樣，那些有歷史的、成熟的西方國家，都力圖持久地保持既有的政黨結構與政黨制度，並使其更加優化和健全。

從中國發展的全局以及中國共產黨當下的實際狀況來看，中國共產黨建設將長期面臨三大戰略性問題：

第一，黨與人民。前面的分析已經表明，這對關係是全局性的關係，不僅關係到黨的社會基礎與領導能力，而且關係到人民民主發展的前提與條件。黨與人民關係的核心就是一點：人民對黨的認同與信賴。有了認同與信賴，黨就有了領導力、號召力與凝聚力。創造認同與信賴的行動基礎自然是黨在思想上、行動上和組織上密切與人民羣眾的關係，為此，黨要充分發揮羣眾路線的法寶作用。但在現代政治條件下，僅有羣眾路線是不夠的，黨還應努力創造認同與信賴的政治基礎，即領導執政的合法性、合理性與有效性。執政合法性的根本在於使黨的價值、組織與制度確立在充分的社會共識基礎上；執政合理性的根本在於使黨的領導與組織體系具有開放性和自我完善能力；執政有效性的根本在於使黨的戰略與行動能夠帶來經濟與社會的有效的發展與進步。可見，佈局與協調黨與人民的關係，是黨領導與執政的全局性問題，應該從黨的具體工作做起，但必須從黨和國家事業的全局來把握。

第二，黨與國家。這方面的核心是黨與國家領導制度問題。在中國政治體系中，黨的領導體系總體上講是顯性的，通過制度化的安排，它與國家權力運行體系相銜接；另外一個特點是，黨的領導體系從中央延伸到基層，與國家各級政權以及基層自治對應。由此，中國的政治體系實際上就形成了「憲法至上，一元領導，雙重結構」的佈局。

其中，「憲法至上」與「一元領導」之間的關係實際上是人民與黨的關係，因為，從政治學的意義上講，憲法是人民意志的產物，即公意的體

現。正是在憲法的規範下，黨的領導得以合法確立，並發揮作用。所以，只要遵循黨與人民關係的內在邏輯，「憲法至上」與「一元領導」之間的關係就能獲得合理安排，既符合依法治國的原則，也符合人民民主原則。至於「雙重結構」，實際上就是黨的領導體系與國家政權體系之間的關係。依據「憲法至上」與「一元領導」關係的政治邏輯，黨的領導體系不能替代國家政權體系，但要對接國家政權體系，從而保證國家政權體系能夠在黨的領導下依法運作。這種對接，並不意味着黨的領導體系是國家政權體系的翻版或延伸，而是意味着黨必須遵循國家政權體系的法律邏輯和運行規律，來建構既能保證黨的領導、又能提高黨的執政能力的黨的領導體系。這其中具體涉及到黨內民主體系與人民民主體系之間的關係、黨的決策體系與國家立法、行政體系之間的關係、黨的幹部體系與國家公務員體制之間的關係、黨的統戰體系與國家政治協商體系之間的關係、黨的黨委體系與國家行政負責制體系之間的關係等等。

第三，黨與黨派。中國的政黨制度是中國共產黨領導的多黨合作與政治協商制度。這是中國不同於一黨制和多黨制的制度安排，具有人民民主的基礎。這種政黨制度的制度安排結構是：中國共產黨領導、多黨派合作和社會各界協商，其背後的政治邏輯是領導、合作與協商的有機統一。在這種統一中，領導確立在合作與協商基礎之上，合作基於有效領導與廣泛協商基礎之上，協商是有效領導和創造合作的有效民主形式。在這種制度安排中，黨的領導與多黨派合作、黨的執政與多黨派參政是主軸，而其根本是黨與黨派的關係。改革開放以來，中國共產黨積極推進民主黨派的建設和發展，並努力完善中國共產黨領導的多黨合作和政治協商制度，明確了協商是中國民主的重要形式。然而，不論從政黨制度建設，還是從國家全面的政治建設來講，這些努力都還需要進一步深化，其方向主要是兩個：一是加強民主黨派建設和發展，從而提高多黨合作與政治協商的水平；

二是強化政黨制度的制度化平台，即人民政治協商會議制度的建設，並充分發揮其作用，從而創造更加健全的協商民主制度。

綜合上述分析，黨的使命以及黨的領導與人民民主之間的內在關係，決定了黨的建設應該將自身的建設邏輯與人民民主的發展邏輯結合起來。在人民民主發展戰略中把握黨的建設，既能夠提高黨的建設水平，也能夠使黨的建設更好地服務人民民主的建設和發展，真正成為鞏固和發展人民民主的政治基礎。

第十三章

人民民主

在當今世界，民主化與現代化一樣，是人類歷史運動的基本潮流，無可爭議，順潮流而動成為許多國家向現代轉型的必然選擇。然而，順潮流而動的國家，發展並非都是一帆風順的，曾幾何時，一些國家在幾番沉浮之後，分崩離析；一些國家在幾番沉浮之後，或退回岸邊或歇在某處，不再前行。民主化潮流浩浩蕩蕩，一些國家出現挫折，並非民主化的錯，問題出在行動者本身，即具體的國家與社會。這些國家的民主化之所以會出現挫折，甚至危機，主要原因不外三個方面：一是不解潮情，即不了解民主化潮流的本質與規律；二是不識水性，即行動者本身缺乏應有的民主化基礎與條件；三是不辨潮勢，即行動者無法將自身的發展與民主化的潮流有機結合，相互借力，乘勢而上。可見，對任何國家來說，踏上民主化是一回事，實踐民主化則是另一回事；前者固然是根本性的，但決定一個國家能否達成民主，後者則是決定性的。

民主化的實踐，固然與人們的信念和理想有關，但它不取決於人們的熱情與決心，而是取決於民主化的戰略。有沒有民主化的條件和基礎，不是問題的關鍵，因為，事物都是發展的，可以從無到有；關鍵在於有沒有創造從無到有，從少到多，從近到遠的能力。這種能力既來自對自身的把握，也來自對世界潮流的把握。合理而有效的民主化的戰略就是在這種把握中萌芽和形成的。

近代以來的中國，民主化也經歷了一個選擇、探索、實踐和發展的曲折過程。長波段的歷史，可以追溯到鴉片戰爭；中波段的歷史，可以追溯到中華人民共和國確立；短波段的歷史，可以追溯到改革開放。它們之間

既有內在的歷史延續性；也有時代的遞進性。正是基於長波段和中波段的歷史積累，改革開放以來的中國民主化發展才走出了一條既符合民主化基本規律，又符合中國國家建設和社會發展內在要求的民主化道路，形成了既能有效推動中國發展，又能促進中國的民主化進程的民主化戰略，其實踐形態就是複合民主。本文將從複合民主出發，考察中國發展的民主基礎與民主化戰略。

一、民主發展的雙重邏輯

不管人們如何定義民主，其最基本的立足點是共同的，即人民統治，其形式就是人民在國家生活中掌握國家權力，決定自己的事務。如果不是在國家這個範疇裏談，人民統治是沒有實質性意義的，因為，自我決定是人的生存和發展的自然法則。人民統治之所以有意義，是因為至今為止，人們都生活在國家這樣的政治共同體之中，人民統治就是要實現人民在國家中的統治地位。

國家是人類為解決自身困境而創造的偉大政治作品。人類自身的現實困境就在於：儘管人人都想成為自己的主人，從而成為自由人，但資源的有限性與人的欲求無限性之間的緊張，決定了人要達到最大限度的自由，必須借助一個外在的中介力量，以創造使自由在社會生活中得以最大限度實現的秩序結構與安全條件。於是，人民創造了國家，這是源於社會、高於社會同時又作用於社會的力量。人正是為了在資源有限的條件下達到最大程度的自由，才創造了國家這個中介體。所以，馬克思說：國家制度是「人的自由產物」。❶ 國家是通過限制衝突來保障人的自由的力量，因而，

---

❶　馬克思：《黑格爾法哲學批判》，《馬克思恩格斯全集》第一卷，人民出版社，1956 年版，第 281 頁。

對於每個人來說，首先是一種外在的力量；其次是一種限制的力量。相對社會來說，國家儘管是一個「虛幻的共同體」，[1]但社會的秩序與穩定則離不開國家的有效作用。這決定了不論個體的自由與發展，還是社會的秩序與穩定，都離不開國家；反過來，國家的作為將決定着個人與社會。

人類創造國家的目的，不是為了囚禁自己，相反，而是為了發展自己；而國家對個人的限制，不是為了限制人們自由存在和發展，而是為了使每個人都能在社會生活中獲得最大限度的自由和發展。人們認為國家要成為實現這樣目的的力量，國家在超越社會的同時，又必須被這個社會所掌握，即被人民所掌握，從而使其既獲得創造社會秩序、促進社會發展的力量，同時又能夠按照人民的根本意志發揮其應有的作用。為此，人們在創造國家、賦予國家治理社會力量的同時，還努力將國家控制在自己的手中。人類的政治制度就是基於這樣的邏輯而產生和發展起來的，它是人們控制國家權力的制度安排與國家保障人民權利的制度安排的有機統一。正是在這個意義上，馬克思認為，民主制「是一切國家制度的實質」。[2]基於這樣的邏輯，君主專制不是民主制的對應物，而是民主制缺失的國家制度。

由此可見，人民統治所體現的民主，不僅表現為人民掌握國家權力，而且主要表現為被人民掌握的國家權力能夠創造人與社會的發展。雖然前者對民主的發展具有決定性的，但是民主要取得最終的落實和鞏固，還取決於後者。正因為前者具有決定性的意義，所以，人們往往很習慣性地認為，只要有了民主，人與社會的發展也就有了保障，就一定能夠順理成

---

[1] 馬克思、恩格斯：《德意志意識形態（節選）》，《馬克思恩格斯選集》第一卷，人民出版社，1995 年版，第 84 頁。

[2] 馬克思：《黑格爾法哲學批判》，《馬克思恩格斯全集》第一卷，人民出版社，1956 年版，第 281 頁。

章地成為事實。其實不然。人民掌握國家權力是一回事；人民掌握的國家權力創造人與社會發展是另一回事。因為，人民掌握的國家權力要能夠創造人與社會的發展，不僅取決於國家權力歸屬所決定的國家權力的性質，而且取決於國家權力發揮作用的基礎條件、結構形態、組織水平以及功能效度。

至此，我們可以在邏輯上得出這樣的初步結論：人民統治所體現的民主，只有在國家範疇裏才有價值和意義；而在國家範疇裏實踐的民主，既取決於人民掌握國家權力的程度與方式，也取決於人民掌握的國家權力是否有條件、有能力去實踐和履行民主的根本使命：創造人的自由發展與社會的全面進步。

因而，任何社會的民主建設和民主發展，都一定是基於人民及其所組成的社會與國家之間的互動而展開的，其最基本的邏輯是：民主是出於人民對國家的控制；而這種控制要能夠真正達成民主的根本使命，則離不開國家對這種控制的積極反應和有效配合。簡而言之，民主的發展，不僅需要人民對民主的追求和實踐，而且需要國家在回應民主過程中所形成的發展與完善。不論是具體的民主實踐，還是長遠的民主化過程，都離不開這一雙向運動，多少都是這一雙向運動所複合而成的。美國著名學者查爾斯·蒂利對全世界過去幾百年在國家層面上引發的民主化和去民主化進程進行考察、分析和研究，提煉出了用於評析政治民主的基本視角：

「當一個國家和它公民之間的關係呈現出廣泛的、平等的、有保護的和相互制約的協商這些特點，我們就說其政權在這個程度上是民主的。」

基於這樣的視角，蒂利從國家行為和公民所表達的要求的一致程度來測量和評價民主的。對此他進一步解釋道：

「判斷國家行為和公民所表達的要求的一致，必然包含四個進一步的判斷：公民表達的要求得到滿足的範圍有多廣？不同的公民羣體感受到的其要求轉化為國家行為是否平等？那些要求表達本身在什麼程度上受到國家的政治保護？這個轉化過程在多大程度上有雙方（公民與國家）的參與？」❶

在這裏，蒂利實際上認為，不管民主最終以什麼形式表達出來，但其最根本的基礎是公民的民主需求與國家的民主回應之間具有內在的一致性。這種一致性的出發點，自然是公民或者說社會，而其決定權很大程度上是掌握在國家：國家不僅要積極回應公民與社會民主的需求意願，而且必須擁有最大限度滿足公民與社會提出的民主要求的基礎與能力。雖然蒂利不考慮這種基礎與能力如何形成，但他認為，一旦國家無力維持和促進這種一致性，那麼，國家與社會的發展就不是往民主化走，相反，是走向去民主化。

對於民主化來說，去民主化就是民主化的衰退和衰敗，在本文的邏輯中，就是現存的民主大大削弱了國家創造人與社會發展的基礎與能力。在這樣的情景下，這種現存的民主，也許在形式上是民主的，但其本質上已失去了履行民主根本使命的能力。所以，要真正開啟民主化進程，要有效推進民主化發展，要在民主化過程中避免出現去民主化危險，僅僅培育和形成社會的自由主體、民眾的民主意願以及民主化的歷史運動是不夠的，還需要國家在民主化過程中實現有效的進步與發展，從而在創造社會進步的過程中，全面提升國家建設水平，從而使國家真正擁有實踐民主、發展民主和創新民主的基礎與能力。

---

❶ 【美】查爾斯·蒂利：《民主》，上海世紀出版集團，2009 年版，第 12 頁。

　　既然如此，一個國家的民主實踐和民主成長，除了要與個體自由與社會自主發展的內在邏輯結合之外，還要與國家建設與國家發展的內在邏輯結合。這意味着任何具有現實基礎和發展前景的民主實踐和民主化進程，都是在考慮這兩個邏輯基礎上形成的，其背後是人民意志與國家意志，社會力量與國家力量的碰撞與聚合。由此可見，任何民主都具有內在的複合性，具體來說，是追求個體自由發展與國家建設的複合，是追求社會自主與國家發展的複合。

　　從個體自由與社會自主出發，民主的價值取向是自由；從國家建設與國家發展出發，民主的價值取向是發展。國家對秩序的積極建構一定蘊含於對發展的追求之中，服務發展。因而，健康而有效的民主發展，一定是以實現自由與發展的共生統一為前提的。自由雖然是發展的動力與前提，但自由不能直接等同於發展；同樣，發展雖然是自由的基礎，但發展並不一定帶來自由。打通這兩者之間關係的唯一辦法，就是實現自由與發展的共生與統一，其關鍵在國家。具體來說，就是國家如何透過民主的複合性，創造一套有效的民主化戰略，從而使民主的具體實踐，既能給社會以充分的自主與自由空間，又能夠保障國家建設和國家發展的績效。

二、人民民主的實踐形態

　　中國的民主化是圍繞着推進人民民主發展展開的。現代民主是伴隨現代民族國家建設而形成的，是現代民族國家「一種不可避免的必然性」。❶但是，不同社會邁向現代國家的歷史起點和發展路徑的差異，將直接影響其現代民主建設的邏輯和議程。中國民主化選擇人民民主，不簡單是一種

---

❶　恩格斯：《家庭、私有制和國家的起源》，《馬克思恩格斯選集》第四卷，人民出版社，1995 年版，第 173 頁。

理論或觀念的產物，相反，是歷史合力的結果。這種歷史合力至少包括三個方面：其一是中國從帝國時代邁向現代國家的歷史，它要求民主發展能夠納入現代國家建設，並服務現代國家建設；其二是中國擺脫半殖民地，實現國家獨立的歷史，它要求民主發展能夠帶來民族的獨立和人民的解放；其三是中國人民追求自由和平等的歷史，它要求民主發展能夠帶來自由的個體、平等的社會和法治的國家。這些歷史合力促成了人民民主在中國的出現，同時也賦予了人民民主獨特的歷史使命和實踐形態。

關於人民民主的歷史基礎與政治特性，毛澤東在建國前夕的《論人民民主專政》一文中表述得十分清楚，他說：

「一九二四年，孫中山親自領導的有共產黨人參加的國民黨第一次全國代表大會，通過了一個著名的宣言。這個宣言上說：『近世各國所謂民權制度，往往為資產階級所專有，適成為壓迫平民之工具。若國民黨之民權主義，則為一般平民所共有，非少數人所得而私也。』除了誰領導誰這一個問題以外，當作一般的政治綱領來說，這裏所說的民權主義，是和我們所說的人民民主主義或新民主主義相符合的。只許為一般平民所共有、不許為資產階級所私有的國家制度，如果加上工人階級的領導，就是人民民主專政的國家制度了。」❶

在這裏，毛澤東將人民民主建築在兩大歷史基礎之上：其一是近代以來世界的現代化民主化潮流；其二是孫中山先生開闢的中國民主革命的歷史實踐。因而，中國共產黨最終確立的人民民主，不僅符合世界民主化的潮流，而且符合中國現代化和民主化的歷史邏輯。與此同時，毛澤東也明

---

❶　毛澤東：《論人民民主專政》，《毛澤東選集》第四卷，人民出版社，1991 年版，第 1477—1478 頁。

晰了中國人民民主的兩大政治特性：其一是它不是資產階級民主的翻版，而是趨向社會主義民主，因而，不是屬於少數人所有的民主，相反，是屬於一般平民所共有的民主；其二是它是以中國共產黨為領導的民主。

人民民主在中國確立和發展的歷史基礎為其政治特性提供了合理性的依據。細究決定人民民主在中國發展的歷史合力和歷史基礎，不難發現人民民主的政治特性源於人民民主的內在本質屬性，即不僅要實現個體的自由，更要實現人民的統治。在這裏，人民統治不僅要在價值上體現，更為重要的要在制度上體現；而且，被視為個體自由的前提與基礎。

人民民主的這種本質屬性，既根植於民主本身的規定性，同時也是根植於中國現代化發展的歷史規定性。中國現代化不是內生的。世界性的現代化潮流沖毀中華傳統帝國體系之後，中華民族為了救亡圖存而走上現代化發展道路。因而，中國的現代化發展一開始就有三個很強的期待：一是實現文明轉型，從傳統邁向現代；二是推進國家建設，建構新制度，創造新發展；三是超越資本主義，創造人民幸福的社會。中國傳統的社會結構以及帝國解體之後的社會現實，決定了中國社會沒有任何一個階級力量可以單獨主導中國現代化發展。❶ 這就意味着中國現代化發展要為這種期待而努力，首要的任務就是如何使廣大的民眾聯合起來，真正成為社會發展的根本力量。民主自然是最好的選擇，但在這個使命下，其意義不僅在於解放個體，更重要的在於凝聚整體。因為，在帝國體系解體之後，中國幾乎

---

❶　中國傳統社會的階級分化與西方社會完全不同。在梁漱溟先生看來，中國傳統社會沒有「集中而不免固定」的階級劃分，其分化主要體現為「職業分途」，即士農工商。（參見梁漱溟：《中國文化要義》，《梁漱溟全集》第三卷，1990 年版，第 139—157 頁。）錢穆先生則認為，中國傳統社會是「平鋪散漫，無組織，無力量的社會」，「既無世襲貴族，又無工商大資本大企業出現，全社會比較能往平等之路前進」。（錢穆：《國史新論》，生活·讀書·新知三聯書店，2001 年版，第 32 頁。）這樣的社會結構決定了帝國體系解體之後，中國缺乏一個能夠完全擔當起社會轉型使命的階級力量。

處於無政府狀態，國家面臨分崩離析的危險。這種現實場景決定了民主共和得以實踐的切入口，不是個體與社會的解放，而是國家秩序的重建；而這種重建若要避免落入專制的危險，唯一的途徑就是讓最廣大的人民真正成為國家建設的動力與目的。不僅中國共產黨作出了這樣的選擇，實際上孫中山領導的中國國民黨也作出了這樣的選擇。毛澤東在 1945 年發表的《論聯合政府》中明確表示，中國共產黨為中國而奮鬥的最低綱領就是對孫中山新三民主義的繼承。毛澤東說：

「對於中國共產黨人，為本黨的最低綱領而奮鬥和為孫先生的革命三民主義即新三民主義而奮鬥，在基本上（不是在一切方面）是一件事情，並不是兩件事情。因此，不但在過去和現在已經證明，而且在將來還要證明：中國共產黨人是革命三民主義的最忠誠最徹底的實現者。」❶

毛澤東這裏強調的繼承性和一致性，不是鬥爭策略的需要，而是事實本身，因為，經歷革命挫折之後的孫中山也充分意識到，中國革命和建設要獲得成功，非動員和凝聚四萬萬同胞不可。❷

可見，不論是孫中山領導的國民黨，還是中國共產黨，都在重建社會和國家的過程中，形成了最基本的戰略模式：政黨凝聚人民，用人民的力量建設現代國家。為此，民主共和的首要使命是給人民以地位，使人民成為國家的主人。然而，「人民」是什麼呢？

從理論上講，它是一個抽象的概念，可以泛指一般意義上的人、社會的個體或大眾的羣體，正因為如此，不少的思想家和理論家認為，「人民民

---

❶ 毛澤東：《論聯合政府》，《毛澤東選集》第三卷，人民出版社，1991 年版，第 1061 頁。

❷ 孫中山：《要靠黨員成功，不專靠軍隊成功》，《孫中山選集》下卷，人民出版社，1956 年版，第 474—483 頁。

主」是一個虛幻的概念，因為，其主體不明，而且虛幻，在美國學者達爾那裏，將與人民民主相關的「人民統治」的思想視為是一種晦暗不明的陰影理論（shadow theory）。❶ 然而，中國的歷史與現實條件決定了中國革命和建設卻必須建築在看似虛幻，卻直接關係中國革命建設邏輯和合法性基礎的「人民民主」或「人民統治」之上。為此，不論是孫中山領導的國民黨，還是中國共產黨都力圖將其實在化。

比較研究國共兩黨的相關理論和闡述，可以發現，在現代中國民主共和建設和現代國家建構中，「人民」具有三個基本屬性：其一，它是一個集合體，可以視為全民的集合體，❷ 也可以視為階級的集合體；其二，它是平民，或者勞動者為主體的社會大多數。在這個意義上，它與壓迫平民或對抗社會發展潮流的力量為敵，後者就成為人民的敵人。其三，它是有機體，政黨是創造其有機性的核心力量，因而，它是基於政黨的領導而凝聚起來的團結而統一的政治力量。基於此，「人民民主」所形成的統治，自然是作為整體力量而存在的人民掌握政權的統治；而這種統治的歷史使命和現實目的是要創造平民或勞動者的當家作主，在實現每個人的政治平等基礎上，最大限度地實現每個人的經濟與社會平等。概括地講，就是人民整體掌握政權，人民統治創造人與社會的全面發展。

因而，使人民成為國家發展動力，成為國家主人的人民民主，是人民作為整體掌握國家權力，實現人民統治的民主。這裏對「整體」的強調，不是對部分的否定和對個體的忽視，而是強調人民民主不是建立在人民分裂為對抗階級和階級統治的基礎之上，不是少數人對多數人的統治，而是

❶ 【美】羅伯特‧A 達爾：《民主及其批評者》，曹海軍、佟德志譯，吉林人民出版社，2006 年版，第 3 頁。

❷ 【奧】凱爾森：《法與國家的一般理論》，沈宗靈譯，中國大百科全書出版社，1996 年版，第 260 頁。

人民凝聚成為一個有機整體而實現的以全體人民的根本利益為取向的人民統治。這種凝聚是通過能夠聯合各方力量,凝聚全體人民的領導性政黨來實現的,顯然,這種領導性一定是建築在其對社會和人民所具有的聯合性基礎之上。這種領導性政黨一旦作為執政黨,那麼它通過自身的力量創造的聯合和凝聚,最終不是聯合和凝聚於政黨,而是通過政黨聯合和凝聚於國家,即作為支撐國家和運行國家的一體力量而存在,因而,這種有機整體,是人民自身的有機整體。

由此可見,人民民主一旦付諸具體的實踐,它必然要從三個維度同時展開,缺一不可。其一,人民作為整體的力量掌握國家政權,履行當家作主的權利;其二,作為凝聚人民力量的政黨,通過民主實踐聯合和凝聚人民;同時,動員和組織全體人民,運行人民當家作主。其三,作為人民組成單位的個體與團體力量,為了實踐民主權利而運行民主。

這三個維度實際上包含的實踐主體是複合主體:一是人民,既包括作為整體存在的人民,也包括人民所包含的個體與團體;二是政黨,使人民能夠凝聚為有機整體而存在的力量。通過人民直接展開的民主,是人民整體掌握國家權力,實現人民統治的民主;通過政黨展開的民主,是人民的共同意志和根本利益主導國家發展,實現人民當家作主的民主。實踐中的人民民主,是分別從人民和政黨出發展開的民主實踐的有機複合,其背後是實踐主體的複合,即人民與政黨的複合;他們最終取向是共同的:權力整體掌握在人民手中,人民當家作主,服務人民根本利益,創造人與社會的全面發展。❶

---

❶　林尚立:《複合民主:人民民主的實踐形態》,陳明明主編:《轉型危機與國家治理》,上海人民出版社,2011年版,第1—41頁。

三、國家發展民主能力

    在任何社會，民主的發展都不是自行向前的，都需要其基礎的推動作用和其主體的提升作用。研究表明，雖然經濟增長本身並不能決定政治民主的命運，但在許多情況下，它與民主發展之間的關係都是正相關的。與此同時，作為民主主體的公民的生活水平和教育程度，對與民主的完善和鞏固也將起到積極的推動作用。[1] 從理論上講，這些基礎與條件，一定是國家與個人以及政府與社會共同作用的結果，因而，民主發展所需要的基礎和條件既離不開個人與社會的努力，也離不開國家的作用，在一定條件下，國家的作用更具有決定性。然而，在現實中，國家促進經濟與社會發展，改善公民生活水平和教育程度，並不都是從發展民主的角度來努力，它完全可能從鞏固其專制政權的角度來進行，如戰前的日本以及一些盛產石油的國家。這就意味着，雖然從一般意義上講，經濟與社會發展，公民素質和能力是有意義和有價值的，是善的東西，但它不一定滋養民主，相反，在極端情況下，它甚至可能阻礙民主的生成和發展，因而，它不一定能夠直接構成民主之善。由這個簡單邏輯推演開來，我們能夠初步得出這樣一個結論：國家在作用民主發展的過程中，關鍵不在於它創造了多少有助於民主發展的基礎和條件，而在於它是否有能力將其所創造的一切都轉化為民主發展的真正的動力與資源，從而切實有效地推進民主的建設和發展。這就是本書所說的「國家供給民主之善能力」。它由三方面構成，一是國家建構民主議程的能力；二是國家自我理性化的能力；三是國家促進發展的能力。對國家來說，這其中的任何一項能力都是綜合性的，都需要

---

[1] 【美】西摩·馬丁·利普塞特、宋慶仁、約翰·查爾斯·托里斯：《對民主政治的社會條件的比較分析》，見中國社會科學雜誌社編：《民主的再思考》，社會科學文獻出版社，2000 年版，第 72—110 頁。

通過政治、經濟與社會的現代化發展推動；與此同時，這三個能力要轉化為推動民主的動力，必須同時起作用，任何一個力量沒有其他兩個力量的支持，都不可能構成民主之善。

由此可見，在民主化浪潮中，國家想不想發展民主是一回事，國家有沒有發展民主的能力又是另一回事。本章第一節所強調民主的複合性，對國家有效作用民主發展具有內在要求，這種要求落實到國家身上，就是對「國家供給民主之善能力」的要求。從民主的複合性來看，民主的成長是追求個體自由發展與國家建設的複合，是追求社會自主與國家發展的複合。因而，「國家供給民主之善能力」，從根本上講，是指國家將民主發展與國家建設有機結合起來而形成的。這種結合做得好，民主因國家建設而得到發展，同時，國家建設因民主化而得到深化。這種結合的關鍵在於國家有一套契合本國實際的民主建構的戰略議程，具體包括：民主的價值目標選取、民主建設的路徑選擇、民主建設的行動原則、民主發展的議程安排。民主的價值目標選取，不是對民主本身價值的選取，而是對以什麼樣的目標和狀態來體現民主本身價值的選取。顯然，這裏的價值目標不是抽象的，而是直接呼應了具體國情和民情，呼應了國家發展的戰略和目標。民主建設的路徑選擇，關鍵不是選擇民主建設的入口，而是選擇民主建設的依賴路徑，因為，從根本上講，民主建設是不能單獨進行的，它必須有依賴的基礎和動力。制度設計再好，沒有必要的經濟與社會基礎，沒有應有的社會結構和文化精神，民主只不過是空中樓閣。民主發展的行動原則，實際上是對民主彈性空間的約定以及累積民主成果的行動原則的設定。民主發展是具有很大彈性空間的，如果不能定位或把握這個彈性空間，民主就往往可能因不發展或泛濫而陷入危機。這種彈性空間的大小，取決於民主的實際程度及其發展的現實社會和政治條件。此外，還應該考慮，民主的成長是一個不斷累積的過程，因而，在考慮如何保持民主發展的穩定性的同時，還應該考慮民主發展的累積性。累積民主成長的關鍵，在於國家

能夠時刻將民主的發展轉化為社會進步與國家發展的資源，即追求民主的有效性。至於民主發展的議程安排，就是對民主發展的進程規劃、階段安排和階段性目標的分佈的總體設計。民主發展的戰略議程，雖然安排的是民主發展本身，但實際上是對民主發展與國家建設如何實現相互促進、共同發展的整體規劃和安排。這種戰略議程，往往既是民主發展的戰略議程，同時也是國家建設的戰略議程，因而，它自然是「國家供給民主之善能力」的重要組成部分。

人民民主的實踐形態是複合民主，中國共產黨既是人民民主的推動者，也是人民民主的具體實踐者。中國共產黨既是領導力量，又是執政力量，因而，它不僅是國家建設的領導者，同時也是國家建設的行動者。這就意味着中國「國家供給民主之善能力」，從根本上講，取決於中國共產黨。問題的關鍵在於，在黨和國家體制共存的條件下，中國共產黨提升「國家供給民主之善能力」，不僅要在國家建設層面考慮，而且要在中國共產黨的建設層面考慮，從一定意義上講，黨的建設更具有決定性意義。這也是為什麼中國共產黨提出要以黨內民主帶動人民民主戰略的重要原因。這樣，在中國的政治邏輯中，「國家供給民主之善能力」最終就轉化為以政黨為主體的「國家供給民主之善能力」。以政黨為主體所形成的「國家供給民主之善能力」，除了上述分析的三大能力之外，還必須加上一個政黨自我建設和發展的能力。顯然，政黨的這種能力，不論是從構建「國家供給民主之善能力」來講，還是從政黨親自實踐人民民主的角度來講，都是極為關鍵和重要的。

由此，我們可以得出一個基本結論：在中國的民主實踐和發展中，政黨的發展及其應有的能力，對中國人民民主的發展的進程、成效以及最終的成敗，具有決定性的影響。這與一般國家民主發展是完全不同的。從人民民主對政黨的要求以及「國家供給民主之善能力」對政黨的要求來看，政黨發展的關鍵在於實現政黨的領導運行的制度化。黨的領導，既是人民

民主的前提；同時，也是黨執政的前提，因而，黨的領導的制度化程度，既關係到人民民主，也關係到黨的執政與國家運行，從而整體影響國家的民主化進程。

黨的領導制度化包括三個方面：其一，黨領導權力配置的制度化。黨領導權力配置制度化的原則是民主集中制，其縱向權力配置要解決黨自身領導體系的集中統一；其橫向權力配置要解決黨的集體領導與民主決策體系的形成和完善。其二，黨領導權力運行的制度化，具體涉及三個層面：一是在國家層面，要實現黨權力運行的制度安排與國家制度安排的有機銜接，使黨的權力運行既受到黨內紀律的約束，也受到國家制度和法律規範的約束。二是在政黨制度層面，要通過制度建構和規範化運作實現黨的領導、多黨合作和多方參與政治協商的有機統一。三是在黨內政治生活層面，要堅持黨內民主，嚴格執行黨的紀律與制度規定，尊重黨員的基本權利，使黨內權力依黨章運行，規範操作。其三，黨領導權力監督的制度化。這種監督包含三個維度：一是人民維度，在這個維度上，最重要的是要將黨的羣眾工作制度化，從而經常性地、制度性地接受人民羣眾的監督。二是國家維度，在這個維度上，最重要的是要全面深入地建設法治國家，使憲法和法律能夠在黨執政的平台上和執政的過程中規範黨領導權力運行。三是黨自身維度，在這個維度上，最重要的是尊重黨員權利，運行黨內民主，從而使黨員、黨代表以及黨代表大會及其產生的全委會成為制約黨的領導行為的核心力量。

很顯然，黨的領導制度化的根本使命，不是簡單地固化黨的領導地位和領導資源，而是最大限度地促進黨的領導與執政的有機結合，從而使黨的領導成為國家制度有效運作的重要政治基礎，與此同時，也借助國家制度的運作和優化，反過來促進黨的領導的制度化發展。因而，黨的領導制度化所帶來的效應是雙重的，既能提高黨的領導能力與執政水平，也能夠促進國家制度化的發展，提高國家自我理性化能力與水平。

四、複合民主中的人民民主

在中國，人民民主的發展，不僅關係到中國的民主化本身，而且關係到中國特色社會主義實踐的全局，正如胡錦濤在中共中央會議的報告中所說：人民民主是社會主義的生命。❶ 人民民主源於現代民主的發展，又力圖超越現代民主；人民民主既根植於社會主義的追求，又力圖支撐起中國的現代國家建設。因而，人民民主在中國的建設和發展，既要充分尊重民主發展的一般規律，同時也要充分重視人民民主建設和發展的內在規定性。相比較而言，人們對人民民主的理論和實踐的關注更多地是從民主發展的一般規律出發的，往往忽視人民民主建設和發展的內在規定性對人民民主理論和實踐的深刻影響。

人民民主在中國實踐的出發點就是人民，即人民當家作主，具體包括兩個方面：一是作為整體存在的人民掌握國家權力，人民決定國家事務；二是作為人民一員的個體擁有自由權利，在國家領域中實現全面發展。前者解決國家權力的歸宿；後者解決公民權利的實現。一般民主理論蘊含着多少有些模糊的邏輯，即解決了公民權利實現問題，也就解決了國家權力歸屬問題了，即權力歸屬人民手中。至於究竟歸屬到人民中的哪些人手中，這就不追問了。其實，權力歸屬人民手中，不外是兩種情況，其一是歸到全體人民手中；其二是歸少部分人所有。社會主義的原則以及中國國家建設的內在邏輯，決定了國家權力的歸屬，不能是源於人民而歸屬於部分人之手，而應是源於人民同時也歸屬於人民。為了保證國家權力能夠歸屬人民手中，人民民主的實踐必須是雙向展開：既要從解決公民權利實現問題推進人民民主；同時也要從解決國家權力歸屬全體人民出發保障人民

---

❶　胡錦濤：《高舉中國特色社會主義偉大旗幟，為奪取全面建設小康社會新勝利而奮鬥》，《十七大以來重要文獻選編》（上），中央文獻出版社，2009年版。

民主。這就要求人民民主的實踐和發展，在最大限度地創造個體的獨立、自主和全面發展的同時，也要最大限度地維繫人民的整體性存在，即人民的團結與統一，從而保障國家權力能夠掌握在全體人民手中，而不會被少部分人掌握。可見，鞏固和發展人民的整體性存在，是人民民主發展的前提與使命。這是一般民主不需要考慮、也不會去考慮的問題。

現代民主一定與現代化相伴而生。現代化發展的重要制度基礎是市場經濟。市場經濟的發育和成長必然深刻影響個人、社會與國家三者之間的關係，並使現代化的發展必然趨向於個體的自主發展、社會的多元分化和國家的一體化建構的三維聯動。這種三維聯動既是現代民主發展的動力資源，也是現代民主發展的規範力量。人民民主是在中國現代化成長過程中確立和發展起來的，它無論如何離不開現代民主的範疇。中國改革開放以來的轉型和發展已充分表明：在社會主義市場經濟的基礎上，中國的民主化已步入符合民主化發展規律的軌道，並得到充分發展。這決定了在推進人民民主發展的，過程中，鞏固和發展人民的整體性存在也必然是一個民主的過程和民主的結果。只不過這個過程和結果，不是社會個體民主實踐及其所形成的整體效應，而是社會個體、社會各方力量、中國共產黨與國家相互作用的過程，是作為核心力量的中國共產黨領導的結果。

中國共產黨要在自身與社會個體、社會各方力量以及國家的相互作用過程中，鞏固和發展人民的整體性存在，實踐人民當家作主，就必須從人民民主的基本精神和原則出發，處理好人民民主與社會個體、人民民主與社會各方力量、人民民主與國家以及人民民主與政黨的關係，從而形成人民民主發展的基本戰略和行動原則。關於人民民主與政黨的關係，上節已經分析，這裏主要分析其他三方面的關係。

第一，人民民主與社會個體的關係。作為整體存在的人民是由個體構成的。在法律和經濟上具有獨立與自主地位的個體要能夠聚合為一個有機整體，關鍵是能夠在這有機整體中獲得自由、平等與發展。這三者是社會

個體渴望的永恆的、無止境的資源,同時,也是政黨和國家要不斷供給和平衡的公共產品。顯然,這種供求關係只能平衡於相對的滿足,不可能創造絕對的滿足。相對滿足既體現為最大限度的供給,同時也體現為最大限度地平衡自由、平等與發展之間的關係。不論是供給還是平衡,其基點顯然都建築在保障人的自由發展上,而人的自由發展之本在於生命無憂,發展無限。生命無憂,關係生存與生活;發展無限,關係選擇與創造。顯然,從這個基點出發的自由,不是為抽象的自由而自由,而是為了實現人與社會的全面發展而自由,因而,必然要將個體自由與社會平等和人的全面發展有機結合起來考慮和把握。中國共產黨以人為本的執政理念和建設和諧社會的執政實踐為供給和平衡自由、平等和發展提供了必要的基礎,但在當今中國發展的條件下,為了鞏固和發展人民的整體性存在,中國共產黨還必須在已有的基礎上,緊緊地抓住自由、平等與發展三者中的關鍵點,這就是平等,具體來說,就是公平與正義。人的存在是社會存在,其自由發展是在社會中實現的,所以,公平與正義的是自由的前提和保障。發展人實現其權利的是基礎,但發展的背後一旦失去了對公平與自由的追求,就完全可能成為公平與正義的破壞力量,進而威脅人的自由發展。從這個意義上,中國共產黨提出的發展依靠人民、發展為了人民、發展成果人民共享的發展原則,[1] 對人民民主的建設和發展具有重要的戰略意義,必須堅持,並在實踐中轉化為政策、制度與信念。

　　第二,人民民主與社會各方面力量的關係。中國是一個多民族的國家,中華人民共和國是在以工人階級為領導的多階級聯合基礎上確立起來的;另外,在社會主義市場經濟的作用下,中國社會結構、社會組織形式以及社會利益結構也發生了深刻變化,出現了多樣化和多元化的發展趨

---

[1]　胡錦濤:《高舉中國特色社會主義偉大旗幟,為奪取全面建設小康社會新勝利而奮鬥》,《十七大以來重要文獻選編》(上),中央文獻出版社,2009年版。

勢。這樣的社會現實決定了中國共產黨要鞏固和發展人民的整體性存在，就必須團結社會的各方面力量。這種團結是有機的團結，既存在於社會生活層面，也存在於政治生活層面。在社會生活層面，它體現為社會個體與社會組織之間的和睦與和諧。在政治生活層面，它體現為各權力主體的共存與合作。這兩個層面不是截然分開的，而是相互交叉的，能相互影響和相互促進。中國的革命和建設實踐證明，中國共產黨有能力，也有條件去創造這種團結，中國共產黨也正是憑藉這種團結而去創造革命和建設的奇跡。今天，在推進人民民主建設和發展中，中國共產黨更應該鞏固和發展這種團結。為此，中國共產黨應該在三個方面做出努力：首先，通過黨的羣眾工作路線，進一步全面地密切黨和人民羣眾的關係。任何政黨都不可能在脫離人民的狀況下創造人民的團結。在新的形勢下，中國共產黨應該發揚傳統，並創造性地活用黨的羣眾工作路線，從而在更加自主、更加多樣、更加開放的社會中，創造更加緊密與融洽的黨羣關係、幹羣關係，增強人民對黨的信任與認同，提高黨團結和凝聚人民的能力與水平。其次，通過黨的統一戰線及其所決定的中國共產黨領導的多黨合作和政治協商制度以及人民政治協商會議的組織，建立以工農聯盟為基礎的政治大聯合和大團結。這其中涉及到黨派之間、民族之間、人民團結之間、社會各界之間以及各社會階層之間的聯合與團結。這種團結的政治基礎是統一戰線，制度基礎是中國共產黨領導的多黨合作和政治協商制度，因而它的內在機制是民主，它的使命就是保障和實現人民當家作主。最後，通過協商創造人民內部的民主與團結，這主要體現在兩個方面：其一，通過協商來廣泛吸收人民羣眾參與國家事務的決定與管理，使黨和政府的公共政策及其執行能夠充分尊重和滿足人民的意願；其二，通過協商來協調和化解人民內部矛盾，促進人民的團結和全社會的穩定。

　　第三，人民民主與國家的關係。在現實生活中，國家是人們生存、生活和生產所依賴的最基本的共同體，同時，也是人民實踐民主的最基本的

舞台。因而，國家建設好壞，既直接關係到每個人的發展，也關係到民主的實踐和發展。前面的分析表明，在現代化過程中，國家建設離不開民主的發展，與此同時，民主的成長也離不開國家的作用。因而，「國家供給民主之善的能力」，不論對民主發展來說，還是對國家建設來說都是至關重要的。從鞏固和發展人民的整體性存在角度講，這種能力的出發點在於國家能否將民主建設與經濟和社會發展有機的結合起來，並創造相互促進的積極互動關係。中國的發展實踐表明，中國共產黨以十分積極而現實的態度來推進中國的民主化進程：既強調民主的歷史必然性和現實重要性，也強調民主發展的漸進性和民主實踐的有效性。由此形成的人民民主發展戰略是：努力從人民民主發展中尋求國家建設的政治資源，同時努力從現代化建設和國家發展中創造民主成長的現實基礎。在這種戰略中，民主與發展既互為目的，又互為手段。國家一旦有了比較強的供給民主之善的能力，也就比較好地具備了在民主化過程中協調和平衡社會多元化分化與國家一體化建構之間關係的能力。在容納分化、協調多元的前提下，國家一體化建構的途徑就是制度化建設以及由此形成的整合。在這種一體化建構下，作為公民存在於國家之中的每個個人，就能有效地被國家制度所整合併形成相應的國家認同。這種具有民主化、制度化基礎的整合和認同，正是中國共產黨得以借助國家建設和發展來鞏固和發展人民整體性存在的重要基礎與保障。

概括上述四個方面的分析，基於複合民主實踐的人民民主發展必須遵循四個基本戰略和行動原則：一是給每個人以公平與正義；二是給社會以和諧與團結；三是給國家以民主與發展；四是給政黨以親民和制度化。

民主的發展，不僅需要人民對民主的追求和實踐，而且需要國家在回應民主過程中所形成的發展與完善。所以，人們固然可以在普遍意義上形成民主追求，但在民主發展的戰略建構和行動安排上，則要充分考慮民主建設在具體國家的內涵及其發展的內在邏輯。中國從傳統邁向現代有自己

國情和發展邏輯,所以,中國民主的建設與發展戰略,不完全是基於民主發展的一般模式來設計,而是充分結合了中國發展的社會性質、發展邏輯和目標取向,從而在人民、政黨與國家的有機互動基礎上形成了人民民主建設與發展為主體的民主化發展戰略。

理論與實踐表明,民主的建設和發展,離不開國家對民主發展的積極響應和有效推動。因而,積極的民主建設與發展戰略,往往將民主發展與國家建設有機結合起來,形成相互促進,共同發展的格局。在中國人民民主的實踐與發展中,這種結合離不開中國共產黨在其中的領導作用。黨的領導,一方面保證了國家權力掌握在作為整體而存在的人民手中,保障了人民當家作主得以實踐的複合主體的形成,即人民與其作為其核心力量的政黨的有機統一;另一方面通過執政實踐,使國家建設既能有效回應和吸納民主發展,又能為民主發展提供必要的資源與保障。因而,中國的人民民主建設與發展,不僅需要社會的進步與國家的發展,而且需要政黨的建設和發展。社會主義市場經濟的建設和發展,使中國全面邁上現代化發展,並積極參與全球化進程。基於這樣的發展格局與時代條件,在中國人民民主建設和發展所形成的人民、政黨與國家三者互動的政治邏輯中,中國共產黨的建設對中國人民民主發展就更加具有全局性價值和決定性意義。黨的建設促進人民民主發展,人民民主發展全面帶動國家建設,這是中國民主發展與國家建設有機統一邏輯所在。

第十四章

權力監督

　　現代政治與傳統政治的最大區別在於：國家權力來自人民，人民成為約束國家權力的根本力量。這意味着在現代政治中，對國家權力的約束不是通過外在的神聖化力量來實現，而是通過現實的組織與制度安排來完成。國家權力來自人民，不僅為現代民主政治奠定了現實的社會基礎和價值原則，而且為現代民主政治確立了內在的規定性，即必須實現對權力的監督與約束，從而保障人的基本權利。

　　到目前為止，西方學者一直認為，從權力監督的角度出發，現代政治必須確立在「三權分立」與「多黨政治」基礎之上，離開了這個基礎，民主就不可能，國家權力就必然走向專制。據此，西方學者不僅質疑中國的民主，而且質疑中國的制度，尤其是中國共產黨的領導。所有這些質疑，歸結一點就是：中國共產黨是一黨領導，無法實現權力的定期更替與自我約束，因而其最終必然走向專制和全面腐敗。

　　實際上，這種質疑不過是一種政治偏見吹出的政治泡沫。在中國共產黨已經全面終結領導幹部職務終身制，實現權力的定期化更替的條件下，捅破這種質疑泡沫的關鍵，就是中國共產黨能否實現自我監督。中國改革開放以來的反腐倡廉的實踐表明，通過建構體系化的權力監督，中國共產黨是完全能夠實現自我監督和約束的。中國共產黨一旦有效解決了這個問題，中國的制度自信也就能全面提升為中國的民主自信，即對人民民主擁有的政治優勢的自信。

一、預防權力腐敗

　　中國共產黨是中華人民共和國政治體系的建設者與執政者，維繫政治體系的反腐敗體系，就是以中國共產黨反腐敗為中心逐步建立起來的。中國共產黨反腐敗始於掌握國家政權之前。在革命年代，中國共產黨就從增強黨的組織、鞏固黨的權威和維護黨的形象出發，通過黨的章程和黨的紀律反對黨內任何形式的腐敗行為。中國共產黨建立自己軍隊後，在領導軍隊的過程中，將黨的紀律與軍隊紀律有機結合，共同反對根據地政權中和軍隊內部的各種腐敗行為。中華人民共和國建立後，中國共產黨一開始就把懲治與預防腐敗作為中國共產黨長期執政的根本。中華人民共和國成立前夕，毛澤東就告誡全黨：勝利之後，「黨內的驕傲情緒，以功臣自居的情緒，停頓起來不求進步的情緒，貪圖享樂不願再過艱苦生活的情緒，可能生長。因為勝利，人民感謝我們，資產階級也會出來捧場。敵人的武力是不能征服我們的，這點已經得到證明了。資產階級的捧場則可能征服我們隊伍中的意志薄弱者。可能有這樣一些共產黨人，他們是不曾被拿槍的敵人征服過的，他們在這些敵人面前不愧英雄的稱號；但是經不起人們用糖衣裹着的炮彈的攻擊，他們在糖彈面前要打敗仗。我們必須預防這種情況。」[1] 如果我們不去注意這些問題，「我們就不能維持政權，我們就會站不住腳，我們就會失敗。」[2] 所以，中華人民共和國建立之後，中國共產黨就把懲治與預防腐敗與維護黨的領導、鞏固新生政權和進行社會主義革命和建設全面結合起來。

---

[1]　毛澤東：《在中國共產黨第七屆中央委員會第二次會議上的報告》（1949 年 3 月 5 日），《毛澤東選集》第四卷，人民出版社，1991 年版，第 1438 頁。

[2]　同上。

　　中國共產黨掌握國家政權後，懲治與預防腐敗並沒有因此從單純的政黨行為變為國家行為。這一方面與新生的國家政權以及新生的社會都是以政黨為核心建構起來直接相關，因為，在這樣的國家與社會建構中，保持黨的幹部與黨的組織的純潔性，是穩定社會和鞏固政權的根本；另一方面與黨要在新生的國家領導人民進行社會主義革命，建立社會主義社會有關。在中國，社會主義革命與建設實際的領導者與推動者，不是國家，而是黨。黨是一個組織體系，國家則是一個制度體系。因而，在懲治與預防腐敗中，黨的行為與國家行為遵循完全不同的邏輯，前者從組織的紀律與黨的意識形態出發，後者從法律與制度出發。所以，中華人民共和國建立之後，懲治與預防腐敗的着力點不在國家制度層面建設和發展，而是政黨與社會兩個層面進行努力。在黨的層面，這種努力着力於組織建設、思想建設和作風建設，為此，將懲治與預防腐敗與革命後黨的建設有機結合起來；在社會層面，隨着經濟與社會的社會主義改造不斷深入，廣大勞動者逐漸獲得主人翁地位，成為國家主人，維護國家權力的純潔性成為一種階級的使命，於是在社會層面，懲治與預防腐敗就與廣大羣眾參與的政治運動結合起來，用階級鬥爭所形成的羣眾力量來限制權力腐敗的發生與蔓延。由於黨的組織是社會動員的主體，是政治運動的主導力量，所以，在懲治與預防腐敗中，這兩個層面實際上是一體的：黨的建設體現在政治運動之中，同時，政治運動中體現黨的建設，它們在懲治與預防腐敗中共同發揮主導作用。

　　「文革」之前，由於整個社會的發展是在「階級鬥爭」的邏輯下展開，黨進行懲治與預防腐敗，往往以各種政治運動的形式出現，難免帶有階級鬥爭的意味，腐敗分子往往被作為階級敵人對待。在這其中，不是黨的組織與紀律起作用，而是黨的意識形態及其所動員的社會大眾起作用。這種政治運動雖然能夠比較有效地遏制特定性質的腐敗滋生，但其極端形式也同時衝擊了黨的機體以及國家政權的正常運行。「文革」之後，隨着疾風暴

雨式的階級鬥爭的結束，作為政黨行為的懲治與預防腐敗，不再以政治運動形式展開，轉變為通過黨的制度約束和紀律懲戒來進行。這是一個質的變化，意味着黨不再從政治鬥爭的角度來看待腐敗和處置腐敗，而是從人與制度的角度來看待腐敗和處置腐敗。1978 年 12 月，黨的十一屆三中全會決定重建黨的紀律檢查委員會，由此，中國共產黨開始在黨內全面構建懲治與預防腐敗的組織體系、制度體系、工作體系與人員體系。

「文革」之後，隨着中國從政治運動時代全面進入到改革開放與經濟建設時代，整個社會的基本權力結構發生了深刻變化：黨政分開，使政府獲得應有的法律地位和治理功能；政企分開，使經濟生活獲得自主的經濟主體；政社分開，使社會開始出現各種獨立的利益主體。權力結構、經濟體制以及社會生活方式的轉型與變化，徹底改變了腐敗滋生的生態環境，各種新型的腐敗開始滋生與蔓延。在國家與社會不再完全統合在黨的組織與黨的體制內的條件下，僅僅依靠政黨行為來預防和限制腐敗自然是不完善的，於是，呼喚懲治與預防腐敗的國家行為和社會行為也就成為形勢發展的必然要求。1987 年 6 月，監察部正式成立，由此，國家行政系統內部開始建構起預防和懲治腐敗的組織體系、制度體系、工作體系和人員體系。實際上，改革開放開始後，在民主法治建設的推動下，隨着國家司法系統的全面恢復，國家預防與懲治腐敗的體系就開始逐漸恢復和發展，直接針對腐敗的監察體系建立，意味着國家在這方面有了更為自覺的意識與戰略。於是，在監察部正式成立後兩年，行政訴訟法於 1989 年正式頒佈，由此，中國全面開啟了行政法治建設的歷程。此後，國家先後頒佈了國家賠償法（1994 年）、行政處罰法（1997 年）、行政監察法（1997）、行政複議法（1999 年）、行政許可法（2003 年）、公務員法（2005），以及政府信息公開條例（2007）和 2010 年修改通過的中華人民共和國行政監察法（2010 年修正）等。這些法律的頒佈，為懲治與預防腐敗的國家行為體系的形成提供了比較堅實的法律和制度基礎。

　　伴隨國家行為的出現，必然是社會行為，因為，懲治與預防腐敗的國家行為是從這樣的基本政治原則出發的，即國家公權來民眾，必須維護民眾的權益，接受民眾的監督。這個原則決定了如果沒有預防與懲治腐敗的社會動機與行為存在，國家行為是難以取得實際成效的。當然，從邏輯上講，在懲治與預防腐敗上，社會行為不是國家行為的派生，因為，權力源於社會，社會自然擁有監督權力運行，防止權力腐敗的權利與義務。從一定意義上講，國家行為是基於社會行為而形成的，國家行為的強弱在一定程度上取決於社會行為的強弱，而社會行為的強弱則直接取決於社會自身的發育水平以及它與國家、政黨所建立起來的關係。所以，國家行為的出現，在表明國家開始通過其自身組織、制度與價值體系的健全和完善來懲治與預防腐敗的同時，也表明國家開始重視社會作為制約國家的力量在這方面的作用，並予以法律和制度上的保障。實踐表明，市場經濟的發展和社會自主性的成長，正不斷增強社會行為的力度、廣度和效度，在政黨、國家之外，逐漸成為具有一定自主性的懲治與預防腐敗的重要力量。

　　然而，必須指出的是，中國懲治與預防腐敗的整個體系並不因為國家行為和社會行為的產生而出現中心的位移，即整個體系依然以政黨為中心展開，只不過在戰略、策略與機制上更加強調制度、法律、民主以及各種維權行動的價值和意義，從而體現出國家性與社會性。1993 年 1 月，中央紀委、監察部機關實現合署辦公。這種工作機制的出現充分顯現黨在反腐敗中的中心地位。十六大之後，中國共產黨從提高黨的執政能力，鞏固黨的執政地位出發，全面構建懲治和預防腐敗體系，先後頒佈了《建立健全懲治和預防腐敗體系實施綱要》（2005）和《建立健全懲治和預防腐敗體系 2008—2012 年工作規劃》（2008）。這兩份重要文件全面奠定了以政黨為核心的中國懲治與預防腐敗體系。2014 年，十八屆四中全會通過的《中共中央關於全面推進依法治國若干重大問題的決定》進一步從戰略和制度上佈局了懲治與預防腐敗中的國家行為與政黨行為的協調與統一。該《決

定》強調「加快推進反腐敗國家立法，完善懲治和預防腐敗體系，形成不敢腐、不能腐、不想腐的有效機制，堅決遏制和預防腐敗現象。完善懲治貪污賄賂犯罪法律制度，把賄賂犯罪對象由財物擴大為財物和其他財產性利益。」與此同時，《決定》也明確了黨的反腐倡廉工作對全局的主導性作用：「深入開展黨風廉政建設和反腐敗鬥爭，嚴格落實黨風廉政建設黨委主體責任和紀委監督責任，對任何腐敗行為和腐敗分子，必須依紀依法予以堅決懲處，決不手軟。」為了使黨的行為與國家行為能夠形成制度性和法治性的銜接，《決定》明確將「形成完善的黨內法規體系」納入到中國特色的社會主義法治體系之中，成為其中的重要組成部分。不僅如此，為了做到從嚴治黨，真正在法治上解決黨的自我監督與依法治國相統一問題，《決定》鮮明地提出了既要強化黨內法規與國家法律的銜接與協調，但同時也必須堅持黨規黨紀嚴於國家法律的法治建設主張：「注重黨內法規同國家法律的銜接和協調，提高黨內法規執行力，運用黨內法規把黨要管黨、從嚴治黨落到實處，促進黨員、幹部帶頭遵守國家法律法規。黨的紀律是黨內規矩。黨規黨紀嚴於國家法律，黨的各級組織和廣大黨員幹部不僅要模範遵守國家法律，而且要按照黨規黨紀以更高標準嚴格要求自己，堅定理想信念，踐行黨的宗旨，堅決同違法亂紀行為作鬥爭。對違反黨規黨紀的行為必須嚴肅處理，對苗頭性傾向性問題必須抓早抓小，防止小錯釀成大錯、違紀走向違法。」為了真正做到黨內法規與國家法律的銜接與協調，其首要任務就是明晰黨紀與國法界限，用黨紀從嚴治黨，在反腐倡廉中把黨的紀律和規矩挺在前面，但黨紀處理不牽涉國法的規定，屬於國法處理的交給國家司法體系。2016 年 1 月 1 日開始實行的《中國共產黨廉潔自律準則》和《中國共產黨紀律處分條例》就是按照「紀法分開」的原則來制定的，為在依法治國條件下全面加強黨的反腐倡廉體系建設和社會主義法治國家建設開闢了一條具有長遠意義的新路。

綜上所述，中國懲治與預防腐敗體系的形成和發展與中國政治體系

的形成和發展緊密相關。在這個過程中,政黨始終是反腐敗體系的中心力量。這一方面與黨建國家的歷史以及政黨國家的現實密切相關,另一方面與黨管幹部的體制密切相關。這個特點決定了中國懲治與預防腐敗的體系有其獨特的價值基礎、制度體系和行動邏輯。

二、監督權力運行

所有的權力腐敗都不外源於三個因素:一是人的因素;二是權力的因素;三是人與權力結合的因素。人的因素,決定於人的世界觀、人生觀和道德觀;權力的因素,決定於權力的配置與結構。人與權力結合的因素,決定於權力運行的規範與監督。所以,中國共產黨努力建構和完善的預防與懲治腐敗體系是教育、制度與監督並重的體系,教育解決人的因素;制度解決權力的因素;監督解決人與權力結合的因素,在這其中,教育是基礎,制度是保證,監督是關鍵,三者有機統一,缺一不可。

現代民主政治以維護人的權利為出發點,而對人的權利構成威脅的力量之一就是權力。所以,約束和監督權力就成為現代民主政治的題中之義。從現代民主政治邏輯來看,約束和監督權力的關鍵,在於能夠將權力置於人民的監督之下,約束於制度編織的籠中。前者,使權力變得透明;後者,使權力變得可控。從這個意義上講,民主與法治是實現權力約束的基礎。從監督與約束權力的角度講,民主的根本在於作為權力之源的人民時刻都擁有監督權力的權利與能力,而不在於是否實行「三權分立」與「多黨政治」。「三權分立」只是具有權力監督的功能的一種制度安排,但其具體的效力,則取決於民主的實際發展水平。不然,人們就無法解釋為什麼發達國家在其成長的歷史上都存在過權力嚴重腐敗的時期。因此,在權力監督上,不能迷信「三權分立」與「多黨政治」,還是應該回到權力監督的根本:讓權力的所有者監督權力,即人民監督權力;讓基於人民意志形

成的憲法規範權力，即制度規範權力。從這個意義上，人民民主應該擁有強大的權力監督能力。

從國家與公共生活的角度講，權力的內在使命就是創造秩序與推動發展。所以，權力監督與約束，不是要限制權力功能的發揮，而是要保證權力合法而有效地發揮作用。合法的根本就是權力依法組織和運行；有效的根本就是權力能夠發揮其應有的功能，成為推動經濟與社會發展的正能量。這決定了實際存在的權力監督一定分為兩種：一是預防性權力監督，這主要從預防權力失序與腐敗的維度來監督權力；二是懲治性權力監督，這主要體現為懲治與消除腐敗，以維護和保障權力。實踐表明，任何形式的權力腐敗所帶來的政治、經濟與社會成本往往是巨大的。所以，預防性權力監督比懲治性權力監督更為重要、更為根本。這也是為什麼所有國家的權力監督體系都是從預防性監督切入的重要原因。只有健全了預防性權力監督體系，懲治性權力監督體系的建構才能獲得更為有效的制度基礎與價值基礎。

在任何國家，推動國家與社會有效運轉與發展的權力體系是由各種類型的權力有機組合而成的。對於不同的權力，懲治性權力監督的最終機制與手段都是一樣的，然而，預防性權力監督則是依據不同權力的性質、能級以及發生腐敗的危險程度而各不相同，呈現出多樣性的特徵。因而，相比較而言，建構預防性權力監督並保障其作用的有效發揮，更具挑戰性，不僅需要科學的制度和程序設計，以保障每一項的權力監督科學有效，而且需要有效的組織與整合，以保證權力監督能夠形成合力，從而將各種權力最終都能關進閉合的制度與監督之「籠」。

但必須指出的是，權力腐敗不是權力本身帶來的，而是運行權力的人帶來的，制度的不完善僅僅是掌權者發生腐敗的外因，最根本的還是掌權者本身。所以，預防性權力監督的根在於對掌權者的監督，只有抓住了這個源頭，預防性權力監督才能真正得以確立。2016 年 1 月 1 日開始實行的

《中國共產黨廉潔自律準則》和《中國共產黨紀律處分條例》就是從這個理念出發的，《條例》明確其使命就是「堅持依規治黨與以德治黨相結合，圍繞黨紀戒尺要求，開列負面清單，重在立規，是對黨章規定的具體化，劃出了黨組織和黨員不可觸碰的底線」，把「紀律和規矩挺在前面」，以「貫徹全面從嚴治黨要求」，「切實維護黨章和其他黨內法規的權威性、嚴肅性，保證黨的路線、方針、政策、決議和國家法律法規的貫徹執行，深入推進黨風廉政建設和反腐敗鬥爭」。❶

中國共產黨在領導人民建設國家，實踐人民民主的過程中，一方面基於人民當家作主，從政治上和法律上強化人民在國家和社會中的主體地位，以保證人民成為監督黨和國家權力的根本力量；另一方面基於黨的領導與依法治國，圍繞黨的領導、執政以及國家權力的運行，全方位地建構了權力監督體系，具體來說，主要包含以下主要內容：1 黨內監督；2 人大監督；3 黨派與政協的政治監督；4 政府專門機關監督；5 司法監督；6 社會監督。每一種權力監督都有具體的監督對象、監督內容、監督形式與監督責任。更為重要的是，每一種權力監督本身也都是一個比較系統的監督體系。就社會監督而言，其中就包括人民群眾通過批評、建議、控告、檢舉所形成的監督；各類社會和人民團體的監督；公民參與所形成的監督；黨務政務公開所形成的監督；媒體輿論的監督等等。顯然，這六大方面的權力監督構成了中國權力監督體系必須有的寬度和深度。如果這些權力監督都能夠規範到位和有效運轉，基於這樣的權力監督體系所形成的權力約束，是相當全面和有效的。為此，要在實踐中努力實現整個權力監督體系的有機化和有效化。所謂有機化，就是創造整個監督體系的合力以及通過這種合力來強化各項具體權力監督應有的能力；所謂有效化，就是使得黨

❶ 《中國共產黨廉潔自律準則，中國共產黨紀律處分條例》，中國方正出版社，2015 年版，第 7 頁。

領導、執政以及國家運行所涉及的權力，不論是整體，還是個體都能夠得到有效的規範與約束，使其既能有效發揮作用，又能避免腐敗。

在中國的政治體系中，實現預防性權力監督體系的有機化和有效化，主要通過三個途徑：一是黨的領導所形成的整合；二是人民當家作主所形成的推力；三是依法治國所形成的約束。在這其中，黨的領導所形成的整合具有關鍵作用。而黨的領導之所以能夠將整個監督體系整合為一個有機整體，形成中國特有的體系化權力監督，並將自身置於被監督的範圍之內，是因為黨的領導離不開人民民主與依法治國。沒有真正的人民民主與依法治國，黨的領導所形成的權力監督體系的有機整合是沒有根基和保障的。

預防性權力監督體系之所以需要黨的領導來整合，這與中國共產黨在政治上和組織上居於國家體系與社會體系核心直接相關。這種政治地位使得黨不僅承擔着整合預防性權力監督體系的使命，而且也擁有足夠的政治資源和組織資源來實現這種整合。另一方面，對於中國共產黨來說，只有有效地擔當起整合預防性權力監督體系並使其發揮作用的使命，中國共產黨才能真正將自身的領導與執政置於全方位的監督之中，從而實現真正有效的自我監督。這就是中國的政治邏輯，也是中國共產黨在一黨領導的格局中能夠解決自我監督問題的關鍵所在、祕密所在。

在權力監督中，預防性權力監督與懲治性權力監督實際上是一個硬幣的兩面，缺一不可。所以，體系化權力監督雖然強調以預防性權力監督為主，但它也必然包含懲治性權力監督。經過這些年的努力，中國不僅具備了預防性權力監督的體系，而且具備了懲治性權力監督的體系。黨應該通過其自身的力量實現這兩大監督體系的有機化和有效化。有了體系化權力監督的形態與效應，中國共產黨及其領導的國家政權就能夠完全擁有自我約束與自我監督的能力。

三、體系化權力監督

中國共產黨是執政黨，黨的權力自我監督，一方面可以通過黨的組織對黨員和黨員幹部的監督來實現；另一方面則必須在黨的執政體系中，通過構建現代化的權力監督來保障，具體來說，就是黨如何有效整合執政體系中的各種監督資源，對自身的執政過程中的權力行為進行全面的預防性監督，以保證黨的幹部和黨的組織能夠規範用權，依法執政。因而，所謂體系化權力監督，就是通過一定的機制將黨的執政體系中各種權力監督有機地組織起來，形成在功能上相互協調、在程序上相互銜接、在工作上相互配合、在執法上相互監督的權力監督體系，打造部門有能力、系統有合力、監督有效力的權力監督。所以，體系化權力監督，不是將各種權力監督整合為一種權力監督，而是為了充分發揮各種權力監督的效力，增強各種權力監督的能力而形成的一種有機聯合與合作。相比較各自運行、聯繫鬆散的權力監督來說，體系化權力監督顯然是有廣度、有深度和有力度的權力監督，只要機制合理、運作規範，就能產生巨大的監督效應。

從理論上講，體系化權力監督能產生的效應是：最大限度地發揮預防性權力監督的功能，整體提升預防各類權力腐敗的能力，從而最大限度地降低各類權力部門產生權力腐敗的風險。顯然，這種效應是任何政治體系都追求的，但是，並非任何政治體系都有能力形成體系化權力監督。因為，體系化權力監督的形成需要兩個前提條件：其一是有穩定而權威的整合力量；其二是有依法形成的共同政治責任。顯然，在「三權分立」與「多黨政治」條件下，各種權力監督主體雖然會有共同的法律責任，但不可能形成共同的政治責任，更不可能共同認同具有整合效應的權威力量。因而，在這種政治體系下，權力監督的重心在懲治性權力監督，即從強化懲治性權力監督出發創造預防性權力監督的效應。

中國共產黨是中國的領導核心和執政力量，黨內的權力監督關係到

中國反腐倡廉的全局。據此，中國權力監督體系是以黨為核心建構的，黨的領導對各種權力監督力量具有天然的整合力；同時，由於各類的權力監督主體及其所形成的專門部門也都是在黨的領導下展開工作的，因而，這種天然的整合力就具有相應的整合機制與整合平台。黨內權力監督的權威性機構是紀委，它的組織結構相對獨立，責任體系規範而系統，所以，以紀委為中軸協調和聯合各類權力監督部門形成體系化權力監督是順理成章的。總之，這種以強化黨的領導為出發點，以黨的權力監督為中軸，以黨的組織和工作體系為平台，實現黨內權力監督與國家權力監督的有機協調與聯合，建構體系化權力監督，不僅有組織與體制基礎，而且有政治與法理保障，符合黨規國法。

然而，必須指出的是，要建構體系化權力監督，並使其在實踐中不斷健全和完善，必須在實踐中強化以下幾條基本原則：

第一，照章依法原則。體系化權力監督是通過有效協調與聯合不同領域、不同部門的權力監督而形成的，有的是黨內監督，有的是行政權力監督。這些權力監督要聯合為體系化權力監督，首要前提就是要保證各種權力監督應有的合法性與有效性。為此，體系化權力監督應該確立在尊重和維護各類相關的黨的章程和國家法律基礎之上。

第二，黨委（黨組）保障原則。體系化權力監督是以黨的領導為前提，以紀委為中軸構建起來的，黨的領導與紀委統籌是其基本特徵。因而，這樣的體系要形成，並產生合力與效力，關鍵在黨，具體來說，就是黨委或黨組之間要形成政治上的高度統一和紀律上的嚴格規範。只有這樣，體系化權力監督才不會出現縫隙或脫節，從而建構起一套無縫隙的體系化權力監督。

第三，靠前監督原則。體系化權力監督的真正價值，不僅在於實現橫向的權力監督聯合，而且在於實現縱向的權力監督靠前。如果僅僅追求橫向的監督聯合，忽視縱向的監督靠前，那體系化權力監督所追求的提升預

防性權力監督效應就必然大打折扣。靠前監督的核心使命就是通過消除與彌補制度與組織、體制與程序、觀念與行動上的偏差與漏洞，來提高權力監督的深度與效度。為此，體系化權力監督不僅需要創造協調、合作的體系，而且更需要創造有效的找漏、糾錯體系。體系化權力監督只有擁有了強大的找漏、糾錯能力，其應有的合力與效力才能得到真正的體現，其存在的基礎才能得到有效的鞏固。

第四，機制化原則。所謂機制化就是通過必要的機制，使體系化權力監督能夠從形式走向實質，具體來說，就是要使權力監督的聯席會議，從一般的會議，變成一種能夠共同參與、共同分享、共同運行的體系化權力監督。為此，需要共同建立一些專門性的組織、專門性的工作機制來支撐聯席會議，從而使得聯席會議真正走出「聯絡」會議的層次，成為有實質性協同合作、有實質性效用的權力監督工作大平台。

體系化權力監督具有鮮明的中國特色，也是中國制度優勢的具體體現，在創造權力監督合力的同時，也為黨和國家進行有效的自我監督提供了有效的工作平台和機制保障。可以說，它代表着中國權力監督發展的方向，其蘊含的潛力和發展空間是很大的，值得深化和優化。

四、人民羣眾監督

在中國，不論是人民民主，還是國家建設，都以黨的領導為前提。這決定了中國發展的領導力直接取決於中國共產黨。世界各國的發展經驗證明，一個國家的領導者是否具有領導力，將直接影響這個國家的穩定與發展。[1]

---

[1]　美國著名政治學家亨廷頓對強大政黨對政治穩定的重要作用的考察，充分說明了這一點。參見【美】塞繆爾·P·亨廷頓：《變化社會中的政治秩序》，上海人民出版社，2008年版，第332—382頁。

從政治學來看，領導力是通過其領導的合法性和有效性有機統一來體現的，合法性體現為領導者被社會大眾接受的程度；有效性體現為領導者在創造秩序、穩定與發展所取得的績效。合法性是創造有效性的基礎；有效性是合法性的支撐，兩者相輔相成。在中國的政治邏輯中，黨的領導問題，不僅關係到中國共產黨本身，而且也關係到整個國家的建設和發展，所以，中國共產黨相當重視這方面的建設。十六屆四中全會從執政黨建設的角度，將黨的領導力建設集中體現在執政能力建設之上，並明確指出：執政能力建設是「關係中國社會主義事業興衰成敗、關係中華民族前途命運、關係黨的生死存亡和國家長治久安的重大戰略課題。只有不斷解決好這一課題，才能保證我們黨在世界形勢深刻變化的歷史進程中始終走在時代前列，在應對國內外各種風險和考驗的歷史進程中始終成為全國人民的主心骨，在建設中國特色社會主義的歷史進程中始終成為堅強的領導核心」。[1] 全會對黨的執政能力作了明確界定：「黨的執政能力，就是黨提出和運用正確的理論、路線、方針、政策和策略，領導制定和實施憲法和法律，採取科學的領導制度和領導方式，動員和組織人民依法管理國家和社會事務、經濟和文化事業，有效治黨治國治軍，建設社會主義現代化國家的本領。」從這個界定中可以看出，體現為執政能力的領導能力，實際上是由人才、戰略、制度、組織與行動等構成的一套領導體系。領導體系的基礎與質量直接決定着黨的領導能力與執政能力。

在任何條件下，領導體系的建設和完善都不可能孤立進行，都必須與其所處的環境、領導的對象以及領導的使命相結合。中國共產黨之所以能夠發展到今天與其始終堅持這樣的領導體系建設戰略分不開。在這其中，中國共產黨找到了既能不斷優化其領導體系，同時又能在道義上和政治上

---

[1] 《中共中央關於加強黨的執政能力建設的決定》，人民出版社，2004年版，第2頁。

獲得社會最大支持的戰略路徑：這就是羣眾路線。羣眾路線是基於對人民主體地位、人民智慧以及人民力量的充分肯定而形成的，與人民民主具有內在的契合性，通過羣眾路線，中國共產黨能在優化自身的領導體系的同時，密切黨與人民的關係，從而強化黨領導和執政的合法性基礎。中國共產黨因此明確將羣眾路線視為黨的生命線，並將其作為「實現黨的思想路線、政治路線、組織路線的根本工作路線」。❶ 所以，中國共產黨在治國理政和推動社會發展中，努力通過羣眾路線來優化黨的領導體系，形成以人民羣眾為主體的人民監督體系，從而在鞏固黨的領導地位的同時，全面提高黨領導中國社會進步與發展的能力：

第一，基於羣眾路線來鞏固和提升黨領導的合法性基礎。人民是政黨的現實基礎，中國共產黨認為，不僅如此，人民也是歷史發展的推動力量，中國共產黨的使命就是要使人民成為國家主人，當家作主，建立人民民主國家。為此，中國共產黨將「為人民服務」作為黨的根本宗旨，將人民民主視為社會主義的生命所在。以相信羣眾、依靠羣眾、聯繫羣眾、服務羣眾為核心理念的羣眾路線就是基於這樣的世界觀形成的，它既是黨的宗旨的具體實踐，同時也是黨領導人民實踐人民民主的有效方式。所以，羣眾路線對鞏固和提升黨領導的合法性基礎具有多重的效應。中國共產黨時刻提醒全黨：

「歷史和現實都表明，一個政權也好，一個政黨也好，其前途與命運最終取決於人心向背，不能贏得最廣大羣眾的支持，就必然垮台。」❷

❶　江澤民：《推進黨的建設新的偉大工程》，《江澤民文選》第一卷，人民出版社，2006 年版，第 407 頁

❷　江澤民：《關於改進黨的作風》（2000 年 10 月 11 日），《論「三個代表」》，中央文獻出版社，2011 年版，第 72 頁。

「共產黨基本的一條，就是直接依靠廣大革命人民羣眾。」❶

　　第二，基於羣眾路線來提升黨把握規律、科學決策的能力。中國共產黨的思想路線包含兩個方面：羣眾路線與實事求是。在中國共產黨的認識論體系中，前者解決真知從何而來的問題；後者解決用什麼來檢驗真知的問題。中國共產黨明確認為，真知來自羣眾的實踐，因而檢驗真知的標準不在別處，就在於羣眾的實踐，實踐是檢驗真理的唯一標準。顯然，在黨的思想路線中，羣眾路線最為根本，沒有這一點，實事求是就無法做到。毛澤東在 1943 年發表的《關於領導方法的若干問題》明確要求全黨必須從馬克思主義認識論的高度來把握羣眾路線的真諦，他說：

　　「在我黨的一切實際工作中，凡屬正確的領導，必須是從羣眾中來，到羣眾中去。這就是說，將羣眾的意見（分散的無系統的意見）集中起來（經過研究，化為集中的系統的意見），又到羣眾中去作宣傳解釋，化為羣眾的意見，使羣眾堅持下去，見之於行動，並在羣眾行動中考驗這些意見是否正確。然後再從羣眾中集中起來，再到羣眾中堅持下去。如此無限循環，一次比一次地更正確、更生動、更豐富。這就是馬克思主義的認識論。」❷

　　這個認識論成為中國共產黨把握全局，制定正確的路線、方針和政策的基礎。1961 年，鄧小平正是從這個角度來定位羣眾路線的，他說：

---

❶　毛澤東：《共產黨基本的一條就是直接依靠廣大人民羣眾》，《建國以來毛澤東文稿》第十二冊，中央文獻出版社，1998 年版，第 581 頁。

❷　毛澤東：《關於領導方法的若干問題》，《毛澤東選集》第三卷，人民出版社，1991 年版，第 899 頁。

「黨的正確的路線、政策是從羣眾中來的，是反映羣眾的要求的，是合乎羣眾的實際的，是實事求是的，是能夠為羣眾所接受、能夠動員起羣眾的，同時又是反過來領導羣眾的，這就叫羣眾路線。」❶

必須指出的是，基於羣眾路線所建構的認識論，使以馬克思主義為意識形態的中國共產黨，在革命與建設的實踐中，徹底擺脫了教條主義，將馬克思主義與中國實際相結合，走出了中國特色社會主義道路，創造了中國快速發展的現代化奇跡。

第三，基於羣眾路線擴大公民參與以推進人民民主。人民民主是社會主義的生命，領導人民實踐人民民主是黨領導和執政的內在使命。所以，擴大公民參與，廣泛吸納羣眾意見並及時地轉化為有效政策，是黨領導和執政能力的具體體現。在這方面，羣眾路線起到了積極的作用。在實踐中，羣眾路線所形成的公民參與，主要是基於決策者走入羣眾中而形成的。1964 年，毛澤東在《學習馬克思主義的認識論和辯證法》一文中指出：

「要在人民羣眾那裏學得知識，制定政策，然後再去教育人民羣眾。所以要當先生，就得先當學生，沒有一個教師不是先當過學生的。而且就是當了教師之後，也還要向人民羣眾學習，了解自己學生的情況。」❷

顯然，這種公民參與是權力主體與政治過程延伸到羣眾之中而形成的，不同於公民主動而直接地介入政治過程表達意見所形成的參與，王紹

---

❶　鄧小平：《提倡深入細緻的工作》，《鄧小平文選》第一卷，人民出版社，1994 年版，第288 頁。

❷　毛澤東：《學習馬克思主義的認識論和辯證法》，《毛澤東文集》第八卷，人民出版社，1999 年版，第 324 頁。

光教授將這種參與概括為「逆向參與模式」，並認為它有四個支點：第一是要求領導幹部深入羣眾，與羣眾打成一片；第二是領導幹部要有羣眾觀點，想羣眾所想，急羣眾所急，充分考慮羣眾利益；第三是領導幹部要進行充分調查研究，真實了解民情民意；第四是領導幹部要積極吸取民智，以尋求切合實際的政策與辦法。❶

顯然，這種「逆向參與模式」對人民民主發展具有直接的促進作用，首先，它保證了人民當家作主的地位；其次，它使公共政策的決定有效地確立在人民參與、人民利益與人民智慧基礎之上，成為一種民主的成果；最後，它對限制和克服官僚主義的滋生具有一定的抑制作用。

第四，基於羣眾路線保持黨的領導具有永續的生機活力。權力與地位天然地具有腐蝕作用。對任何長期擁有權力與地位的領導力量來說，其面臨的最大挑戰就是如何有效地抵禦這種腐蝕作用，保持其思想、肌體和行動具有永續的生機活力。毛澤東當年回答民主人士黃炎培之問的時候，就明確認為民主是應對這個挑戰的最好辦法。這個民主辦法的具體實踐形式就是在黨的工作中始終堅持羣眾路線，一方面要求黨的幹部和組織要深入羣眾，聽羣眾呼聲，為羣眾服務，謀羣眾利益；另一方面積極地動員羣眾監督黨的幹部與領導，最大限度地保持黨的先進性與黨員幹部的純潔性。所以，中國共產黨明確認為：

「一個政黨，如果不能保持同人民羣眾的血肉聯繫，如果得不到人民羣眾的支持和擁護，就會失去生命力，更談不上先進性。我們黨的根基在

---

❶　王紹光：《公眾決策參與機制：一個分析框架》，參見譚君久主編：《中國式民主的政治學觀察》，西北大學出版社，2010 年版，第 1—18 頁。

人民、血脈在人民、力量在人民。保持黨同人民羣眾的血肉聯繫，是我們黨無往而不勝的法寶，也是我們黨始終保持先進性的法寶。」❶

　　作為黨的生命線，羣眾路線決定中國共產黨領導能力的強弱及其所領導事業的成敗。但是在不同的歷史時期，社會的結構、社會的思想觀念以及社會發展所面臨的問題都會有很大的變化，從而使羣眾路線的具體落實和實踐面臨新的挑戰和問題。這就意味着雖然羣眾路線是黨建構起領導體系，保持其領導力的法寶，但如何發揮這個法寶的威力，並產生實際成效，還需中國共產黨在實踐中不斷探索和創新。

❶　胡錦濤：《在慶祝中國共產黨成立八十五周年暨總結保持共產黨員先進性教育活動大會上的講話》（2006 年 6 月 30 日），《十六大以來重要文獻選編》（下），中央文獻出版社，2008 年版，第 535 頁。

第十五章

協商民主

在中國的政治體系中，協商民主不是孤立存在的，它既與中國近代以來的共和民主傳統和人民民主實踐形成了深刻的契合關係，又與中國共產黨的統一戰線、羣眾路線的相伴相隨、榮辱與共；既與中國共產黨領導的多黨合作與政治協商制度的運行互為表裏，又與中國基層民主的實踐有機統一。這決定了在中國國家建設和政治發展中，協商民主既是一種人民民主的實踐形式，同時也是黨的領導、國家建設與社會發展的重要平台與機制。因而，協商民主在中國所承載的功能必然要大大超越出協商民主本身，成為同時支撐黨、國家與社會的制度力量。就民主運行形式講，中國人民民主兩大重要形式協商民主與選舉民主具有同等的價值和意義，但就民主運行的功能講，即從民主創造國家治理與社會進步的角度講，協商民主對中國的發展更具全局性和根本性。這不是兩種民主形式孰優孰劣決定的，而是兩種民主形式與中國政治形態契合性程度決定的。

一、協商民主與民主共和

不論是西方國家，還是發展中國家，其運行的現代政治與其傳統的政治都有很大的區別，原因在於兩者的邏輯起點完全不同。現代政治是以人的個體獨立存在為邏輯起點的，而傳統政治是以人的共同體歸宿存在為前提的，換言之，現代政治以人的個體獨立為歷史前提，傳統政治以人的共同體存在為歷史前提。然而各國的實踐表明，從共同邏輯起點出發的現代

政治在不同國家的實際運行形態是不同的，一方面體現為各國政治制度安排及其內在結構的差異；另一方面體現為支撐整個政治體系運行的文化取向的差異。這兩方面的差異是互為表裏的。導致這兩方面差異的根源還是各國所秉承的歷史與文化。任何國家的現代化都是從本國的歷史與現實出發的，其主體都是由一定的社會、歷史與文化塑造的民族與民眾。現代化及其所決定的現代政治可以從新的邏輯起點出發，但不可能脫離出歷史與社會所塑造的社會結構與文化傳統，即不可能脫離出其歷史與現實的規定性。實踐證明，現代化不論走多遠，其根依然在歷史與傳統所塑造的文化血脈之中，失去了這種血脈之根，現代化只有形式，沒有靈魂；只有隨波逐流，沒有自己的家園。現代化是如此，作為現代化組成部分的現代政治建設和發展更是如此。

傳統對現代的塑造是通過文化實現的。亨廷頓在其主編的《文化的重要作用》一書中認為，丹尼爾・帕特里克・莫伊尼漢的兩句話是對文化在人世間作用的最明智論述：「保守地說，真理的中心在於，對一個社會的成功起決定作用的，是文化，而不是政治。開明地說，真理的中心在於，政治可以改變文化，使文化免於沉淪。」[1]亨廷頓就是由此出發來研究文化如何促進社會進步的。研究表明，文化與政治能否在積極取向上相互塑造對社會進步具有決定性的作用。由此可見，在現代化過程中，一個國家與社會進步，既離不開其文化的作用，也離不開其政治的作用，其文化只有能夠支撐新政治才能發揮作用；其政治只有契合文化之精神才能發揮作用。因而，任何國家成長所需要的實際政治，都一定是現代政治與文化傳統相互塑造而形成的，國度不同，文化不同，其政治形態自然不同。中國運行的共生政治就是在這樣的過程中逐漸形成的，既符合現代政治精神，又符

---

[1] 【美】塞繆爾・亨廷頓、勞倫斯・哈里森主編：《文化的重要作用》，程克雄譯，新華出版社，2002 年版，第 3 頁。

合中國文化傳統。

民主共和開啟了中國現代政治歷程。共和民主對公共利益和公共秩序的關懷契合了中國傳統的天下為公的理念，於是，共和民主在把擁有二千多年政治文明史的古老中國帶入現代政治時代的同時，也基本維護住了古老帝國的土地和人民，使其實現整體性的革命轉型。在中國的傳統政治理念之中，「天下為公」中的天下，既是外在的，以國為本；同時，又是內在的，以心為天。所以，不論個人，還是民族，要成就偉業，都必須有一顆無限包容的心。這樣，正心誠意就成為立於天地之間，開創天下偉業的起點。由此展開的人生畫卷和民族前程的邏輯是：正心誠意，格物致知，修身齊家治國平天下。孟子將這個邏輯概括為「天下國家」「天下之本在國，國之本在家，家之本在身」。[1] 領導中國人民建立中華人民共和國的毛澤東就認為這是中國人應該掌握的「天下國家的道理」。[2]

中國的天下國家道理強調：「天地之性，人為貴」；[3]「民為邦本，本固邦寧」。[4] 所以，中國傳統政治是以人為前提，以民為根本的。不過，這個「人」存在與作為現代西方政治前提的「人」存在的不同之處在於：不是個體的獨立存在，而是人與人的共在。以獨立個人為邏輯起點的西方現代政治發展出來「自由、平等、博愛」的政治價值，其中自由為核心；而以人與人共在為邏輯起點的中國古代政治發展出了「仁、義、禮、智、信」的政治價值，其中「仁」為核心。於是，中國創造的古典政治，既不同於以羣體存在的共同體的人為前提的西方古典政治，也不同於以獨立個人存

---

[1] 《孟子·離婁上》

[2] 毛澤東：《論反對日本帝國主義的策略》，《毛澤東選集》第一卷，人民出版社，1991 年版，第 155 頁。

[3] 《孝經·聖治》

[4] 《尚書·五子之歌》

在為前提的西方現代政治，它是介於兩者之中，既具古典性，又具現代性的政治，古典性體現為人與人的共在，本質上還是強調作為共同體人的存在；現代性體現為人與人的共在是個體與個體之間相互依存的共在。如果說西方古典政治是安排羣體的共同體存在的「羣體政治」，西方現代政治是實現個體自由的「個體政治」，那麼中國古典政治則是解決人與人和諧共處的「兩人政治」。中國的共生政治就是由此發源的。

「兩人政治」的核心價值就是「仁」。孔子說：仁者，「愛人」，❶ 而「愛人」的關鍵就是做到「己欲立而立人，己欲達而達人」，❷「己所不欲，勿施於人」，❸ 所以，「為仁由己」，❹ 一是克己復禮；二是行五者於天下，即「恭、寬、信、敏、惠。恭則不侮，寬則得眾，信則人任焉，敏則有功，惠則足以使人」。❺ 這樣，仁愛在，人與人之間不僅能夠共處，而且能夠相互促進，由此推而廣之，則社會和諧，天下大同。這就是中國人所理想的：「各美其美，美人之美，美美與共，天下大同。」可見，以「仁」為核心價值的「兩人政治」，既從個人出發，通過惠及他人，從而成就自己。我對他如此，他對我也是如此，我為人人，人人為我，從而將自我與他者結合，將個體與社會融合。這種從自我出發，但又超越自我的政治，雖萌生於古代社會，但具有現代性，在現代民主政治實踐中具有非凡的意義。中國的民主政治實踐表明，正如「個體政治」所創造的政治運行形態是競爭政治一樣，「兩人政治」所創造的政治運行形態應該是共生政治，即在天地人共存共生中成就人類；在你我他共生共存中成就個人；在國與國共生共

---

❶ 《論語‧顏淵》

❷ 《論語‧雍也》

❸ 《論語‧顏淵》

❹ 《論語‧顏淵》

❺ 《論語‧陽貨》

存中成就天下。

　　基於中國文化傳統所形成的共生政治與近代以來中國實踐的共和民主所具有的內在契合性是顯而易見的。美美與共，支撐着共和民主的價值取向；天下為公，支撐着共和民主的現實實踐。儘管是在反帝、反封建的革命中確立起共和民主的，但這並不意味着共和民主在中國的實踐則可以完全脫離出中國文化傳統的影響。近代以來的中國政治建設和政治發展表明：共和民主在中國的發展越是走向具體、走向深入，越是容易與中國的文化傳統產生共鳴與共振，共和民主喚起中國文化傳統的現代價值和意義；中國文化傳統強化共和民主在中國的適用性和有效性。按照丹尼爾·帕特里克·莫伊尼漢所揭示的原理，我們可以說：共和民主使中國的文化傳統免於沉淪；與此同時，中國的文化傳統則使中國的現代政治成為創造社會進步的力量。使中國文化傳統與現代政治產生這樣化學反應的重要媒介就是：協商民主。

　　可以說，協商民主，既是中國文化傳統與現代共和民主結合的產物，同時也是使共和民主在中國文化傳統的土壤上孕育現代共生政治的催化力量。正如前面一再指出的那樣，協商民主在中國，既是一種民主形式，同時也是實現黨、國家與社會和諧共生共存的重要平台與機制。由於協商民主所實踐的不僅僅是民主協商本身，更重要的是通過民主協商，實現愛國統一戰線、羣眾路線、民主集中制、多黨合作以及基層民主，所以，協商民主的建設和發展，在黨的層面，能夠創造多黨合作中的肝膽照相、榮辱與共的共生格局；在國家層面，能夠創造各民族、各階級大團結、大發展的共生格局；在社會層面，能夠創造人與人和諧共生、全面發展的共生格局。不僅如此，協商民主還能夠在協調黨、國家與社會的三者關係中，創造黨與人民、政府與社會一體共生的局面。

　　如果說「仁政」創造的是中國傳統的共生政治，那麼協商民主創造的是中國現代的共生政治。借助中國文化傳統的精神與價值，中國的協商民

主實踐，不僅能夠貢獻中國的人民民主發展，而且能夠貢獻現代人類政治文明的發展，即在現代民主中創造共生政治形態。

二、協商民主與黨的領導

馬克思主義的國家理論認為，國家是階級衝突和鬥爭的產物，進而國家是階級統治的工具。所以，有國家就一定有統治階級。階級統治儘管在人類文明史中普遍存在，但卻是人類發展中的一種異化。人類的解放就是擺脫階級統治這種異化的過程，因而，消除階級統治，促使國家消亡，是人類尋找自我解放的內在使命。社會主義社會是人類從階級社會向共產主義社會過渡階段的社會形態，因而，是努力通過經濟與社會的巨大發展來逐漸消除階級統治的社會形態。為此，社會主義社會要讓社會掌握生產資料的同時，將國家所有權力交給全體人民，從而使社會與人民擺脫國家無所不在的控制與奴役。所以，相對於資產階級民主革命來說，社會主義民主革命不僅追求個體的解放，而且追求類的解放，既全人類的解放；不僅追求個體的自由，而且追求自由的人類，即從個體的自由發展為自由的個體，從而使人類成為自由人的聯合體。

近代以來的社會主義革命實踐就是基於這樣的理論邏輯展開的，中國也不例外。社會主義國家在革命與建設中建構的領導制度，就是這個理論邏輯與革命實踐結合的具體產物。

社會主義革命與建設要承擔起其歷史使命，就必須緊緊圍繞着其與生俱來的兩大歷史任務展開：一是解放勞動人民，並讓所有的人成為勞動人民，從而消除一個階級對另一個階級的統治基礎，真正實現人民當家作主；二是全面發展生產力，使人類在擺脫了人對人依賴的基礎上，逐漸擺脫人對物的依賴，實現人類的徹底解放。因而，社會主義社會是一個全體人民掌握國家權力，並不斷超越自身發展，朝着更高目標發展的社會。這

意味着社會主義社會的國家權力不局限於某一個階級；同時，國家發展不局限於當下的形態，而是面向無盡的未來，即共產主義。正如自然法與社會契約理論決定了資本主義國家形態一樣，馬克思主義的科學社會主義理論決定了社會主義的國家形態，它與資本主義國家形態的最大區別就在於在國家制度之外，確立了領導制度。實際上，人類文明發展至今，任何現實政治的存在，都是基於特定的理論預設而形成的，古代如此，現代也是如此。這種理論預設不僅決定了現實政治建構與發展的內在邏輯，而且確定了現實政治運行與發展的合法性基礎。

科學社會主義理論表明，社會主義國家建構之所以需要建構領導制度，並不是因為有共產黨存在，而是因為社會主義國家要實現全體人民當家作主。要不斷地超越自身，向更新的社會邁進，就必須有一個既能凝聚全體人民，又能引領國家與社會向更高形態社會發展的力量。作為先進生產力代表的共產黨因此被賦予了領導全體人民走向未來的權力，通過領導權，共產黨不僅建立了社會主義國家與社會主義制度，而且全面推動了社會主義國家建設與發展。顯然。這種領導權不僅不是國家制度安排的產物，相反是共產黨領導人民建立新型國家與國家制度的權力基礎，所以，它不在國家制度內，而在國家制度外；其組織與運行不由國家制度安排，而是自己形成與國家制度相匹配的制度安排，這就是領導制度。可見，領導制度本質上是要解決社會主義國家共產黨與人民、與國家的關係。

同樣是現代國家，社會主義國家與資本主義國家是歷史使命與國家形態完全不同的兩種國家；同樣是執政黨，社會主義國家的執政黨與資本主義國家的執政黨是性質和使命完全不同的執政黨。這些差異決定了社會主義政治體系與資本主義國家政治體系是兩種完全不同的政治體系，其中最典型的表現就是社會主義不僅存在着依憲法形成的國家制度體系，而且存在着依社會主義使命而形成的共產黨領導的制度體系。在人類政治文明史上，這顯然是全新的政治體系。在相當長的時間裏，社會主義國家一直在

摸索如何協調這兩套制度體系的關係,最通俗地講,就是黨政關係,既有成功的經驗,也有失敗的教訓。中國的「文化大革命」以及二十世紀九十年代蘇東劇變都說明:社會主義國家處理好黨政關係具有極端的重要性。總結中國的經驗與教訓,處理黨政關係的關鍵在黨,更具體地講,在黨的領導制度。

黨的領導是黨對黨員、對人民、對國家領導的有機統一,涉及黨務、人民事務與國家事業。因而,黨的領導制度,是以管黨為基礎,以凝聚人民、領導國家事業發展為根本。黨的領導水平,在很大程度上取決於領導制度的合理化與科學化程度;而黨領導制度的有效運行,則在很大程度上取決於黨領導的合法性與先進性。綜合來說,領導制度的健全與完善,取決於三大基本要素:一是領導的合法性;二是領導制度的合理性;三是領導制度與國家制度的相互協調性。理論與實踐都表明,形成和完善這三大基本要素,協商民主都具有獨特的優勢,是不可或缺的機制與平台。

就黨領導的合法性來說,協商民主一方面使黨的領導與人民民主的有效實踐有機結合起來,從而使黨的領導確立在民主集中制與羣眾路線的基礎之上,保障了人民對黨領導的參與,也保障了人民對黨領導的廣泛而全面的監督。另一方面,協商民主使黨的領導確立在共產黨領導的多黨合作和政治協商制度基礎之上,從而使黨的領導確立在多黨合作和政治協商基礎之上,擁有了既有中國特色,又符合現代民主要求的政黨制度。協商民主在這方面的功效,既為黨領導的合法性提供了價值基礎與社會資源,也為黨領導的合法性提供了制度路徑與行動空間。

就黨領導制度的合理性來說,通過民主集中制,協商民主將有效地優化黨的集體領導體制,並使其成為提高黨內民主、強化黨內制約、增強領導權威的重要制度形式;通過羣眾路線,協商民主將有效地優化黨與人民、黨與社會的關係,改變黨的權力運行的路徑與過程,從而形成體制實用、程序合理、運行有效的黨領導與服務社會的制度安排與工作體系;通過多

黨合作與政治協商制度，協商民主將優化黨領導中的政治監督的制度體系，優化黨領導中的科學決策的制度體系，優化黨與參政黨以及各社會力量合作的制度體系。

就領導制度與國家制度相互協調來說，協商民主首先使得黨的領導制度與國家制度之間形成制度化的距離，例如通過政治協商使得黨的意志轉變為國家意志，黨的意志不能直接成為國家指令，而必須有一個協商的過程；其次協商民主對黨領導的監督使得黨的領導制度必須在憲法和法律的框架下運作，從而使黨的領導制度與國家制度相互協調擁有必要的法律基礎和法律保障。

總之，領導制度是社會主義制度的內在要求，而領導制度的質量直接決定着社會主義制度運行的成效，甚至是成敗。在人民民主的條件下，鞏固和優化黨領導制度的有效路徑就是發展和完善協商民主。為此，應該努力使協商民主既成為黨實現其領導的重要民主形式，同時也成為黨處理好其與人民、與國家之間制度關係的重要民主機制。

三、協商民主與國家整合

儘管中國有二千年的大一統歷史，但當中國開啟現代國家建設的時候，所面臨的卻是一個如一盤散沙的社會。這一方面與帝國體系解體有關；另一方面與中國傳統的農耕社會結構有關。於是，將一盤散沙的社會凝聚為一個有機整體就成為中國現代國家建設與生俱來的使命與任務。共和民主在中國的確立與中國國家建設面臨的這項使命和任務有內在關係。

所以，孫中山先生在構建中國現代國家，實踐國家建設工作的時候，時刻都把凝聚散沙般的中國社會作為首要任務。他認為民權的初步，在於建構人民的團體；黨務的根本，在於能夠用革命主義凝聚四萬萬同胞為一

個大團體；民權主要的使命就是建設中華民族的大團體。[1] 可以說，使中國社會全面「團體化」是孫中山先生民主革命和國家建設思想的核心內容。這個任務最重落到中國共產黨身上。儘管中國共產黨領導的是新民主主義革命，但其面臨的社會現實沒有變，而且其所承載的歷史使命比孫中山先生領導的舊民主主義革命更為深刻和艱巨。所以，中國共產黨十分重視將階級革命與民族革命有機結合起來，既強調全民族凝聚，又強調各階級的聯合。中國共產黨通過創造性地引用統一戰線這個法寶，在促進全民族凝聚、各階級聯合的過程中，使自身及其所代表的先進階級，成為國家的領導核心，從而建構起有核心的民眾與民族的凝聚結構和聯合團結的體系。

縱觀中國向現代國家轉型的歷程，中華民族之所以能夠在大轉型中沒有像傳統帝國體系那樣崩解，其中一個重要原因就是包括孫中山領導的國民黨和中國共產黨在內的革命黨及時有效地承擔起了團結民眾、凝聚社會、維護民族團結的使命，並將其作為革命的基礎與革命的任務。然而必須看到，中華大地上的民眾與民族雖有千年的共同生活史，但隨着國家形態從傳統帝國轉向現代國家，要在現代化的過程中和現代國家體系內保持其凝聚性與團結性，還需要做很多的努力；與此同時，伴隨現代化發展而來的民主化、市場化和全球化必然深刻地改變着千年留存下來的社會結構，社會結構轉型與社會分化相伴而行。這一切都意味着邁入現代國家門檻的中國，不僅要在推動國家轉型過程中保持其社會的一體性與民族的凝聚性，而且要在經濟與社會現代化的過程中，始終保持其社會的一體性與民主的凝聚性，從而為建設一個成熟的現代化國家奠定必要的社會基礎。為此，中國共產黨在高舉民主與科學大旗的同時，也高舉起團結與發展的大旗，強調沒有團結，就沒有穩定與發展；同樣，沒有發展，尤其是沒有

---

[1]　孫中山：《三民主義，民權主義》，《孫中山選集》下卷，人民出版社，1956 年版，第690 頁。

共同發展，也就沒有團結的基礎。

在中國共產黨的執政體系中，團結不是一個空泛的概念，而是實實在在的工作任務和工作體系，它涉及的範圍是廣泛而具體的，有階級聯合、民族團結、人民團結、軍民團結、黨派合作等等，而其創造和推動這些團結的路徑有：黨的領導、統一戰線、人民民主制度、民族政策、公共政策、公平正義價值等等。創造不同類型的團結，有不同的平台、路徑與方式。然而，對於全體人民和整個中華民族來說，對於整個社會與國家來說，要真正實現政治學意義上的團結：每個人都能平等、和諧地生活在共同的政治共同體之中，並將這個共同體以及共同體中的他人視為自己實現全面發展的前提，就必須將團結確立在合理的制度以及人們對這個制度的共同認同基礎之上。

在現代政治中，團結的首要前提是制度的合理性。因為，在現代政治中，不論個體的權利，還是團體的利益，最終都將取決於配置資源、整合社會的制度體系。這是現代社會與傳統社會的根本區別所在。在現代化使文化世俗化、組織社會化的大背景下，制度就成為維繫共同體統一與協調的根本，其終極表現就是主權與憲法擁有絕對權威。這決定了制度化上的任何偏差都可能導致社會的衝突和社會治理的失效。中國的制度體系是黨的領導制度體系與國家制度體系的有機統一，中國的民主政治是黨的領導、人民當家做主與依法治國的有機統一。這決定了中國制度合理性，既要解決黨的領導制度與國家制度共存共生問題，同時也要解決黨的領導制度與國家制度實現全面法律化與制度化問題。在這方面，源於中國政治體系、同時又符合現代民主要求的協商民主具有獨特的優勢，它既能提升黨的領導制度的合理性，也能提升國家制度的合理性。而且，由於協商民主是在不斷的民主實踐中促進制度合理性的，所以，它為團結所帶來的效應，既是當下的，也是未來的。

在現代政治中，創造團結的第二個前提就是國家認同。由於現代國

家是通過制度建構起來的，而制度則安排每個人的權利體系和發展可能，所以，人們往往是通過對制度的認同來認同國家的，而人們認同制度的基本依據，就是認同制度對其社會與政治存在的安排，具體來說就是認同其在現代國家中的實際存在。如果說在古代國家，人們是從國家來把握自己的，那麼在現代國家，人們是從自我來把握國家和認同國家的。人們只有擁有基本相同的國家認同，才會在國家共同體內實現積極的團結。❶

現代的愛國主義就是如此產生的。現代國家認同形成的邏輯決定了人們對國家的認同，不是來自國家的強力，而是來自個體與國家的積極互動，既能向國家充分表達，同時國家也能夠充分尊重個體的存在與價值。這種積極互動的最有效形式之一就是公民參與以及由此昇華而成的制度性民主協商。從這個角度講，協商民主是創造國家認同的有效路徑，從而為促進團結提供深厚的社會心理與政治精神的資源。

在現代政治中，維護和深化團結的第三個前提，就是利益的協調與互補。每個人都有自己的利益訴求，有多少人就有多少種利益訴求；市場化既促進了利益的個人化，同時也促進了利益結構的整體分化，形成階層性或集團性的利益衝突。利益分化和衝突無疑是社會團結的最大腐蝕因素與瓦解力量。消除這種分化與衝突，除了制度的合理性與政策的合理性之外，就是利益主體之間的溝通與對話、不同利益之間的協調與互通。這就需要制度性的民主平台，其中協商民主無疑是最切實有效的平台與機制。實際上，協商民主不僅能夠平衡和協調社會力量之間的利益關係，而且能夠平衡與協調政府與社會之間的利益關係。可見，廣泛而多層的制度性協商，天然是緩解利益衝突、促進社會和諧，增強社會團結的重要平台與機制。

---

❶　林尚立：《現代國家認同建構的政治邏輯》，《中國社會科學》，2013 年第 8 期。

在創造團結方面，協商民主能夠運用於國家發展所需要團結的方方面面，這其中自然包括階級與階層聯合、民族團結與人民團結等等。但這絕不意味着在創造團結社會方面，協商民主可以無所不能，包辦一切。協商民主在這方面的功能是毋庸置疑的，但其要發揮有效作用，除了其自身的完善性之外，還取決於相關體制、政策和觀念的科學性與有效性。例如如果沒有民主黨派的健康發展，政治協商要創造真正的黨派合作和階級與階層的團結也是困難的；同樣，如果民族區域自治制度不能有效運行，那麼僅僅依靠政治協商及其背後的統一戰線來創造中華民族的大團結也是事倍功半的。

四、協商民主與國家治理

國家是通過一套制度體系將主權、領土與人民有機組合起來的政治共同體，其實在的基礎就是人民及其所生活的領土空間構成的社會共同體。所以，社會共同體加上既主導社會，同時又代表社會的主權，就是國家。國家的使命就是在其主權所轄範圍內創造有序的公共生活，從而保障人與社會的共同發展。完成這種使命的行動與過程，就是國家治理。人們習慣認為國家治理就是國家基於一定的制度體系，通過其所掌握的公共權力以及運行公共權力的政府實現對社會治理的過程。於是，國家治理就變成了國家對社會的治理。其實這種認識是片面的。人類是先組成社會，後建立國家的，社會是建立國家的主體。社會建立國家的目的，不是要用國家來替代自身，而是希望借助國家這個源於社會，同時又高於社會的公共力量來維護社會生產和生活的秩序，使人們生活在一個穩定的共同體之中。這決定了國家對社會的治理，僅僅是國家治理的一個部分，國家治理還應該包括社會生產和生活本身形成的治理結構和秩序體系。所以，國家治理本質上治理國家，其任務就是使國家這個政治共同體時刻擁有供給秩序和

創造發展的基礎與能力。國家與社會是相互依存的，國家的另一面就是社會。這決定了國家這個政治共同體要獲得有效的治理，即時刻擁有供給秩序和創造發展的基礎與能力，既需要國家的力量，也需要社會的力量。在現代社會，國家力量通過憲法意志和政府權力來體現；社會力量通過獨立於國家的市場與社會的機制、組織來體現。雖然在國家治理中，國家力量起主導作用，但這個主導作用只有通過與社會力量的有機合作才能得到有效的落實。從這個角度講，現代國家治理，不論從哪個角度講，都不是一元力量能夠完成的，而是多元力量合作共治完成的。這說明一個國家內部的共治水平與質量對國家治理與發展將起決定性作用。

然而，不論是古代國家，還是現代國家，國家治理結構與體系都經歷了一個複雜的形成過程，因為，它不僅有賴於國家制度本身的健全與完善，而且還有賴於社會的發展與成熟，進而有賴於國家與社會合理關係的確立與定型。所以，就現代國家來說，其國家治理的成熟都必須經歷一個國家建設的過程。縱觀各國的實踐，所有的國家建設既是國家制度本身全面完善的過程，同時也是國家與各方社會治理力量建立制度化關係，從而全面豐富國家治理體系的過程。因而，在發達國家最終形成的國家治理體系中，不論國家權力在其中如何佔據主導性的地位，都一定不會形成國家權力獨霸天下的格局，相反一定是國家權力與各經濟、社會、文化力量共治國家的格局。

中國儘管是實行人民當家作主的國家，但由於不了解落後國家如何建設社會主義，人民當家作主並沒有轉化為有效的國家治理體系，相反，卻形成了導致國家治理體系全面扭曲的全能政治。改革開放不僅打破了權力高度集中的局面，而且為建構現代的、同時符合中國發展需要的權力結構體系提供了重要的制度基礎，即社會主義市場經濟。正是權力結構的調整激發了中國改革開放的活力；同時，也正是成功的改革開放塑造了中國有活力的權力結構格局，既能保證發展的秩序，也能保證發展的活力。從

改革開放所推動的中國變革和發展過程來看，基於改革開放而成長起來的新力量有：地方政府、企業、個人、市場、社會以及各類民間組織等。這些新力量與既有的黨和國家權力體系一起構成新的權力結構：黨、政府、市場、社會以及個體五大方面共同構成的權力結構。在這個權力結構中，個體、社會、市場，不僅是具有相對自主性的治理主體，而且也是黨和國家權力的根本來源和服務對象。伴隨着個人、社會與市場力量的增強，政府的職能體系也開始發生變化：從全能型政府向有限型政府轉變、從生產性的經濟型政府向保障性的服務型政府轉變；伴隨職能轉變而來的一定是政府職能體系的重新佈局，其效果之一就是改變中央與地方之間的職能關係、權力關係以及運作關係，在提供公共服務中，地方政府日益成為中央政府必須依賴的力量。不論是新的權力結構，還是新的政府職能配置與職能結構，都決定了今天中國的治理，一定是多方參與、多元治理主體共同治理的格局。這種局面既可以看作是中國改革開放所創造的進步，也可以看作是中國的治理結構回到常態並向現代化邁進的具體形態。

客觀地講，創造權力分散、形成多元治理主體的格局是容易的，它主要靠國家分權和市場經濟的體制機制；但多元治理主體要形成合作共治，從而使各治理主體都能成為經濟與社會發展的正能量，既需要憲法的規範與制度的權威，也需要治理體系現代化的發展，因而，它既需要一個過程，又需要一個合理的機制。多元共治的本質就是黨或國家組織與領導各方治理力量，發揮各自所長，尊重各自運行規律，在國家憲法和制度框架下，共同治理國家與社會的公共事務。因而，它既要求平等對待各治理主體，同時也要求各治理主體能夠積極參與國家治理，成為國家治理的重要力量。要創造這樣的格局，除了有意識地培養和開發相關的治理力量外，更為重要的是需要一個平台與機制，為各種治理力量的互動與合作提供實踐的平台和成長的空間。從這個角度講，協商民主不僅是中國民主發展的

要求，而且也是中國這樣大型國家創造有效治理的要求，因而，其在中國的建設和發展任重道遠。

協商民主對於中國建設和發展所具有的意義是全局性的和長遠性的，它既賦予中國特色民主政治具體的形態：共生政治和共治結構；同時賦予中國社會實現長遠發展所需要的整合結構，縱向整合了中央與地方、橫向整合了黨、國家、市場、社會與個體。然而客觀地講，協商民主在中國的全面發展才剛剛起步，雖然它經歷過革命與建國的實踐和洗禮，但在現代化的邏輯下的運行還是比較稚嫩和粗陋的，而且其健全與發展還面臨諸多的主客觀條件的限制。

所以，上述所分析的功能，雖有現實的根基，但不少還是從理論上把握形成的，其目的就是為協商民主功能的全面開發和發展提供方向和指導。由於中國協商民主所具有的這些功能與中國特色現代政治的形成、運行和發展具有高度的內在契合性，所以，對中國來說，發展協商民主已經超越民主建設本身，而成為在民主建設中全面健全和完善中國特色社會主義政治體系的戰略平台與關鍵路徑。基於此，協商民主建設應該有更全局、更全面、更長遠的部署與推進。

第十六章

國家治理

　　從上下五千年的中國大歷史來看，中國社會先後經歷了三種政治形態：先秦的封建時期；秦之後的中央集權專制時期以及辛亥革命之後的民主共和時期。每一個形態所創造的新結構、新治理與新秩序，都為中華文明的進步與發展提供了新的基礎與動力。第一種和第二種政治形態都是中國自身歷史發展的結果，是內生的產物，具有很強的歷史、社會與文化的內在關聯性。然而，第三種形態，即當今中國政治形態，實際上是人類現代化歷史運動對中國社會衝擊的結果，雖然具有歷史的必然性，但並非自我內生和轉化的產物，它與中國既有的歷史、社會和文化的關聯性不是天生的，因而需要後天的建構與創造。許多發展中國家的現代政治形態建構也面臨與中國同樣的情況。實踐表明，發展中國家如何在現代化轉型中有效建構現代政治形態，將在很大程度上決定着這個國家的前途與命運。從今天中國發展的水平與態勢來看，中國雖然在應對和解決這個問題上也經歷過曲折，但總體上是成功的，其中的關鍵點就是：獨立自主地建構自己的現代政治形態。換言之，現代民主共和雖然不是中國內生的，但卻是中國自主建構起來的。正是這種自主建構，使中國走上了中國特色的民主政治發展道路，形成了自己的理論邏輯、制度體系和發展道路。這決定了中國今天提出的國家治理體系與治理能力的現代化，必然是基於中國發展的政治邏輯與現代文明要求的有機結合。

一、國家治理的制度

　　中華人民共和國是在中國共產黨革命奪取政權後建立起來的社會主義中華人民共和國，不論對傳統中國，還是對辛亥革命之後的現代國家建設來說，都是一個新社會、新國家，而其領導力量則是由農村革命根據地走出來的中國共產黨，隨着黨和軍隊的工作重心從農村轉城市，「必須用極大的努力去學會管理城市和建設城市」，❶ 因而，中華人民共和國與生俱來地面臨建構社會主義制度和治理體系的任務。但由於中國在理論和戰略上沒有根本解決中國如何建設社會主義這個基本問題，所以，經歷社會主義改造之後的中國，雖然建立了社會主義制度體系，但沒有創造出有效的社會主義國家治理體系。1978 年底，鄧小平啟動中國改革開放的時候，是這樣描述當時中國的：

　　「現在的問題是法律很不完備，很多法律還沒有制定出來。往往把領導人說的話當做『法』，不贊成領導人說的話就叫做『違法』，領導人的話改變了，『法』也就跟着改變。所以，應該集中力量制定刑法、民法、訴訟法和其他各種必要的法律，例如工廠法、人民公社法、森林法、草原法、環境保護法、勞動法、外國人投資法等等，經過一定的民主程序討論通過，並且加強檢察機關和司法機關，做到有法可依，有法必依，執法必嚴，違法必究。國家和企業、企業和企業、企業和個人等等之間的關係，也要用法律的形式來確定；它們之間的矛盾，也有不少要通過法律來解決。現在立法的工作量很大，人力很不夠，因此法律條文開始可以粗一點，逐步完善。有的法規地方可以先試搞，然後經過總結提高，制定全國通行的

---

❶　毛澤東：《在中國共產黨第七屆中央委員會第二次全體會議上的報告》，《毛澤東選集》第四卷，人民出版社，1991 年版，第 1427 頁。

法律。修改補充法律，成熟一條就修改補充一條，不要等待『成套設備』。總之，有比沒有好，快搞比慢搞好。」❶

可見，改革初期的中國，除了支撐政權的制度體系之外，沒有法律，更談不上基本的國家治理體系了，一切都靠領導幹部的個人意志及其手中的權力。這種治理即使算是人治，也是低層次的人治。為此，中國的改革開放，是在邊整頓、邊治理、邊改革中開始的，治理整頓推動改革，改革為治理整頓提供治理資源。

改革前的中國之所以陷入這樣的境地，除了社會主義現代化受挫之外，也與「文化大革命」的十年浩劫有直接的關係。在這樣的處境下，憲法與法律嚴重失效、制度嚴重失靈、組織嚴重失序、倫理道德嚴重失範，只有通過黨不斷積聚和放大的政治權力，才勉強地將資源嚴重短缺的社會整合在特定的秩序空間。❷ 可以說，改革開放之初的中國發展，既是從強控制的格局中釋放社會活力，提供其自主空間的過程，同時也是激活和完善國家憲法法律體系、制度體系、組織體系和道德規範的過程。對於改革開放和中國發展來說，這兩個過程不僅同時展開，而且要相互適應。在這三十多年的發展中，這兩個過程的互動形成了以下四個發展歷程：

第一，修改憲法，還權政府，放權社會，恢復常態。改革前，中華人民共和國建立的國家制度體系因現代化受挫無法形成相應的經濟基礎支撐，結果整個制度扭曲為黨的一元化領導下的權力高度集中。改革開放是基於破除黨對權力的高度集中以及讓扭曲的國家制度體系恢復常態而展開的。1982 年，放棄 1975 年和 1978 年的憲法文本，以 1954 年憲法為文本

❶ 鄧小平：《解放思想，實事求是，團結一致向前看》（1978 年 12 月 13 日），《鄧小平文選》第二卷，人民出版社，1994 年版，146—147 頁。
❷ 參見林尚立：《當代中國政治形態研究》，天津人民出版社，2000 年版。

全面修訂憲法，形成 1982 年憲法。與此同時，通過黨政分開，消除以黨代政的格局，國家制度體系不僅獲得了應有的憲法地位，而且也獲得了應有的政治地位，政府因此獲得了憲法和法律所規定的權力，開始自主運作。改革與發展的主體是人民，所以，放權社會，激發人民的主動性和創造性是改革開放的根本所在。黨還權政府是以放權社會為前提的，只有不斷活躍的社會需要政府來建構秩序的時候，政府的權力和服務才有實際的價值和意義。這個發展歷程帶來的現實效果是：國家有了根本大法；憲法規定的制度得以恢復運行；政府成為管理經濟與社會發展的主體；黨、國家與社會從一元化的結構走向有機的立體結構，各自擁有了相對自主性。

第二，再造幹部，破終身制，行政負責，精簡機構。不論是制度運行，還是實際治理，除了制度與權力調整之外，就是幹部選用。用毛澤東的話來說，「政治路線確定之後，幹部就是決定的因素。」[1] 因而，改革開放後，幹部隊伍的組織就成為決定性的。為此，鄧小平推動了兩大建設：一是幹部的年輕化和專業化；二是破除幹部終身制，實行任期制和退休制。這兩大建設，既開創了改革開放的新局面，同時也終結了具有千年歷史傳統的領導幹部終身制，這為國家權力更替和治理專業化提供了幹部基礎和制度保障。與此同時，行政首長負責制的普遍確立，為政府和各類組織的運行明確了最基本的管理主體和責任體系。為了更好地放權社會，提高政府管理的科學性和效能，周期性地推動政府機構改革，並將政府職能轉變和優化職能體系作為政府機構改革的軸心。這些改革努力帶來的現實效果是：徹底終結幹部終身制，國家的組織和運作開始邁向專業化軌道，全面啟動政府職能、機構與流程的再造。

----

[1]　毛澤東：《中國共產黨在民族戰爭中的地位》，《毛澤東選集》第二卷，人民出版社，1991 年版，第 526 頁。

第三，市場經濟，法治國家，融入國際，依法執政。社會主義市場經濟體制的確立使改革真正成為一場革命性的變革，它所產生的聯動效應關係中國發展的基礎與全局。首先，它使人的社會存在從作為共同體的單位人存在開始轉型作為個體的社會人存在，從而深刻改變了社會的組成方式以及個體、社會與國家之間的權力結構與權力關係，民眾與社會成為決定國家與政府的根本力量。其次，推進了中國治國方略的革命性變革，從傳統的治理方式全面走向現代的依法治國，在建設社會主義法治國家中努力建構和完善社會主義法律體系和法治體系。再次，市場經濟的全球化存在不斷拓展中國開放格局，把中國全面地推進了世界經濟體系，使其在參與全球經濟運行的同時，也逐步與世界經濟運行的規則相銜接，類似 WTO 這種國際組織及其相應的國際規則開始成為推動中國改革與治理的機制。最後，伴隨着經濟體制、社會體制的深刻變化，中國共產黨開始自覺地從革命黨向執政黨轉變，其理論與實踐的邏輯也相應地從革命黨的邏輯轉向執政黨的邏輯，執政黨將在憲法與法律的範圍內活動。所以，這個發展歷程帶來的現實效應是：全面改變中國的內在權力結構與運行方式，人民與社會成為決定性的力量；法治成為國家治理的根本形式，依法治國與依法執政使黨全面從革命黨向執政黨轉變，由此，黨的領導、依法治國與人民當家做主有機統一成為中國國家治理格局的根基所在。

　　第四，社會建設，治理能力，法治體系，治理體系。市場經濟發展為個體的自主發展提供了充分的市場基礎與法律保障，而自主的個體要獲得有效的發展除了需要市場外，還離不開社會。社會組織及其自治的質量往往是市場經濟與個體發展的重要決定因素；另一方面，自主的個體雖能在市場經濟獲得自由發展，但卻無法從中獲得最根本的保障，於是，自主的個體在贏得自由的同時，卻失去了最基礎的生存保障。為了保證每個自主個體在市場經濟危機時依然能獲得最基本的生存保障，政府就必須借助

社會本身的力量，建立政府托底的社會保障體系，以應對市場經濟危機可能給個體生存和社會運行帶來的毀滅性的衝擊，保障個體與社會的基本安全。為此，中國在建設社會主義市場經濟體制不久，就主動地開啟社會建設，一是讓社會成熟起來，擁有自我組織、自我管理與自我服務的能力；二是為社會提供一套社會保障體系，建構社會防護網與托底盤。要把握好市場經濟發展與社會建設的相互作用，就必須建構政府、市場與社會共同協力的治理體系，並不斷提升黨和政府整合市場與社會力量以創造治理的能力。實際上，今天中國對治理能力與治理體系的要求，還與中國社會的超大規模與多元差異有關，還與全球化、網絡化和信息化導致中國社會組織方式和國家治理方式發生深刻革命有關。要應對這樣複雜、多變以及多元的社會建設，建構多方合作的治理體系，就必須建構憲法至上、立法科學、執法有效、司法公平、依法執政的社會主義法治體系，使得整個國家的治理形成規範，落在實處。

上述四個發展歷程是前後銜接，逐步推進，並不斷深化和具體化的，第四個發展議程正在展開。從這四個發展歷程可以看出，改革開放至今，中國先後經歷了恢復憲法、恢復制度、調整權力結構、培育市場與社會、構架法律體系、推行依法治國，全面參與全球經濟與社會體系運作的發展過程。雖然這個過程創造了中國經濟與社會的巨大發展，但並沒有為發展了的經濟與社會提供更為深入而全面的組織、制度、程序與機制，結果，在創造全面協調可持續發展上遇到挑戰，在預防腐敗、規範權力、維權權利、造福民生上遇到困難。這種局面一旦無法克服和超越，中國的發展就必然掉入峽穀，陷入人們所擔心的「中等收入陷阱」，前功盡棄；而要超越這個陷阱，創造持續發展，就必須全面激化社會主義制度優越性，提高中國共產黨治國理政的能力，就必須建構能夠將各方面力量整合在一起，能夠面對各種複雜問題的有效的國家治理體系。

二、國家治理的制度邏輯

在今天的中國，決定中國大局，創造中國發展的制度基礎，就是中國特色社會主義制度。中國建構現代國家的歷程表明，中國特色社會主義制度力圖將中國的發展確立在人類文明發展規律、社會主義社會發展規律以及中國社會發展規律有機統一的基礎之上。從這個角度講，中國特色社會主義制度對中國發展目標、使命與形態都具有很強的決定性和規範性。顯然，中國特色社會主義制度不是一個概念或理論，而是實實在在的制度規範，具有其內在邏輯。這決定了國家治理體系與能力的現代化要擔負起鞏固和完善中國特色社會主義制度，發揮其內在優勢與特點，就必須充分遵循中國特色社會主義制度的內在邏輯。中國特色社會主義制度的內在邏輯由以下八大範疇構成，它們共同構成決定國家治理體系現代化發展方向和內在使命的基本價值與制度基礎。

第一，公有與非公有。所有制決定一國的資源歸宿方式、配置結構與生產形態，很自然地也就決定一國制度的根本。以科學社會主義為取向的中國，就是以所有制改革為起點來進行社會主義制度建構的，經過長期的探索和實踐，其最終形成的基本經濟制度是：公有制為主體、多種所有制經濟共同發展的基本經濟制度。在這一制度中，公有制既是主體，也是前提和基礎，但同時，必須包容非公有，並與非公有共存發展。在實踐中，公有制首先選擇的是計劃經濟運行方式，並限制非公有；由於不適合社會主義初級階段的發展要求，改革開放以來，公有制在調整其結構與佈局的基礎上，開始運行社會主義市場經濟，並為發展非公有制經濟創造相應的空間。不論對中國發展，還是對人類近代以來的經濟運行與國家建設來說，這個變化無疑是革命性的，因為世界各國的市場經濟都主要以私有制為其運行的所有制基礎。因而，基於中國的經濟制度，中國國家治理體系現代化就必須解決人類前所未有的一個重大現實課題：將市場經濟成功地

建立在以公有制為主體的經濟制度基礎之上。為此，中國就必須探索和實踐既遵循市場經濟規律，但其形態又不同於西方發達國家的社會主義市場經濟組織與運行方式。

第二，黨與國家。現代化必然伴隨着國家制度的重構，即現代國家建設；而現代國家制度運行無不以政黨為主角。❶ 所以，任何國家在現代國家制度建構的過程中，一方面要安排好經濟領域中的公有（國有）與非公有的關係；另一方面就必須安排好政治領域中的政黨與國家的關係。這兩個層面的建構與安排是互為表裏的。以私有制為取向的國家，是通過掌握財富的權勢階級來建構現代國家的，形成了權勢階級建構國家制度以及為了運行國家制度組織政黨的國家建設邏輯；在這其中，國家是產生政黨的基礎與前提。然而，以公有制為取向的國家，是通過不掌握財富資源的革命階級以革命方式推翻私有制、建立公有制來建構現代國家的，形成了革命階級組織政黨進行革命，並在革命後建構國家和領導國家發展的國家建設邏輯；在這其中，強有力的政黨領導是國家產生的基礎與前提。於是，黨對國家來說，首先是領導全社會建設現代國家制度的領導力量，其次才同時是運行國家制度的執政能力。這與僅僅完全裝在國家制度之內，僅僅作為運行國家制度的力量而存在的西方政黨完全不同。於是，中國形成了一般國家所沒有的黨的領導制度與國家制度共存的政治體系，其根本立於憲法，而其前提則是憲法所保障的黨的領導。為此，中國必須探索的是黨的領導、依法治國和人民當家作主的三者有機統一的國家治理體系，而不是一般國家制度形態所決定的國家治理體系。

第三，根本制度與基本制度。中國是實行人民民主的國家，人民產

---

❶ 意大利思想家葛蘭西對於政黨在現代國家中的地位與作用，給出這樣的比喻：「如果在現代寫一部新的《君主論》，那麼它的主要人物不會是英雄的個人，而是某一個政黨。」【意】安東尼奧‧葛蘭西：《獄中札記》，葆煦譯，人民出版社，1983年版，第121頁。

生國家權力，同時運行國家權力，即人民當家作主。因而，中國不是通過
「三權分立」和「多黨政治」來實踐其民主的，而是通過充分發揮人民的
主體作用來實踐其民主的，其制度安排就是根本制度與基本制度的有機統
一。根本制度，即人民代表大會制度，它保障人民以整體的力量實踐組織
國家、治理國家、監督國家運行的權利，從而支撐和規範着國家權力的組
織與運行；基本制度，即共產黨領導的多黨合作與政治協商制度，保障人
民所包含的各利益主體能夠自主表達各自利益、共議大政方針、監督黨和
國家、促進黨派以及各界的合作，實現人民的團結，從而支撐和規範黨的
領導以及國家發展的基本方向。根本制度通過發揮人民的主體作用，使國
家權力與制度的運行確立在人民民主之上；而基本制度則通過發揮人民的
主體作用，使黨的領導及其執政確立在人民民主之上。正是通過這兩個制
度，使得黨的領導制度和國家制度都能確立在人民民主之上，從而在制度
上解決了共產黨領導的國家運行現代民主制度所應該具備的基本原則與合
理結構。這意味着中國完全可以自信地通過運行和完善既有的兩套制度體
系，實現國家治理體系的現代化發展。

　　第四，民主與集中。這既是中國共產黨的組織原則，同時也是中國
國家制度的組織原則。不少人將這對範疇視為對立的，不能相容統一的範
疇，但如果將其放到具體的共同體組織與發展之中，如黨的組織、國家的
組織，人們就很快發現這對範疇實際上是能夠實現有機統一的，從而能夠
發揮更大的作用。實際上，對任何共同體的存續和發展來說，都同時需要
民主與集中這兩個取向，只不過人們不用「集中」這個概念，而用其他的
概念來表達，如主權、一體化、法的權威等等。在中國的政治邏輯中，民
主強調人民主權、基層自治以及尊重各種利益和積極性；集中強調行政、
法律與紀律上的集中統一，強調全局統籌與集中統一。因而，民主與集中
構成了一個縱橫的協調與治理結構，他們之間相互支撐，互動互補。只不
過在作為紀律組織的黨內和在作為法制組織的國家，民主與集中之間條件

關係是不同的。在黨內，集中是民主的前提；在國家內部，民主是集中的前提。對於同時存在着黨的領導體系與國家制度體系的中國來說，民主集中制在黨的領導制度與國家制度上的差異，卻創造了領導制度與國家制度在功能與功效上的互補關係。中國的國家治理體系應該充分開發這種互補關係，從而使民主集中制成為創造高效、管用的治理體系的重要政治資源與制度資源。

第五，市場與政府。從國家轉型與現代化發展的歷程來看，西方國家的邏輯是市場主導，市場逐漸包容政府；而中國的邏輯是政府主導，政府逐漸包容市場。這與所有制結構以及社會制度不同有直接關係。中國社會主義市場經濟發展到今天，有一點與發達國家是共同的，即市場與政府相互承認，是各自不可或缺的另一半，並形成了相輔相成的關係。中共十八屆三中全會做出的關於市場在資源配置中起決定性作用的決定奠定了市場與政府的這種關係。然而，中國的社會制度決定了政府與市場關係的平衡，會充分遵循市場經濟的規律，但其價值取向與實現形式不可能是西方化的，否則，黨和政府的治國理政就可能面臨合法性危機，因為，一旦政府失去了以民為本、保障基本、統籌全局的能力，市場可能的風險就可能威脅市場本身，進而威脅到社會和國家。從這個角度講，中國推行的社會主義市場經濟不是一般的市場經濟，其「社會主義」規定性，不是政治標籤，而是對中國市場經濟的價值與制度規定性，其目的是使市場經濟能夠與中國特色社會主義相適應。這正如戰後德國為使市場經濟與德國相適應而推行「有效的市場經濟」一樣。❶ 所以，在平衡政府與社會關係，創造國家治理體系現代化中，既要充分尊重市場在資源配置中的決定性作用，但同時也必須考慮社會主義制度的內在要求。

----

❶ 【德】烏爾里希‧羅爾主編：《德國經濟：管理與市場》，顧俊禮等譯，中國社會科學出版社，1995 年版，第 7—22 頁。

第六，法治與德治。中國傳統的制度是確立在德治基礎之上的，孕育出傳統帝國和中華文化傳統。然而，中國所要建立的現代國家卻是建立在法治基礎之上的，孕育出社會主義民主政治和法治體系，建設法治國家、法治政府與法治社會，已成為國家發展戰略。這種變化使中國從古代政治文明躍進到現代政治文明。但從這個變化的具體歷史過程來看，它是以全面否定德治政治傳統為其第一個歷史行動的，結果在強調法治的現代合理性的同時，也使得法治與德治對立起來，不讓德治靠近法治。作為國家權力運行的制度準則，法治替代德治無疑是現代發展的必然要求，也是國家治理體系現代化的根本保證。但是，如果由此否定道德在治理中的重要作用，那法治就難以獲得有效的發展。因為，不論從法治本身的價值基礎來看，還是法治本身的實際運行來看，道德所產生的治理力量，都是法治的資源與支撐；對於中國這樣有長久德治傳統的國家來說，這種效應可能更大。當然，在法治國家體系中強調的德治，不是要將德治上升到與法治同等的水平，成為國家權力運行的制度準則，而是要將道德資源及其作用機制成為法治體系的重要組成部分，在這其中，德僅僅作為「治」而存在，不是作為「法」而存在，德通過其產生的治理效應來輔佐法治。不論是中國的國情，還是法治的法哲學邏輯，❶ 都決定了中國的法治要獲得健康發展並發揮有效作用，必須有現代意義上的「德治」基礎。正是在這個意義上，中國的國家治理體系建設必須忠實價值體系建構，必須充分重視已融入中華民族血液中的基本道德價值的作用。

第七，單一制與民族區域自治。國家治理，一方面取決於國家的權力結構及其相應的制度安排；另一方面取決於國家的組織結構形式。中國實行的是單一制國家結構形式，其核心原則是國家行政權力集中中央政府，

----

❶　黑格爾法哲學就充分討論了道德、倫理對法治的價值和意義。參見【德】黑格爾：《法哲學原理》，商務印書館，2009 年版。

地方政府受中央政府的權力與職能之託，在地方執行中央的政策，負責管理地方事務。在現代大型國家中，只有中國實行單一制，之所以如此，一方面與中國幾千年形成的大一統國家組織形態有關，另一方面也與單一制國家結構成功地將中華傳統帝國整體帶入現代國家發展軌道有關。儘管單一制國家結構強調中央行政集權，強調地方政府必須服從中央的權力與政策安排，但這絲毫不影響地方分權的必要性。因為，從大國治理來看，積極的地方分權反而是中央行政實現有效領導的前提與基礎。同時，黨領導體系所包含的黨中央對地方黨委強大的政治約束，也使得積極的地方分權沒有什麼政治風險。然而，中國畢竟是一個多民族的國家，單一制國家結構要能夠執行到底，就必須充分考慮行政權力的集中統一與民族地區特殊性之間的關係。為此，中國在民族聚居地區實行民族區域自治，強調少數民族聚居地區以聚居的主體民族為主管理地區事務，維護少數民族權益，促進地區發展；同時，中央政府有責任積極幫助和保障少數民族地區的文化與發展。可見，中國的單一制國家結構所要求的國家治理體系，不是簡單的中央集權，而是中央集權與地方分權的有機平衡，中央集權在於統籌發展全局，地方分權在於激發地方自主。為此，國家治理體系應該創新相應的體制與機制。

第八，協商與自治。中國的人民民主既強調民主性，也強調共和性。民主性強調人民當家做主，共和性強調天下為公。這意味着國家治理所遵循的人民意志，不僅要權威性，而且要最大公約性。所以，中國人民民主就自然內生出協商民主，其第一種政治形式就是人民政治協商會議。隨着人民民主實踐的深入，協商民主逐漸拓展到經濟與社會領域，並最終與選舉民主一起成為中國民主實踐的兩大基本形式。對於中國民主發展來說，協商民主不是民主的工具，而是價值、制度與程序有機統一的民主形態，因而，其運行和發展將直接決定着國家治理體系現代化的取向、基礎與機制。人民民主實踐中的民主性與共和性有機統一產生的另一個重要民主形

式，就是基層羣眾自治。基層羣眾自治不是基層政權的自治，而是基層民眾的自治，因而，主要不是體現為基層民眾對基層政權所具有的決定權，而是體現為基層民眾圍繞着自身事務所具有的自我管理、自我服務、自我教育的權力。基層羣眾自治有憲法地位，而不在權力體系之中。但在基層治理的實踐中，基層羣眾自治常常被基層政權所整合，成為權力體系的實際末梢，這既不利於基層政權的建設，也不利於基層羣眾自治的發展。理論與實踐表明，不論是協商民主，還是基層羣眾自治，對國家治理現代化來說，都具有豐富的政治與制度資源可以挖掘和開發。

綜合上述分析可以看出，雖然國家治理體系與治理能力的現代化是現代國家建設的必然內容與使命，但其具體實踐還是要充分結合各國的社會性質與制度要求。對於任何國家來說，只有在國家制度得以完全確立的前提下，才可能進行國家治理體系的現代化建設；同理，國家治理體系的現代化是基於國家制度本身的邏輯進行的體制與機制的開發與完善，從而形成制度、體制與機制三個層面聯動統一的國家治理體系。中國特色社會主義的理論、制度與道路決定了中國的國家治理體系現代化，既需要向外學習與借鑒，同時也需要向內求索與開發。後者是基礎，沒有後者的努力，所有的借鑒都是無本之木，難成氣候。

三、國家治理促國家制度成長

在現代知識體系中，「制度」概念與「文化」概念一樣繁雜。但正如人是文化的產物，離不開文化一樣，人是制度的產物，也離不開制度。制度是現代國家與社會發展所不可缺少的組成部分，所以現代國家的建設與發展必然要集中體現於制度的確立、成長、鞏固與完善。從最普遍意義上講，制度是人們在建構秩序、創造治理的過程中逐漸形成和豐富的。任何制度的成長都有賴於其所蘊含的治理功能的發揮，而任何制度都不可能包

打天下的,這決定了具體制度治理功能的發揮,還必須有賴於其他制度完善及其治理功能的發揮。可見,國家治理與制度成長之間實際上是相輔相成的關係:沒有制度體系,治理無從談起;沒有治理實踐,制度體系就無法成長。

　　就制度而言,任何國家或社會的制度都是自成體系的,而任何國家或社會的制度體系決定力量是現實的生產和生產關係,馬克思主義將決定生產和生產關係的制度總和稱為社會制度。馬克思分析指出:

「在人們的生產力發展的一定狀況下,就會有一定的交換(commerce)和消費形式。在生產、交換和消費發展的一定階段上,就會有相應的社會制度、相應的家庭、等級或階級組織,一句話,就會有相應的市民社會。有一定的市民社會,就會有不過是市民社會的正式表現的相應的政治國家。」❶

　　在這裏,社會制度是人們生產活動和交換活動的產物,同時,也是決定確立在這種經濟與社會基礎之上國家政治制度的力量。馬克思深刻揭示了這其中的辯證關係:

「人們在自己生活的社會生產中發生一定的、必然的、不以他們的意志為轉移的關係,即同他們的物質生產力的一定發展階段相適合的生產關係。這些生產關係的總和構成社會的經濟結構,即有法律的和政治的上層建築豎立其上並有一定的社會意識形式與之相適應的現實基礎。物質生活

---

❶　馬克思:《馬克思致帕・瓦・安年科夫(1846 年 12 月 28 日)》,《馬克思恩格斯選集》第四卷,人民出版社,1995 年版,第 532 頁。

的生產方式制約着整個社會生活、政治生活和精神生活的過程。」❶

　　所以，馬克思主義認為，對體現物質生產和生產方式的社會制度選擇，將決定一個國家的全部制度形態。資本主義制度與社會主義制度之間的所有差異就源於社會制度選擇的差異，更具體地講就是社會制度所反映的所有制的差異，前者以私有制為主體，後者以公有制為主體。中國特色社會主義制度，就是以公有制為主體確立起來的社會制度，中國既有的政治制度就是確立在這種社會制度基礎之上。因而，從國家治理角度上，中國特色社會主義制度的鞏固與完善就是這個社會制度所決定的整個國家制度體系的鞏固與完善。中國的制度自信就是對這種社會制度及其所決定的整個國家制度體系的自信；與此相應，中國國家治理體系就是這個社會制度及其所決定的整個國家制度體系的全面展開與運行。就國家治理與國家制度體系的內在辯證關係來看，在國家制度體系既定的條件下，國家制度體系的鞏固與完善就完全有賴於國家治理體系的完善與有效運行。

　　國家制度體系與國家治理體系是兩個層面的，兩者相互依存。從國家建設的邏輯來講，建構國家制度體系是國家建設的第一個歷史行動，而完善國家治理體系是第二個歷史行動。對國家建設來說，前者是根本性的，後者是決定性的。成功實現國家制度鞏固的國家都得益於其國家建設的第二個歷史行動的成功，即國家治理體系建設的成功。國家制度體系與國家治理體系之間的層次性，可以從兩個維度來把握：一是從使命與定位來把握，社會制度及其所決定的整個國家制度體系，決定的是社會生產方式、國家組織形態、國家權力結構以及國家運行形式；國家治理體系則是社會制度及其決定的國家制度體系為履行使命、運行功能，推進社會進步與國

---

❶　馬克思：《〈政治經濟學批判〉序言》，《馬克思恩格斯選集》第二卷，人民出版社，1995 年版，第 32 頁。

家發展而孕育出來的體制和機制，所以，相對國家制度體系來說，它屬於第二層面的制度安排與制度運行；二是從功能與形態來把握，社會制度及其所決定的整個國家制度體系是圍繞着組織國家、建構制度、協調人與自然、人與國家、人與社會以及人與人基本關係展開的，體現為國家制度體系的內在協調與統一；而國家治理體系則是圍繞着運行權力、建構秩序和創造治理展開的，體現為各治理主體合作與共治。國家治理體系在現代國家建設中的時空方位，決定了其推動支撐整個國家制度體系、推動整個國家制度體系成長的關鍵在兩個方面：一是治理主體的自我成長與完善；二是治理所需要的基礎制度的充實與完善。這兩方面是相輔相成的。

所謂基礎制度，就是在國家根本或基本制度體系下實現經濟與社會有效治理所必須的體制與機制，這些基礎制度既是根本制度或基本制度運行的基礎，也是其運行的保障。如中國經濟制度運行所需要的產權制度、金融制度、企業制度、監管制度等等；人大制度運行中所需要的選舉制度、立法制度、預算制度、質詢制度等等；多黨合作與政治協商運行所需要的協商制度、監督制度、提案制度等等；單一制國家政府行政運行所需要的稅收制度、公共財政制度、公務員制度、政府採購制度、教育制度、社會福利制度等等；文化建設與發展中的新聞制度、知識產權制度、文化市場管理制度等等；生態建設中的環保制度、動植物保護制度、能源制度等等；此外，還有鞏固和實現黨的領導所需要的民主集中制、幹部制度、反腐倡廉制度等等。制度的運行離不開治理的主體，所以，伴隨基礎制度建設和成長的一定是各治理主體能力與素質的全面提高，沒有後者，基礎制度的建設和成長必然是無源之水，難以持久。

從這個角度講，國家治理體系建設要成為推動國家制度成長的積極行動，就必須以全面推進國家基礎制度建設為突破口，以基礎制度建設帶動治理主體的完善與治理結構的優化。這既符合國家治理體系現代化的內在要求，也符合中國國家建設的內在邏輯。

基礎制度的建設，固然需要深度的體制改革，但也更需要積極的體制創新。體制改革與創新是基礎制度建設的基本路徑。今天的中國是面向世界的市場經濟國家，其經濟與社會生活的組織與運行離不開市場經濟的決定作用，因而，基礎制度的建設在尊重中國特色社會主義制度的規定性的前提下，應該積極借鑒與學習其他國家為運行現代國家而探索的各類相關的體制與機制，從而為中國的國家治理體系建構最先進、最有效的體制和機制。然而，必須指出的是，基礎制度的建構要真正成為有效的國家治理體系，就必須將整個國家確立在法治基礎之上，從而使制度完善的過程與國家治理體系建構的過程有機統一起來。這樣，既能保證國家法治體系的最終確立，同時又能保證國家治理體系的建構的統一性、規範性、權威性。從這個角度講，基礎制度建設的成敗將在很大程度上決定現代國家建設的最終成敗。不少發展中國家之所以長期處於低質民主的發展狀態，與基礎制度一直建不起來有很大關係。超大規模的中國社會要避免出現這種困境，就必須全面建設好基礎制度，並使其發揮有效的作用。

　　現代化發展必然伴隨着國家的現代轉型，建構現代國家是現代化發展的前提與基礎，同時也是其本身的主要內容。和世界上所有國家的現代化發展一樣，中國的現代國家建設也是從制度選擇開始的。理論與經驗證明，制度選擇的好壞直接關係到現代國家建設與成長，而這好壞的標準就三個：一是是否具有現代性；二是是否具有適應性；三是是否具有有效性。選擇的制度規範國家的成長，而國家成長則促進其制度的完善和鞏固。於是，國家建設在制度選擇之後，就進入到國家成長的發展階段。國家成長，一方面體現為新的制度空間所激發出來的發展；另一方面則體現為新制度為所有的發展提供秩序與保障，使發展有序展開，合理運行。因而，在國家成長的過程中，選擇的制度就必須有效地生成國家治理體系，以促進政治、經濟、社會、文化、生態等各方面的有序發展、合理運行。所以，任何成功實現現代化的國家都必然要經歷國家治理體系建構與發展的

階段。中國今天展開的全面深化改革的歷史階段，就是國家治理體系建構與發展的階段，它以制度自信為基礎，以中華民族偉大復興為使命，上支撐中國特色社會主義制度，下創造中國的全面進步與發展。這種定位既符合中國發展的要求，同時也符合現代國家建設的基本邏輯。由此可見，國家治理體系現代化直接決定着中華民族的偉大復興。

國家治理體系現代化一定是在既定國家制度框架下展開，遵循既定國家制度的內在邏輯，充實和完善既定的國家制度。所以，國家制度體系與國家治理體系不是割裂的兩個層面，而是有機統一的兩個層面。國家治理體系現代化發展一旦脫離既定的國家制度體系，不但不能成功，反而可能導致國家建設與現代化發展的顛覆性失敗。在今天的中國，制度自信是國家治理體系現代化的前提與基礎，追求中華民族偉大復興是國家治理體系現代化的動力與使命。這應該是中國國家治理體系現代化的基本行動邏輯。

當代中國政治

基礎與發展

林尚立　著

責任編輯　王春永
裝幀設計　林曉娜
排　　版　賴艷萍
校　　對　盧爭艷
印　　務　林佳年

出版　　開明書店
　　　　香港北角英皇道 499 號北角工業大廈一樓 B
　　　　電話：（852）2137 2338　傳真：（852）2713 8202
　　　　電子郵件：info@chunghwabook.com.hk
　　　　網址：http://www.chunghwabook.com.hk

發行　　香港聯合書刊物流有限公司
　　　　香港新界大埔汀麗路 36 號
　　　　中華商務印刷大廈 3 字樓
　　　　電話：（852）2150 2100　傳真：（852）2407 3062
　　　　電子郵件：info@suplogistics.com.hk

印刷　　美雅印刷製本有限公司
　　　　香港觀塘榮業街 6 號海濱工業大廈 4 樓 A 室

版次　　2019 年 11 月初版
　　　　© 2019 開明書店

規格　　16 開（230mm×170mm）

ISBN　　978-962-459-168-2